デーヴィッド・アイク
本多繁邦［訳］

ヒカルランド

今知っておくべき重大なはかりごと

世界を作り変える嘘の全てを暴く

④

今知っておくべき重大なはかりごと

第④巻　世界を作り変える嘘《うそ》の全てを暴く

深部国家《ディープ・ステート》の奴《やつ》ら（レプ配下ハイブリッド《混血種》の〈エリート〉）が仕掛ける見え透いたあくどい罠《わな》にはまるな!!　冷静沈着に事態を把握しよう!!　奴《やつ》らが望むものは、恐怖心と偽装敵への憎悪である!!　そんなステキな対応の結果、戦意は高揚し、人びとは、手強《てごわ》い敵を始末してくれる冷酷非情な最強（兇・狂《きよう》）世界軍・世界国家を熱望するようになる!!　本書第④巻でのデーヴィッド・アイクは、根源的でスマートで適切な対処法をみごとに提供してくれている。憎悪には親愛を、戦争には平和を、恐怖には笑顔を、恨《うら》みには許しを、嘘には真実を――そう、奴らの望むことの逆の行動だ!!　パンデミック禍騒動の今こそ各人が喫緊《きつきん》になすべきは「愛・喜・気遣い」の〈共感革命〉と、「〈ちっぽけな自己〉アイデンティティー《の本質的あり方》」にサヨナラし〈無限の認識《アウエアネス》〉を得る〈知覚革命〉に尽きる!!　本書を熟読玩味《がんみ》、しなやかにしたたかに生き抜かれたし!!

今知っておくべき重大なはかりごと　【全4巻の構成】

第①巻　これまで決して語られなかった全て　**（2019年11月刊）**

「物理的」な世界は幻想だ。〈無限の認識《アウェアネス》〉から切り離された人類は、電気的なシミュレーション宇宙でプログラミングされた〈幻の自己〉を生きている。身近なシンボルの、宗教の、先端科学の正体を暴け!!

献辞／デーヴィッド・アイクの著書とDVD／「現在」までの道のり——序に代えて／第1章　知っておかなければならない最大のこと／第2章　反転／第3章　ログイン、ログアウト／第4章　一大プログラム

第②巻　あなたの世界の見方を拡張する全て　**（2019年12月刊）**

人類の「文明」は地球外生物が創った！〈新たなプシケ〉の〈エリート〉支配を支える教育、宗教というプログラミング・洗脳マシン。メディアを握る〈クモの巣《ザ・ウェッブ》〉はすべての情報をハイジャックしている!!

第5章　アルコーンの到来／第6章　ソフトウェア・エリート／第7章　マインドコントロールと変身《シェイプシフト》する「王族」／第8章　呪縛《じゅばく》にかける／第9章　呪縛《じゅばく》を維持する

第③巻　あなたを呪縛《じゅばく》から自由にする全て　（2020年3月刊）

「政治的公正」による分断支配で格差と憎悪の「ハンガー・ゲーム社会」がやって来る！　「進歩主義」の嘘、EUの嘘、民主的選挙の嘘を見破り、破壊と恐怖をもたらす世界軍の侵略にFuck《ファック》 Off《オフ》を喰《く》らわせろ!!

第10章　呪縛《じゅばく》を強化する／第11章　真実への恐怖／第12章　あなたの目の前で／第13章　戦争、戦争、戦争——われらの愛するもの

第④巻　世界を作り変える嘘《うそ》の全てを暴く　（2020年4月刊）

サイコパス《精神病質者》が推し進めるテロと戦争、移民排斥とイスラムによる「征服」、地球温暖化という壮大なペテン。スマートテクノロジー《極小技術》とAIで合成人間となった人類はついにアルコーンに同化するのか!?　今こそ知覚を変えるとき、愛こそが究極の力だ!!

第14章　口に出せないことを言う／第15章　暑いのは気候？　それともわたし？／第16章　同化／第17章　合成人間／第18章　自由という知覚／あとがき／参考文献／ポスター

第14章　口に出せないことを言う

第16章　同化

第17章　合成人間

第18章 自由という知覚

＊本文中の［ ］括弧は訳者注です。

●［参考情報］デーヴィッド・アイクは「新型コロナウイルス」のパンデミックをどう見ているか？

2019年12月に中国湖北省武漢市に現れ、今や世界的パンデミックとなった新型コロナウイルス（COVID《コヴィッド》-19《ナインティーン》）による新型肺炎についてアイクは、tre（スペインの英語版トークラジオ）でのインタビューで、これが典型的なPRS（問題－反応－解決）であり、強力な国家支配を人びとが自ら求めるように仕向けるものだと述べている。35分に及ぶこのインタビューでは、PRSの基本概念をはじめ、本書での主張が平易な言葉で語られている。

https://www.talkradioeurope.com/david-icke-discusses-his-take-on-coronavirus-with-tres-bill-padley/#t=00:00

またアイクのHPには、2020年２月19日付で独立ニュースサイトFreedom Articlesのエディター、マキア・フリーマンによる記事が掲載されていて、５Ｇテクノロジーと新型コロナウイルスとの関連が指摘されている。

同記事は、2019年10月にニューヨークで開催された「イベント201」の「世界パンデミック演習」で新型コロナウイルスの世界的大流行のシミュレーションが行われていたこと（主催はジョンズ・ホプキンス大学とビル＆メリンダ・ゲイツ財団で、国連やビッグファーマ《大手製薬会社》も関与！）、５Ｇテクノロジーがエレクトロポレーション（電気パルスで細胞膜に孔《あな》を開けて物質を導入する手法。DNAワクチンの注入に使われる）やアクティブ・ディナイアル・システム（暴動鎮圧等に用いるためにアメリカ軍が「開発中」の対人兵器システム。電磁波を照射して皮膚の表面温度を上昇させる）と同じ周波数帯を使用していること、さらに、武漢市が５Ｇを展開するための試験都市に選ばれていたことを指摘して今回のパンデミックがワクチンの強制接種、人口の大幅間引き、DNA改変によるトランスヒュー《超人間》マニズム《主義》という各アジェンダ《実現目標》に沿ったものであることを暴いている。

https://www.davidicke.com/article/564306/coronavirus-5g-connection-coverup

（皮肉なことに、このページには、代表的な陰謀論としてBBCが（！）リンクを張っている）

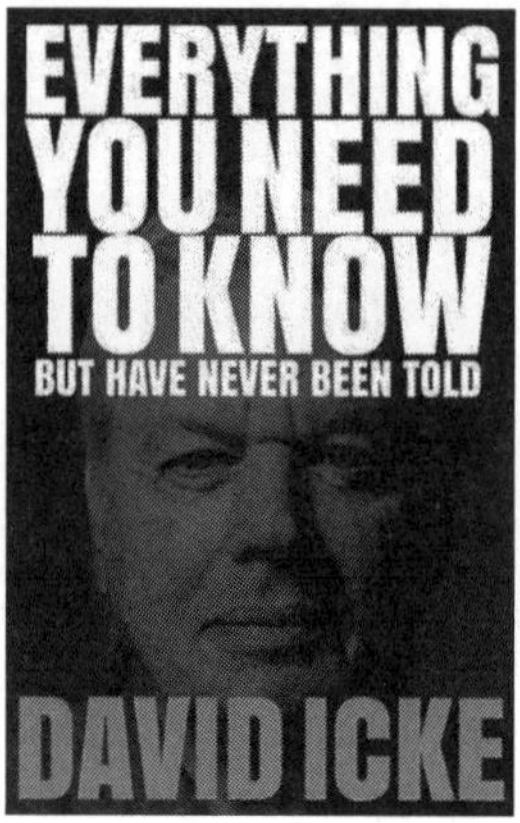

カバーデザイン　三瓶可南子
校正　広瀬泉
編集協力　守屋汎
本文仮名書体　蒼穹仮名（キャップス）

EVERYTHING YOU NEED TO KNOW BUT HAVE NEVER BEEN TOLD
by David Icke

第14章

口に出せないことを言う

毎日のようにロンドンに落ちるロケット弾はおそらくはオセアニア政府自身によって「人々を怖がらせ続けるために」発射されているものだ。

――ジョージ・オーウェル『1984年』より

脅威・恐怖で「ハンガー・ゲーム社会」に誘い込む
操作されたテロリズム――〈ビッグ・ブラザー《軍事警察国家》〉国家へ

今の戦争はテロリズムと区別がつかない。実際、戦争はすべてテロリズムだから区別などないのだが、ここでは、公的な場所で民間人を殺して安全な場所はどこにもないと大衆に思わせる、という現代的な定義での話だ。テロリズムは今や戦争と侵攻の口実になっている。

テロリズムは、西側がつくり出したサイコパス《精神病質者》がＩＳＩＳやアルカイダの名の下に実行している（あるいは責任をなすりつけられている）のだが、近年は、一般大衆に恐怖を与え、侵攻する恐怖と不安（＝アルコーンの食糧であり低振動状態）を生み出し、その上で「国をテロリズムから守る」という口実で基本的な自由とプライバシーを奪うことを目的に、テロリズムが採用されるケースが急増している（図５１０）。

こうした攻撃は、自分の本当の主人が誰かも知らない無分別な愚か者と、オルター《変性人格》と区画化でマインドコントロールをされた連中、あとはサイコパス《精神病質者》の軍事情報ネットワークの組み合わせによって極秘に実行され、それがＩＳＩＳその他の集団や個人に責任がなすりつけられる。最後の責任のなすりつけは簡単で、頭から足先まで服で覆《おお》った連中にテロを実行させる。彼らが現場を離れれば、実行犯として好きな名前でも挙げておけばいい。誰にも真相はわからない。

たとえば２０１２年に、コロラド州オーロラの映画館で24歳の神経科学専攻の学生ジェームズ・

図510：何もかも。

ホームズが12人を殺害し、58人を負傷させた。ホームズは終身刑12回の判決を受けたが、事件の証拠から見て、彼が犯人だとは考えられない。法廷のホームズの写真を見ればいい。明らかにドラッグを服用しているし、マインドコントロールされている。本当の殺人犯は黒い戦闘服に身を包み、防弾チョッキを着てガスマスクを着けていた。中からしか開かない非常口から侵入し、催涙弾を投げ込んで、発砲している。

複数の目撃者が、発砲と催涙弾の爆発は映画館の別の場所で起こったと言い、前列の座席にいた男が電話をしてから非常口の方へ歩いて行き、足で扉を開けると、そのドアから殺人者が入ってきたと報告している（詳細な背景については『知覚騙《ちかくだま》し』を参照）。その後当局は、マインドコントロールされたホームズを「犯人」として告発し、一般大衆には、嘘《うそ》で固めた話を事件の経緯として語った。

またイラクでは、アラブ人の服装をしたイギリス兵が車に武器と爆発物を載せて運転しているところを、イラク当局に逮捕された。しかし、彼らは尋問もされる間もなく刑務所を出た。道徳的なイギリス軍が戦車6両とイギリス特殊空挺《くうてい》部隊（ＳＡＳ）の精鋭部隊を送り込み、イラクの警官を銃で脅し、刑務所の大部分を破壊して、ほかの犯罪者や反乱軍兵士ともども、自分たちのテロリストを「解放」したからだ。

愚か者やマインドコントロールされたテロリストが攻撃で使われるときは、死人に口なしという原則に基づいて、殺されることが多い。ノースウッズ作戦［１９６２年カストロ政権転覆のためのアメリカの偽装工作（未遂）」では、さまざまなアメリカ軍や民間人の標的に対して本物・偽物の行動が行われる計画だったが、同じテクニックは今日も使われている。ロックフェラー家のインサイダー《内部告発者》であるリチャード・デイ博士は、１９６９年に開かれたピッツバーグの小児科医の集まりで、操作されたテロリズムの使用を予測した。以下は当日の参加者だったローレンス・ダネガンによる報告だ。

テロリズムに関する議論があった。テロリズムはヨーロッパをはじめ世界各地で広範囲に使用されることになるだろう。当時テロリズムはアメリカでは不要のものと考えられていた。アメリカが急激に〈システム［社会の変革］〉を受け入れる方向へ変化しなければ、アメリカでもテロリズムは必要になるだろう。

だが、少なくとも予見しうる将来、テロリズムは計画されなかった……おそらくテロリズムはここでは必要とされないだろうが、実際に必要になれば使用されるという含みはある。それに伴って痛烈な意見も出てきた。アメリカ人はあまりに恵まれているので、わずかなテロリズムだけで、世界は実に危険な場所だと納得させることができるのではないだろうか……というより、実際にそうなるかもしれない。わたしたちが支配を清算して適切な権威に自らを委《ゆだ》ねなければ。

今日の操作されたテロリズムは数十年前から計画されたもので、少しも新しいものではない。変わったのは規模と頻度《ひんど》だけだ。NATOとCIAは第二次大戦後にイタリアを本拠地としてテロリストのネットワークをつくり出し、「グラディオ作戦」という暗号名でヨーロッパ中に拡大した。グラディオとはラテン語で「背後にいる」という意味だ。グラディオ作戦は、旧ソ連側のワルシャワ条約軍が侵攻してきたときに、武装レジスタンスで対抗するための準備だと主張された。しかしその本当の理由を、グラディオ作戦の工作員ヴィンセンゾ・ヴィンシグエラが文章にしている。彼は、1972年にイタリアのペテアノでの自動車爆弾で警官3名を殺した罪により、終身刑を言い渡されて現在も服役中だ。

民間人を、大衆を、女性を、子どもを、無辜《むこ》の民を、政治ゲームとはまったく縁のない、名もなき人びとを攻撃しなければならない。理由は極めて単純だ。これらの人びと、すなわちイタリアの民衆が国家に対し、より大いなる安全を求めるようにするためだ。

ヴィンシグエラは、裁判官に対してこうも述べている。

ペテアノの虐殺や、それに続くすべての虐殺によって、今ではオカルトや闇《やみ》の存在といった、本物の生きた構造が存在するという知識が明らかになり、怒りに戦略的方向を与える能力が備わっているはずだ……［それは］国家自体の内部に存在している……イタリアには国軍と並行して秘密軍隊が存在する。それは民間人と軍人から構成され、反ソビエトという立場をとっている。イタリアの大地でソ連軍に対するレジスタンスを組織するためだ。

……秘密組織は、通信、武器および爆発物、そしてそれを使用するための訓練を受けた人員のネットワークを有するスーパー組織だ……スーパー組織は、ソビエト軍の侵攻が起こらないかもしれない中で、NATOのために、この国の政治的バランスが左へ滑ってしまうのを阻止するという任務を引き受けた。彼らはこの任務を、公式のシークレットサービスや政治勢力、軍の勢力の支援を受けて実行した。

ヴィンシグエラは『ガーディアン』に対して、テロリズムは「カムフラージュされた人びと……安全機構に属する人びと、あるいは国家機構とつながりのある人物によって、信頼関係や協調関係を通して」行われたと語った。彼によれば、1969年以後の暴動はすべて「単一の組織されたマトリックス《網の目》」に当てはまる、アヴァンガーディア・ナジオナレ（「国家的前衛」）、オーディーン・ヌオーヴォ（「新しい秩序」）という右翼のテロリスト集団が「反共産主義戦略の一部として戦闘に動員されたが、これは権力側の機関から逸脱《いつだつ》した組織ではなく、国自体の内部、具体的には大西洋同盟［原文ママ］内の国家関係の範囲内から発したものだった」という。

ヴィンシグエラの証言は、今日起こっていることを正確に描写している。どこで起こったものであれ、すべてのテロ攻撃への反応を観察してみれば、テロリストを追跡して一般民衆を守るために〈ビッグ・ブラザー《独裁支配者》〉国家を強化せよという、同じ要求が出てきていることに気づくだろう。2017年5月のマンチェスターでの爆弾事件のあと、イギリスでは街中に兵士が配置されているし、フランスでも、1万人の兵士が街中を巡回している。フランスでは今も非常事態宣言が継続中で、そのため民衆の抗議行動にも多数の制限が課されている。自由を取り上げることで自由を守っていく——まさに〈PRS（問題–反応–解決）〉だ。イギリスの国家警察評議会は、すべてのイギリス警察官に拳銃で武装させることも強く求めるようになっている。以下は、日常的となった見出しのほんの一部分だが、様子は十分に伝わるだろう。

●ベルリン市民が防犯カメラの増強を求める　クリスマスマーケットのテロを受け83パーセントが公共の場をもっとカメラでカバーするべき
●「街中に部隊」を　テロリズムからの保護をめぐりドイツで議論
●フランスが国家警察隊の結成を検討　セキュリティ強化の声に
●イギリス警官に銃の携行を打診　テロ攻撃を受け
●テリーザ・メイ、インターネット規制必要と発言　ロンドンブリッジのテロを受け

「ハンガー・ゲーム社会《過酷な監視管理》」のピラミッドでは、テロリズムと「脅威に立ち向かう」ことの必要性を背景に、軍ないし警察からなる中間層が構築されているが、その脅威の本当の根源は、軍事国家、警察国家をつくり出す陰の勢力だ。こういう理由があるから当局は、すでに見たように〈9・11〉での出来事を本気で調べようとしないし、ニース・トラックテロ事件にもまったく関心を示さない。

2016年のフランス独立記念日に起きたニース・トラックテロ事件では、フランス政府のテロ対策組織であるテロリズム対策準備局（SDAT）は、防犯カメラのビデオ140本をすべて違法に廃棄するようニースの都市調査当局に命じた。フランス法務省はその理由について、映像が「無許可で」「野放しに」流布してISISのプロパガンダ《宣伝》に利用されるのを防ぐためだと語った。ほかにも、証拠を破壊するのは「犠牲者の家族の保護」にもなるということだが、このサイコパス《精神病質者》連中がそんなことを気にかけるはずがない。ビデオを公開したくないのは、明らかに公式のストーリーに合わないものがあるからで、もし公開していれば、すぐに一般大衆や独立メディア《オルタナティブ》から指摘があったはずだ。同じことは〈9・11〉以来、テロ攻撃があるたびに繰り返されている。

警察・諜報機関の指示に従え、と！ もう一度やってくれ、サム――偽旗作戦は大漁旗！ 自分でやって他者のせいにする、どの国も（特に米英イスラエルが）！

〈9・11〉、やロンドンの7月7日同時爆破事件、イギリスの警官による無実のブラジル人電気技師射殺事件、ダイアナ元妃の殺人など、多くの悲劇で同じテーマが繰り返されている――そのたびに、真実を伝えるはずの防犯カメラが「作動していなかった」。主流メディアは技術的な「不具合」だと報じ、何事もなかったかのようにすぐに次の話題へ移っていく。自分の仕事に戻れ、ここには見るべきものはない、とでも言わんばかりだ。

フランス当局は――といっても世界中の「セキュリティ」ネットワークの中核部分はどこも同じだが――理解に苦しむほど病んでいて、多くの仕組まれた恐怖や隠秘が行われている。ダイアナ元妃の殺害では、ロンドン在住でＭＩ６に所属する〈クモの巣〉の仲間も関わっていた。深く掘り下げて行けば、フランスの諜報《ちょうほう》機関はイギリスの諜報機関であり、イギリスの諜報機関はアメリカの諜報機関でもありという具合に、〈クモの巣〉コネクションを通してすべてがつながっていく。

治安当局が偽旗《にせはた》のテロ攻撃計画に関わっているのであれば、アメリカでテロ攻撃の犯人とされた者のうち、情報提供者や情報提供者の資産《アセット》として、ＦＢＩとなんらかのつながりのある者があれほど多いことにも説明がつく（図５１１）。わたしは別の本でテロ攻撃を片端から分析して――『知《ち》覚騙《かくだま》し』を参照――その根源が、表向きはテロ攻撃の阻止を任務とする組織にあることを示した。

たとえば「テロリスト」とされるサミー・モハメッド・ハムザは、フリーメイソン施設で銃乱射テロを実行するよう訓練されていたことが、数百時間におよぶ録音テープから証明された、とハムザの弁護団は言っている。訓練に当たったのは腐敗した私服のＦＢＩ捜査官で、彼らはハムザに、本人の意思に反して、銃を調達するよう強いていたという。その後ＦＢＩはハムザを逮捕し、最初から自分たちで推進していた「テロリストの策略を失敗させた」と主張した。

図511：FBI は Feared By Informants（情報提供者に恐れられている）。

諜報機関のインサイダーの多くが、主にオルタナティブメディアを通して、この偽旗のテーマを確認している。元海兵隊員のデーヴィッド・スティールもそのひとりで、情報将校として20年の経験があり、アメリカ海兵隊の諜報部員としては2番目に高い階級の文民だった。そんなスティールは、数々の「テロ攻撃」はセキュリティ・サービスによって演出された偽旗攻撃だと言っている。

合衆国では、これまでに起こったテロ事件はどれも偽旗か、そうでなければFBIに後押しされた情報提供者によるものだ。実際、今わたしたちは、テロを煽《あお》ろうとするFBIの情報提供者に対する禁止命令を取得するよう市民に勧めている。この国は狂人の保護施設になってしまった。

CIAで10年間働き、テロ対策捜査員を務めたアマリリス・フォックスによれば「筋書きは、両陣営［究極的には同じ側］のごく少数の人たちによって操作されている。彼らはわたしたちに、つねに殺し合いが必要なのだと思い込ませることで、多大な権力と富を手にしている」。簡単に言えば、相手が破壊しにきたと両方の側に言っておけば争いになる、ということだ。

ヘンリー・キッシンジャーはこのテクニックで外交キャリアのすべてを築き、のちに「シャトル外交」と称賛された。歴史上でも、あれは偽旗作戦ないし〈PRS（問題-反応-解決）〉だったと認めた例や確認された例が数々あるが、発生した時点では猛烈に否定されてきた。

1933年にナチスはドイツ国会議事堂に火を放ち、責任を共産主義者になすりつけて、それを口実に市民の自由と出版の自由を停止した。そしてその状態は、ナチスの時代が終わるまで続いた。

ジョン・F・ケネディ大統領の暗殺のあとを引き継いだリンドン・B・ジョンソン大統領は――彼も暗殺に関わっていた――ベトナムでの開戦に議会の支持を得るため、トンキン湾内でアメリカ海軍艦船への「北ベトナムによる攻撃」があったとしたが、そのような事実はまったくなかった。

また、つい先日50周年を迎えたが、イスラエルとエジプトが戦った1967年の六日間戦争では、ガザ沖に停泊していたアメリカ海軍の軍艦リバティー号が、イスラエル空軍と海軍による攻撃を受け、乗組員34名が死亡し、171名が負傷した。イスラエルは覆面機を使ってエジプトを非難しようとした。嘘がばれると、こんどはリバティー号をエジプトの戦艦と間違えたと主張した――はいはい、わかったよ。

リバティー号の遭難信号に対応したアメリカの戦闘機は、シオニストに支配されたジョンソン大統領とロバート・マクナマラ国防長官の命令で、2度にわたって引き返した。大がかりな糊塗《こと》作戦が繰りひろげられ、攻撃は「アクシデント」ということにされた。

また、これはイスラエルも認めていることだが、エジプトにいたイスラエル人テロリストの細胞が1954年にアメリカの外交施設やその他の場所を爆破し、アラブ人の仕業だと示唆する「証拠」を残している。偽旗は、イスラエル軍諜報ネットワーク、モサド（ロスチャイルド）の得意技だ。

ソビエト赤軍も、1939年にフィンランド国境にあるマイニラ村の自国施設を攻撃し、それをフィンランドの仕業だとして「冬戦争」を始めた。

アフリカのルワンダでは、１９９４年にフツ族が自国の大統領を殺害し、それを敵対するツチ族の仕業だとした。この事件は流血の惨事に発展し、フツ族は１００万人いたツチ族の大半を殺害した。

アメリカの下院委員会は、１９５０年代から１９７０年代にかけて行われた悪名高い「コインテルプロ」作戦で、ＦＢＩが囮《おとり》の局員を使って暴力を振るわせ、その責任を、標的とする政治活動家になすりつけていたことを明らかにした。こんな例はいくらでも挙げられるが、それもそのはず、〈ＰＲＳ〉は大衆の知覚操作の基盤となるテクニックなのだ。検索エンジンに、「the ever-growing list of admitted false flag attacks（認められた偽旗攻撃のリストは増加するばかり）」と入力すれば、70件くらいがヒットするはずだ。

テロ攻撃定番――同時刻に同シナリオでテロ想定演習、身代わり犯も用意!!
パスポート発見――手順はわかっているな

繰り返し使われるテクニックないし同じ青写真の焼き直しが見られるという事実は、多くのテロ攻撃で同じ流れが繰り返される理由を説明してくれる。テロリストのパスポートが発見されることや、アラーは偉大なり《アッラーフ・アクバル》と叫んでわざわざ自分の正体をばらす「テロリスト」がいること、さらにはテロ対策の訓練や演習が、実際に起こっているのと同じような、ないしはまったく同じシナリオに基づいて、同じときに同じ場所で起こっていることなどがその例だ（図５１２）。ＦＢＩは「〈９・11〉のハイジャック犯」の紙製のパスポートをグラウンド・ゼロのビージー・ストリートで発見したと主張しているが、それではこのパスポートは、飛行機がビルに激突して火の玉になる中を、無傷で地上に舞い降りて、とんでもない量の残骸《ざんがい》の中から発見されたことになる。そしてこの発見が発表され、主流メディアで繰り返し（笑いもせずに）流されると、パスポートのことはすっかり忘れ去られた。当然、そんなものが存在していたわけはないのだが、パスポートが発見されたと告げることで、疑うことを知らない素朴な人たちの心に、公式ストーリーは真実だと強く印象づけることができる。「ほら、やっぱりイスラム教徒の仕業だ。パスポートが見つかったらしい」

２００５年７月７日のロンドンの地下鉄・バス爆破事件でも同じテーマが見られた。当局は「テロリスト」のひとりで、バックパックの中の爆弾を爆発させたと見られるジャーメイン・リンゼイのパスポートと携帯電話の保険証を発見したと主張した。爆破事件は７月７日で、リンゼイの家の捜索は７月13日、パスポートや保険証書などの文書は、検視によれば７月17日と18日に地下鉄車両の中から発見されたとなっている。なんと事件から10日後、11日後のことだ。なるほど、これは信頼できそうだ。

パスポートなどの身分証明書は、ベルリン、パリ、ニース、ニューヨーク、マンチェスターのテロ攻撃でも発見されている。マンチェスターでは自爆犯の銀行のカードが発見されたが、犯人が身に着けていた爆弾は、22名を殺害し、２５０名に重軽傷を負わせるほど強力なものだった。テロ攻

図512：どんな防空施設を造るつもりなのだろう――破壊できないのは明らかなのに。

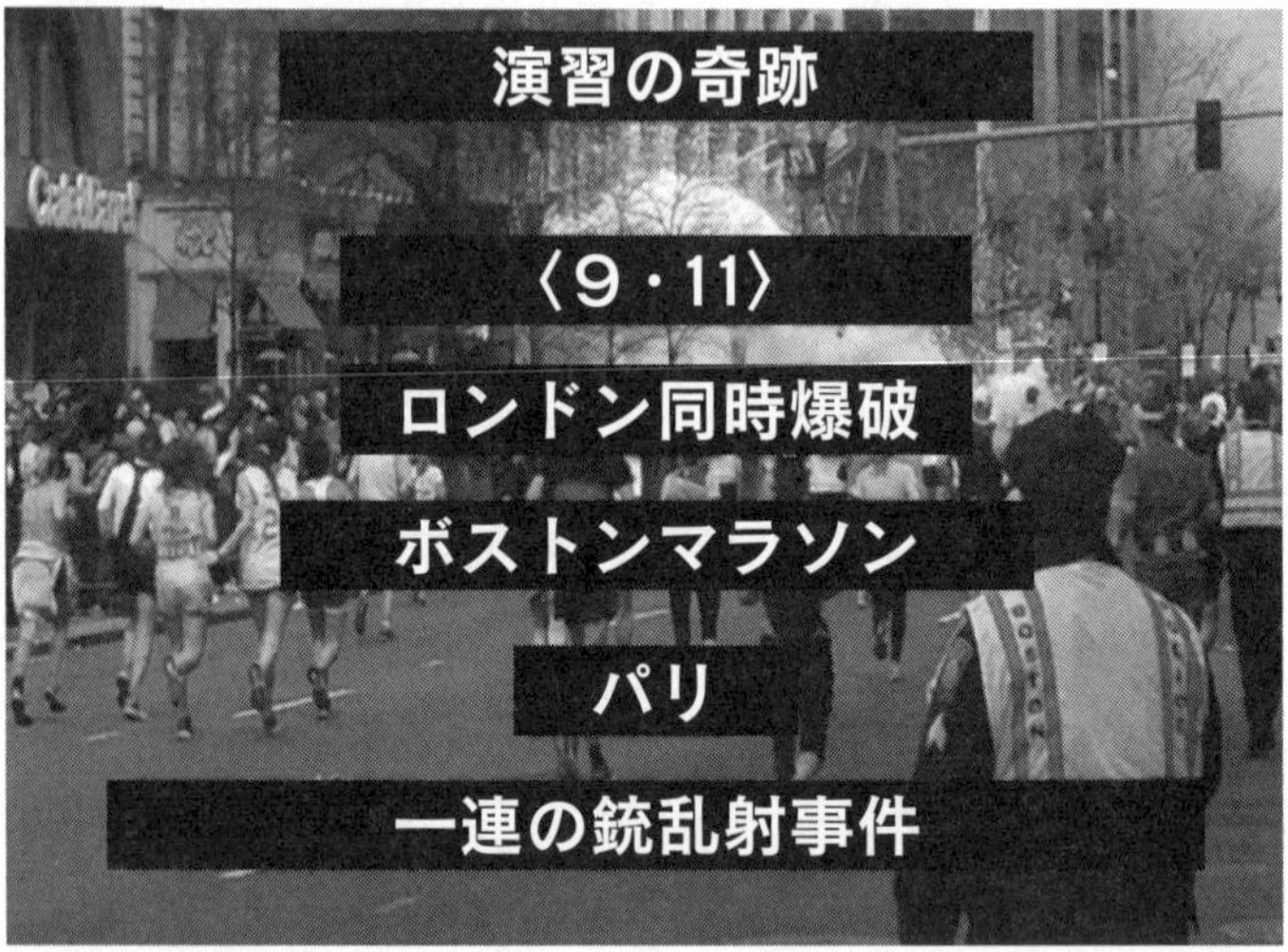

図513：「演習訓練」には、現場でエリート工作員が攻撃を演出しているのを隠す効果がある。

撃の公式ストーリーに多くの矛盾点が目につくのは、どれも例外なく真実ではないか、少なくともねじ曲げられているためだ。だから7月7日の攻撃でも、地下鉄車両の衝撃損傷は内向きだったとする証言が複数存在する。もし爆弾が車両内にあったなら、車両は外向きに曲がるはずだ。

つぎに訓練の「偶然の一致」がある（図5 1 3）。〈9・11〉テロ攻撃のときは、ほぼ同時刻にアメリカ空軍が、民間航空機がハイジャックされたという設定も含めた一連の「訓練演習」を本土と東海岸上空で行っていて、実際の事件とほとんどそっくりだった（『究極の大陰謀』参照）。この演習でオペレーターが混乱したために、北米航空宇宙防衛司令部（NORAD）――アメリカを空からの攻撃から守り、ハイジャックに対処するための機関――は通常の緊急対応ができなかった。本物の攻撃を演習の一部と見誤ったのだ。

その朝対応に当たったスタッフが「これは現実なのか、それとも演習なのか」と言っている声がNORADのログに記録されている。普段なら、待機している空軍機がただちにハイジャックに対応するのだが、その日は演習のために、ふだんの待機場所から移動していたので対応にバカげたほど多くの時間を（計画通りに）要したのである。

また、ホワイトハウスとペンタゴンは飛行禁止区域内にあるから、許可なく飛行するものはすべて撃ち落とすことができる。ではなぜ、ペンタゴンに突入したと言われている――あくまでも「言われている」だが――アメリカン航空77便は撃ち落とされなかったのか。これらの建物を守るために飛行禁止区域を宣言しておきながら、警備スタッフを常駐させないということはありえない。では、9月11日に何が起こったのか。〈9・11〉の背景については過去の本で詳しく示しているので、それを読んでもらえれば誰もが驚くと思うのだが、主流メディアは公式ストーリーにまったく何の疑問も呈していない。しかもその公式ストーリーを語ったのは、のちにイラクに大量破壊兵器があると主張するのと同じ連中なのだ。

同じ場所で警備のための「演習」訓練を実施するというシナリオは、ロンドンの7月7日のテロ攻撃で使われていて、本物のテロ攻撃と同時刻に訓練が行われている。2013年のボストンマラソンでの爆弾テロ事件も同様だ。こうしたことが繰り返されるのは、訓練や演習が煙幕だからだ。おかげで本物の攻撃が実行しやすくなるし、背後にいる軍諜報機関の工作員も見えなくなる。

偽旗作戦には、何も知らずに使い捨てされるチェスの駒《こま》のような者もいれば、映画に出てくるような洗脳された連中もいる。テロリストの細胞があちこちにあって、狂信的なイスラム教徒が一日中コーランを読んでいるといったイメージは幻想にすぎない。〈9・11〉のハイジャック犯と想定される人物は、コーランについてはずいぶんいいかげんなようで、ホテルの部屋やレンタカーなど、あらゆる場所にコーランを置き忘れている。というか、当局はそのように伝えている。コーランはいつも操縦説明書のそばで発見されている。それでは操作者の意図が見え見えのように思えるが、ナチスが言ったように、単純なプロパガンダ《宣伝》ほど効果があるのだ。9月11日に狂信的イスラム教徒が飛行機を操縦したという考えを売り込みたい？　オーケー、それなら犯人がいたと思われる場所にコーランと操縦説明書があるのを発見したと言いふらすことだ。

フランスのテレビの覆面レポーター「セッド・ラムジー」（偽名）は『アラーの兵士』というドキュメンタリー番組を制作するに当たって、テロ計画を計画しているフランスのＩＳＩＳ支持グループに潜入して、こんなことに気づいている。

兵士たちは、ほとんどイスラム教を知らない「即席の聖戦士」だった……最も大きな教訓のひとつは、今回の仕事でひとりのイスラム教徒にも出会わなかったということだ……世界を良くするという意思はまったくなかった。そこにいたのは、途方にくれ、失望し、自暴自棄になった、操られやすい若者ばかりだった。

グループのひとりが「ラムジー」に、自爆テロで一緒に「天国への道」を行こう、そうすればアラーからの褒美《ほうび》もあるから、と勧誘してきた。「俺たちの女たちが待っていて、天使が召使いだ。宮殿があって、金とルビーの天馬がもらえるんだ」。まあ、わたしはそうは思わないが、わたしたちが相手にしているのはこういう人間なのだ。彼らは簡単に操作される愚か者で、ヒエラルキーの上の方から支配している存在のことなど何も知らない。

「ラムジー」のグループの場合、ＩＳＩＳとの仲介役になった男はシリアのラッカに拠点があったが、その男をコントロールしているのが誰で、どんな目的があるのかについては、若者たちは何も知らないはずだ。組織は図５１４のような区画化された構造になっていて、下の階層へ行くほど何

図514：兵卒レベルのテロリストは誰が本当の主人かまったく知らない。

も知らされない。少し階層を上がっただけで、イスラム教とのつながりはすぐに消えてしまう。

テロ攻撃があるたびに、治安当局は被疑者を知っていたという話が繰り返される。それはヨーロッパでも、アメリカのFBIやCIAでも同じだ。この現象があまりに広がっているので、はぐれオオカミ《ローン・ウルフ》ならぬ知られオオカミ《ノーン・ウルフ》という名称まである。テロ攻撃のいくつかは100パーセント演出されたもので、いわゆる「クライシス・アクター《偽旗役者》」が与えられた役割を演じ、自分でメディアにしゃべる。同じ人間が外見だけ変えて、さまざまな事件に登場していることが明らかになっている。奇怪なことだが、専門の会社はたしかにあって、訓練演習で説得力のある役を演じるための訓練をほどこしている。ある会社はこう謳《うた》っている。

> 当社は、イギリスや中東など世界各地でのセキュリティ・ニーズの高まりを受けて、さまざまなイベントを演出しています。当社の俳優はロールプレー《役割演技》のスペシャリストです。多くがセキュリティー審査をクリアしたうえで、行動心理学者の訓練を受けて、犯罪者と犠牲者の行動を徹底的にリハーサルしています。当社では、警察、陸軍および救急サービス、病院、学校、自治体、政府、民間警備会社、ショッピングセンター、空港、大企業、刑事司法機関、メディア、軍などのために事故環境をシミュレーション《模擬実験》し、救命活動の手順の向上に役立っています。……イギリスの映画業界でも最先端の技術、撮影備品、特殊効果を使っています……。

ほかにも同様の組織がたくさんあって、偽の抗議行動のために公然とサクラを提供している。クライシス・アクター、偽《ぎ》旗《き》役《やく》者《しゃ》の抗議活動家、ビデオとくれば、どんなことでも言わせることができる。これが、今わたしたちが住んでいる世界だ。だからもっと賢くなって、物事を額面通りに受け入れないことが必要だ。〈エリート〉がテロをでっちあげる目的はひとつ――人びとを脅えさせ、安全と保護の名の下に、自由を手放させることだ。騙《だま》されてはいけない。

人びとの大移動を迫真演出
現代の出エジプト――戦争難民と便乗組
〈エリート〉はテロリズム温床を用意、人びとの超国家志向を育む!

テロリズムの恐怖は意図的に高められたものだが、その原因になっているのが、北アフリカや中近東からヨーロッパへの、人びとの大移動だ（図515）。このような現象が引き起こされた理由は数多くあるが、主としては、ヨーロッパの個々の文化と伝統を希薄化することと、移住者と地元民を互いに争わせて、分断支配を遍在《へんざい》させることの二つだ。計画は、主権国を抹消していくつかの地域に分断し、EU《欧州連合》のような超国家《スーパー・ステート》が支配するというもので、そのときにはEUも世界政府に支配されることになる。文化、歴史、伝統による継続意識が大きな問題になるのは、この意識が根深い抵抗を生み出すことがわかっているからだ。

〈エリート〉は国を破壊し、地域単位で文化を融合させて独裁をもたらそうとしている。これも分断支配のひとつの表れで、そのためにまったく異なる文化を大々的に導入して、ヨーロッパ人の文化的アイデンティティー《自己同一性》を体系的に侵食しようとしているのだ。ロックフェラー家のインサイダー《内部告発者》であるリチャード・デイ博士は１９６９年の時点で、人間社会の変容の一部として、こういうことが起こることを知っていた。デイ博士は、何のルーツもない土地への大移動と大移住が起こるだろう、なぜなら「伝統を変えるなら、人びとがそこで生まれ育ち、親戚《しんせき》もたくさんいて根づいている土地よりも、移住者の多い土地の方が容易だ」からだと語っている。

１９２０年代にシオニストが創りだしたフランクフルト学派の社会工学は「大量移民による国家アイデンティティーの破壊」を望んでいた。現在の移民危機は偶然によるものではなく、計画的なものだ。最初は容易に予想できる因果関係で、アフガニスタン、イラク、リビア、シリアなどで大量殺人、破壊、暴力を生み出す。当然、膨大な数の人びとが恐怖と暴力から逃れようとする。逃げていくとすれば北へ向かい、ヨーロッパに入るしかない。だが、それだけではヨーロッパ文化を変容させるのに十分ではないので、〈エリート〉は、本当に助けを必要としている人びと、助けるに値する本物の戦争難民に加えて、それよりはるかに多数の便乗組――本物の避難民の窮状を利用して、経済的・個人的な理由でヨーロッパに移住しようとする人びと――を送り込んだ。

彼らが西側（〈クモの巣〉）のつくり出した貧困のために国を離れようとするのは理解できないことではないが、難民ではない多数の人びとに「難民」という語が使われているのは事実だ。写真を見ればわかるように、徒歩で国境を目ざす人の群れの大部分は若い男性で、家族連れや子どもはごく少数にすぎない（図５１６）。２０１５年にヨーロッパに入った不法入国者の内訳は、58パーセ

図515：ヨーロッパへの大量の移民流入は、もっと大きなアジェンダ《実現目標》の一部分だ。

図516：移民の大多数は戦争から逃れてきた家族とその子ども（難民）ではなく、若い男性（経済移民）だ。

ントが成人男性、17パーセントが成人女性、25パーセントが18歳以下の未成年だった。ドイツに到着した不法入国者の大部分はパスポートも身分証明書も携帯していなかったが、国連難民高等弁務官事務所（UNHCR）によると、2016年に海からイタリアに入国した難民18万人以上のうち、ほぼ5分の1がナイジェリアからで、スーダン、ガンビア、コートジボワール、ギニア、ソマリア、マリ、セネガル、バングラデシュからの難民がそれに続いていた。

大量移民の問題は、シリアやリビアでの戦争を逃れてきた人びとに対する支援とは、圧倒的に質が違う。人びとは、子どもを生贄《いけにえ》にする〈エリート〉が本気で難民を気にかけていると思っているのだろうか。彼らにとって難民は、必要に応じて利用し、虐待するための駒にすぎない。難民についている糸も地元民についている糸も、同じ手に握られている。

2017年5月にドイツの『ビルド』紙にリークされた諜報報告書によると、地中海沿岸諸国では約700万の難民がヨーロッパへ渡れる日を待っているという。内訳はリビアに100万人、トルコに330万人、エジプトに100万人、あとはアルジェリア、チュニジア、モロッコ、ヨルダンにも難民が押し寄せている。

EUがトルコとの間で交わした難民流入削減の合意が破綻《はたん》するようなことになれば、難民数は再び飛躍的に増加するだろう。こんなことを言うのは政治的に正しくないかもしれないが、わたしは気にしない。どれも事実であり真実で、手遅れになる前に直視するべきことだ。エセ進歩主義者と彼らを恐れる人たちは、事実や現実には関心がない。関心があるのは集団的ヴァーチュー・シグナ《美徳の印を見せる》

リングだけだ。

大量移民は〈エリート〉の利益に好都合!!

すべてはずっと以前に計画されていた――伝統と文化の変容・破壊

スウェーデン流多文化主義・女性解放・進歩主義で

文化変容のプロセス《過程》は、十数年前にイギリスやスウェーデンといった国で、政治家が、民意を問うことなしに社会の「多文化」化を決定したところから始まっている。わたしは人生の最初の15年間と、のちにまた数年間をイギリス中部のレスターで過ごしたが、そこはまさに多文化主義者の標的だった。1950年代には白人しか目にしなかったのに、1970年代までには劇的な変化が起こり、生まれてからずっとレスターで暮らしていた住民にも、自分の生まれた地域がほとんど認識できないほどになっていた。

変化の大きさに不平を言う人びとは人種差別主義者として退けられた(これは今も同じだ)。だが、大部分は人種差別主義者などではなかった。ただ、自分の知っていたコミュニティ《地域社会》が急速に消滅し、知らない文化、理解できない文化に取って代わられるのを目にして困惑し、脅《おび》えていたのだ。彼らに対する共感はなく、当局やメディア、そして今では進歩主義者と呼ばれている連中から虐待と軽蔑《けいべつ》を受けるだけだった。彼らが共感するのは、自分たちの信じる体系に同意する者に対してだけなのだ。こうした無言の不満から、イギリス国民戦線などの極右政党が誕生した。今は同じことがヨーロッパ中で起こっているが、それは数十年前にわたしがレスターで目撃したことを大幅に拡大したものにすぎない。問題の基盤は純粋に数だった。最初の流れは西インド諸島からで、全般的に問題はなく、わたしの学校にもそういう生徒がたくさん入ってきたが、相互融合の精神でみなとてもうまくなじみ、仲良くやっていた。

バランスが崩れるきっかけはアジアからの大量移民で（ウガンダのアジア人も含む）、数が増え続けたために、レスターの文化はほんの数年で一変してしまった。これは統合では収まらず、多くの地域で文化支配が起こり、それまでの文化が置き換わってしまった。自分のコミュニティ《地域社会》が流入してきた文化によって文字通り乗っ取られるのを目の当たりにした人びとは、声を上げても聞いてもらえず、人種差別だ、偏狭だとして退けられた。

政治的公正《ポリティカル・コレクトネス》とは、こうしたあれこれの方法で人びとを黙らせるという、明確な目的で創られたものなのである。２０１１年の国勢調査では、レスターの住民中、白人のイギリス人はわずか45パーセントで（10年前は61パーセント）、数値はさらに減少していく見込みだ。エセ進歩主義者や、同じように何かというと「人種差別主義者」だと非難する連中には、文化と数の区別がない。

わたしは文化的多様性《ダイバーシティ》を愛しているし――すべての人間が同じだったらどれほど退屈なことだろう――世界を旅していても、この多様性が年ごとに地球規模で溶け合わされ、文化的中立状態になっていくのを見るのは悲しい。これはマクドナルド－ナイキ－アップル「文化」と呼んでいいだろう。だが、ひとつの文化を別の文化に置き換えても、文化的多様性を守ることにはならない。難民の数が増え続ければ、先にやって来た人たちやその後継者も影響を受ける。でも大丈夫、水差しにはいくらでも水を入れられるからね、溢《あふ》れる心配はないよ、幸運を祈る！——まったく、信じられないほど子どもじみた純朴さだ。

　レスターでは、流入人口が市の中核的有権者となって決定的な政治勢力になると、公的機関が新しい文化を優遇して古い文化を冷遇するというバイアス《偏向》が劇的に増加した（現在はヨーロッパの多くの地域で同じバイアスが発生している）。これを読んだ進歩主義者は脳卒中を起こし、わたしのことを「人種差別主義者」と呼ぶだろう。彼らにはそれしかできないのだから仕方がないが、わたしはこの問題を少なからぬ分別と周辺視野を保ちながら見るように努めているし、蔓延《まんえん》する自己純粋性やヴァーチュー・シグナリング《美徳の印を見せる》の近視眼的レンズを通してものを見ることはしていない。政治を任《まか》せるなら極右は嫌だし、極左や極中道も同じようにご免こうむりたい。できれば成熟した、バランスのとれた、公正な人、グレーの色合いがわかる人がいい。どんなストーリーや状況にも少なくとも二つの面があるのだから、片方だけを考えていたのでは、物事ははっきり見えてこない。

　大量移民が〈エリート〉の利益のために計画されたものだという事実は、遺伝的嘘つきで戦争犯罪人のトニー・ブレアが中心的役割を果たしたことからも確認できる。ブレアのEU《欧州連合》への執着は、展開しつつある人間支配に向けて、グループ分けの重要性を裏付けるものだ。ブレアが話し、行動するときは、〈エリート〉が話し、行動している。ブレアと二人の内務大臣（ジャック・ストロー、デーヴィッド・ブランケット）のアドバイザーでスピーチライターでもあったアンドリュー・ニーザーは、労働党のブレア首相の下で入国管理が大きく緩和され、現在に続く「イギリスへの集団移民に門戸を開いた」ことを暴露した。

ニーザーによれば、ブレアとその閣僚がこの政策を内密にしていたのは、党の「中核である労働者階級の有権者」からそっぽを向かれるのを恐れたためだ。労働者は、入国管理が緩和されれば大半の移民は自分たちの分野に入ってくる、そうなれば職の奪い合いになって賃金が下がるということをわかっていた。労働党の指導層は昔から、伝統的な白人労働者階級の支持を——そして陰では、労働党が今も掲げている戯言《ざれごと》やスローガンのすべてを——軽蔑していた。

進歩主義者と左翼は概して大量移民を支持しているが、最大の勝者は、賃金を大幅に削減して安価な労働力を利用できる富裕層だ。「中核である労働者階級の有権者」に真実を告げる代わりに、ブレアとその取り巻きは大衆に向かって、移民には経済的恩恵がある（その通り、金持ちにとっては）、イギリスはさらなる移民を必要としていると訴えた。

トニー・ブレアとそのあとを受けた変人ゴードン・ブラウンによる労働党政権の下、10年間で合計220万人がイギリスに定住した。これはイギリス第2の都市バーミンガムの人口の2倍に当たる。アンドリュー・ニーザーは、2000年の機密政府報告書に、イギリスの文化構造を永久に変えるために大量移民が必要だと書かれていたと述べている。

これはまさしく今、彼らがヨーロッパ全体で進めていることで、単純かつ根拠のある事実なのだが、当局は公式には認めようとはしないし、進歩主義者は直視することすら拒否している。今は個人と独自文化に対する戦争が行われている。シリアやイラクに見られるように、アメリカとその代理テロリスト軍隊に侵略された国では、かけがえのない古代の芸術品が破壊されたり盗まれたり（あるいはモスルのように都市全体が破壊されたり）しているのも、ひとつにはこれが理由だ。

歴代のスウェーデン政府もブレアと同じ政策を追求してきている。発端は１９６０年代にポーランド出身のシオニスト、デーヴィッド・シュワルツが提唱したスウェーデン流多文化主義だ。１９５０年代初頭にスウェーデンに移民したシュワルツは、政府の移民支援、流入文化の保護、土着文化の希薄化を先頭に立って主張するようになった。この政策は１９７５年に公式のものとなり、２００１年には社会民主労働党のモナ・サーリンが「スウェーデン人は新しいスウェーデンに統合されなければならない。古いスウェーデンはもう戻ってこない」と宣言した。それを受けて、政府の資金提供するプロパガンダ広告がスウェーデンのテレビに登場した。

２００６年から２０１４年までスウェーデンの首相を務めた「進歩主義者」のフレドリック・ラインフェルトは、さらなる移民政策を推進し、スウェーデン人は「退屈」で国境は架空のものだと発言し、その上「純粋にスウェーデン発祥のものは野蛮さだけ」で、それ以外のものはすべてよそから来たとまで言い放った。ラインフェルトの場合は、この息を呑《の》むほどの傲慢《ごうまん》さも明らかにスウェーデン発祥なのだろう。スウェーデンは世界で最も寛大で平等主義の国民のひとつであるにもかかわらず、このような発言や政策に異論を唱える者は、人種差別主義者として非難される。

アメリカ人シオニストで研究者のバーバラ・ラーナー・スペクターは、１９６０年代にイスラエルに移住し、その後、夫であるラビ・フィリップ・スペクターとともにスウェーデンに向かったが、彼女は、ヨーロッパの文化を変える上でのシオニストの役割をまったく隠そうとしていない。スペクターはスウェーデン政府の出資を受けてパラデイア（「スウェーデンにおけるユダヤ学のためのヨーロッパ研究所」）を設立した。彼女はテレビ番組のインタビューでこう語っている。

反ユダヤ主義が復活していると思います。それは、まだヨーロッパが多文化国家となる方法を身につけていないためです。わたしたちは、今後必ず起こる変容の苦しみを分かち合うことになります。ヨーロッパが前世紀のような単一文化社会になることはもうないでしょう。

ユダヤ人はその中心になります。それはヨーロッパがなすべき極めて大きな変容です。ヨーロッパは今多文化的な状態になりつつありますが、そこでユダヤ人が主導的役割を果たしていることは快く思われないでしょう。しかし、この主導的役割がなければ、また、この変容なくしては、ヨーロッパが生き残ることはできないのです。

この言葉には無限の傲慢《ごうまん》さがある。しかもイスラエル当局は、国内のアフリカ系移民を軽蔑していて、金と航空券を与えてまで帰国させているというのだから、何とも皮肉なことだ。イスラエルのエリ・イシャイ元内務大臣は、彼らが諦《あきら》めて政府による国外追放を認めないかぎり、イスラエル当局は「彼らに惨めな暮らしをさせる」と語ったと伝えられている。ネタニヤフ首相は「彼らの入国を阻止しないと、現在の6万人が60万人に増加して、ユダヤ人国家、民主国家としてのわが国の存在を脅《おびや》かされてしまう」と発言した。イスラエルは自国への難民も移民も望んではいないが、中東から可能な限り非ユダヤ人を排除して「エレツ・イスラエル」を追求することは望んでいる。

イスラエル・ハイファ大学のアーノン・ソファー教授によれば「わたしたちは［中東からの］大量移民の始まりを目撃している。これはかつて地中海沿岸の海民やフン族がヨーロッパへ流入したような規模になる」という。

スペクターは、またぞろ「反ユダヤ主義の復活」という操作テクニックを使って、ヨーロッパ人が自身の文化が消えていくのを見たがらない理由を説明する。彼女は、自分は反感の犠牲者だと主張しているが、ひょっとしたらいつか、自分こそがその恨みの原因だと考えるようになるかもしれない（まあ、ないと思うが）――なにしろ、これほどの驚くべき自惚《うぬぼ》れと優越感でもって、ヨーロッパ全体の何億という人びとに、好むと好まざるとにかかわらず状況はこうなるよと教えているのだから。

基本的に制限を設けないスウェーデンの移民政策は、大部分の移住者と地元民の両方にとって完全な災難となっている。スウェーデンは、人口比で先進国世界のどの国よりも多くの移民を受け入れていて、２０１５年だけでも18万人を受け入れているが、これはスウェーデンの最大都市３つを除いたどの都市や町の人口より多い。

ほかの国々でも同様だが、多くの移民は子どもだという理由で入国を許可されている。しかし実際は、大半が身長180センチを超え、筋骨たくましく、顎髭《あごひげ》を生やしている。だが、このようなナンセンスを指摘してはいけない。そんなことを言うのは人種差別だ。スウェーデンが新しく年齢検査をしたところ、子どもだという理由で亡命を認められたうちの4人中3人は18歳以上だった。

かつては繁栄していたスウェーデン経済は、この異常な割合の移民に住宅や資金を提供するためのコストが膨《ふく》れあがり、ほとんど破綻《はたん》状態にある。しかも移民たちはスウェーデン語を話せない状態でやって来るので、就職できる可能性は極めて低い。スウェーデンの名高い福祉制度は、増加の一途をたどる需要のために崩壊しつつある。だが、それでも進歩主義者は、さらなる移民を要求し、例の「自分は白人の迫害者」だという罪悪感を説いて回る。

フェミニズム・イニシアチブ党の党首でウガンダ出身のヴィクトリア・カウィーザなどは、すべての国境を開き、刑事犯罪（レイプを含む）を犯した者の国外退去をやめるよう求めている。まったく大した「女性解放構想《フェミニズム・イニシアチブ》」だ。ああ、そうそう、彼女は男性への課税も求めている。これでは誰でも尋ねたくなるだろう——どうしようもなくてアフリカから逃げ出したところをスウェーデンに迎え入れてもらったのに、こんどは国境管理の廃止を要求して、誰もが知っているスウェーデンを破壊しようしたら、昔からスウェーデンで暮らしてきた人びとは移民に対する悪感情を募《つの》らせるのではないですか？　しかしそんな質問をしてもムダだ。ミズ・カウィーザにそんな疑問を抱くような謙虚さはない。

カウィーザやスペクターのような独りよがりでバカげた発言のせいで、すべての移民、すべてのユダヤ人が汚名を着せられ、怒りを向けられるようになる。彼女らは、自分で反対すると言っていることの原因になっていながら、巨大なエゴと無尽蔵の尊大さのため、気づくことができない。

すべての移民に対する反感を煽《あお》るような動画もあって、ある移民がドイツ人男性に向かって、イスラム教がドイツにやって来る、おまえの娘はスカーフを被《かぶ》り、息子は顎鬚《あごひげ》を生やすようになるだろう、イスラム教徒はドイツ人よりずっと早く数が増えるから、出生率で国を征服するだろうと語っていたりする（ほかにも、ひとりを収容所に入れたら家族があとからやって来る、というのもある）。

別の動画では、イスラム教徒の男がヨーロッパ人の女性をレイプしたことを吹聴《ふいちょう》する——「俺たちはヨーロッパをヨーロッパ人から奪っているが、ヨーロッパ人はバカだからやり返してこない」「あいつらは俺たちに金を払って自分の国を征服された上、土地を奪われるのさ」「何より期待するのはヨーロッパの女どもをぶち壊すことだな」。また別の動画では、若い白人の処女を7人でレイプしたことを自慢している。なるほど、ここから人種間の調和が生まれるということか——きっとフェミニストの進歩主義者なら喜んでコメントしてくれるだろう。

わたしは人種など少しも気にしない。人はみな、異なった体験を持つひとつの意識だ。わたしが気にするのは、信条や経歴に関係なく、その人がどんな人で、何をしているかということだ。だが、操作者は人種を重要視するので、彼らのアジェンダ《実現目標》を理解するためには、ヨーロッパの白人を標的にしていることも含めて、人種を取り上げるしかない。

ドイツ人のイスラム研究者でシリア人の血を引くラミア・カダーは、ドイツのテレビ番組で、将来のドイツ人はみな移民的背景を持つようになると語った。「青い目と明るい髪色は昔のものになって『みんなドイツ人』になるのです――ドイツ人であることはヒジャブを被《かぶ》ることになるでしょう」。カダーはイスラム教の教育をドイツの公立学校に導入し、子ども向け、大人向けに、初めてとなるコーランのドイツ語訳を出版した。

今でも、イスラム教徒のヒジャブがフェミニズムの象徴として宣伝されているミュージックビデオを目にするし、まったく無能なオーストリア首相で「緑の党」の元党首でもあるアレクサンダー・ファン・デア・ベレン首相は、すべての女性がヘッドスカーフ《ヒジャブ》を身に着けることを呼びかけた。イスラム教徒と連帯して「蔓延《まんえん》するイスラム嫌悪」と戦うためだという。

彼の頭の中に蔓延する愚かさはどうなのだ。それならいっそ、すべての女性がブルカを身に着けるよう求めたらどうだ。そうなれば、女性の声を聞くこともできず、見ることすらできなくなるだろう。究極の目的は西洋社会のイスラム化だ。しかもそれは、イスラム教徒の利益のためではなく、イスラム教徒を利用する〈隠れた手〉とその主唱者の利益のためで、このやり口は、ワッハーブ派「厳格なイスラム法を遵守する教派」やシャリーア法［イスラム法に基づく厳格な新刑法］を創って世俗的なイスラム教徒から支配権を奪ったのとまったく同じだ。とりわけ子どもや若者は、大人になったときに西洋社会を完全に変えてしまえるように、特に標的にされている。さっき紹介したオーストリアのファン・デア・ベレン首相によるヒジャブについての発言がいい例で、あれは学童に対するものだった。

大挙移民ＯＫ、在来民は出ていけ!!

シーッ！ 自由は許されない――西洋はイスラム天国化?!

見よ！ドイツ・英国・スウェーデンの悲惨な実態を！

ドイツの小都市カッセルのワルター・リュプケ行政管区長は、移民に対する地域の懸念に応《こた》えて、同意しない者にはもれなく「ドイツから出て行く自由」があると発言した。大きく異なる文化の人間が外国から大挙してやって来て、それについて不満を述べたら自分の国から出て行けと言われる――これでドイツ人はどう思うだろうか。あるいは、ドイツの学校のすべての子どもにアラビア語教育を義務付けるよう要求したりすれば、地元民の潜在的な怒りに油を注がないだろうか。またあるいは、自分たちの国に定住した人びとが、組織的に他者を排除して地域全体を彼らの文化で乗っ取り、まるで国内国か並行社会のように、ここではシャリーア法を運用すると主張したら、そのコミュニティ《地域社会》の人たちはどう感じるだろう。

これと同じシャリーア法はインドネシアでも行われていて、同性愛者《ゲイ》やトランスジェンダー《身体と心の性が不一致》が標的になり、同性愛者が公衆の面前で鞭打《むちう》ち刑にされるのを大勢の群集が見物し、はやし立てている。これをどうやって受け入れているのかね、進歩主義者のみなさん。いや、シャリーア法の狂信者にしても、まさかどこへ行ってもこれを押しつけようとは思わないだろう――そう考えるほどわたしたちはバカ正直なのだろうか。シャリーア法はワッハーブ派であり、同時にサウジアラビアであり、イスラエルであり、修正主義《史実ねじまげ》シオニズムであり、シャブタイ派フランキズムであり、悪魔崇拝だ。

イスラム教徒の女性が――そして非イスラム教徒の女性も――男性イスラム教徒の「道徳警察」から責められ支配されるなど、忌《いま》わしいことだと考える国は多い。どうしてそんなものが受け入れられるだろう。あるスウェーデンのテレビチームがイスラム教寺院の職員に男女平等についてインタビューすると、彼らは男女平等に賛同すると言った。その後、ふたりの女性ジャーナリストがイスラム教徒のふりをしてモスクに戻り、隠しカメラを回していると、同じ職員が、たとえ望まない場合も夫と寝ることを拒《こば》んではならない、殴られることを受け入れろ、警察へは届けるなと命じていた。

昔ならスウェーデン中が抗議していたはずだが、モスクの半数は政府が資金を出している。これは非イスラム教徒の平等と自由だけの話ではない。女性を、プログラミングされた夫に仕える奴隷ぐらいにしか考えていないワッハーブ派のシャリーア法の下で、イスラム教徒の女性がどのような扱いを受けているかという話なのだ。

今はドイツのような国でも「名誉殺人」が盛んに行われていて、男性を侮辱していると受け取られた女性、あるいは「不適切な」相手と恋に落ちた女性が殺されている。進歩主義者の諸君はどこへ行ってしまったのだ。こうしたことが今日のヨーロッパ全土で起こっている。イギリスのバーミンガムのある学校では、生徒を人種別に隔離し、夫が妻に暴力を振るうことを推奨《すいしょう》する本を図書館に置いていることが、政府の報告書によって明らかになっている。

スウェーデン社会民主労働党の政治家でフェミニストのナリン・ペクグルは、30年暮らしてきたストックホルム郊外では、男性のあいだに宗教的原理主義が台頭してきたためもはや安全だと感じられない、郊外のセンターへ行くと必ず嫌がらせを受けると国内のテレビで語っている。

元左翼党の政治家ジリハ・ダグレも、イスラム教の「道徳警察」が地域の女性の行動を取り締まろうとしていることを理由に、郊外から引っ越した。フェミニストへの攻撃が問題となり、もう安全とは思えなくなったとダグレは語っている。これは驚いた。なんという皮肉だろう、こういうことが続き、これからも広がっていくなら、君たち進歩主義者はあらゆるところで同じ問題に直面するだろう。

スウェーデン国防省の民間緊急事態庁が依頼した報告書は、ムスリム同胞団の過激派がスウェーデンでイスラム教を広め、世俗主義の社会に緊張関係を引き起こして政党、機関、その他の組織を標的に、秘密裏にスウェーデンに「並行」社会を打ち立てようとしていると警告した。わずか1000万人というスウェーデンの人口を考えると、この浸透と乗っ取りのプロセス《過程》は、大国よりもずっと短期間で達成できるだろう。またこの報告書は、このプロセスに異論を唱える者は「人種差別主義者、イスラム嫌悪と呼ばれるリスク《危険》を冒すことになる。スウェーデン社会の状況では、このような分類はキャリア《経歴》を危険にさらすものとなる」とも述べている。

政治的公正《ポリティカル・コレクトネス》は、検閲によって、実際に起きていることが明るみに出るのを引き延ばし、最終目標を最小限の抵抗で達成できるようにするために存在している。

フランスの都市ベジエのロベール・メナール市長は、地元の学校にイスラム教徒の子どもが多過ぎると発言して「憎悪を煽《あお》った」として、2000ユーロの罰金を科された。メナールによれば、あるクラスでは91パーセントがイスラム教徒だという。「ゲットーのような学校が存在することは、子どもにとっても母親にとっても望ましいことではないと考えます。解決法を見つけるためには事実を口にする必要があるのです」。ああ、しかし、移民アジェンダ《実現目標》にダメージを与える可能性があることは言ってはいけない。アジェンダでは移民と地元民の両方が利用される。〈エリート〉は両方とも軽蔑しているからだ。

ロスチャイルドの奴隷であるマクロン大統領は、フランス中の62のホテルを買い取って移民収容所にすると発表した。しかし、複数の市長と警察組合は、それでは人口の少ない町は「何百人もの独身男性で溢《あふ》れてしまう」と言っている。これは地元住民と「何百人もの独身男性」のあいだで起こるべくして起こったことで、どちらも同じ「ゲーム」の駒なのだ。このことに光を当てれば、進歩主義者（と彼らを支える「体制《エスタブリッシュメント》」）もそう簡単に「人種差別だ」と声を上げることはできない。

まあ何を叫ぼうと、わたしは気にしないのだが、とにかくこれは言わねばならない。自分のことしか考えない、傲慢《ごうまん》で近視眼的な自己純粋性に怖《お》じ気《け》づいて、口を閉ざしてはならない。奪われてしまったあらゆるバランスや常識を取り戻さねばならないのだ。進歩主義者は、さまざまな見解や意見を表明する政党が登場すると、すぐに「極右の台頭」を訴えるか、そうでなければ、政治的公正やオーウェル式の「憎悪」法の専制政治によって沈黙させてしまう。PC《政治的公正》の進歩主義者は抗議の対象を自ら生み出しているのだが、彼らはあまりに盲目で、自己純粋性に執着しているために、そのことが理解できないのだ。

わたしは１９９０年代から２０００年代初頭にかけてスウェーデンで何回か講演を行ったが、その後はかなり空白ができ、２０１７年にようやくヨーテボリで講演することができた。スウェーデンは以前のスウェーデンではなかった。恐怖の空気が漂い、日が暮れてからは、ショッピングモールを含めて、特定の場所には行ってはいけないと忠告された。レイプが急増していて、２０１６年だけで13パーセントもポイントが上昇していた。かつてスウェーデンの社会統合大臣は、マルメの町は「ヨーロッパのレイプの中心地」だという苦情に応《こた》えて、レイプのレベルは「どんどん下がりつつある」と発言したのだが、この数字を受けて謝罪せざるをえなくなった。

スウェーデン最大の音楽祭は、２０１７年にレイプと性的暴行が相次いだため、２０１８年の開催中止を発表した。すると、あるスウェーデンのラジオ番組の司会者は、音楽祭を男子禁制で開催したらどうかと提案した。「男性以外しか参加できないすてきな音楽祭を計画するというのはどうでしょう。すべての男性がどんな振る舞いをするべきかを学ぶまで、女性が運営するというのは」

わたしは、これはお粗末で悪意に満ちたアイデアだと思う。一部の行動のためにすべての男性――あるいは誰であれ全員――を閉め出すのではなく、その一部に堂々と対応するべきだ。これを突き詰めていけばどうなるか考えてみればいい。一部の犯罪を理由に男性全員を投獄しよう、そうすれば男性による犯罪を阻止できる、となってしまう。バカげているが、これが「進歩主義者」の考え方で、彼らの前線部隊の影響で、スウェーデンは正気と冷静な観察力を失いつつある。

　性的暴行はスウェーデンで急増しているし、一般的な犯罪も同様に増えているのだが、当局はなんとかしてその背景を隠そうと、警官に真実を語らないように指示しているほか、事件記録にも、民族や国籍の詳細を記載することを禁じている。ストックホルムでは、当局から回ってきた内部文書で、警官は一般大衆に容疑者の民族、国籍、肌の色、身長を知らせてはならないと指示されていた。あぁ、なるほど、それはさぞ容疑者の発見に役立つことだろう。その文書にはさらにこうも書いてあった。「人の肌の色についての情報にめぐって警察への批判が起きる場合があり、それは人種差別主義と見なされる」。きっとそんな情報がなくても加害者は捕まえられる、というのだろう。

いや、まったくご立派な警察だ。

　オランダの全国紙『テレグラフ』は、警察から新聞社に、犯罪者を含む亡命希望者の数を問い合わせた情報公開請求を撤回してくれれば、リードと独占記事に特別の対処をすると申し出があったことを報じている。これは気分爽快《そうかい》だ。主流メディアは基本的には起こっていることの現実を隠すことに貢献するばかりで、もう引き返せない一線を越えたと思っていたからね。

　スウェーデンの都市には、大人数でなければ警官も行かない「立ち入り禁止区域」がある。なかでも悪名高いのがリンケビューの郊外で、今では「リトル・モガディシュ」と呼ばれている［モガディシュはソマリアの首都］。そんなことはない、と彼らは思わせたがっているが、事実だ。リンケビューに建設中の新しい駐在所には、防弾ガラスの窓に金属板で補強された壁、防護フェンスが備わっていて、要塞《ようさい》か軍事施設のようだと言われている。そんなものがスウェーデンに――あのスウェーデンに！――あるのだ。２０１7年6月、スウェーデン警察はこうした「特に脆弱《ぜいじゃく》」な地域のリストに8地域を追加し、掲載された地域の数は23となった。指定数が50を超える「脆弱」指定地域では、犯罪が多発し、警官は「独自の課題」に直面している。暴力的な宗教的過激思想が存在しているところもあって、住民は報復が怖いので、犯罪が行われても警察に通報しようとしない。

これが「自由」で「リベラル」な今日のスウェーデンだ。そしてこれをヨーロッパ中に広め、巨大な規模で分断支配を実現することが、昔からの一貫した計画なのだ。スウェーデンの救急車組合長ゴードン・ゲラティゲは、移民が多数を占めていて、入ると危険な地域が現在約50カ所あり、特に危険な5～10の地域は救急隊員も「立ち入り禁止」にしていると語っている。入るには警官の護衛が必要で、ヘルメットと防弾チョッキを身に着け、強化された救急車を使うのだという。一部の地域では、警官に石が投げられ、パトカーに火をつけられたりもしている。ゲラティゲによれば、移民には「われわれとは別の」独自の構造と共同体があって、救急隊員は「歓迎されているとは感じられない、それはたしかだ」。さらにギャング文化があり、ギャング間の暴力もある。

スウェーデン警察庁ダン・エリアソン長官は記者会見で、約２００のネットワークに所属する５０００人以上の犯罪者が、現在61カ所ある「立ち入り禁止区域」で活動していると述べた。彼の政府へのメッセージは「何とかしてくれ、助けてくれ」ということだ。エリアソンは、この傾向が続けばもう対処できなくなると言っていた。ある報告書によれば、スウェーデンの警察官の80パーセントは、現在直面している状況を理由に警官を辞めることを考えているとしている。

元警視で組織犯罪とギャングを専門とするアミール・ロスタミは「今日、ギャングをめぐる環境は――こんな言い方はしたくないが［テレビシリーズの］『ワイルド・ウエスト』そのままの世界に向かっている」と言っている。

同じことはアメリカでも起きていて、MS－13というギャング団ネットワークがあるし、ドイツでも南東部の犯罪シンジケートがあって、ほとんど刑罰を受けることなしに恐喝、ゆすり、マネーローンダリング、売春、薬物売買、武器売買、人身売買が行われている。彼らはドイツの広い範囲で大小の都市を支配していて、日刊紙『ディ・ヴェルト』によれば、レバノン系の約12の派閥が、首都ベルリンの組織犯罪を支配しているという。

ハノーバーのある裁判官は、警官24人と救急医療隊員6人に重傷を負わせたクルド系一派のメンバー6人に対して、執行猶予付きの判決しか言い渡せなかった。ドイツ警察はこのバカげた判決にショックを受け、裁判官は家族への報復を恐れたのだという噂《うわさ》が広まった。こんな噂が出回るのも驚くには当たらない。この裁判官は被疑者と取引をして、警察に不利な証拠を提出させないようにしていたからだ。もし末端の警官に発言が許されれば、何が起こっているかについての衝撃的な事実が明るみに出るだろう。だからこそ、彼らは沈黙を守るよう命じられているのだ。しかし、それでも、発言した警官はいる。スウェーデン警察で重大犯罪班の捜査官をして47年になるピーター・スプリンガレは、フェイスブックを使って不満を表明した。

さあ始めよう。今週月曜から金曜までに取り扱った事件――レイプ、レイプ、窃盗、加重暴行、強制わいせつおよびレイプ、恐喝、脅迫、暴行、警官に対する暴力、警官に対する脅迫、麻薬犯罪、麻薬、犯罪、重罪、殺人未遂、再びレイプ、再び恐喝、虐待……。

……犯行の容疑者：アリ・ムハンマド、マハムード、ムハンマド、ムハンマド・アリ、同じく、同じく、同じく。クリストファー……何だって、本当か？　そう、スウェーデン人の名前がひとつ麻薬犯罪に紛《まぎ》れこんでいた。ムハンマド、マハムード・アリ、同じく、同じく……。

……今週のすべての犯罪の国：イラク、イラク、トルコ、シリア、アフガニスタン、ソマリア、ソマリア、もう一度シリア、ソマリア、不明、不明、スウェーデン。容疑者の半数は有効な書類を所持していないので国籍不明。つまり、たいていは国籍や身元について嘘をついているということだ。

スプリンガレの投稿には熱烈な支援と、人種差別だといういつもの非難との両方が寄せられたが、例によって非難に回った「進歩主義者」は、肝心な問いへの対応を拒んでいる。それは「彼が言ったことは事実か」ということだ。彼らはそこへ踏み込むのを嫌がる。その話をしたら、彼らの自己欺瞞《ぎまん》が破裂してしまうからだ。彼らはすべての個人を、肌の色、信条、経歴に関係なく、その真価に基づいて判断するということができない、というか、そうしたくないと思っている。

彼らの頭は、移民はすべて善良で、不満を抱く白人はすべて人種差別主義者で偏狭だというように、集団単位でしかものを考えることができない（これは新しい集団思考の形態だ）。実際に人種差別主義者で偏狭なのは彼らの方なのだ。ドイツの婦人警官でギリシアからの移民であるタニア・カンブーリは「［移民の］違反者がこれからも警察の捜査記録を埋めつづけ、わたしたちを肉体的に傷つけておいて……まったく問題にならないということがあってはなりません。……街中の制御が効かなくなりつつあります」と証言している。しかし「この問題について真実を述べる人は誰でも、たちまちナチと同類にされてしまいます」。ドイツでの移民による性犯罪は1年間で約2倍になって、合計で３０００件を越した。具体的な数字は、２０１５年の１６８３件から２０１６年の３４０４件だが、これは公式に記録された数字にすぎない。だが、これを指摘すると人種差別ということになる。では、暴行を受けた人たちはどうなるのだ。そっちはどうでもいいというのか。

レイプで有罪になった移民男性が「文化の違いと無理解」を理由にまったく不適切な判決を受けた例は数多くあるし、なかには無罪放免になった者さえいる。オーストリアのある裁判官は、10歳の少年を残忍にレイプした移民の有罪判決を覆《くつがえ》し、再審を命じた。その理由は、1審判決は、犯人が被害者の同意を得たと考えたかどうかを立証すべきだったというものだ。10歳の少年の同意だって？

オーストリアの都市ツルンでは、15歳の少女が複数の移民男性によって残忍にレイプされて以後、それ以上の難民受け入れを拒否した。また28歳のハンガリー女性は、エチオピア人の亡命希望者に町の市場で待ち伏せされて9回レイプされ、そのときの様子を自分の携帯電話のカメラで撮影された、とドイツの裁判所に訴えた。フェミニストの進歩主義者よ、彼女らの「人権」はどこにあるのだ！

イギリスでイスラム教徒のギャングに繰り返しレイプされた13歳の少女は、警察とソーシャルワーカーから、犯人の民族性について話してはいけないと「何度も」言われたという。「わたしは人種差別主義者ではありませんが、わたしの口を封じる方法としてこの言葉が使われたように感じました」と、彼女はラジオのインタビュアーに語っている。「……犯人の名前を言ったとたん、まるで自分が人種差別主義者であるかのような、問題のある人間であるかのような気分にさせられたのです」

シリア出身の14歳の幼い花嫁がスウェーデンへ来て夫の子どもを妊娠し、夫がソーシャルサービスによって告訴されたが、裁判官は、この女性は「成熟して」いると思われる、それが彼らの宗教と文化なのだから問題はないと言った。もしこれに生粋《きっすい》のスウェーデン人が関わっていれば、小児性愛の罪で重い実刑判決を受けたはずだ。こうして怒りは溜《た》まりに溜まっていって、いつか爆発する――そしてそれこそが、分断支配を推進し、警察国家の強化を正当化するために、〈エリート〉が願っていることなのだ。

人種・宗教差別なんかじゃない!! 凶悪犯罪は断乎厳罰処置だ!!

大量移民の悪質分子に事前警告――グレーゾーンの色合い

移民はすべて強姦犯《ごうかんはん》で犯罪者なのだろうか。もちろん違う。大部分は平和に暮らしたいと願っている。でも、なかには悪い奴《やつ》もいるだろう？　もちろんだ。そしてそういう連中のことを、当局や進歩主義者は直視することを望んでいないし、人びとがそこに光を当てたり耳にしたりすることも許さない。そして、それが根源となって地元民のあいだに怒りと不満が募《つの》り、同じような主張をする政党を通して表現されて、多くの人の心の中で、すべての移民が犯罪者や強姦犯と結びついていく。どんな人種や文化的グループでも、そこには善良な人びと、まずまずの人びと、極めて不愉快な人びとがいるものなのに、大量移民となると、この明白な事実が無視されてしまうようだ。

わたしはこの30年間、世界中を旅してこの目で見てきたが、重要なのは肌の色や宗教ではなく、その人の意識レベルであり、本人がどこまで自分の心と結びついているかだ。彼らはいいイスラム教徒でも暴力的なイスラム教徒でもないし、いいキリスト教徒でも暴力的なキリスト教徒でもない。ユダヤ教徒やヒンドゥー教徒でも同じことだ。彼らはすべて認識の状態で、それが一定の身体タイプや信仰を通して表出しているにすぎない。暴力的なイスラム教徒は、肉体と背景が違えば、暴力的なキリスト教徒になっていたかもしれない。サイコパス《精神病質者》に別の体を与えても、精神が同じならどうなるだろう。やはりサイコパスになるはずだ。わたしはつねに認識の状態に目を向ける。すべてを剥《は》ぎとってしまえば、残るのはそれがすべてだと知っているからだ。

進歩主義者は肉体しか見ない。彼らは人種と性別にとらわれている。あまりに肉体中心になってしまうと、つねに近視眼的な状態で生きるようになり、拡張した意識レベルの人には火を見るより明らかなことを無視し、非難さえしてしまう。自由や女性に関してまったく異なった考え方をする、まったく異なった文化を集団で受け入れようとすれば——ましてやその中に、どこへ行こうと自分の信念体系、文化、宗教、法律を押しつけようと心に決めている連中が含まれている場合に——問題が起こらないはずがない。わたしたちは進歩主義の独裁者に脅《おど》されて、口を閉ざしてはいけない。こういうことは口に出し、認識し、対処していく必要がある。

移民してくる者も、同情と良識を持って自分たちを受け入れてくれる国で、逆に自分たちの文化と宗教を支配的なものにする権利があると考えるのではなく、他者の信仰と文化に対する謙虚さと尊敬が必要だし、相手の感情を理解するべきだ。その方がずっと、自分たちとその文化が同等に扱われることに気づくことは増えるだろう。

モスクワを本拠とするメディア「ロシア・トゥデイ［現RT］」のロンドン支局は、イスラム教について議論になりそうな話題があると、ラマダン・ファウンデーションというイスラム教団体の男性を出演させる。わたしが見たときには、彼は決まって、自分と異なる見解を持つ人すべてに「人種差別主義者」「偏狭者」というラベルを貼《は》っていた。その人たちは、自分のコミュニティ《地域社会》が受けているイスラム教の影響について、当然のことを主張しているだけだった。彼もやはり傲慢《ごうまん》な人間で、自ら、自分が反対だと主張することの原因になっていた。

わたしの経験では、彼らはどんな状況でもつねにイスラム教の地位を正当化する。まるで、その名の下でなされたことはすべて正統だと言い張るシオニスト擁護者《ようごしゃ》のカーボンコピーだ。この男も、他者への共感はまったく見られず、虐待があるだけで、その時点で訴えたい失望と怒りを煽《あお》るばかりだった。わたしが見たインタビューでは、グラナダにあるトリウンフォ公園の聖母マリア像のある場所で、数十人のイスラム教徒が集団で祈っていたことに、スペインのキリスト教徒が激怒したことにコメントしていた。

わたしは宗教や人種に関しては中立の立場を取ることができる。すべての宗教は知覚コントロールの極端な形態であり、わたしたちすべてがそうである〈無限の認識《アウェアネス》〉ではなく、どんな色合いにせよ肉体も自分だと認識することは、近視眼的だと考えるからだ。この知覚は、今日いたるところで目にするアイデンティティー《肩書自己陶酔型》政治からあなたを解放してくれる。アイデンティティー政治では、自分のアイデンティティー《本質的あり方》に適合するものだけを追求し、どんな環境でもそのアイデンティティーを守ることが動機となっている。当然どんな状況でも偏見なく共感的な目を向け、何が公平で適正かを追求しようとはしない。

グラナダの件に関してこの中立的な観点を取るなら、数十人のイスラム教徒が、地元で崇拝されているキリスト教の像の前で（しかもメッカでのやり方で）祈っているところを見れば、キリスト教徒は自分たちの文化が乗っ取られるという恐怖感を募《つの》らせるだろう。実際にそうだったかどうかは問題ではない。キリスト教徒の大切な場所でイスラム教徒が祈っていれば彼らをそのように感じると思われる。したがって純粋に共感という点から見て、これは敬意を抱いた動きではないし、それを承諾した地元当局についても同じことが言える。

わたしとしては、人びとがどこで誰に対して祈ろうと、自分の信仰を誰かに押しつけない限り、何の問題もない。だが共感とは、自分の感情ではなく他人の感情を尊重することだ。他人の感情を引き受けるという意味ではなく、他人の感情に気づき、認識するということだ。われらがラマダン・ファウンデーションの男はこの概念を理解していないようで、インタビューを受けた別の出演者が異なる意見を述べると、人種差別のカードを切った。ではカトリック教徒がモスクで彼らの神に祈ることは許されるのかと問われると、彼は回答を拒んだ。そしてこれが、わたしがここで言っていることのすべての基礎になる。ある人にとって善であるものをすべての人にとって善だと考えるのか、それとも、わたしたちには宗教的、人種的なバイアス《偏向》があって、どちらか一方を贔屓《ひいき》すれば火を煽《あお》ることになると考えるのか、ということだ。

「名誉殺人」反対運動する公正で偏見なき人物 イスラム教徒の在英検事総長——と、過剰に人種差別タブーに反応！ＰＣ進歩主義者

わたしたちに必要なのは、公正で偏見のないイスラム教徒だ。たとえばナジール・アフザルは、グレーター・マンチェスターのロッチデール区で児童セックススキャンダルの検察官を務めた。こ

の事件では、12人の男性（ほとんどがパキスタン系イギリス人）が、児童との性的活動に関与して、性的目的での人身売買、レイプ、共謀を行ったとして有罪判決を受けた。この事件には、白人のイギリス人少女を中心に50人近くが関係していた。警察は、加害者がパキスタン系イスラム教徒で、少女の大半が白人のイギリス人だったことから、政治的不公正と言われることを恐れて、この組織的虐待の報告について調査しなかった。

　労働党のアン・クライヤー下院議員はＢＢＣのドキュメンタリー番組で、警察とソーシャルサービスは行動を起こすよう「懇願」されていたにもかかわらず、この事件に手をつけなかったと語った。「おそらく、人種差別と言われるのを恐れたからだと思います」。聞いているだろうか、進歩主義者の諸君⁉　これは、あなたたちが、タブーにふれることを恐れる風潮をつくり出したから起こったことだ。少女たちが数カ月にわたって苦しんだことは考えないのか。

　クライヤーは、友人で地元のイスラム教徒評議員と連絡を取り、イスラム教徒の「長老」に動いてもらうよう頼んでほしいと依頼したが、そういう話は聞きたくないと言われた。そこで勇敢に、かつ強硬に主張してくれたのがナジール・アフザルだった。ノース・ウェスト・イングランド初のイスラム教徒の検事総長であるアフザルは、以前から、イスラム教徒の女性の権利を守り、強制結婚、女性器の切除、そしていわゆる「名誉殺人」に反対する運動を行ってきた。名誉殺人とは、家の恥になる「罪」を犯したとされる女性が家族に殺されるというもので、具体的には、親の決めた結婚を受け入れない、コミュニティ《地域社会》や宗教のルールに従わない、家族の認めない相手と恋愛関係になる、婚姻外で性交渉をする、レイプの犠牲者になる、さらには「不適切な」服装をする、非異性愛の恋愛をする、信仰を放棄する、などがある。

さて、この出来の悪い頭をめぐらせて考えてみよう。PC進歩主義者は、犯人がイスラム教徒であるというだけで、レイプ被害者を含むこうした人たちが事実を公表するのを怖がる環境をつくり出した。一方イスラム教過激派は、女性を奴隷のように扱い、望まぬ結婚を強要し、女性器を切除し、狂った家族と異なる生き方を望めば殺してしまう。だが、進歩主義者は女性の権利のために戦うと主張しているのではないのか？　何ということだ。もう一度言おう。何ということだ！

ナジール・アフザルは、児童虐待がはびこっているコミュニティ《地域共同体》は「こうした罪を煽《あお》る時代遅れの態度に口をつぐんでいる」と言う。イギリスにも暴力的な女性蔑視が受け入れられ、称《たた》えられてさえいる地域があって、それはほとんどがアジア人の住む地域だ。しかも「そうしたコミュニティでは、このような行為に何らかの対策を講じる気がほとんどなかった」。アフザルは、否定しようのない事実として、一部地域の路上で無防備な若い女性を売春やポルノへ誘いこむ「グルーミング《誘惑》」にアジア系およびパキスタン系の男性が不釣り合いなほど関わっているとも言っている。「刑務所はイスラム教徒の囚人で溢《あふ》れそうになっている。しかし、彼らの犯罪はタブー視されている」

アフザルは、イスラム教の信者をこの問題に取り組ませようとしたが、苛立《いらだ》たしくなるほど困難だったそうだ。彼らの関心はヘイトクライム《憎悪犯罪》とイスラム嫌悪の話（アイデンティティー《肩書自己陶酔型》政策、ミー・ミー・ミー《自分の都合しか考えない》）だけで、イスラム教徒の囚人やチャイルド・グルーミング《子女誘惑》のことはまったく口にしない。
このような事件は珍しいものではなく、無理に虐待《ぎゃくたい》に関する議論を引き起こそうものなら、反応は恐るべきものになりかねない。あまりにも多くの人びとが、犯人ではなく犠牲者を責める。「やられた方が悪い」というのが一般的な見方なのだ。

アフザルは、ある会議で話をしたあと、ひとりのアジア人男性に話しかけた。その男性は、息子が最近クラック・コカインの取引で投獄されたと言ったが、彼の怒りは娘に向けられていた。自分で選んだアジア人男性と結婚して「家族に大きな恥辱をもたらした」というのだ。アフザルはその男性に、恥ずべき行為をしたのは息子さんだけでしょう、と言ったそうだ（わたしなら父親も加えるところだ）。

アフザルは、イスラム教コミュニティにもいくつかのグループがあって、女性の虐待に異議を申し立てるなど、偉大な仕事がなされつつあるが、広範囲なコミュニティの支援は得られていない、指導者らはこうした問題を無視したがるのだと語っている。ほかにも、ある女性グループを取り上げて「そこは素晴らしい教師たちが運営している、教師たちは自分の時間を犠牲にして、児童の性的虐待、強制結婚、思想の先鋭化といった危険に瀕《ひん》している少年少女を導いている」と称賛すると、寄付を申し出てくれたのは白人女性で、地元のイスラム教コミュニティではなかったということだ。

ウェールズの女性グループのメンバーはしょっちゅう車のタイヤを切り裂かれている、イスラム教徒の男性は、女性がほかの女性を守るのを望まないからだと語っていた。進歩主義者たちは聞いているだろうか。アフザルは続けてこうも言っている。

アジア人のコミュニティには女性に権利を認めることを望まない人びとがいて、女性が支え合うことを望まず、女性を抑圧し、男性が望むことだけをさせておこうとしている事実に、わたしは辟易《へきえき》している。イスラム教コミュニティを動かして、こういう問題に対処するようにしていくことが、グルーミング《誘惑》集団の存在をなくしていく第一歩でなければならない。

学校での女性蔑視に異議を申し立てる、女性への恥ずべき態度を糾弾《きゅうだん》する、選出された地元議員が強姦犯に人物証明書を渡すようなことがあれば、ロッチデールの事件のように、必ず地元新聞の一面トップに掲載される——そんなことが標準的な習慣になるべきだ。

ナジール・アフザルは、今すぐ対策を講じなければ、わたしたちは「治安維持に壊滅的な結果をもたらす社会的時限爆弾」に直面することになる、と語っている。チャイルド《子女》・グルーミング《誘惑》の被害は２０１７年までの1年でマンチェスターだけでも5倍に増加し、全国的に見ても警察を圧倒しようとしている。問題は非常に大きく、他のヨーロッパ諸国でも同様のイスラム教ギャングが活動している。同じくパキスタン系イギリス人が主として関わった児童虐待スキャンダルがイングランド北部のロザラムでも起こっていて、巻きこまれた子どもは１４００人、その大部分が12歳から16歳の少女だった。妊娠、中絶、流産のほか、赤ん坊が母親から引き離されるといった悲劇が起きたが、警察と地元自治体は10年前からこのことを知っていながら、何の措置も講じなかったことが明らかになった。タクシー運転手が地元自治体の保護施設や学校へ行き、子どもを連れ出して性行為に及ぶのが習慣だったという。少女たちは集団でレイプされ、母親や妹をレイプすると脅《おど》され、ほかの町へ売られた上、ガソリンをかけられて、火をつけると脅され続けた。もう一度言うが、これは子どもの話なのだ。

　恐ろしい犯罪が起こっていると知りながら当局が捜査しなかった理由のひとつは、サイコパス《精神病質者》の宗教と人種が関わっていた場合、人種差別の疑いをかけられて「コミュニティの人間関係にダメージを与える」可能性があるからだった。また、地元議会は労働党が支配しているのだが、イスラム教徒のコミュニティはほとんどが労働党に投票するので、彼らを怒らせて選挙で党の支持を失うのを恐れたからでもあった。労働党は労働者階級の守護者を自任しているが、伝統的な白人の有権者への――そしてこの件に関しては、白人労働者階級の子どもたちへの――絶対的な蔑視がある。ジェレミー・コービンの労働党は違うなどという戯言《ざれごと》は聞きたくない。これらの件で、わたしは労働党を信用していない。

　ロザラムでの体験は、はるか昔のレスターでの体験だった。少数民族が選挙の行方《ゆくえ》を決定づけるようになれば、コミュニティ全体での平等な待遇という主張は終わりだ。イギリスにおけるアジア人の性的虐待、レイプ、児童売買ギャングの数が明るみに出て、2017年にはニューカッスルで男性17人と女性1人が、100人以上の少女に対するレイプ、性的暴行、人身売買、売春教唆《きょうさ》の罪で有罪になった。

サイコパスの犯人はバングラデシュ、パキスタン、インド、イラク、イラン、トルコの各コミュニティ出身者だった。そのうちのひとりは、ある女性の改札係にこう言った。「白人女にもいいところがひとつある。俺のような男がファックしてゴミみたいに使えることとさ。おまえみたいな女はみんな値打ちがあるぜ」。何と進歩的なことか。

労働党の影の内閣の女性大臣サラ・チャンピオンによれば、多くの人が怖がって虐待に反対の声を上げられなくなったのは「意気地のない左翼」の政治的公正のせいだと言っている。「今まで何百人もの男性、パキスタン人の男性をこの罪で有罪にしてきた——なぜわたしたちは、何が起こっているかを知るために調査を依頼しないのか。今起こっていることが二度と起こらないようにするためには、何を変える必要があるのだろう」。なぜって？　〈エリート〉がそうなることを望んでいるから。それが理由だ。

国家犯罪対策庁は、イギリスで現代の奴隷制度と人身売買が大規模に行われているということは「国内の大きな都市すべて」に影響が及んでいるということだと発言した。ロザラム、ロッチデール、ニューカッスル、さらにはヨーロッパ中で起こっていることを見てみれば、自己執着の進歩主義者には釈明すべきことがたくさんあることがわかる――とりわけ彼らが支援すべきだと嘘の主張をしている少女や女性に対して。

大人になるべきとき《人類分断化・奴隷化阻止のため！》――言動を基準に意見形成《人種・宗教を超え相互に気遣いと敬意を！》

わたしには、大量移民によって生じたあらゆる人種差別やあらゆる反人種差別の隠蔽《いんぺい》を終結させるための簡単な信条がある。それはどの人についても、外見や出身やどの神を信じるか（あるいは信じないか）ではなく、言動を基準にして意見を形成するというものだ。どうだろう？　実際、すべての人を同じに扱うというのは斬新《ざんしん》なアイデアだと思う。誰が反論できるだろう。そう、まずは逆人種差別主義の当局と進歩主義者は反論してくるかもしれない。すべての人を同じに扱うことが許されないのは、あるアジェンダ《実現目標》が存在していて、ヨーロッパの移民も地元民も駒にすぎないからだ。

どこかの国で犯罪と性的暴行に占める移民の割合が大きかったりすると話が台無しになるので、そういう事実は抑圧しなければならないのである。平等は問題の本質ではないが、問題を解決するにはこの道筋しかない。

地元民だけでなく移民も、鏡を覗《のぞ》き込んで自省する必要がある。自分が定住した国をイスラム化し、地元の文化を乗っ取り、女性を蔑視しようとする移民は、蓄積した恨みや怒りに直面することになる。そしてそれは、〈エリート〉が分断支配という一大暴力フェスト《祭典》の中で計画していることだ。もし西洋がかつてしたように、イスラム世界をキリスト教化しようとすれば、わたしは同じことを逆にして言うことになるだろう。

大勢の死傷者を出した2017年6月のロンドンテロ事件で衝撃的な火災が起こったとき、すべての人種、宗教、背景の人たちが支え合い、尊重し、ともに悲しんだ素晴らしい経験を思い出してほしい。あのとき、誰が宗教や人種を気にしただろうか。異なった肌の色、異なった信仰の人たちが、同じ悪夢に直面していた。それ以外のことはどうでもよかった。共通の悲劇は本当に重要なことを気づかせてくれる。それは人種でも宗教でも、わたしたちを分断してきたさまざまな断層でもない。本当に大切なのは、互いを愛することであり、互いを気遣い、尊敬し合うことだ。それ以外のことはすべて幻想にすぎない。

人種と宗教に関する〈エリート〉のアジェンダを挫折《ざせつ》させるためには、この相互の――あくまで「相互の」――尊重と広い視点が必要だ。もしこれが実現しなければ、白人も黒人も黄色人種も、キリスト教徒もイスラム教徒もユダヤ教徒もヒンドゥー教徒も、互いを奴隷化することよって、全員が奴隷化されてしまうだろう。

簡単な詐欺にひっかかる　ヨーロッパ文化の寸断化・弱体化・破壊!!
感情の操作――メルケル、マクロンの愚策

スウェーデンの体験は、ドイツやフランスなどの主要国を含め、大部分のヨーロッパでますます多く見られるようになっている。〈エリート〉がブレアの青写真から焼き直して政権に就《つ》けたメルケルとマクロンは、わたしがここで述べているすべての理由から、さらなる集団移民を支援している。

ギリシアとバルカン半島を通ってヨーロッパへ向かうルートでの移民の流れが本当の意味で爆発的に増えたのは、クルド系シリア難民である3歳の男の子アラン・クルディの悲劇的な死の瞬間だった（図518）。アランは2015年9月、家族に連れられて地中海を渡ってヨーロッパへ、そこからカナダへ行こうとしていた途上で溺死《できし》した。

アルコーン〈エリート〉のソフトウェアに共感や同情の能力はないが、人間にこの能力があることは知っているので、彼らはそれを無慈悲かつ継続的に操作して、自分たちの狙《ねら》いを実現していく。感情は思考や認識への主要なアクセスポイント《接続点》なので、広告主はつねにこれを利用して、製品を、たいていはそれとまったく無関係な、感情的な状況で提示する。感情のトリガーを引くことは、知覚を形成し、望ましい反応を引き出す上でとてつもなく効果的だ。

2016年にシリアないしロシアのものとされる戦闘機がアレッポを空爆したあとには、ショックを受け当惑し、血と埃《ほこり》にまみれたシリアの少年オムラン・ダクニシュの顔が、アサド政権を悪者にする目的で、世界中に配信された（図517）。これは感情を、そしてそれを通じて知覚を操作する上で極めて強力だった。

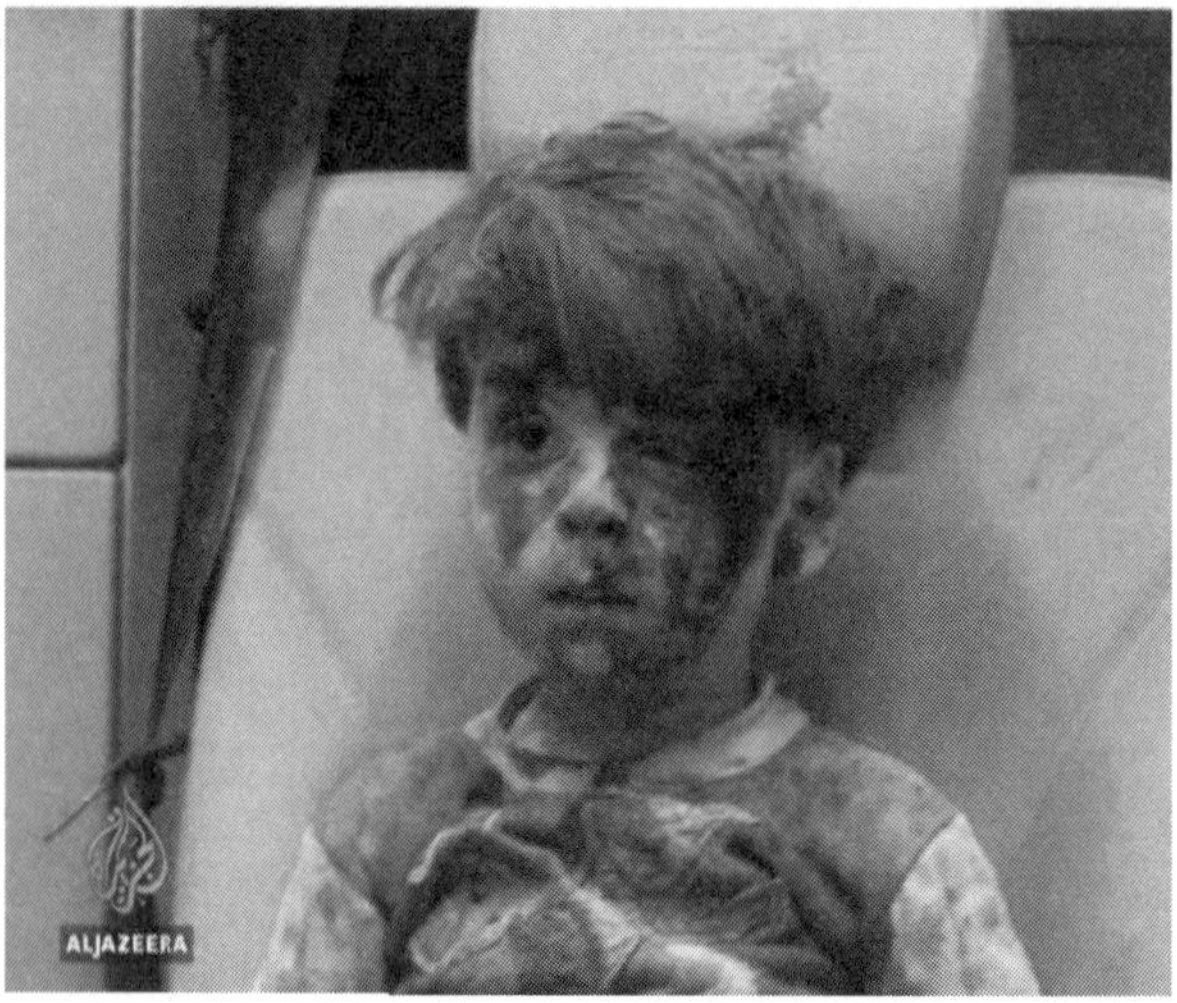

図517：オムラン・ダクニシュの写真はアサド政権を悪者にするために使われたが、主流メディアは、オムランの家族がアサドを支持していたことや、この写真が邪悪で無慈悲なテロリストとつながったホワイト・ヘルメットの撮影したものであることは伝えなかった。

図518：アラン・クルディの写真は世界に衝撃を与え、津波のような感情のトリガーを引いた。〈エリート〉はそれを冷酷に計算した上でこれを利用し、目的を達成した。

だが、この映像は、最悪のイスラム教テロリストとつながったホワイト・ヘルメット［第③巻353頁参照］の写真家が撮影したもので、オムランの父親は当時も今もアサド支持者なのだ。報道では、爆発の前に頭上で飛行機の音がしたとなっているが、父親はそんな音は聞こえなかったと言っているし、反乱軍（テロリスト）についても、息子を反アサドのプロパガンダに利用していると非難している。しかも、これ以外に二つのインタビューで、アサドを非難してほしいと金銭まで提示されたという。

　幼いアラン・クルディは集団移民のアジェンダのために、胸の悪くなるようなやり方で利用されたのだが、このときも同様のテクニックが使われた。〈エリート〉のつくり出したシリア、リビアでの戦争から逃れようとして多くの子どもが死亡しているが、なかでもアラン・クルディは、ヨーロッパへの移民をまったく新しいレベルに移行させるために、特別に選ばれた子だった（図518）。トルコの海岸にたったひとりで突っ伏す痛ましい幼児の姿を見て、深く心を動かされない人間がいるだろうか。この写真は世界をかけめぐり、中東の戦争から逃れようとしている人びとに対して、押し寄せる波のような同情のトリガーを引いた。

　ドイツのメルケル首相はその波に乗って、国境をほぼすべての人に開放した。もうシリアはおろか、リビアから来る必要さえなくなって、やって来る者は誰でもドイツに入れるようになった。そして実際に、膨大な数の人びとがドイツに入国した。ドイツ人は、到着した人びとが列車から降りると、拍手で迎えて「歓迎」という看板を掲げた。操作された感情状態にある彼らにとって、プラットフォームに降り立つ人びとは全員がアラン・クルディだった。しかし、現実はそうではなかった。なかには実際に戦争から逃れてきて、支援を受けるにふさわしい人たちもいたが、それ以外は、海岸に突っ伏した幼児の姿をきっかけに生じた感情的なうねりを利用しようとする人びとだった。

メルケル首相は『タイム』誌の「パーソン・オブ・ザ・イヤー」に選ばれたが、あれは〈エリート〉と〈クモの巣〉が100パーセント所有する資産《アセット》として、自分の任務を遂行したからにほかならない。ほどなくドイツ人は、これほどの規模の難民の受け入れは、スウェーデンが経験したすべての理由からして持続不可能だということに気づきはじめた。そして、背景や環境と無関係にあらゆる人に門戸を開くなど、メルケル首相は頭がおかしいのではないかと疑問に思った。では、わたしがその理由を説明しよう。それはアジェンダ《実現目標》がそれを要求したからだ。

あるライターはこう評している。「スウェーデンやドイツのようなヨーロッパの国は、移民をなだめるために自国の文化を寸断した」。メルケルはイギリスに対し、EU諸国との開かれた国境がブレグジット《英国のEU離脱》によって継続されなくなるなら、その「代償」が発生するだろうと警告した。そしてこれもまた、〈エリート〉のシャブタイ派フランキズムの移民アジェンダと結びついている。EUの開かれた国境という政策は、最初から、各国の違いが明確なヨーロッパの文化を弱体化し、破壊するという計画と関連したものだったのである。

難民偽装の経済移民

組織された「危機」――必死で阻止してカダフィは殺害された!!

自分がいなくなれば「ヨーロッパは真っ黒に」と警告!!

〈クモの巣〉に支配された非政府組織（NGO）やその他の組織は、移民ルートの反対側で活動し、さらに多くの人びとをヨーロッパへ向けた旅路に送り出そうとしているが、一方でローマ市長ヴィルジニア・ラッジは「これ以上の受け入れ態勢を考えるのは、危険を伴うとともに、不可能だと思われる」と発言した。簡単な計算に基づいてこのように訴えるのはラッジだけではない。だが、シオニストのジョージ・ソロスとそのNGO軍団はまったく気にしていない。

報道によればイタリアは、移民対策に年間42億ユーロ使っている。それに比べて年金に使っているのは19億ユーロ、国家住宅計画には45億ユーロだ。この数値は、移民数の増加に合わせて年々増え続けているから、先々の持続は困難だ。

進歩主義者は、無制限の移民受け入れを求める一方で、政府が手頃な価格の住宅を十分に建設していない、十分な雇用機会を創出していないと批判している。彼らは映画『ラ・ラ・ランド』のような妄想を抱いているので、この二つをつなぎ合わせることができないのだ。

移民と移住者出生率を通して人口が増えつづければ、つねに需要が供給を上回るから、十分な雇用も手頃な価格の住宅も適切な医療を供給できないのに決まっているのに、彼らにはそれがわからない。しかも今は、オートメーションやロボットに仕事を奪われるケースが急増しているから、この傾向はさらに強まる。自動車専用道の建設や拡幅によって、道路建設や拡幅の需要がさらに増加するのと同じ原理だ。

進歩主義者はこうした簡単な事実を理解したがらない。そんなことをしたら分別を持って現実を直視しなくてはならなくなり、ヴァーチュー・シグナリング《美徳の印を見せる》のために中身のない考えやスローガン《お題目》を吐き出すことができなくなるからだ——「私を見て。ほら、わたしはこんなに政治的に公正で思いやりがあるのよ」

国家統計局が公表した数字から、イギリスの人口が2016年度だけで50万人以上増加したことが明らかになっている。平時の単年度の増加としては過去最高だ。いくつもの移民監視機関が、住宅、輸送、医療などの公共サービスや、低賃金化競争への圧力がさらに強まると警告した。しかしにわか《インチキ》進歩主義者にそれを言ってもムダだ——彼らは算数ができない。進歩主義的な政党に言うのもムダだ——選挙での移民票への依存度は高まるばかりだ。

スペインも、北アフリカ海岸と南部のアンダルシア海岸（総延長約400キロ）との間にあるアルボラン海を渡る新しいルートが開けたことで、ますます影響を受けている。この辺《あた》りは地中海の西端にあって、有力な観光地域となっているのだが、モロッコとスペインは、ジブラルタル海峡を挟《はさ》んで14・3キロしか離れていない。今や何千という移民がこのルートでヨーロッパを目指している。地元紙『ヴォイス・オブ・アルメニア』の安全保障担当特派員ハビエル・パジャロンはこう言っている。

間違いなく、大部分は経済移民であって難民ではない。彼らは良い生活を求めている。その多くは強制送還されず、闇《やみ》経済の中へ消えていく。

容赦のない密航斡旋《あっせん》業者は、哀れな人びとを乗せた船舶を、北アフリカ海岸から20キロ足らず海上まで送るだけだ。あとはEUの規則によってスペインが、最も近い国だという理由で、その船舶を救助してくれる。移民は密航斡旋業者の奴隷になる。業者はアフリカやヨーロッパで活動し、船旅の費用を貸し付ける。携帯電話やソーシャルメディアを使って、移民していった人たちと連絡を取りながら、金を返さないなら本国の家族に危害を加えると脅す。借金の返済に何年もかかることもある。

慈善活動家のホワン・ミラージジェスは「彼らは無一文で辿《たど》り着きます。ただ密航斡旋業者に運賃を返済するために、そして餓死しないために稼いでいるのです」。シチリア島などではマフィアに麻薬や体を売るよう強要される。マフィアは「ブラック・アックス」や「バイキング」などのナイジェリア人テロ集団を雇い、命令に従わない移民には山刀《マチエーテ》を使う。推定3万人のナイジェリア人女性がナイジェリアのギャングとマフィアの間で売買され、イタリアをはじめとするヨーロッパ各国で売春婦になっている。正しい進歩主義者よ、これでも移民の流入を続けるというのか？ 自分の気分をよくするため、素晴らしいヴァーチュー・シグナリング《美徳の印を見せる》のためだけに。スペイン警察連盟のホセ・アントニオ・アルバレジ広報担当はこう警告している。

われわれは極めて大きな問題を抱えている。移民の数に対処することがまったくできない。もっと警官を増員しなければ市街地を管理することは不可能だ……。

このままでは、スペイン南部のリゾート地の観光業とそこでの暮らしはやがて壊滅状態になるだろう。どんな話にも両面があるが、進歩主義者は片方しか見ようとしない。報道によると、ISISは人身売買への関与を深めていて、スペインを掌握するようジハード戦士を煽《あお》っているという。ISISのある動画は、スペインはイスラム教徒の先祖の土地で「アラーの力でそれを取り戻すことになるだろう」と主張していた。そしてこれが、ヨーロッパ全土におけるISISの、そして彼らをつくり出し、西側から彼らを支配している連中の計画なのだ。

彼らのするべきことはただひとつ、中東とアフリカで戦争、暴力、暴動、退廃を継続させることだ。そうすれば、人びとの流れが決して止まらないことはわかっている。ここで述べたことの何かが人種差別だというなら、真実は人種差別だということだ。しかし、にわか《インチキ》進歩主義者は真実など問題にしていない。

国連難民高等弁務官事務所による報告では、地中海を渡ってヨーロッパに入る難民の10人中7人は、戦争から逃れてくるわけでも支援を必要とするわけでもなく、経済的理由のために移住を求めていることを確認している。報告書によると、多くの人びとが仕事を求めてアフリカの国々からリビアを目指したが、そこで見たものは「命を脅かす危険と不安定、厳しい経済状況、さらに広範囲におよぶ搾取と虐待」だった。

こうした状況は、西側政府のサイコパス《精神病質者》連中（オバマ、キャメロン、オランド、NATO）によってカダフィ大佐が排除され、殺されたあとに起こったことだ。カダフィの殺害は長期にわたる計画の一部であり、わたしたちは今その結果を目撃している。カダフィは西側に対し、リビアから自分がいなくなればヨーロッパは「真っ黒になる」と警告した。彼は2010年にイタリアを公式訪問した際、このままではヨーロッパは「何百万という移民の増加」で「第2のアフリカ」になると予言していた。

近い将来、ヨーロッパはもはやヨーロッパ人のものでなくなるばかりか、ほとんど黒人のものになってしまうだろう。移住を望む者は何百万といるからだ。ヨーロッパが進歩的で統一された大陸であり続けるのか、あるいはかつて蛮族に侵略されたように破壊されてしまうのか、どうなるかわからない。

ＮＧＯ軍団で不法移民の手助け
ジョージ・ソロス――クーデンホーフ＝カレルギー
ヨーロッパは「ユーラシア－ネグロイド（混血）」に取って代わられる、と!!

彼らは嘘に基づいてカダフィを殺害し、カダフィの予言が今現実のものとなっている。いわゆる非政府組織（ＮＧＯ）はジョージ・ソロス的操作の有力な乗り物で、慈善組織や自称代理団体というかたちで「人道主義」「人権」「民主主義」の運動を行っている（と主張している）。しかしそうした外見とは裏腹に、彼らにはまったく別のアジェンダ《実現目標》がある。資金提供しているのは常連容疑者ばかりで、その中でも突出しているのがジョージ・ソロスだ。

シチリア島の検察官カルメロ・ズッカーロは、いわゆる「難民救助の慈善団体」がリビアの密航斡旋業者と協働していると言っているし、イタリアのアンジェリーノ・アルファノ外相もこの意見に１００パーセント同意している。ズッカーロは、盗聴された通話から、多くのＮＧＯが密航請負人と共謀してイタリアを移民で溢《あふ》れさせ、経済の不安定化を狙っていることが判明したと語った。

フロンテックス（欧州対外国境管理協力機関）のファブリス・レッジェーリ理事長も、ドイツ紙『ディ・ヴェルト』のインタビューで同趣旨の発言をしている。フロンテックスの報告によると、移民斡旋業者に「出航前に正確な方向が示され、それを辿《たど》っていけばＮＧＯの船にたどり着けるようになっている」。そのあとＮＧＯと慈善団体が難民を「救助した」と主張するのだが、実際には不法移民の手助けをしているにすぎない。これによって正確な処理が極めて困難になる上、人命を危機にさらすことにもなる。

　ＮＧＯの船が海上で待っているのを知っているので、斡旋業者は「航行不能なほどの人数を乗せた船にさらに多くの移民を乗せ、水も燃料もほとんど積まない」ようになるからだ。イタリアのルシオ・マラン上院議員は、地中海で移民を救助している救援組織は、事実上、フェリーを運行して密航斡旋業者を「儲《もう》けさせている」だけだと発言した。また、移民の流れは極めて規則正しいから、これは救援活動というより「公共輸送」だとも言っている。

　リビアのベテラン沿岸警備隊員はメディアに、こうした「難民救助の慈善団体」は密航斡旋業者に金を払い、航行不能な船に乗せた移民をリビア沖で待っている救助船まで運ばせていると言った。タレク・シャンブール大佐は、銀行と電話の記録が確保できたからこれを証明できると言い、慈善団体と密航斡旋業者、それにブリュッセルの国境警備局が結託している証拠も摑《つか》んでいると主張している。こうしたことはすべて、移民危機が組織的な操作でつくり出されたものだという、複数の情報源からのテーマを支持するものだ。

　シャンブール大佐は、支援組織（ＮＧＯ）はさらに多くの移民が地中海を渡ってヨーロッパを目指すよう奨励しているとも言っている。ロスチャイルドが創設したブナイ・ブリス《ユダヤ組織幹部会議》と提携している「イスラエイド」は、捜索・救助・医療・援助に関わる12のイスラエルおよびユダヤ系団体の統轄組織で、ギリシアのレスボス島に職員を配置して難民を迎え、キャンプに収容して必要書類を整え、そこからヨーロッパ北部へ向けて送り出している。なぜ彼らは、本部に近いガザやイスラエルでパレスティナ人やアフリカ人を手助けしないのだろう。
パリを拠点に活動しているアイルランド人ジャーナリストのジェロワ・オ・コルメンはこんな記事を書いている。タイトルは『計画された強制移民――シオニズムの対ヨーロッパ戦争』だ。

難民危機ないし移民危機に対処するために何をするべきかという議論は、彼らをヨーロッパの国々へ迎えるべきかどうかに終始している。しかしながら、そうした移民に賛成か反対かという議論の陰で、アメリカないしNATOの地政学的戦略は新しい、非常に破壊的な局面に入っている。ハンガリー国境にいる移民の多くはトルコの難民キャンプから来た人びとなのだ。

報道によると、これらの難民のヨーロッパ移送にアメリカの政府機関が資金提供しており、ヨーロッパ大陸の不安定化を狙っていることを、オーストリアの諜報機関が暴露したという。この新しい地政学的構想の一部として、アメリカないしシオニストが自暴自棄になった難民を武器として使い、ヨーロッパ大陸を分断支配しようとしているというのだ。

このすべてを組織しているのが〈クモの巣〉で、合衆国やイスラエル、およびその他の国々は、そのための導管であり乗り物でしかない。「その他の国々」には、配下の国々に移民割り当てを押しつけようとするEUも含まれていて、これは少なくともリヒャルト・クーデンホーフ＝カレルギー伯爵（1894〜1972年）にまでさかのぼる計画だ。彼は、のちにEUとなる組織の設立を画策した主要人物だが、この日系オーストリア人陰謀家の背景については別の本で詳述している。自ら創設した汎《はん》ヨーロッパ主義運動を50年にわたって主宰したクーデンホーフ＝カレルギーのネットワークは、ルイ・ド・ロチルド男爵やマックス・ヴァールブルグを含むシオニストの銀行家から多額の資金提供を受けて、EUの誕生の基盤をつくった。

クーデンホーフ＝カレルギーは、国家主権を削除した現在のEUだけでなく、現在の民族構成が「ユーラシアー＝ネグロイド」の混血に取って代わられることも予見していた。この新しい混血人種の「自然な支配者」はヨーロッパのユダヤ民族で、それをクーデンホーフ＝カレルギーは「ヨーロッパの精神的貴族階級」と呼んだ。

2008年、シオニストで当時のフランス大統領だったニコラ・サルコジは、ヨーロッパは人種間の混血という課題に直面している、それは白人のヨーロッパ人にとって「選択ではなく義務」であり、もし積極的に行われないなら国家は「さらに強制的な手段」を導入しなくてはならなくなると語った。

目標は人種間交配という課題に対処することだ。21世紀になれば、わたしたちは人種間交配という課題に直面する。これは選択ではなく義務だ。必要不可欠なことだ。避けて通ることはできない。わたしたちは大きな問題に直面するリスクを負っている。

わたしたちは変わらねばならない。それゆえ、変わるのだ。すべてを同時に変えることになるだろう。ビジネス、行政、教育、政党などすべて、である。そして、わたしたちはその結果について義務を負う。もしこのボランティア精神がフランス共和国にとってうまく機能しないなら、国家はさらに強制的な手段へ移行することになるだろう。

ロスチャイルドの銀行家で、選挙のときにサルコジから支援を受けたエマニュエル・マクロンが、同じチームにいて同じ脚本で動いているのも当然だ。イスラエルのラビ・バルーク・エフラティはこの件について極めてオープンに語っている。イスラエルのウェブサイト「Ynet News」によれば、エフラティはヨーロッパのイスラム化に極めて熱心で、ユダヤ人は「キリスト教ヨーロッパがそのアイデンティティー《自己同一性》を失いつつあることを喜びと」するべきだと語った。「それは「われわれが」ヨーロッパを追放されていた数百年間に彼らがわれわれにしたことへの罰なのだ」。「ヨーロッパは他の民族と他の宗教を優先して自らのアイデンティティーを失いつつある。キリスト教の不純化を免れて生き残る者はいないだろう」。キリスト教はヨーロッパともども完全に破壊されるべきだ。「だから、わたしはあなた方に問う――イスラム教によるヨーロッパの侵略はよいニュースだろうか。それは素晴らしいニュースだ!」

わたしは、何人であれ自己アイデンティティー《の本質的あり方》を人種と重ねるのは、現実を理解するということでは方向が間違っていると考えていて、そのような人間としてこの章を書いている。角砂糖の引用を覚えているだろうか。人種と重ねた自己アイデンティティーは幻想なのだ。しかしポイントとなるのは、ここですべての問題において重要となるのは、わたしの考えや行いではないということだ。ポイントとなるのは〈エリート〉の考えであり、行いなのだ。そしてその話になれば……なんと、なんと、ぼくらのジョージ君が帰ってくることになる。

「人民革命」「アラブの春」画策！
どこにもソロス――「大量移民さま、ようこそアメリカへ!!」
進歩主義者、左翼にもおカネ大盤振る舞い！

シオニストのジョージ・ソロスは、ヨーロッパとアメリカ合衆国への大量移民を主唱し支援している第一人者だ。オープン・ソサエティ財団は「人民革命」や「アラブの春」を裏で動かし、その内部文書は「移民統治と施行のポートフォリオ・レビュー《実績一覧評価》」という見出しをつけて、世界の移民政策に影響を与えるのに成功したことを誇っている。

この文書によれば、ヨーロッパの移民危機は「新しい機会」を提供している、これによって他の裕福な資金提供者との一層の「調整と協調」が促進され、現在の状況（大量移民）が「新しい標準となり、対応の必要がない段階へと移行する」のだという。

この文書は、２０１６年5月12日にプログラムオフィサーのアンナ・クローリーとプログラムスペシャリストのケーティン・ロジンが書いたもので、ほかにも「われわれは、移民を統治する政策、規則、規制を前向きに変えようとする分野で活動する人びとを支援していくべきである」と述べている。さらに「この分野の指導者を支援するに際しては、特に世界レベルにおいては選択的かつ日《ひ》和《より》見《み》的に、移民に関する考えを推し進め」、権利擁護の調和を改善し、さまざまな取り組みを改革するべきであるとする。

また「その途上でわたしたちの目的と直接結びつく仕事をしている数々のイニシアティブ《新構想》、組織、ネットワークを支援してきた」という。これは同じソロスの操作部門であり、多くの「進歩主義者」と左翼の大義に資金提供して入国管理廃止のキャンペーンを展開し、それに抗議する者があれば誰彼なく人種差別だ、偏狭だとラベルを貼る機関だ。実際にこの文書は「移民に対する不寛容の拡大」に反撃することの必要性を強調している。どういうことかわかったと思う。

ソロスはヨーロッパが年間100万人、アメリカへも大量の移民を認めるよう呼びかけている。彼の大邸宅はどこも満員に違いない。ソロスのネットワークがつながりを主張する組織に移住政策研究所（MPI）がある。先の文書によれば、これはアメリカへの不法移民に対する恩赦を主唱している団体だということだ。ソロスと協力関係にある組織は、地元テレビ局のキャスター、クリス・バーグによって、ノースダコタ州のファーゴをはじめとする19の都市を移民で溢れさせる計画であることが暴露された。

「新しいアメリカ経済のためのパートナーシップ（PNAE）」は、開かれた移民政策を求めるキャンペーンを展開しているのだが、運営しているのは誰あろう、シオニストで元ニューヨーク市長のマイケル・ブルームバーグと、シオニズム＝イスラエル狂信者でフォックス・ニュースのオーナーであるルパート・マードックだ。しかも組織自体も、開かれた国境を目指す活動である「ウェルカム・アメリカ」と提携していて、こちらはソロスが資金提供している。

「パートナーシップのメンバーは、生産性が高く、多様性に富み、柔軟性のある労働力の維持が、来るべき世代においてアメリカの繁栄を確保する上で必要であること、そのためには移民が不可欠である」ことに同意しているという（トニー・ブレアとイギリス労働党も同様だ。彼らも同じことを言いながら、その一方で「イギリスの文化構造を永久に変える」規模の移民を計画していた）。

問題のアメリカ19都市は、移民拡大に関して一般大衆を教育する資金として「成長への入り口」賞を与えられた。ＰＮＡＥのウェブサイトは、アメリカの選挙の行方を決定づける上での移民の影響ということに執着しているようで、２０２０年までに２５６０万人のヒスパニックとアジア系がアメリカの選挙民に加わるとし、彼らがどこに投票するかは「それぞれの政党がどこまで彼らの支持を得られたか」で決まると指摘した。

反移民と見られる立場を取る候補者は、見込み有権者のあいだではマイナス24ポイント、大学教育を受けた白人女性と若者という重要な有権者集団のあいだでは、さらに大きなマイナスを背負って総選挙をスタートさせることになるだろう。

共和党の予備選有権者のうち、反移民はおよそ5人に1人にすぎない。この少数の有権者集団は強硬派の有権者で構成されているから、主流候補の誰が来てもまず投票してもらえない。しかし、ヒスパニックと移民の両方の票が得られれば、その候補者は成功できるだろう。調査が示しているように、移民問題が争点から外れれば、反移民の有権者の票の多くは容易に手に入るからだ。

というわけで、政治家をめざして立候補する人に警告しておこう。ゲームは極めてわかりやすい。移民の票が選挙を決定する段階に達したら、その時点で、すべての人びとのための政治は跡形もなく消える（これは、そういう政治が全体として存在したということではなく、そもそもあったとしても、という意味だ）。国の人口構成を変容させるために主に使われている駒たちは、合衆国ではヒスパニック（スペイン語を話す人びと）とラティーノ（中南米出身者）だ。だから〈エリート〉のフロント組織であるPNAEはヒスパニックにスポットライトを当てている。

イスラム教徒のアメリカ移住を認めるかどうかをめぐって偽の議論が行われているが、これは煙幕だ。イスラム教世界の中心とアメリカとの間では距離があり過ぎて、ヨーロッパのようなやり方で彼らを移民の駒として利用することはできない。しかし、中央アメリカと南アメリカはアメリカ国境を越えてすぐなので、こちらではヒスパニックとラティーノが、白人種を標的にした〈エリート〉の計画を推進するのに利用されているのだ。オーストラリアでは、中国やアジアからの移民全般を利用している。〈エリート〉とその主人であるアルコーン・レプティリアンにとって、重要なのは移民の質ではなく、単にその数なのだ。

だからわたしたちに絶対不可欠なこと、それは、あらゆる人種や民族的背景を持つ人びとが、自分たち全員が世界規模での共通目的のために操作されていることに気づき、それが自分たち全員にとって悪いことなのだと認識することだ。この点では、わたしたち全員が同じだ。だからこそ〈エリート〉は、わたしたちを引き離し、分断し、支配しようと、休むことなく動き回っている。

さまざまな人種集団や宗教集団の代弁者（というか、自称代弁者）は、大局を見ようとせず、どんな状況になろうと自分たちの守備範囲だけを守ることが必要だと感じている。これに関しては、先にイギリスのラマダン・ファウンデーションの男を取り上げたが、それ以外では、アメリカのテレビ番組でホルヘ・ラモスのインタビューを見たことがある。ラモスは、スペイン語のニュース司会者として間違いなくアメリカで最も有名な人物で、ＣＢＳの有名アンカーマンになぞらえて「ラテンアメリカのウォルター・クロンカイト」と呼ばれている。

ラモスは、これほど多くのラティーノがアメリカに定住した影響について質問され、人口革命が起こっていることには同意した上で、今アメリカには約６０００万人のラティーノがいるが、それが35年後には1億人になり、人口の３人に１人がラティーノになると言った。同時に、これが国への侵略だということは強く否定した。そして、やはりラモスも、これがラティーノ以外の人びとにどのような影響を与えるか、ラティーノ以外の人びとがどう感じるかについては、一切譲らなかった。

同時期のニューハンプシャー大学の報告によると、２００４年には４都市で白人の死亡率が出生率を上回ったが、２０１４年にはそれが17都市に増加している。また、イギリスの大学教授テッド・キャントルの研究によって、多くの白人がイギリスの都市を離れて移住してしまい、主要な人口集中地ではマイノリティの立場に向かっていることが明らかになった。レスターなど、いくつかの都市はすでにその状態になっている。

ＢＢＣのドキュメンタリー番組では、ロンドン五輪の会場となって再開発が進んだイーストエンドで、他文化による乗っ取りに直面して町を脱出する人びとを取り上げていた。フランクフルトは一大移民都市になったが、ドイツの「進歩主義者」で緑の党の国会議員ステファニー・ボン・バーグは、ドイツ人が多くの都市でマイノリティになるのは「よいこと」だと発言した。

わが国の都市は急激に変化しています。20年後、30年後にはドイツ人が多数派の都市は存在しないでしょう。そして、特に右派の人びとにはっきり言っておきたいと思います。これは良いことなのです。

こういう発言が、まさにその政治的右派の台頭を煽《あお》ることになるとは、われらがボン・バーグ議員は夢にも思っていないようだ。ドイツ人の感情に対する一片の同情もなく、その懸念や恐怖に対する一片の認識もない。同意しないなら人種差別主義者――それで決まりだ。そして、ドイツの進歩主義政治家グレゴール・ギジから、こんな貴重な意見が寄せられた。

毎年、生粋のドイツ人は生まれる人より死ぬ人の方が多い。これは極めて幸運なことだ。これはナチが、あまり子作りが得意ではないからだ。［ドイツ人の減少が］彼らが外国からの移民にここまで依存するようになった理由なのである。

かつては西欧白人が侵略、先住民を呻吟させたが、今や逆!? 今や標的は白人男性――背後で操る奴は同じ

そうか、ドイツ人はすべてナチなのか。しかしこれが、ボン・バーグ議員とギジが示している精神なのだ。しかも今は、この精神は世界を呑《の》み込もうとしている。イスラエルにあるアル＝アクサー・モスクの聖職者《イマーム》シャイフ・ムハンマド・アイドは信者に向かって、ヨーロッパ人と交配して、彼らの生殖能力の衰えを利用して国を奪えと命じた。2015年にはこんな発言をしている。

ヨーロッパは老い、衰えて、人間の強化を必要としている。われわれイスラム教徒の人間部隊ほど強力な部隊はない……ヨーロッパ中で、すべての人びとの心にイスラム教徒への憎悪が吹き込まれている。彼らは、われわれが死ぬことを願っている。だが、彼らは生殖能力を失った。だ

から自分たちのあいだで生殖能力を探している。われわれがそれを与えてやろうではないか！　われわれはヨーロッパ人とのあいだに子どもを儲《もう》けるだろう。われわれが彼らの国々を征服するからだ――好むと好まざるとにかかわらず、ドイツ人、アメリカ人、フランス人、イタリア人、そのほかの国の者どもよ、難民を取りこめ！　われわれはすぐに、来るべきカリフの名の下に彼らを集めるだろう。おまえたちに告げる――それはわれわれの息子たちだ。彼らを送りこめ。さもなければ、われわれの軍隊を送りこむだろう。

だが、もちろんこれは人種差別ではない。『すばらしい新世界』では、人種差別をするのは白人だけだ。わたしは白人種を擁護しているのではない。白い体をしているかもしれないが、わたしの自己アイデンティティー《の本質的あり方》は形態ではなく意識にある。ヨーロッパ人種は凶暴なやり方でアメリカ先住民の土地を侵略し、奪った。それ以外にも、南北アメリカ、アジア、アフリカ、オーストラリア、ニュージーランドなど、あらゆるところでヨーロッパ帝国、とりわけ大英帝国による残忍な搾取が行われた。

植民地主義と奴隷制は恥ずべきことで、幼い頃に初めてそれに関する本を読んだときの、胸の悪くなる感じは今も覚えている。だが（a）同じことを逆にしても前へは進めないし、（b）なぜ最近になって白人がこれほど標的にされ、特に白人男性が政治的公正の主要な標的にされているのかと問えるまでに成熟しない限り、すべての人の自由を確保することはできない。この答えは、肌の色や信仰がどうあろうと、すべての人に影響を与えるものになる。そして、見逃してはならないポイントがもうひとつある――ヨーロッパの植民地主義の背後にいたのと同じ〈エリート〉の血統が、今日のヨーロッパへの大量移民の背後にもいるということだ。これは局面が違うだけで、全世界の支配へと向かう同じ行進は今も続いている。

イスラエルのイマームがヨーロッパ人の精子の数について語ったことは間違いなく正しい。2017年に公表された調査によると、4万3000人以上の男性を対象にした200近い研究から、北アメリカ、ヨーロッパ、オーストラリア、ニュージーランドなど白人が支配的な西欧諸国では、男性の精子数が40年前と比べて半減しているという結果が出ているのだ。その原因のいくつかについてはあとで考察するが、研究チームのリーダーで行動パターンを研究している疫学者のハガイ・レヴィン博士（イスラエル・ヘブライ大学）は、この結果は「衝撃的だ。精子数がこの比率で減少していけば、人類は絶滅するかもしれない」と述べている。

レヴィン博士は、北アメリカ、ヨーロッパ、オーストラリア、ニュージーランドで男性の精子数が59・3パーセント減少していることを発見したが、それに比べて南アメリカ、アジア、アフリカでは著しい減少は見られなかったという。今後の調査でも同様の差異が見られるのか、興味深い。レヴィン博士は、精子数が減少している原因を突きとめて、この傾向を変えることが急務だと語った。西欧諸国の出生率は30年前から下がり続けていて、その同じ時期に精子数が急減して不妊問題が急増し、不妊サービスと呼ばれる産業が生まれるまでになった。この産業は25年間で4倍に成長している。これがすべて「自然に」起こっていると考える人は、まさかいないだろう。わたしも違うと思う。

「わたしは金を稼ぐために存在している」と明言！ソロスに「価値観」？ やめてくれ、腹がよじれる……「彼らを支配する最良な方法」と明言！反対勢力に資金提供

ハンガリーのオルバーン・ヴィクトル首相は「並行社会」の創造について警告を発するなど、ハンガリー生まれのジョージ・ソロスとそのネットワークがしていることを十分承知している。オルバーン政権は、ハンガリーやバルカン諸国を含めたヨーロッパ全域で活動している「人権」に関するヘルシンキ委員会など、ソロスが資金提供している組織は不法移民を支持する活動をしていると言っている（図519）。

ハンガリーのシーヤールトー・ペーテル外務貿易大臣は「わが国の国境を侵」そうとしている機関について語り、そうした組織の背後で動いている人物として、ソロスの名がハンガリーの諜報機関の報告書で挙がっていると発言した。ハンガリーの与党は、ブダペスト周辺を「ソロスを最後に笑わせるな」と書いた掲示板で埋め尽くしたほどだ。イスラエルの駐ハンガリー大使ヨッシ・アムラニは外務省承認の声明を発表し、ソロスの否定的な描写は反ユダヤ主義をかき立てる可能性があるので政府に掲示板キャンペーンをやめるよう求めたが、すぐに、トーンの異なる第2の声明が出

された。

先の声明は、ジョージ・ソロスへの批判を非合法とするものでは決してない。ソロスは、ユダヤ人国家を誹謗《ひぼう》し、自国を守る権利を否定する組織に資金提供することで、民主的に選出されたイスラエルの政府を絶えず貶《おとし》めている。

これをざっと翻訳するとこうなる。「ああ、ソロスがわが国のために働いていると思わせてはいけない。さもないと、カードで作った家の全体が崩れ落ちてしまう」。ここで、なぜソロスはイスラエルを批判するグループに資金提供するのかという疑問が出ると思うので、手短に答えよう。ハンガリーのオルバーン首相は、ソロスが「新しい、人種の入り交じった、イスラム化されたヨーロッパ」をつくるためにEUを利用していると言った。これは明らかに、現在のEUの設立に極めて重要な役割を果たしたリヒャルト・クーデンホーフ=カレルギーの長期計画と、EU機関が密航斡旋業者やNGOと地中海で結託している数々の証拠と関連がある。オルバーンは「EUすなわち欧州委員会は、この億万長者がヨーロッパ大陸の破壊プログラムを完了する前に、ソロス帝国から自立を取り戻さなくてはならない」と発言した。移民危機についてはこう語っている。

この侵略を動かしているのは、一方では密航斡旋業者であり、他方では、国民国家を弱体化させるものすべてを支援する活動家である。この西欧の考え方とこの活動家ネットワークは、ジョージ・ソロスによって「代表される」……彼の名前は、国民国家を弱体化させるものすべてを支援する者としては最強の例であり、彼らは伝統的なヨーロッパの生活様式を変えるものなら何でも支援する……。

ソロスは『ブルームバーグ・ビジネスウィーク』誌にメールで返答し、彼の財団は「ヨーロッパの価値観を守る」が、ハンガリー国境の警備強化は「こうした価値観を弱体化させる」とした。またのちには、ハンガリーは民主国家を装った「マフィア国家」だと言い、自分が「曖昧《あいまい》だが悪辣《あくらつ》な陰謀の一環として、ヨーロッパに不法難民を溢れさせるために金を使う、いかがわしい通貨投機家」として描かれると不平を言った。それで？　何が言いたいのかな？

オルバーンは、ソロスの返答は宣戦布告だと述べた。「マフィア流の不透明なやり方で稼働している唯一のネットワークは……ハンガリーではソロスのネットワークだ」。オルバーンは、ソロスが「何十万人もの難民をヨーロッパへ連れてくるために活動している」組織に資金提供していると非難した。ソロスは「われわれの計画は難民の保護を目的とし、国境はその障害物として扱う」とした。「価値観」について語るジョージ・ソロスの図々しさは目を見張るほどだ。この男は「わたしは基本的に金を稼ぐために存在している。自分のしたことの社会的帰結に目を向けることはできないし、していない」と言った男なのだ。

ソロスから資金提供を受けている「進歩主義」団体は、こんなことを言う億万長者がなぜ自分たちに現金の札束を与えたがるのか、聞いてみる余裕がなかったのだろう（図520）。2016年に行われた「デモクラシーの春」と呼ばれる10日間の抗議活動では、いわゆる「進歩主義者」のグループ100団体がワシントンに集結して「政治における金《マネー》の影響」の廃絶を訴えた。いいと思わないか？　こうした集団の多くに資金提供しているのは億万長者のソロスで、彼はヒラリー・クリントンをはじめとする民主党政治家の大口資金提供者だ。しかもその一方で、オープン・ソサエティとその他のネットワークは、アラブの春の背後で中東を暴力で燃え上がらせた（そして、同じソロスが支援するヨーロッパへの移民の流れを引き起こした）。

ある「進歩主義者」はフォックス・ニュースで、ソロスのモチベーションはナチス占領下のハンガリーで育ったという事実にある、だから「彼はすべての人生を平等と正義に捧《ささ》げてきたのだ」と語った。この女性は明らかに見逃している——ソロスが、自分のしていることの社会的帰結には目を向けないと発言したことも、テレビ番組のインタビューで、ティーンエイジャーのときにナチスに迫害されたユダヤ人の財産を没収する手伝いをしたことを認めた上で、それはまったく「困難ではなかった」と語ったことも。

「進歩主義者」でロックバンドU2のリードボーカルのボノは、ソロスを「わたしの偉大なヒーローのひとり」と呼んでいる。ちなみにボノは、マイクロソフト社の億万長者で、ワクチン、GMO（遺伝子組み換え生物）、監視技術、教育プログラム、大気の地球工学（気象改変）など、多くの

図519：彼の操作はあまりにも巨大なので、実際に起こるまで誰も気がつかない。

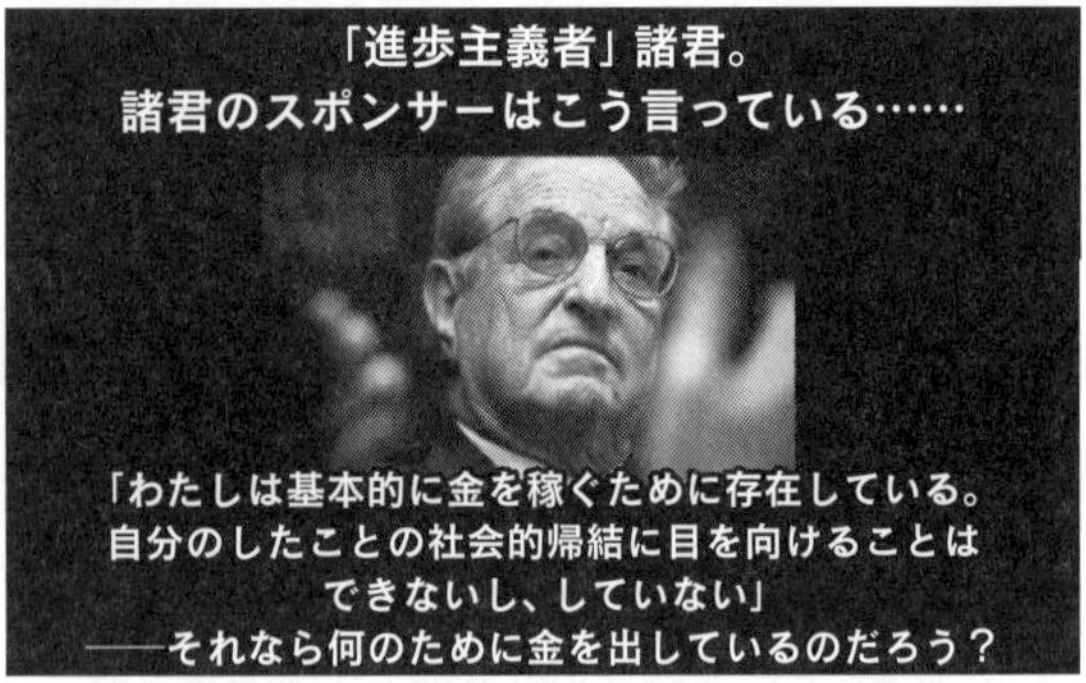

図520：ソロスが資金提供している進歩主義者に尋ねる価値のある質問だろうか。

図521：ゲイツはアジェンダ《実現目標》のウィッシュリスト《欲しいもの一覧》に沿ったプロジェクトに超記録的な金額の資金を提供している。

〈エリート〉のアジェンダ《実現目標》に資金提供し、推進しているビル・ゲイツについても同趣旨の発言をしている（図521）。

ソロスをはじめとして、〈エリート〉のウィッシュリスト《欲しいもの一覧》に資金提供している多くの「博愛主義の億万長者」は、例外なく〈クモの巣〉から支援を受けて途方もない金持ちになっていて、そのお返しとして、財産の大部分を使って〈エリート〉の大義を推進し、それを「慈善活動」だと宣伝している。とんでもないことだ。これはロックフェラー家の財団やトラストが道を拓《ひら》いたもので、それ以後、大勢がそのやり方に従っている。

ソロスは2億4600万ドルを、これもワシントンで行われた抗議行動「女性のいない日」の背後にいる100のグループに与えた。表向きは「男女不平等にスポットライトを当てる」ための抗議行動だったが、実際にはドナルド・トランプ（分断支配）に反対する行動だった。おかしな話だが、女性の権利を求めるこの行進は、あえてサウジアラビア大使館を標的にしなかった。たぶん衛星ナビゲーションシステムが作動しなかったのだろう。ソロスは「進歩主義」の地区検事長候補者の支援にまで数百万ドルを使っている。ソロスとそのネットワークはあらゆる場所に張り巡らされている。

シオニストのウラジーミル・レーニンは言った。「反対勢力を支配する最良の方法は、自分たちがそのリーダーになることだ」。このテクニックは、ネタニヤフの雑用係であるマフムード・アッバスが率いるパレスティナ自治政府にも見ることができる。自治政府はパレスティナ人の利益を代表することになっているが、結局のところはイスラエルに命令されている。アッバスを見ていると、敵対するパレスティナ人グループであるハマスが標的になっているときには、アメリカとイスラエル、そしてサウジアラビアのサルマーン国王から要求されるままに、イスラエルを支持しているはずだ。

これでも、ソロスがなぜイスラエルを批判する集団に資金提供するのかわかっただろう。レーニンの言葉をもじって言えばこうなる――「反対勢力を支配する最良の方法は、自分たちがそれに資金提供することだ」。

大量移民のアジェンダのもうひとつの柱は、暴力的な分断支配の〈プログラム〉《実行計画》の中で、移民を地元民と対立させることだ。移民が特定の地域に集まり、明らかにそれとわかる文化がそこにあれば、明確で識別の容易な二つの「陣営」ができる。そこに政治的公正《ポリティカル・コレクトネス》や、反対意見を口にできないことからくる不満や、コミュニティ《地域社会》の各部分が平等に扱われていないという知覚が加わって、対立がさらに深まる。独自の法と執行機関を備えた「並行社会」の出現を目にすれば、さらに悪感情が募《つの》る。国が後押しする「イスラム教徒の」テロリズムが発生すれば、何にも増して怒りの炎に油を注ぐことになる。

〈エリート〉は内戦を引き起こしたがるが、それで傷つき、影響を受けるのは、いつものことながら、双方のコミュニティに住む大部分の人びと、平和と調和の中で暮らすことだけを望んでいる人びとだ。新聞の見出しがすべてを物語っている――「フランスで急増する共同体間の対立は内戦不可避を意味する」「1週間におよぶ流血の暴力を受け、数千人が路上でドイツの移民政策に抗議」

彼らはアメリカで再び人種間戦争が起こることを望んでいる。そして今回も、街頭を埋め尽くす民族的政治的な抗議行動の背後には、ソロスが資金提供する進歩主義者の組織がいる。ソロスはブレジンスキーと同じで、これから起こると「思う」ことを予測すると言いながら、実際の計画を語っている。彼はアメリカにおける暴動、警察国家、内戦を予言した。彼らは奴隷と奴隷を戦わせて、奴隷の所有者が両方を支配できるようになることを望んでいるのだ。

では、わたしたちは彼らに望み通りのものを与えることになるのだろうか。それとも、人種や宗教という幻想の正体を見破って、誰もが異なる体験をするひとつの意識だということを理解するのだろうか。幻想を見破ることができず、人種的宗教的な優越性を信じつづけるなら、誰かの信念をほかのすべての人に強制しなければならなくなる。そうなれば、将来は極めて暗澹《あんたん》としたものになるだろう。しかし幻想の向こうを見ることさえできれば、わたしたちはすべてを変えることができる——それも、ほとんど誰にも想像できないほど速く。

第15章
暑いのは気候？　それともわたし？

真実が靴を履いている間に嘘は世界を半周する。

――チャールズ・スポルジョン［イギリスのバプテスト派牧師］

人為起源の地球温暖化はウソ!! IPCC、アル・ゴア、ソロスらが大尽力!!
気候詐欺――〈忍び足の全体主義〉でワンワールド独裁へ!!

進歩主義者の世界軍はたいていソロスから資金提供されているのだが、彼らが先頭に立って売り込んでいるのが「人為起源の気候変動」という作り話だ。マーティン・ルーサー・キングの言った通りで「この世で真摯《しんし》な無知と実直な愚鈍ほど危険なものはない」(図522)。

地球温暖化(あるいは「気候変動」。気温の上昇が止まってからはこう呼ばれる)は大きな嘘《うそ》だが、だとすれば、当然の疑問が湧《わ》いてくる。なぜ「彼ら」はそんなことをするのか、それで「彼ら」にどのような利益があるのか、という疑問だ。これほどの世界規模の詐欺の目的は何なのだろう。『知覚騙《ちかくだま》し』と『幻の自己』ではかなりの紙面を割いてこの作り話の背景を暴露したが、ここではこうした疑問にごく簡潔に答えよう(図523)。

人為起源の気候変動という偽ストーリーは、グローバル社会を変容させるための口実作りで、その中心になっているのは、〈エリート〉がオーナーになって創設した国際連合だ。ロックフェラー家が中心となって創設した国際連合は世界政府に向けた隠れ蓑《みの》で、このときも〈忍び足の全体主義〉テクニックが使われた。20世紀の前半を通して〈エリート〉は、世界政府へと一歩ずつ進化していける世界的組織を導入しようとしてきた。

石油王のJ・D・ロックフェラーとずらりと並んだロスチャイルド家の資産《アセット》が関わって、第一次世界大戦を口実に国際連盟を創設し、それがうまく機能しないとなると、こんどは第二次世界大戦を口実に、国際連合の創設へと動いた。第三次世界大戦に向けた計画は、おおまかに言えば、現在の国連を本格的な世界政府に変えていき、世界軍が強要する中央集権の独裁権力を通じて「二度と戦争が起こらない」ようにする、というものだ。

そして、世界政府の創設に向けたもうひとつの口実が、気候関連のさまざまな法律を中央集権的に強要して「気候変動から世界を守る」こと、なのである。J・D・ロックフェラーは1921年、ニューヨークに外交問題評議会（CFR）を設立し、〈クモの巣〉の先端組織とした。この評議会のメンバーが先頭に立って1945年に国際連合を創設したのだが、そのときのアメリカ代表団は「CFRの出席簿」と評された。国連創設会議のアメリカ代表のうち74人がCFRのメンバーだったからだ。

ロックフェラー家はCFRの本部からほど近い土地を寄付し、そこに現在の国連本部ビルが建てられた。国連はロックフェラーの事業だ。ロックフェラーのものということは、それはロスチャイルドのものでもある。このことは、気候変動の作り話に根本的に関係している。というのも、これを世界的に動かしているのが「気候変動に関する政府間パネル（IPCC）」だからで、彼らは気候変動の嘘つき司令官アル・ゴアの理不尽な主張を支持している（図524）。

アル・ゴアはビル・クリントン政権の副大統領だったから、それはもう、信頼できる人物に違いない。あのクリントン夫妻のことだから、自分たちの恐ろしい秘密も、真実を語る人物と共有して

図522：ほんのわずかな調査を（開かれた精神で）しないために、誠実な人びとは今も騙《だま》されている。

図523：繰り返しによるプロパガンダ。

図524：アル・ゴアは嘘《うそ》を売って一財産を築いた。

いるに決まっているだろう？　アル・〝ザ・われわれは炭素排出量を削減しなければならない〟・ゴアは、あれほど「気候変動」を気にしていながら、自身ではゴジラの足跡《フットプリント》に匹敵するほど大きいカーボン・フットプリント《二酸化炭素の足跡》を残している。それは気候詐欺師のバラク・オバマや俳優レオナルド・ディカプリオも同じで、彼らはプライベートジェットで世界を飛び回りながら、気候ハルマゲドンを語っている。

デカプリオは「気候変動を特に重点分野とする国連ピース・メッセンジャー」に任命されているが、国連プロパガンダメッセンジャーと呼ぶ方がふさわしい。オバマは２０１７年、気候変動の演説のためにプライベートジェットでイタリアへ飛び、14台の車列で会場に到着した。最近のゴアは自分の案内人でインスピレーションであるとして神を持ち出しているが、これは政治で絶望した者の最後の逃げ場だ。「もしあなたが神を信じるなら――わたしは信じる――わたしたちが目を開き、自らの行動の道徳的な結果に責任を取ることこそ神の意向なのだとわたしは思う」。ところで、君やクリントン夫妻はいつ目を開くのかな、アル？

「奴隷の平等」、人口75億人を10～30億人に!! 巨大都市に封じ込める!! 生物多様性のため!!

新世界秩序＝奴らの秩序――人間居住地域

国連コネクションはＩＰＣＣの気候詐欺だけでは終わらない。国連の二つのアジェンダ《実現目標》である「アジェンダ21」と「アジェンダ２０３０」は、グローバル社会の変容と中央集権化を求めていて、その大半は、国連による気候変動の作り話を根拠としている。気候変動の進歩主義者はＣＮＮで、世界を救うために「わたしたちはすべてを変えなければならない」と語った。これはいい。自己奴隷化に向けたキャンペーンにはもってこいのスローガン《お題目》だ、筋が通っているじゃないか。人為起源の気候変動という嘘についてはあとで述べるので、まずは「根拠」ということの意味について話そう。

「アジェンダ２０３０」は「アジェンダ21」を延長拡大した改訂版で、前座のあとから真打ちが登場したものだ。「アジェンダ21」は１９９２年にブラジルのリオ・デ・ジャネイロで開催された「地球サミット」（環境と開発に関する国際連合会議）で採択された。この国際会議を開催したのは〈エリート〉の雑用係モーリス・ストロングで、ロスチャイルドーロックフェラーの組み合わせが両翼から操っていた。

世界の環境運動はこれに完全に騙《だま》され、世界中の政府や地方議会がこの目標と提言を受け入れた。「アジェンダ２０３０」は２０１５年の国連総会で採択された。それは「アジェンダ21」の目的を新しい文書にしたもので、わたしが先に述べた社会工学ネットワークの必須《ひっす》事項とともに、いくつかのテーマが繰り返されているのに気づくだろう。

●国家主権の廃止。

●生態系、砂漠、森林、山、海洋、淡水資源を含めたすべての土地資源、および農業、農村開発、バイオテクノロジーについての国家計画と管理。平等の確保。

●国家による企業と金融資源の「役割の定義」。
●私有財産の廃止。
●家族の「再構築」。
●国家による子どもの養育。
●国民への職業割り当て。
●さまざまな運動への強い制限。
●「人間居住地域」の創設。
●現在の居住地からの強制立ち退きによる大規模な再移住。
●教育レベルの低下。
●上記すべてを目的とする世界人口の大幅削減。

「アジェンダ２０３０」は〈誰がそれに反論できる？〉のテクニックを使い、あ、ら、ゆ、る、も、の、に関する世界的中央集権化に向けて、この計画を売り込んでいる。その「持続可能な目標」は次のようにまとめられる。

貧困をなくそう　飢餓をゼロに　すべての人に健康と福祉を　質の高い教育をみんなに　ジェンダー平等を実現しよう　安全な水とトイレを世界中に　エネルギーをみんなにそしてクリーン

に　働きがいも経済成長も　産業と技術革新の基盤をつくろう　人や国の不平等をなくそう　住み続けられる町づくりを　作る責任使う責任　気候変動に具体的な対策を　海の豊かさを守ろう　陸の豊かさも守ろう　平和と公正をすべての人に　パートナーシップで目標を達成しよう

よしわかった、それならみんなでサインしよう。というか、この意味のない決まり文句の裏にどんな嘘が隠されているかを知らなければ、誰もが納得してしまうだろう。しかし、〈エリート〉が逆のことに時間を費やしていることを考えると、彼らにはこれを達成するつもりはないようだ。

悪魔は語られないところに潜んでいる。たとえば、こうした「目標」はどのようにして達成されるのだろう。少し考えただけでも答えは得られる――ここに挙げた目標は、人間の暮らしのあらゆる側面を世界レベルで中央集権化することで達成されるのだ。これが「国家主権の廃止」の本質であり、なぜこのテーマが「アジェンダ21」や「アジェンダ２０３０」から社会工学のフランクフルト学派、ＥＵ《欧州連合》に至るまで繰り返されるのかの答えだ。

計画された中央集権化の極端な性質は「生態系、砂漠、森林、山、海洋、淡水資源を含めたすべての土地資源、および農業、農村開発、バイオテクノロジーについての国家計画と管理。平等の確保」という願望に表れている。ここでの「平等」は、すべての人を底上げするのではなく、「ハンガー・ゲーム《過酷な監視管理》社会」での奴隷の平等を意味している。そこでは企業と金融資源の役割も国家が定義し、国民は各自の職業を割り当てられる。自由はどうなったのだ？　「気候変動」を口実とした

「教育レベルの低下」は、国際連合教育科学文化機関（UNESCO《ユネスコ》）による以下の主張で確認することができる。

概して、教育水準が高くて所得の多い者ほど、教育水準が低くて低所得の傾向にある者よりも多くの資源を消費できる。この場合、教育水準が高いほど持続可能性への脅威が高まることになる。

「アジェンダ２０３０」の「質の高い教育をみんなに」という目標は、本当は質の高い洗脳という意味だ。「アジェンダ21」にはいつもの目標「家族の再構築」が盛り込まれている。オーウェル語に翻訳すると、これは家族の概念の破壊ということで、それを確実なものにするのが「国家による子どもの養育」という要求だ。子どもに対する親の権利が侵食されて国家が優先されるようになっているのも。これも明確な〈忍び足の全体主義〉の一環なのである。

私有財産の廃止やさまざまな運動への強い制限、さらには「人間居住地域」の創設と強制立ち退きによる大規模な再移住は、すべて同じ、意図された結果の一部だ。すべての人びとをまとめて移動させ、過密状態の「人間居住地域」に詰め込み、１日24時間３６５日の監視が可能なマイクロアパートメント――文字通り「極小《マイクロ》」の部屋――に強制的に住まわせるのだ（図５２５）。

人びとが農村地帯からの移住を強いられていることは、これまでの本に書いた。特にこの計画が

図525：アーティストのデーヴィッド・ディーズが描く「人間の居住地域」計画。

始まったアメリカでは、投資の引き上げや雇用機会の縮小、道路や学校の閉鎖、経済的理由によって家族経営農場の維持が不可能になり、企業農場でなければ満たせない規制を強要されて、多くの人びとが農村を追われている。なかには理由も言わずに立ち退かせた例もある。農村地域や小規模農地では戦争が繰りひろげられている。

農家が仕方なく資産を売るか放置するかして都会へ向かうと、企業はその土地をただ同然で買い上げてしまう。たとえば、メリルリンチの元幹部が運営するウォールストリートの投資企業ファームランド・パートナーズは、数億ドルを集めて農地や牧場を買い上げていて、これまでに買い上げた資産は16の州で合計２９５件、面積にして６万ヘクタール近くに達している。

国連の数字からは、２００８年から２００９年にかけて、世界全体で都市人口が農村人口を上回っていること、その傾向が劇的な規模で現在も続いていることが明らかになっている。アメリカでは、１９３０年代には国民のほぼ半数が農村部に住み、21パーセントが農場で働いていた。ところが２０１６年にはこの数字はそれぞれ20パーセント、２パーセントにまで下がった。これがこの先どこへつながるかを描いた新しいアメリカの地図がある。

これは国連の「生物の多様性に関する条約（ＣＢＤ）」とワイルドランド・プロジェクト、国連とアメリカの「人間と生物圏プログラム」、そして世界遺産プログラムが、いわゆる「持続可能な開発」を確保する上で不可欠なものとして作成を「要請」したものだ（図５２６）。

こうしたすべてのアジェンダ《実現目標》や〈プログラム《実行計画》〉、それに「生物多様性」「持続可能なコミュニテ

図526：「ハンガー・ゲーム社会《過酷な監視管理》」に向けたアメリカの土地占有地図。多くの人びとは国の超過密な「人間居住地域」に移され、農村部の大半は空になる。

イ」「持続可能な開発」「スマート」などの話題の言葉は、同じ顔に被《かぶ》せる仮面が増えただけだ。地図で最も色の濃い部分は人間による利用が禁止されているところで、ほかも大半は大なり小なり利用が規制される地域に指定されている。

インターネットの画像検索で「Unitednations Convention on Biological Diversity map（国連生物の多様性に関する条約の地図）」と入力すれば、もっと鮮やかなカラー版で見ることができる。では、いったい人びとはどこへ行くのだろう。残った人びとは人間居住地域という名の「巨大都市」に押し込まれる。この地図で「通常の利用」と記された、小さな孤立地域だ。しかしアメリカの現在の人口は、こうした地域だけで生活するにはあまりに多過ぎる。そこでこれが、〈エリート〉の発言や文書に共通して記されている、人間の大量間引きの必要性というテーマに結びついていく。世界人口は、たとえば現在の75億人から10～30億人まで削減される。研究者や報告書によって推計は異なるが、どれも現在の人口より大幅に少なくなっている。

空に浮かぶ箱――「キャピトル」で「超高級化」享受
棺桶長屋で暮らす極貧層
〈エリート〉は最先端都市でジェントリフィケーションをエンジョイ!!

「マイクロアパートメント《極狭小借家》」はいたるところに出現しつつある。わたしは2016年と2017年の講演ツアーでも世界で目にしたが、そこからさらに深い洞察が得られた。同じものがどこでも起こっているのは、これが世界的なアジェンダ《実現目標》だからだ。

彼らはまずアメリカで計画を練って導入する。人間の知覚実験室としてアメリカを利用し、効果的であれば、それをあらゆる国や文化に向けて輸出する。わたしはオーストラリアでまでマイクロアパートメントを目にした。これはもちろん、それより大きな家を建てるだけの土地がないからだ(図527)。

シオニストのマイケル・ブルームバーグはニューヨーク市長時代に、広さ約3×9メートルの居住ユニットを16万5000戸建設すると発表した(図528)。これこそまさにわたしが話しているものだ。都市の持続可能性アジェンダを協議するために、2016年にエクアドルのキトで国連ハビタットⅢサミット(正式には「住宅と持続可能な都市開発に関する国連会議」)が開催され、主催者発表で、世界167カ国から3万人が参加した。「キト宣言《ニューアーバンアジェンダ》」を採択したこの会議の最大の口実は「気候変動との戦い」だ。

「マイクロアパートメント」はごくごく狭く、家具は壁から引き出さねばならず、ソファはベッド兼用だ。靴箱か刑務所の独房のようなアパートメントは、今や炭素排出量を低減し、地球を救い、住宅危機を解決するとっておきのモノとなりつつある。

このニュースは「市職員と開発業者が勧める中流向け〝棺桶《かんおけ》アパート《長屋》〟」という見出しで報じられた。これは何かを救済したり解決したりするために導入されたのではなく、「ハンガー・ゲーム《過酷な監視管理》社会」の構成要素として不可欠だからだ。過密人口のディストピア《暗黒郷》高層都市では、狭小居住空間が必要なのだ。環境進歩主義者――なかでも最も過激な者は「エコファシスト」と呼ぶのがふさわし

図527：広大なオーストラリア大陸の小さな「住まい」。

図528：元ニューヨーク市長のマイケル・ブルームバーグは16万5000戸のマイクロアパートメント建設を発表。広さは床の２本の線で示されている。

い——はこぞってこれに賛成している。彼らは、実際に何が起こっているのか、少しも理解していないからだ。ロックフェラー家のインサイダー《内部告発者》であるリチャード・デイ博士は、１９６９年の時点で来るべきものをわかっていた。ダネガン医師のメモは次のように伝えている。

> 個人所有の住宅は過去のものになるだろう。住宅価格と住宅ローンが徐々に上昇し、大半の人には払えなくなる。……賃貸物件、特にアパートやコンドミニアム《集合住宅》に住む若者が急増するだろう。
>
> 一般大衆は［家を］購入できなくなるし、小さなアパートに住むしかない人が少しずつ増えていく。小さなアパートでは、多くの子どもを育てるわけにはいかないだろう。

わたしはワールドツアーで訪れたアメリカ、カナダ、オーストラリア、ニュージーランド、そしてヨーロッパとバルカン半島のいずれの国でも、デイ博士が予想したような、若者が家を買えなくなっている状況を目の当たりにした。部屋を借りる余裕さえないために、多くは両親の家か、そうでなければ路上で暮らしていた。

問題をつくり出しておいて、解決策を提示する——それが今回はマイクロアパートメントというわけだ。リチャード・デイ博士はこれが行き着く先についても指摘していて、人びとは住む場所だけでなく、仕事まで指定されるとしていた。

最終的に、人びとはどこに住むかを指定され、ふつうは家族以外の者と住むことになる。この方法だと、どこまで人を信じていいかわからなくなる。すべては中央の住宅当局による管理の下で行われるだろう。覚えておいてほしい……彼らは「君の家には寝室がいくつある？　浴室はいくつだ？　完成した娯楽室はあるのか？」と訊《き》いてくる。こうしたことは個人情報で、現行憲法の下での政府にとっての国益ではない。しかし、やがてそのような質問をされるようになる……。

そして今、わたしたちはその状態にある。「ハンガー・ゲーム社会」の〈エリート〉は最先端の豪華な都市「キャピトル」に、原始時代のような貧困の中でかろうじて生きている人びとから隔てられて暮らしている。あれはわたしたちの行く末を象徴している――富と権力を持った者は豪奢《ごうしゃ》の中で警察的な国家構造に守られて暮らし、その一方で、それ以外の人びとは、無秩序に広がる巨大都市の小さな箱で押し込まれて暮らす。そして今、このような「キャピトル」が、世界規模で進む「超高級化《ジェントリフィケーション》」というプロセス《過程》とともに出現しているのである。当局が家の維持や修繕にすら資金を出さなくなったために、貧困層は、家賃が払えなかったり適切な住宅がなくなったりして、指定された「キャピトル」地域から出ていかざるをえなくなっている。ほかの地域や路上へ移り住んでも、開発業者がやって来て富裕層向けの住宅建設を進めるので、やがて貧困層はまったくいなくなる。

この現象はロンドンやロサンゼルスなど、世界中の都市でずっと以前から起こっていることだ。

わたしは長年これに注目してきたが、２０１７年6月に（これを書いている時点での公式発表で）死者80人、負傷者70人を出した24階建てのグレンフェル・タワーの恐ろしい火災をきっかけに、ようやく一般大衆も関心を抱くようになった。グレンフェル・タワーは［ノース・］ケンジントン地区にあった。ここはイギリスで最も裕福な地区であるとともに、さまざまな文化や経歴の人たちが（区内の別の場所で暮らす超裕福層と比べて）驚くほどわずかな金額で暮らす地区でもあった。

ビルはもともと地元議会が所有していたのだが、地区の急速なジェントリフィケーション《超高級化》を受けて、民間企業の管理になっていた。グレンフェル・タワーの外壁は断熱用の被覆《ひふく》材で覆われていたが、これは地区の裕福な住宅所有者のためで、外見をよくするとともに、不動産価値を上げるためでもあった。また「地球温暖化」対策という面もあった。この被覆材が選ばれたのは財政的な理由からで、そのため致命的に燃えやすい材質が使われたのだが、燃えにくい被覆材を使っても、コストはやや上がる程度だった。

脳みそのある者が少しでも住民の安全を考えるなら、燃えやすい材質で高層ビルを覆《おお》うなど正気の沙汰《さた》ではないのだが――いやいや、住むのは貧乏人ばかりだから誰も気にしないさ。そして、ある部屋から出火したあとは避けられないことが起こった。通常なら最初の出火段階で消し止められるのだが、被覆材がマッチ棒のように炎上して、ビルは瞬《またた》く間に猛火に包まれた。その道数十年のベテラン消防士も、今まで経験のない大規模火災だったと話している。

住人の話では、建設作業もお粗末で、ビルにはスプリンクラーも火災警報器もなく、未明［英国時間午前0時45分」に発生したこの火災をビルにいた多くの住人が知ったのは、別の街区から火事の様子を見ていた友人からの電話だった。しかし、それでは逃げるには遅過ぎた。生き残った者は家族や子どもを含めすべてを失い、やがてコミュニティ《地域社会》の同じ場に住居を構えるための戦いが始まった。しかし権力者の本音は、ビルの住民を放り出してほかに移すことだった。

イギリスのほかの多くの街区でも、同じ被膜材で外壁が覆われている。さらなるジェントリフィケーションを達成するために、これからもこれが利用されるのだろう。アメリカ軍の指導層は、世界規模での都市化アジェンダで何が計画されているかをすでに知っている。それがわかったのは、インターセプトというウェブサイトが情報公開法（この法律もいつまであることやら）を使って入手した国防総省の統合特殊作戦大学の研修ビデオで、その概要が説明されていたためだ。ビデオ「巨大都市――都市の未来、新たな複雑化」は、軍関係者に対してこのように語っている。

未来は都市にある。２０３０年までに都市人口は14億人増加すると予測され、その成長は発展途上世界で起こる。都市は世界人口の60パーセント、世界のＧＤＰの70パーセントを占めるだろう。都市環境を中心に不安定要因が集まるだろう。２０３０年までに、都市住民の60パーセントは18歳以下の若者になる。最も急速に成長する都市では資源が限られるため、最も大きな問題を抱えるようになり、さまざまなネットワークを駆使して、拡大し過ぎて財政難になった各国政府によって生じたギャップを埋めることになるだろう。

成長は、増大する富裕層と貧困層の分断をさらに広げるだろう。宗教間、民族間の緊張が社会を形作る決定的要素となる。景気低迷が前例のない発展と共存し、貧困化とスラム、貧民街が急速に拡大する一方で最新の高層ビルが立ち並び、技術が進歩し、かつてない水準の繁栄が広がっていく。これがわたしたちの未来の世界である。

このビデオは「ハンガー・ゲーム社会《過酷な監視管理》」を描いたものであり、宗教間、民族間の緊張が社会を形作る決定的要素となるという表現は、今大規模な移住計画が進行している理由を説明するものだ。多くの軍事アナリストは「各地の社会構造は、機能不全とは言わないまでも、等しく問題を抱えるようになり、歴史的な生活様式と現代的な生活様式との衝突が起こるだろう。民族や人種の異なる者が一緒に暮らすことを余儀なくされ、犯罪ネットワークが増加する大量失業者に機会を提供するだろう」と予想する。

〈エリート〉は新たなレベルで全体を支配し、彼らは分断支配をまったく新しい水準に持ち込み、大衆を分断して、つねに自分自身との戦争状態に置いておき、自分たちは「かつてない水準の繁栄」を享受する。ビデオのナレーターは人間居住地域の極小世界をこう説明する。「巨大都市は複雑なシステムだ。人びとも構造も小さく圧縮され、都市計画も軍の方針の理解も拒んでしまう」。そしてビデオはこう締めくくるのだ——「未来は都市にある」と。

強制転居のあざとい手法
気象をめぐる恥辱――「新マンハッタン計画」
気象改変は、ケムトレイル、HAARP、スカラー場操作

現在の居住地から強制的に立《た》ち退《の》かせて巨大都市に住まわせる方法はほかにもある。それは気象のコントロールだ。かつて神話だと思われていたが、かなり前から可能になっていて、今では規模も精度も大幅に向上しつつある。気象のパターーンと状態はエネルギーの情報と周波数の違いによるので、別の情報と周波数を利用すれば操作できるのだ。先住民の雨乞《あまご》いダンスや詠唱《えいしょう》も、ハイテクに取って代わられたとはいえ、原理は同じだ。

第二次世界大戦中のマンハッタン計画で初めて原子爆弾を製造した主要メンバーは、多くがのちに気象の改変と操作に携《たずさ》わった。原子爆弾と気象コントロールでは物理特性が重なる点が多いからだ。エドワード・テラー、ヴァネヴァー・ブッシュ、ジョン・フォン・ノイマンなどが、マンハッタン計画から気象・大気改変への転向組だ。

エネルギーを利用した気象操作がまったく新たな段階に入ったのは、1943年のニコラ・テスラの死後に、彼の最先端の研究論文をアメリカ政府が没収してからのようだ。その文書は大気の電気的性質に関するもので、それを軍事目的で再検討した人物がジョン・G・トランプ（1907〜1985年）で、自称「アウトサイダー」の大統領ドナルド・トランプの叔父に当たる。トランプ大統領のミドルネーム「ジョン」はこの叔父に因《ちな》んだ。

叔父のトランプは、のちにマサチューセッツ工科大学（ＭＩＴ）放射線研究所のイギリス支部長に就任する。この研究所はロックフェラー家が資金提供していて、気象操作計画の中核機関だったようだ。マンハッタン計画の元工作員もここで働いていた。

研究者のピーター・Ａ・カービーは、オルタナティブニュース《独立ニュース》「アクティブポスト」のサイトに、この辺《あた》りの経緯をすべて述べた優れた記事を掲載している。「Chemtrails exposed: truly a new Manhattan Project（暴かれたケムトレイル——まさに新マンハッタン計画）」で検索すれば記事が読める。「ケムトレイル」とは、飛行機から撒布《さんぷ》された化学物質《ケミカル・トレイル》の痕跡のことで、遅くとも１９９０年代以降、世界中で大規模に行われるケースが急増している。

ケムトレイルには微小な金属粒子（アルミニウム、バリウム、ストロンチウム）が含まれているので、大気の導電性を高めて、気象操作技術の威力と潜在能力を増大させることになる（図５２９）。ケムトレイルは〈エリート〉の多くのアジェンダに関係してくるので、次の章で精《くわ》しく述べようと思う。

合衆国のジョージ・ケニー将軍は、１９４７年にＭＩＴの卒業生を前にして語った。「最初に気団の通り道を知り、降雨の時間と場所をコントロールする術を身に付けた国が世界を支配するだろう」。現在、これは南極で実施されている。南極は詮索《せんさく》好きな目から遠く離れているので、ここにレプティリアンないしナチの基地があると言われている。気象改変に関して結ばれた国連の条約があるのは、それが実行可能だからだ。そうでなければ気にかけるはずがないだろう。

図529：化学物質の痕跡《こんせき》である「ケムトレイル」は、大気を変えるための巨大計画の一環として、世界中の空につくられている。〈隠れた手〉の利益のひとつは、これによって天候操作の効果が大幅に強まることだ。

世界気象機関（WMO）は、少なくとも52の国に気象改変計画があるとしているが、その背景を調べれば、これが明らかに軍事目的、操作目的で利用されていることがわかるだろう。旱魃《かんばつ》や豪雨などの極端な気象は、農家の生活手段を崩壊させ、水不足や洪水で人びとの移住を強要する。人びとが都市に向かって誰もいなくなった土地は、政府か企業が取得する。ロックフェラー家の資産《アセット》だったリチャード・デイ博士は第二次世界大戦中に気象コントロールに携わり、１９６９年の時点で何が可能だったかを暴露する一方で、彼が代表する組織の「新たな〈システム〉」を強要するために、これが使われることを明かした。ダネガン医師はこう振り返る。

それから気象についても話していた。これも本当に驚くような内容だった。「わたしたちは気象をコントロールできる、あるいは、できるようになるだろう」と言ったのだ。「ヨウ化物結晶を雲にばらまいて雨を降らす方法のことではない。それはもうある。そうではなく、本当にコントロールする方法だ」。気象は戦争兵器として、また公共政策に影響を及ぼすための兵器として見られていた。特定の地域に影響を与えてコントロール下に置く目的で、雨を降らせたり、降らせなかったりできるというのだ。

これについては二つの面で驚きがあった。「作物の成長期に旱魃《かんばつ》を起こして何も実らないようにできるし、収穫期に激しい雨を降らせて田畑をぬかるみにしてしまえば収穫ができない。実際のところ、この両方が可能だろう」というのだ。やり方についての言及はなかった。ただ「１９６９年の時点で」すでに実行できる段階か、その段階にかなり近づいているということだった。

１９６６年のＮＡＳＡ《アメリカ航空宇宙局》の文書には、アメリカの気象改変計画の予算が数億ドルと記されているし、１９９０年代にアメリカ軍が発表した論文には気象操作（今でいう「地球工学」）を用いた戦争の可能性について解説している。アメリカの科学者Ｊ・マービン・ハーンドンは２０１５年の『環境調査・公共衛生ジャーナル』で、気象改変が数十年にわたって行われていると述べていて、たとえばベトナム戦争中の「ポパイ作戦」では、モンスーン規模の豪雨をもたらして「戦争ではなく泥沼を作る」計画だったとしている。

１９９６年に発表されたアメリカ空軍の「ＡＦ２０２５最終報告書」では、人為的に発生させた洪水、ハリケーン、旱魃、地震が「戦闘員が敵を倒すか、または制圧するための選択肢を増やす」と説明している。同報告書は、アメリカの航空宇宙軍は「自然の気象パターンを小規模に調整することを通じての友軍作戦の支援や敵軍作戦の妨害から、世界の通信と対空管制の優位を完成させることまで……」含めて、技術的に気象を「掌握」するだろうと述べている。

１９９０年代にケムトレイルが世界各地で見られるようになった頃、ＨＡＡＲＰ《ハープ》（高周波活性オーロラ研究プログラム）がアラスカに導入された。これは高層大気にある電離層に強力な電磁波を当て、跳ね返らせて地球に戻すというものだ。このいわゆる電離層ヒーターは、20世紀前半にニコラ・テスラによって開発されたテクノロジーが元になっていて、押収された彼の研究論文に含まれていたものだ。以後、ＨＡＡＲＰは世界中に導入されていて、テクノロジーの改良にともない、気象パターンを根本的に操作する潜在力を備えるまでになった。今やＨＡＡＲＰの能力については、誰もが知るところとなっている。

今の気象操作は周波数を利用していて、さまざまな発信源から周波数を送り、操作したいポイントに合わせることで集合的な効果を与える。最も強力なものなら地震も起こせるほどだ。これらのテクニックにはスカラー場の操作も含まれている。これもテスラが研究したスカラー現象が元になっていて、技術的に発生させたスカラー波と呼ばれるもの――本当のスカラー場――を使っている。ひとつのポイントでスカラー場との相互作用が起こると、統一場の全体が即座に影響を受けるのだ。西から東へと流れている気流はジェット気流《偏西風》と呼ばれ、気象の安定に非常に重要だ。これが乱れると気象が不安定になる。大企業向けにＨＡＡＲＰの特許文書を数多く書いてきたバーナード・イーストランドは「ＨＡＡＲＰでジェット気流の進路を誘導することができる」と述べていて、極端な旱魃や降雨について気象専門家は、ジェット気流の奇妙な、一見説明できない動きのせいだと主張している（図530）。

電離層ヒーターの技術は、ケムトレイルに含まれる金属粒子によって導電性が増すことで、大気圏への影響力をさらに強めることになる。わたしたちは、こうしたことのすべてを念頭に置いておく必要があるだろう。なにしろ極端な「自然」気象が生み出した状況によって、〈エリート〉のア

図530：気象予報士は、極端な気象事象をジェット気流の奇妙な振る舞いのせいにすることが多い。

ジェンダが前進しているのだから。気象操作にはもうひとつ副産物がある。操作の結果が人為起源の気候変動の影響だとされていることだ。気象・地球工学とHAARP、そして「アジェンダ21」「アジェンダ2030」については『知覚騙し』と『幻の自己』で詳述しているので、そちらを参照してほしい。

独占支配し放題!! 食料と水――GMO・殺虫剤・除草剤・水圧破砕 毒化・汚染化・温室効果

「アジェンダ2030」に飢餓ゼロときれいな水という文言が入っているのは、この計画が食料と水の生産・分配を中央で管理するためのものだという事実を隠すためだ。その理由はシオニストの過激派ヘンリー・キッシンジャーが明らかにしてくれている。「石油を支配すれば国家を支配できる。食料を支配すれば人間を支配できる」。そして、水を支配すれば人間の支配はもっと速くなる。

小規模農場と小自作農への攻撃は、自分の農地やコミュニティ《地域共同体》の農地で自分が食べる食料を育てている人たちへの攻撃が増えていることとつながっている。土地区画法は、それはここではできないよという法律で、現在採用されている主要ツールのひとつだ。

「ハンガー・ゲーム社会《過酷な監視管理》」ではあらゆる食料の生産と分配が厳しく支配される。そしてそれこそが、巨大企業の合併や買収によって食料生産と種子の所有権が絶え間なく中央集権化されている、裏の動機だ。

代表的な例がモンサント社とバイエル社だ。遺伝子組み換え（GM）と毒物生産を行っているモンサントは地球上で最も卑劣な組織だし、バイエルは、アウシュビッツ強制収容所を運営したIG《イーゲー》ファルベンの傘下にある。バイエルによる660億ドルでのモンサント買収提案は、実現すれば世界の種子と殺虫剤の25パーセント以上が支配されることになる。［2018年、バイエルはモンサントを660億ドル（約7兆2000億円）で買収した］

GM作物は、人間の遺伝子を組み換えて、口にできないほどの健康コストをもたらすために設計されたものだが、この作物は、同じ連中の製造する殺虫剤がなければ使えないように、意図的に作られている。

遺伝子組み換え作物（GMO）と殺虫剤、除草剤は周波数の視点で理解する必要がある。わたしたちはこうしたものを解読されたホログラム《立体映像》のレベルで見ているが、その波形パターンはどれも大きく歪曲《わいきょく》し、分裂していて、肉体の定常波振動に激しい混乱を引き起こす。場合によっては振動を止めてしまい、いわゆる死をもたらすこともある（図531）。バイエルはシンジェンタ、ダウ、デュポンと並ぶバイオテクノロジー《生命工学技術》大手4社のひとつで、カナダでは子どもに農業を教える「教室で農業」プログラムのスポンサーとして、GMOや殺虫剤のプロパガンダ《宣伝》を推進している。子どもたちは、どちらを向いても、自分たちを奴隷化するために計画された世界に向けて、知覚的に準備されている。それにしても、いったい親はどこにいるのだ⁉

インドのような国では、企業に支配されてGMOの道をひた走る汚職まみれの政府のせいで、家

図531：GMO（遺伝子組み換え作物）は、それを食べることと有毒な生産方法の両方を通して人間の健康を破壊している。

族経営農家が壊滅させられてしまった。モンサントの持続不能なGMO製品のせいで破産して自殺する農家は、衝撃的な数に上っている。これを、劣悪なナレンドラ・モディ政権が何の予告もなしにある額面の紙幣を廃止したことと結びつけてみればいい。そうした紙幣は、農家が取引で頻繁《ひんぱん》に使用するものだったのだ。これは、農家が経済的に生き残ってこれからも自分の土地で働いていく能力に、壊滅的な影響を及ぼした。これに、政府や企業による土地入手を防いできた保護政策をモディが廃止したことを付け加えれば、小規模農家が崩壊するときの典型的なパターンがはっきり浮かび上がってくる。インサイダー《内部告発者》のリチャード・デイ博士は、1969年の時点でこうなることを知っていた。

食料供給は厳しい管理の下に置かれるだろう……食料不足はすぐにつくり出すことができるから、人びとは人口過剰の危険に気づくだろう。最終的には、人口増加が緩やかになるか否かにかかわらず、食糧供給は中央で管理されるようになり、人びとは、自分は十分な栄養を取れるが、新しいシステムからの逃亡者を支えることはできない程度の食料を与えられるようになる。言い換えれば、システムに加入しない友人や親戚《しんせき》がいるからと、自分で食料を育てるのは法律違反になるということだ。これは何らかの口実の下で行われるだろう。

話の冒頭で、あらゆるものには二つの目的があると言った。ひとつは表向きの目的、もうひとつは本当の目的だ。この場合の表向きの目的は、自分で野菜を育てるのは安全ではないし、病気などを広げるかもしれない、というものだ。つまり、受け入れ可能な考え方としては顧客の保護だが、本当のところは食料供給を制限し、自分で野菜を育てることを違法とすることにある。

わたしたちはまさにその方向に進んでいるし、その流れが年々強まっている。１９１３年には合衆国のトウモロコシは１００パーセント農家の所有で、農民は自分の畑で採れた種を蒔いて育てていた。それが、２０１３年には95パーセントが企業の所有となり、そのうち90パーセントがＧＭＯになっている。何か栽培したいのかい？　じゃあ、うちから種を買わないといけないね。いくらかだって？　わたしたちの言い値だよ。

これと同じことが水供給でも起こっている。恥ずべき食品大手ネスレの会長で元ＣＥＯのピーター・ブラベックは、水は人間の権利ではない、水には市場価値があるから民営化されるべきだと主張している。水は今、これまでにない規模で、人びとから奪われようとしている。生命の基本的構成要素であり、呼吸の次に大切な水が、ブラベックのような、背筋の凍るようなアルコーン的精神の持ち主にコントロールされつつあるのだ。

ブラベックがトップを務める企業は公共の供給源から——たとえそれが旱魃に見舞われた地域であっても——大量の水を手に入れ、それをボトルに詰めて、また現地の人たちに売るということをしている。

図532：オレゴン州の水をめぐる専制政治。

まだ企業に乗っ取られていない水は、企業と〈クモの巣〉が所有している政府に乗っ取られようとしている。オレゴン州もその一例で、州政府は、住民の土地に降った雨や雪も含めて、あらゆる水の一滴に至るまで所有権を主張している（図532）。雨水は州政府の所有だという理由で、自分の土地で40年間利用していた古い池を壊せと言われた夫婦もいる。これが「アジェンダ2030」の「安全な水とトイレを世界中に」の本当の意味だ。

また「アジェンダ21」には「生態系、砂漠、森林、山、海洋、淡水資源を含めたすべての土地資源……についての国家計画と管理」とある。ところで、そのステキなオレゴン州では、州関係者がモンサントのラウンドアップなどの殺虫剤を強制的に撒布《さんぷ》して雑草を駆除《くじょ》させておいて、18年にわたって有機認証を受けてきた800ヘクタール以上の有機農場を取り壊すと脅かしたりしているようだ。石油パイプラインを使ってアメリカ先住民の土地の水を意図的に汚染した例を見ても、ちゃんと「アジェンダ21」「アジェンダ2030」が動いていることがわかるというものだ（図533）。

これ以外では、フラッキング《水圧破砕》法も人びとを土地から追い出す手段になっている。天然ガスや石油の採取に使われるフラッキング法は、地下のシェール層に有毒な液体を注入して地下水を汚染する。有毒というのはまさにその通りで、この水には鉛、ウラン、水銀、エチレン・グリコール、ラジウム、メタノール、塩酸、ホルムアルデヒドなど、数百種もの化学物質が混入していて、それが地下水に溶け出すのだ。水が飲めなくなれば、住民は移住するしかない。水道水が化学物質で汚染されているため、今では蛇口の水に火がつけられるほどになっている（図534および535）。

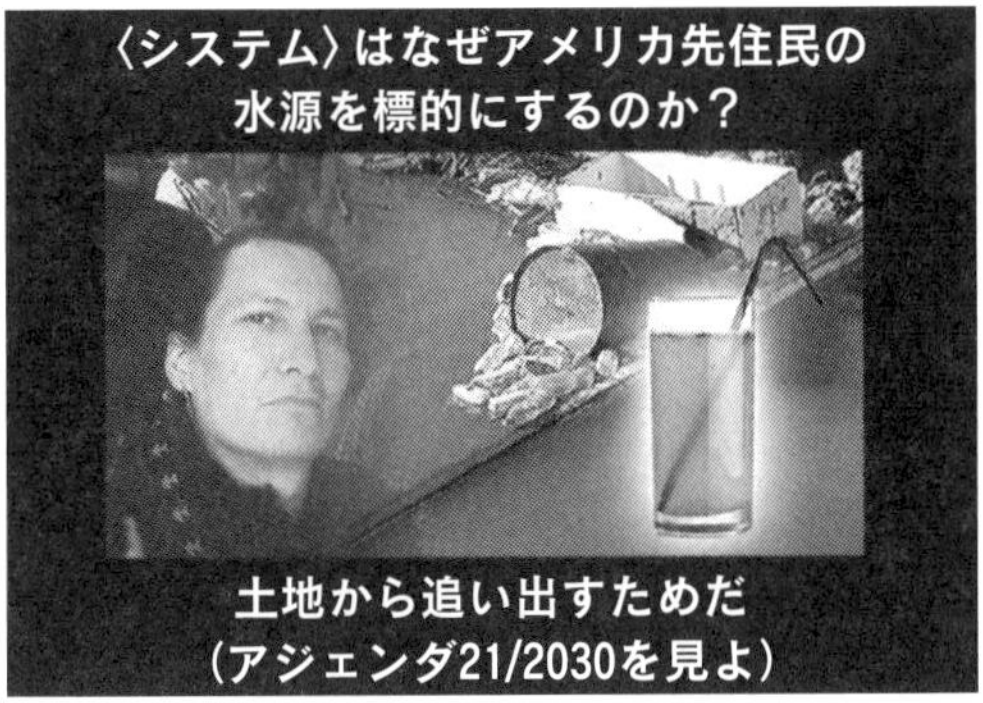

図533：背景を知ればすべてがわかる。

図534：フラッキング《水圧破砕》地域の水。

図535：フラッキングなら少なくともお湯はできるようだ。

これ以外にも、温室効果ガスとなるメタンとがんの原因となるラドンがフラッキングによって放出されている。フラッキングでは驚くほどの量の水が消費されるが、数百種の化学物質が混入しているので、その水は二度と使えない。二酸化炭素の抑制を求める一方で、その同じ当局が、温室効果ガスのメタンを放出するフラッキングを後押ししている。

政府が地球温暖化の作り話を広めていることと矛盾するように思えるが、実はそうではない。この二つをつなぐ共通のテーマはこうだ――地球温暖化を信じてもらった方が〈エリート〉のアジェンダには好都合であり、フラッキングも同様なのである。これがすべての行動の評価基準であり、一見矛盾した多くの決定の説明だ。それはわたしたちのアジェンダに都合がいいのかね？　そうか、それなら実行したまえ。アジェンダに都合が悪い？　そうか、それならやめだ。

過剰な地球温暖化宣伝も失効!? アル・ゴアの悪戦苦闘の大嘘がバレだした!!
あとは口実さえあれば……海水面上昇も氷冠減少もしていない!!

ここまでが、国連のアジェンダ《実現目標》が世界をどこへ導こうとしている（現に導いている）かについての根本的な背景だ。人為起源の地球温暖化という作り話は、その口実を与える目的で生み出された。わたしは、人間が環境にダメージを与えていないと言っているわけではない。イギリス緑の党に入ったのも、環境破壊が起こっているのが目に見えていたからで、あとになってから、当時の「新しい」グリーンな政治が実は古い政治で、装いを変えただけだと気がついたのだった。空や水や森林や大気などを守ることに関しては、わたしも何の抵抗もない。しかし、何事も長所、短所があるのだから、そこを見て対処するのが叡智《えいち》というものだ。数限りなくある要素を十把一絡《じっぱひとから》げにして集合的な判断を下してはいけない。物事は必ずしも黒か白かではないのだから、すべて正しいとか、すべて間違っているとか言うのは叡智ではないだろう。

地球温暖化マフィアの主張や行動を詳しく見るようになると、世界が掌握されようとしていることがすぐにはっきりした。ローマクラブは、ビルダーバーググループと三極委員会、そして国連を創設した外交問題評議会（ＣＦＲ）とつながる先端組織で、環境問題を利用してグローバル社会への移行を促進する目的で１９６８年に創設された。

創設者のひとりアウレリオ・ペッチェイは、１９９１年に出版された『第一次地球革命　ローマクラブ・リポート』で「団結するための新しい敵を探す中で、環境汚染、地球温暖化の脅威、水不足、飢饉《ききん》などがふさわしいという考えに至った」と述べている。

外交問題評議会の会長で昔からの〈エリート〉のインサイダー《部内者》であるリチャード・ハースは「世界秩序２・０」と「主権の義務」の概念を呼びかけた。これが実現すれば、各国はほかの国や世界全般に悪影響を及ぼす行動を取らないことを義務づけられる。必要な場合には、世界的な機関がこの「義務」を強制するというのだから、世界政府と世界軍がどこへ向かっているかはわかるだろう。

そして、そうした強制が必要な理由としてハースの挙げたうちのひとつが、人為起源の気候変動から地球を守ることだったのだ。

地球温暖化ないし気候変動という詐欺は、いつもの区画化されたピラミッド構造を通して統一的に進められている。末端の進歩主義者は世界の終わりを食い止めるために盛んに活動しているが、事の全体を動かしている力とその理由には気づいていない（図536）。

アル・ゴアが国連「気候変動に関する政府間パネル（IPCC）」の表看板として引っ張り出され、政府のプロパガンダ《宣伝》担当者やメディアが、人間の活動が生み出した温室効果ガス（二酸化炭素）が熱を閉じ込めて地球を温暖化させているため壊滅的なレベルに達する恐れがある、という大嘘を売りさばいてきた。何もかもナンセンスとしか言いようがない。

このプロパガンダの基本パターンは、一方で〈主流派エブリシング〉に公式ストーリーをひっきりなしに繰り返させ、他方では、それをナンセンスだとする科学者を抑圧する（場合によっては職を奪う）というものだ。これによって「それは科学的に決着がついた」と言えるようになるが、その「科学」はコンピュータモデルによる予測に基づいたものであり、それ自体が、必要な予測を得られるように操作されたものだ。

進歩主義者が支配するBBCとその「人間国宝」ともいうべきナチュラリストのデーヴィッド・アッテンボローは、もううんざりするほどバイアス《偏向》がかかっていて、オウムのように公式ストーリーを繰り返している。学校も容赦《ようしゃ》なく標的にされ、地球温暖化という宗教の正統理論で若者世代が洗脳されている。わたしの息子ジェイミーも、このおとぎ話に異論を唱えたら試験の点を落とすと脅されたことがある。単純なプロパガンダほど効果がある。気象に関するあらゆる事象や変動に地球温暖化というラベルを貼《は》る。それだけだ。

繰り返しは知覚のコントロールに最も効果的だ。ナンセンスの反復でも構わない。暑いなあ——地球温暖化だ。寒いよ——地球温暖化だ。トーストが焦げた——地球温暖化だね（おっと間違えた、これはロシアのせいだった）。エルニーニョは太平洋［赤道域の日付変更線付近から南米沿岸にかけての海域］で海面水温が周期的に高くなる自然現象なのだが、これも「気候変動」を叫ぶために利用されている。

組み込まれた偏見と操作の例はいくらでも挙げられる。海に浮かんだ小さな流氷の上に立つホッキョクグマの写真は有名だ。その写真を見てみれば、ただそうだというだけで、ほかには何の意味もない。それなのに、キャプションなりナレーションなりが写真の意味を説明すると、流氷の上のホッキョクグマの写真が突然「あぁなんてことだ、地球温暖化のせいでホッキョクグマがすべて死んでいく」となる。

これは大切なことなので覚えておいてほしい。ストーリーを語って知覚を生み出すのは、ほとんどの場合、写真ではない。キャプションやナレーションが、その写真の「意味」を信じこませるのだ。ブリティッシュ・コロンビア州にあるヴィクトリア大学のスーザン・クロックフォード博士は、このホッキョクグマについて別の見方をしている。

ホッキョクグマは今も環境保護のサクセスストーリーだ。世界の個体数が2万5000頭を超えているのはほぼ間違いなく、40年前よりも確実に増えていると言える。

なぜプロパガンダ・マシーン《宣伝機関》はこのことを話さないのだろう。ホッキョクグマは、19ある群れのうち、1つを除いて著しく数が増えているのに、デーヴィッド・アッテンボローとBBCは絶滅の可能性があると語り、ゴアは「気候変動」で死んだ4頭のホッキョクグマの画像を見せる（これは、あとになって嵐で死んだとわかった）。しかもなんと、ゴアはブレグジット《イギリスのEU離脱》の原因のひとつは気候変動にあると言い、シリアでの戦争の本質的な原因も気候変動だと言っている。しかし、あの戦争が自分をコントロールしている連中が起こしたものだということは、本人もよくわかっているはずだ。イギリスのチャールズ皇太子もシリアについて似たようなことを話していた。すべてはこんな狂気なのだが、進歩主義者はそれを買う。彼らは自分が聞きたいと思っていること（というより聞きたいと思うよう命じられていること）を言われるからだ。

こうして、浸水したロンドンのバカバカしい画像が登場して、〈エリート〉の青写真通りに脱工業化を進めなければこうなると訴えたり、モルディブ政府は水中で閣僚会議を開いて、人類の引き起こした海水面上昇に直面する島嶼国《とうしょこく》の危険性を強調したりということになる（図537および538）。

なぜ彼らは「海水面変化に関する国際委員会」の委員長を務めたニクラス・モーナー博士の評価にふれないのだろうか。彼はモルディブに関連して「40年来研究を続けてきたが、海水面上昇など

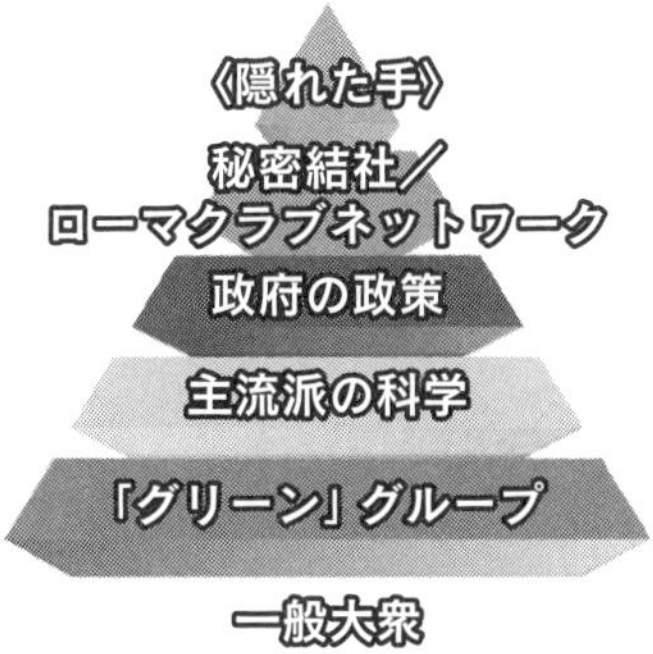

図536：いつもの区画化で真実を隠している。

図537：もう、何でもかんでも大げさにしないでほしい。

図538：水中で閣僚会議を行うモルディブ政府。

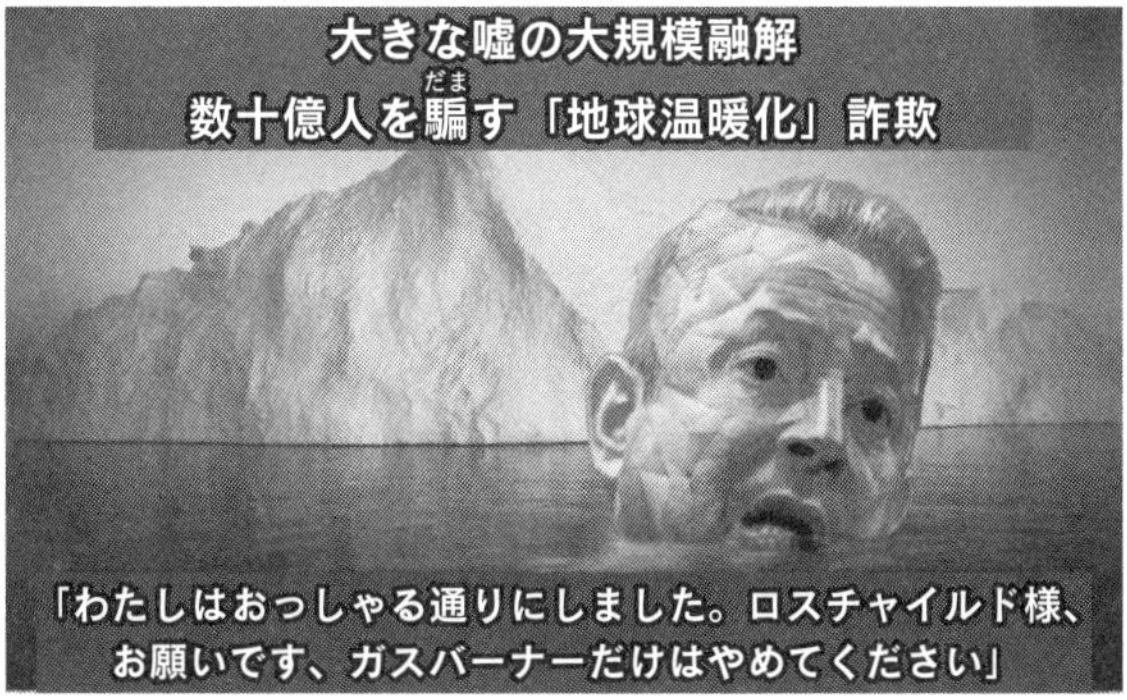

図539：年老いた哀れなアル。嘘を蒸し返すのも楽ではない。

まったく見たことがない」と述べているのだ。2016年には4つの研究が、人為起源の温暖化による「海水面への影響は観測されなかった」としているのに、なぜこれには言及しないのだろう。

それどころか、オランダのデルタレス研究所の研究チームは、地球の大陸塊が増加していることを発見している。しかも過去30年間に5万8000平方キロメートル陸地が拡大したうちの、3万3700平方キロメートルは海岸線なのだ。論文執筆者のひとりフェドラ・バートは言う。「海水面上昇によって海岸が後退を始めていると予測していたが、驚いたことに、海岸は世界中で拡大していた」

アル・ゴアは、2016年のアカデミー賞を受賞した茶番映画『不都合な真実』で、人類が地球温暖化を止めなければ、北極の氷床が融け、海水面が6メートルあまり上昇すると語っていた。「地球を救う」ための炭素取引で一財産作ったゴアは2007年に、北極圏の氷冠が「縮小し、わずか数年後には、夏季には姿を消すようになる」と言った。しかし7年後、北極の氷冠は43パーセント増加していることがわかった。

2017年5月に報告された調査結果では、グリーンランドの大半で、直前9カ月間の気温が標準よりも低かったおかげで、地表の雪と氷が増えたことが明らかになった（図539）。20世紀初めの数年に南極を探検したロバート・スコット大佐とサー・アーネスト・シャクルトンが残した記録と比べても、南極海の氷は100年間ほとんど変化していない。衛星観測によれば、実際には過去30年で氷は増加している。地球の気温と氷冠の量は、当然のことながら、つねに上下、増減している。しかし〈エリート〉のプロパガンダは、1990年代の気温が上昇傾向にあるのを見て、人為起源の地球温暖化を人びとに信じ込ませ、平均気温の上昇が止まったら、それを「気候変動」と言い換えたのである。

「地球を救う」執拗なキャンペーン——独裁世界政府への呼び水!! 事前警告（大嘘根拠の地球危機説）——CO_2は温室効果の主犯ではない!!

二酸化炭素（CO_2）を悪者扱いすることがいかにナンセンスか知りたければ、温室効果ガスのグラフを見てみるといい。ほかの大気保温システムと同じで、わたしたちはCO_2がなければ全員、死んでしまう（図540）。嘘を信じてきた人がこのグラフを見たら、その瞬間、温室効果への寄与が圧倒的に大きい左端のガスがCO_2に違いないと思うだろう。だがそれは違う。

温室効果ガスの90パーセント以上は水蒸気と雲なのだ。CO_2はたった0・117パーセントにすぎない。しかもごくわずかな例外を除けば、これはすべて自然に発生したもので、人間活動とは無関係だ。科学工学で王立協会客員フェローでマックス・プランク研究所客員フェロー、さらにNASA《アメリカ航空宇宙局》で研究員をしていたこともあるマンチェスター大学のレスリー・ウッドコック名誉教授はこう言っている。

> 水はCO_2よりはるかに強力な温室効果ガスで、大気中にその20倍が存在し、大気のおよそ1

パーセントを占めている一方で、CO_2はたった0・004パーセントでしかない。CO_2はある種の有毒ガスと言われてきたが、本当は命のガスである。わたしたちがCO_2を吐き出し、植物がそれを吸う。だからわたしたちが原因ではない。地球温暖化はナンセンスだ。

CO_2の増加は植物にとってよいことで、地球の緑が増え、成長も食料供給も増えるだろう。わたしたちは呼吸で絶えずCO_2を吐いている（1日1人当たり約1キログラム放出する）。とすれば、わたしたちはどうすればいいのだ。息を止めないといけないのか。それなら、あなたと家族を気候変動から守る方法は――呼吸をしないことだ。この取り組みを「アル・ゴア・チャレンジ」とでも名づけて、まずはアル・ゴアが見本を見せるべきだ。

科学者でエンジニアのデーヴィッド・エヴァンズは、常勤、非常勤のコンサルタントとして、オーストラリア温暖化対策事務所（現在の気候変動省）に11年間勤務した。そのエヴァンズによれば、人為起源の地球温暖化説は「推論に基づいたもので、その推論は1990年代に実証的証拠によってその誤りが証明されている。

しかし、これは肉汁《グレーヴィー》ソースを満載した列車のようなもので、多くの仕事や産業、商業的利益、政治キャリアといった旨味《うまみ》がたっぷり積まれている。さらには、世界政府とそれに伴う完全な管理社会を生み出す可能性も生まれている」のだという。さらに「各国政府と飼い馴らされた気候科学者たちは、今はCO_2が危険な汚染物質だという作り話を維持しようと躍起になっていて」、圧倒的な証拠を前にしても、絶対に自らの誤りを認めようとしない。

ここでエヴァンズが、作り話を続けていく口実として世界政府に言及している点は非常に興味深い。なぜなら計画の目的は、地球を救うという名目で世界政府を正当化することにあるからだ。わたしはほぼ30年にわたってこのことを言い続けてきた。

2017年5月にイタリアのシチリアで開催されるG7サミットに先駆けて、ストックホルムを拠点にする「グローバルチャレンジ基金」が依頼した調査によると、イギリスでは回答者10人中の7人が、世界政府が（世界軍を使って）各国に行動を強制することで気候変動と戦争を食い止めるべきだとする考えを支持していた。

この調査報告書は「人類文明が終わりを迎える可能性が高まっている」と警告していたが、これはまったく――ああ、欠伸《あくび》が出てきた――予想通りの結果だ。そもそもの計画が、人びとを心底まで脅《おび》えさせて、世界政府の独裁を受け入れるようにすること、できれば自ら求めるまでにすることなのだから。「グローバルチャレンジ基金」はスウェーデン系ハンガリー人の億万長者ラズロ・ションバットファルビーが設立した組織で、国連を世界政府の類《たぐい》に置き換えたいと考えている。これは1990年代半ばからのわたしが書いてきた内容そのものだ。

ウェザーチャンネルの創設者であるジョン・コールマン［同名の「陰謀論」の泰斗《たいと》とは別人］は、以前から地球温暖化は作り話でナンセンスだと言っているし、イギリスの科学者で環境運動のゴッドファーザーともいうべきジェームズ・ラヴロックでさえ同趣旨の発言をしている。ラヴロックはかつて『ガイアの復讐《ふくしゅう》』で「数十億人が死ぬ」と予言し、人類は破滅すると語っていた（図54 1）。生き残った者は北極――地球上で数少ない居住可能な場所のひとつ――で暮らさざるをえなくなるとも言っていたのだが、真実がわかってくると、そのラヴロックも今は、気候変動を騒ぎ立てるのは「少しも科学的」ではないとして、コンピュータモデルは頼りにならない、それで「5年から10年以上先を予測しようとするのは、ちょっとした間抜けだ」と言うようになっている。火山ひとつでも、地球温暖化への影響は人間より大きいのだ、と。

アメリカの工業化学者で政治家候補のマーク・イミサイツ博士も同意見で、科学メディアサイト「プリンシピア・サイエンティフィック」（principia-scientific.org）の記事では、海水温度の上昇について大局的に捉《とら》えている。

風呂の水が冷たいときに、それを温めようと十数個のヒーターを浴室に置けば水が湯になると思うだろうか。海の大きさを考えると問題はさらに厄介になる。基本的には水が多過ぎて、温めるには空気が足りていない。

海水の量は1、500、000、000、000、000、000、000リットルという膨大なものなのだ！　この水を暖めるには、たとえごく一部であっても、大量のエネルギーが必要になる。たとえば、海水をたった1℃暖めるのに必要なエネルギーは、6、000、000、000、000、

０００、００００、００００、０００、０００ジュールという驚くべきものになる。

この大量のエネルギーを大局的に見てみよう。仮にわたしたちがすべての電化製品の使用をやめて洞窟《どうくつ》で生活し、石炭と原子力、ガス、水素、風力、太陽光で発電した電力を、海を温めるだけに使ったとしても、たった１℃上げるだけでなんと３万２０００年もかかるのだ！　つまり、わたしたちが気候にもたらす影響は、本気で取り組んでも極めて小さいのである。

どうしてＢＢＣからこうした意見が聞こえてこないのだろう。あそこでは、正統理論に反論すると村の愚か者のように扱われる。オーウェル流の言語が効果的に使われていて、気候変動を支持する科学者は「科学者」とか「気候エキスパート」と呼ばれるが、嘘を暴《あば》く科学者は「懐疑論者」とか「否定論者」になる。

ラヴロックは環境保護主義者の誇張と振る舞いを「嘆かわしい」と非難しているが、気候変動のストーリーを推進する彼らと進歩主義者には自由な振る舞いが許されている。イギリス緑の党の共同代表ジョナサン・バートリーなどは、反対意見を電波に乗せたといってＢＢＣを非難するほどだ。こうした連中の傲慢《ごうまん》さと独善には信じがたいものがある。その一方で気候科学者も、それなりのお返しをしなければ、仕事を失うか、退場させられてしまう。

気候科学者でジョージア工科大学の終身教授ジュディス・カレー博士は、絶対服従を要求する地

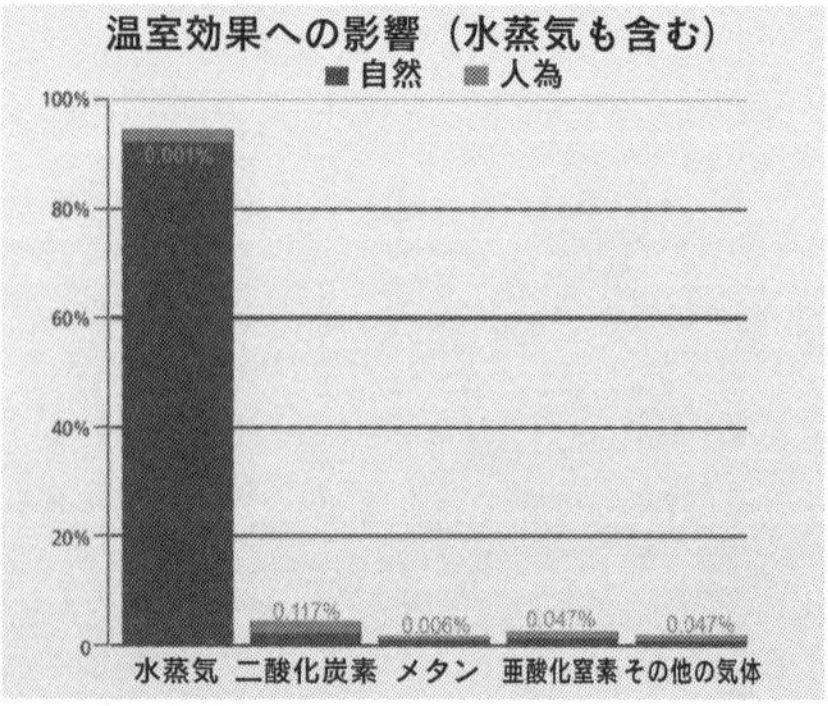

図540：さまざまに姿を変える水蒸気は圧倒的に最大の「温室効果ガス」で、これと比べれば二酸化炭素の数値など微々たるものだ。しかもそのほとんどは人間活動によるものではなく、自然に発生している。

図541：科学的に決着したはずでは？

フランスＴＶ局、気候変動「虚偽」本の出版で気象予報士を解雇

（記事著者名）
By ティム・ヒューム、CNN

気象予報士フィリップ・ヴェルディエは気候変動を「虚偽」とする本を出版したためフランス２を解雇された。

図542：真実を語ればここにいられなくなるぞ。

球温暖化の暴君を前にして、本人にとっての「夢の仕事」から去らねばならなくなった。カレーはフォックスニュースでこう語った。「わたしは同僚の一部から非難されてきた。彼らは活動家で、自分のビッグストーリーに反論されたくないと思っている。……歩いていると後ろからナイフで刺されるような気がする……。大学の環境では何をしてもムダだという気分になった」

フランスの有名な気象予報士フィリップ・ヴェルディエは著書で、「気候専門家」は地球温暖化の脅威に関して一般大衆を誤導している、IPCCは誤解を招くデータを意図的に公表していると非難したところ、フランスの民放テレビ局「フランス2」を解雇された（図542）。フランスは自国を自由の国だと主張しているが、いや、まったくおっしゃる通りだ。同テレビ局の進歩主義の労働組合員も彼の解雇を求めた。

ヴェルディエが本を書いたのは、フランス外務大臣のローラン・ファビウスがTVの気象学者たちに、番組で気候変動の問題を強調するよう依頼してきたのがきっかけだった。そのあとにヴェルディエが本を書いた。「わたしはこの発言で怖くなったのだ」。心配しなくていいよ、それは詐欺なんかじゃないからね。TVの気象予報士の多くはヴェルディエのように誠実ではない。そのことは、気候変動の危険性に関する話題が定期的に投げ入れられているのを見ればわかる。

先にふれた科学レポーターのミシャ・マイケルズは、自身のウェブサイトに「政治が科学的プロセスをねじ曲げていること、また［気温の］自然変動は人間の活動よりはるかに強いことを」強く信じていると投稿して、ボストンのラジオ局WGBHを解雇された。彼女はこれ以外にも、親が子どもにワクチン接種を受けさせないことを認める法案を支持するという重罪も犯した。彼女は「ソフトウェア」であるラジオ局経営者から「君はここにふさわしくない」と告げられた。これをオーウェル語翻訳装置で解読すれば、彼女は「方針に沿っていない」ということだ。

アメリカの「著名人」ビル・ナイは無知と傲慢さの象徴のような人物で、つねに方針に沿いながら、とてもうまくその路線を外していく。「科学の人」としてTVに出演したときには、気候変動に反対する人たちのためなら刑事責任を問われて刑務所に入っても構わないとまで言い放った。コメディグループ「モンティ・パイソン」のメンバー、エリック・アイドルは「気候変動を否定することは人類に対する犯罪で、世界司法裁判所で釈明の義務を負うべきだ」とツイートしている。ジョークだと思いたいが、残念ながらそうではないようだ。何て進歩的なんだろう。エリックよ、〈システム〉をからかうのはいいが、君の知覚はまだ〈システム〉にコントロールされているのだよ。

「気候科学者の97パーセントは人間活動が地球を温暖化させているという考えに同意している」と言われるが、これに疑問を呈すると、温暖化カルトは決まって後退してしまう。政治家や環境保護主義者、進歩主義者が繰り返しているこの数字は誤解を招くもので、そもそもが、とんでもないごまかしからはじき出されたものだ。え、でも、多分ＢＢＣがインタビューした科学者の97パーセントという意味だろう？　いやそうではない。もしそうなら99・9パーセントにするはずだ。

ジュディス・カレー博士がアメリカ下院委員会で、コンセンサス《合意》があるのはコンセンサスがあるということだけだと答え、科学誌『オーガニゼーション・スタディーズ』の査読済み研究に携わった地球科学者や地球工学者のうち、人類が地球温暖化による危機を生み出していると考えているのはわずか36パーセントで、回答者１０７７人のうちの大多数は「最近の温暖化の最大の原因は自然である」「将来の地球温暖化はそれほど深刻な問題ではない」という選択肢の両方またはどちらかを選んでいると証言した。

正統理論を支持する者は97パーセントよりはるかに少ないのだ。だが問われるべき問題はその数字そのものではなく、なぜ大半の気候科学者が人類を被告席に立たせることに同意しているのか、という点だ。その理由はいろいろあるし、実例は協力しない者がどうなっているかを見ればわかることであるが、詰まるところは、デーヴィッド・エヴァンズが言ったように、この「肉汁《グレーヴィー》列車」はあまりに長大な編成になってしまい、もはやブレーキが効かないということなのだろう（ＩＰＣＣで長く議長を務めたラジェンドラ・パチャウリがインドの鉄道出身だというのも、なんともふさわしい人選だった）。

『気候変動ビジネスジャーナル』誌の推計によると、気候変動関連産業の年間予算は１・５兆ドルに上り、台本に従う者は今後もどっさり稼げる可能性がある。大衆を誤導すれば大金が得られる。真実を語れば仕事を失う。アメリカの作家で活動家のアプトン・シンクレア（１８７８〜１９６８年）は言い遺している。「理解しないことで給与を得ている者に何かを理解させるのは難しい」。気候科学者のためには、気候変動の正統理論をただただ繰り返すこともこれに加えるべきだろう。そして、繰り返しは強力な知覚コントロールの形態だ。気候変動はもちろん本当に違いない――わたしの周囲の誰もがそう言っているのだから。

国連気温データも堂々改竄!!「停滞・鈍化」→「急上昇」など、と!!
それは修正だ――「本当の狙い」は人類の終焉!!

真実を語るときにデータを操作する必要はない。だが気候科学産業は何度もその現場を押さえられている。アメリカ海洋大気圏局（NOAA）のトップ科学者であるジョン・ベイツ博士は、2015年にパリで開催された国連気候変動会議に合わせて発表された画期的な報告書が、世界150カ国の首脳を含めた政策立案者に影響を与えるために意図的に誤導するように作られていたという、動かぬ証拠を英紙『メール・オン・サンデー』で明らかにした（図543）。

ベイツ博士は、世界の気候データで最高機関と評されるNOAAを退職するまで40年にわたって気候科学に携わり、オバマ政権から、気候データの作成と保護のための強制力のある基準を作成したとして賞を贈られている（博士はこの規準をNOAAが無視したと言っている）。

パリ会議では、1998年以降の地球温暖化の「停滞」あるいは「鈍化」は（のちの2013年に国連の科学者が確認しているにもかかわらず）起こっていないとされ、気温は予想を超えて急速に上昇していると主張された。当然、世界のメディアは「停滞説を打破する報告書」と大見出しをつけ、これは「懐疑論者に対する科学爆弾」だとした。

ＢＢＣは、温暖化の停滞は「不正確なデータがもたらした幻想」と大喜びで報じたが、現実はその逆が正しかった。ベイツ博士は、ＮＯＡＡの報告書が、誤解を招きかねない未証明の（＝博士の考案した評価プロセスを経ていない）情報を用いて作成されたものだったことを明らかにした。博士の抗議は、パリ会議と一般大衆への「インパクトを強める目的で露骨に」無視されたのだという。

１９９８年以降に気温の上昇が停滞して地球温暖化が気候変動に変わると、作り話全体への信《しん》憑《ぴょう》性《せい》は揺らぎだし、それが毎年のように続いている（図５４４および５４５）。「アジェンダ21」「アジェンダ２０３０」の口実が依拠している肉汁たっぷりの列車を守って、なんとか窮地を逃れなければならない。誤導的な報告書の内容が、政治指導者によって事実として繰り返し語られた。さらに地球温暖化の狂信的支持者であるチャールズ皇太子は児童書を出版して、気候変動の虚偽をきらびやかに語った。

パリ会議参加国の政府は、化石燃料使用の大幅な削減（＝風力発電によるさらなる景観破壊）に合意し、新たなプロジェクトに年間８００億ドルの支出を決定した。ウムムム……また金が動くのか、素晴らしい。『メール・オン・サンデー』紙の記事にはこう書かれている。

本紙は、ＮＯＡＡが報告書の発表からわずか18カ月で［報告書のデータの］差し替えと大幅改訂を決断したことを突き止めた。理由は信頼できない手法を用いたため、温暖化のスピードが誇張されたからだという。データが修正されれば、最近の温暖化傾向では、気温は低めでスピード

図543：真実を語るときにデータを修正したりしない。

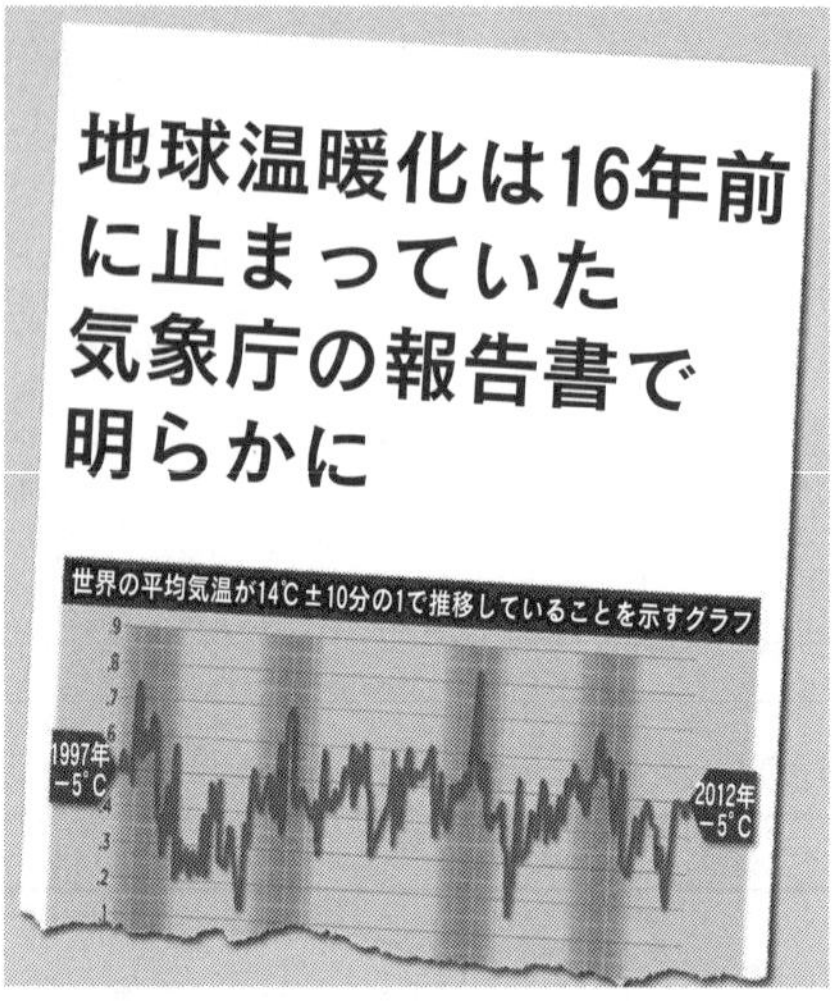

図544：嘘を売るのに必死な地球温暖化カルトにとってはまさに悪い知らせだ。

も緩やかであることが示されるだろう。

しかしその前に、パリでも文字通り「取引」が成立していた。地球表面温度データの公式調整に関する2017年の査定済み調査報告書によると、主張されている温暖化傾向はほぼすべて、そうした調整が最大の原因となっていた。気温そのものではなく、気温に加えられた「調整」が、である。NOAA(またしても)、NASA、そしてイギリス気象庁のすべてが気温の生データを「調整」していて、調査報告書に記載されたデータによれば、ほぼ例外なく気温が高めに調整されていた。

「よって、近年は史上最も高い気温が続いていると結論することは――現在は記録的な温暖化と言われてはいるが――不可能である」とこの研究は結論づけている。また「先に報告されたデータの周期的パターンはほぼ『調整』されたもので」、ほぼすべての地球表面温度が過去については低く、最近のものについては高く調整されていて、地球温暖化の正統理論に沿って気温が上昇しているように人為的に見せていたことが明らかになっている。

「温暖化傾向のほぼすべてが調整によって示されている」と、調査報告書を共同で執筆した気象学者ジョー・ダレオ、ケイトー研究所の気候科学者クレイグ・イドソ、統計学者ジェームズ・ウォレスは語っている。「各データセットは1940年代の温暖化傾向を低く、最近の温暖化傾向を高くしている」とダレオは言う。調査報告書はこう締めくくっている。

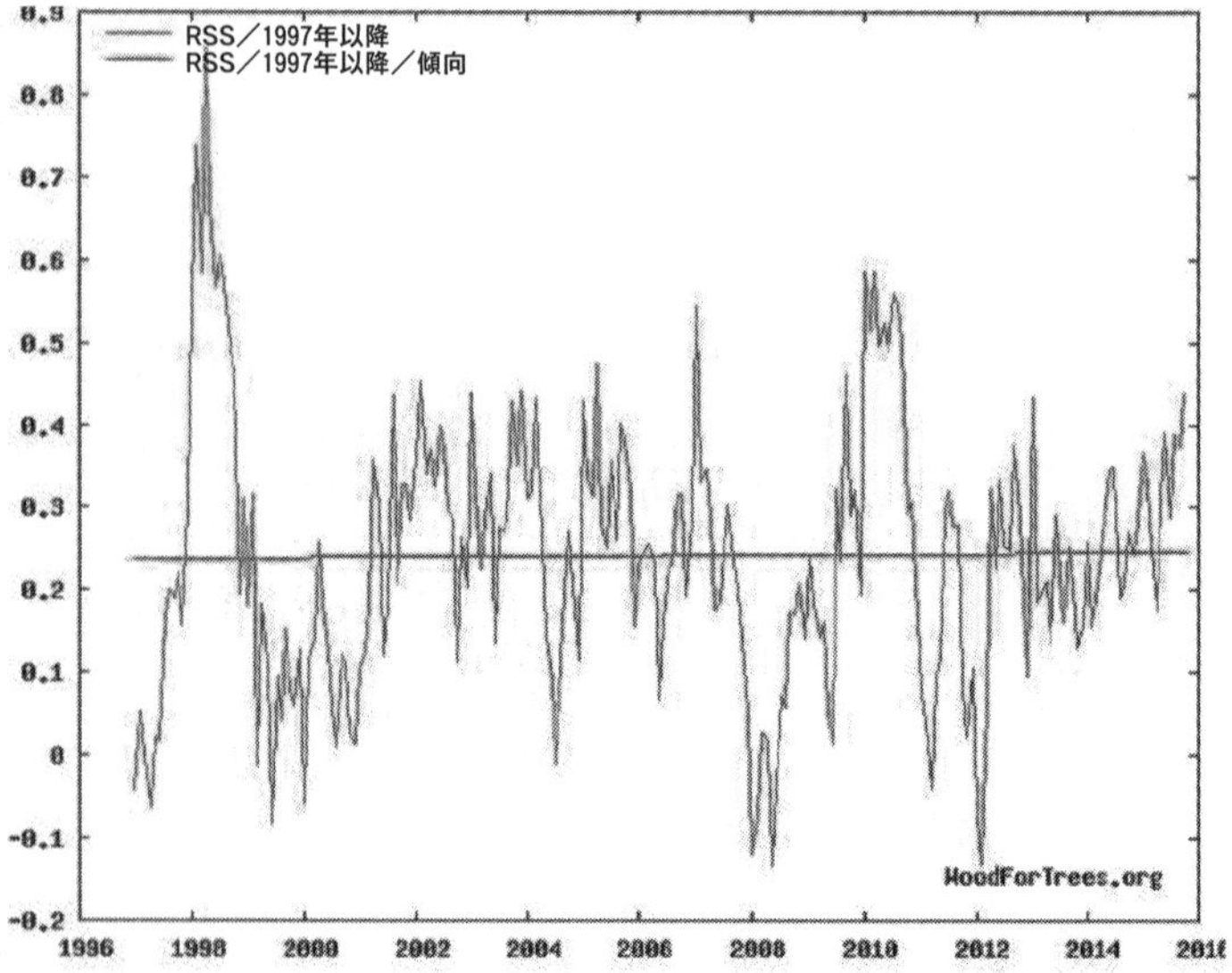

図545：欠陥コンピュータモデルの悲惨な予測に反して、平均気温（中央にある黒い線）は1990年代後半から横ばいだ。

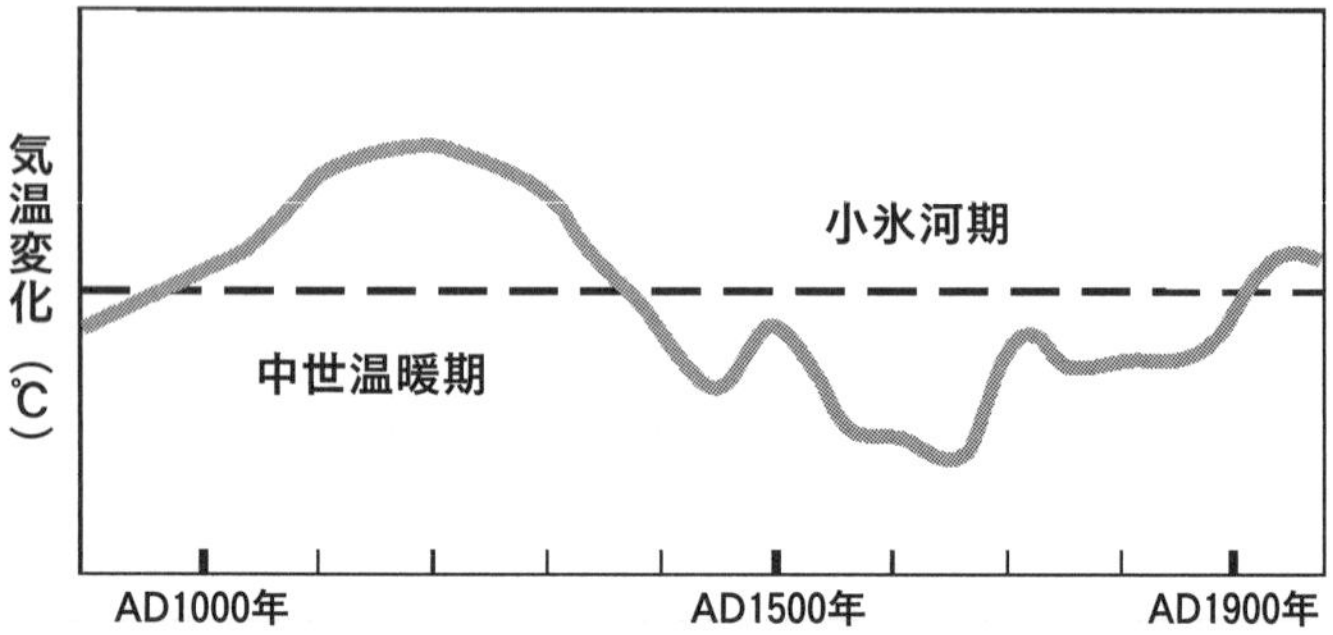

図546：中世の温暖期は気温が今よりも大幅に高かったが、炭酸ガスを生産する工業化は起こっていなかった。おぉっと、それなら温暖化はなかったと言った方がいいんじゃないか。

本報告書の最終結論は、［調整されたデータの］セットは現実の有効な表現ではないというものである。実際に、歴史データの調整規模は周期的な気温パターンを消し去るほどであり、アメリカその他が公表している信頼できる気温データと完全に矛盾している。

わたしに言わせれば、彼らが数値をごまかしたのは今回が初めてではない。気候改変産業は以前にも数多くのデータ操作で有罪が宣告されていて、たとえば2009年の「クライメートゲート」では、気候科学者同士のEメール数千通が流出し、数字やグラフが修正されていることが暴露された。中心となっていたのはイギリス・イーストアングリア大学の気候研究ユニットだった。流出したEメールには、どうすれば中世温暖期を歴史データから削除できるかを議論しているものがあった。950年から1250年までの気温は、今よりはるかに高かったのだ（図546）。

これによって、現在の気温はCO_2を生産する工業化時代に特有のものだという神話は完全に崩壊した。温暖化カルトが1990年代に作成し、国連IPCCが利用した有名な「ホッケースティック」グラフは、中世温暖期を通して安定した気温を示していて、20世紀後半に突如ビューンと上昇する（図547）。温暖化カルトによるプロパガンダの心臓部となるグラフは、完全に真実を誤って伝えている。

中世温暖期のあとには小氷河期がやって来て、16世紀から19世紀まで続いた。もっと早く始まっ

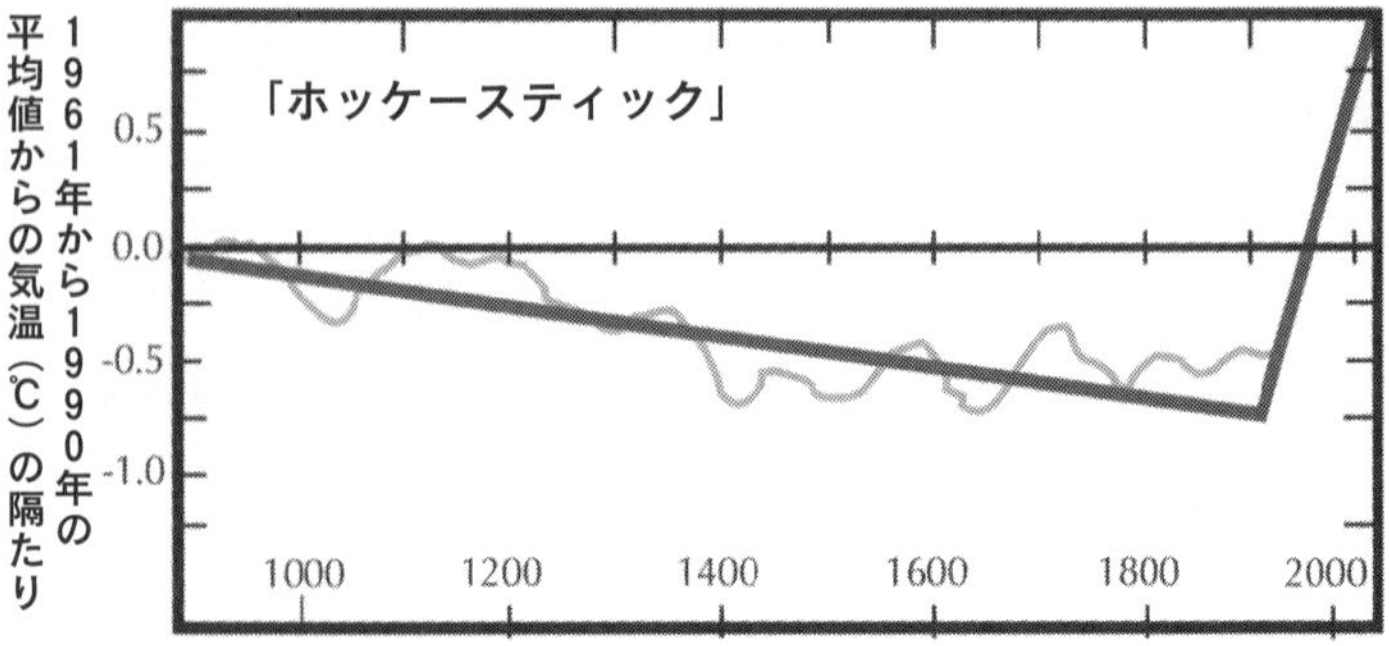

図547：中世温暖期を削除して捏造《ねつぞう》された「ホッケースティック」グラフ。

図548：小氷河期に凍結したテムズ川の様子。

たという説もあるが、いずれにせよ恐ろしく寒かったので、冬にはロンドンのテムズ川が凍りついて「アイスフェア」が開かれるほどだった。そのときの様子は今でもクリスマスカードに描かれている（図548）。ここから二つの重要なポイントが見えてくる。まず覚えておいてほしいのは、よく「記録を取り始めて以後で」最も暑いなどと耳にするが、そうした記録の多くは、世界がまだ小氷河期から抜け出し切っていない頃に始まっているので、そのような気温を「基準」とした比較は、まったく誤導的だということだ。

次に、小氷河期で最も気温が低かった時期は「マウンダー極小期」と呼ばれている（図549）。この名前はイギリスの天文学者エドワード・ウォルター・マウンダー（1851〜1928年）にちなんだもので、彼は妻のアニー・ラッセル・マウンダー（1868〜1947年）とともに黒点活動を研究していた。

ふたりは、気温が極端に低かった1645年から1715年の小氷河期が、黒点の数が極端に少なかった期間と一致することを発見した。このことは、地球温暖化仮説に根本的な欠陥があることを気づかせてくれる。地球の気温が変動するのは太陽のせいであって、エセルが店まで車を使うからではない。温暖化仮説はこの極めて重要な事実を無視しているのだ。

初めの方で述べた理由で、黒点活動は太陽で処理された電力の規模を表している。太陽系はすべてが電気の網の目でつながっているのだが、黒点が少なくなると、放射される太陽エネルギーの力も弱くなる。図550からは、数百年間の黒点活動と気温の相互関係が見て取れる。

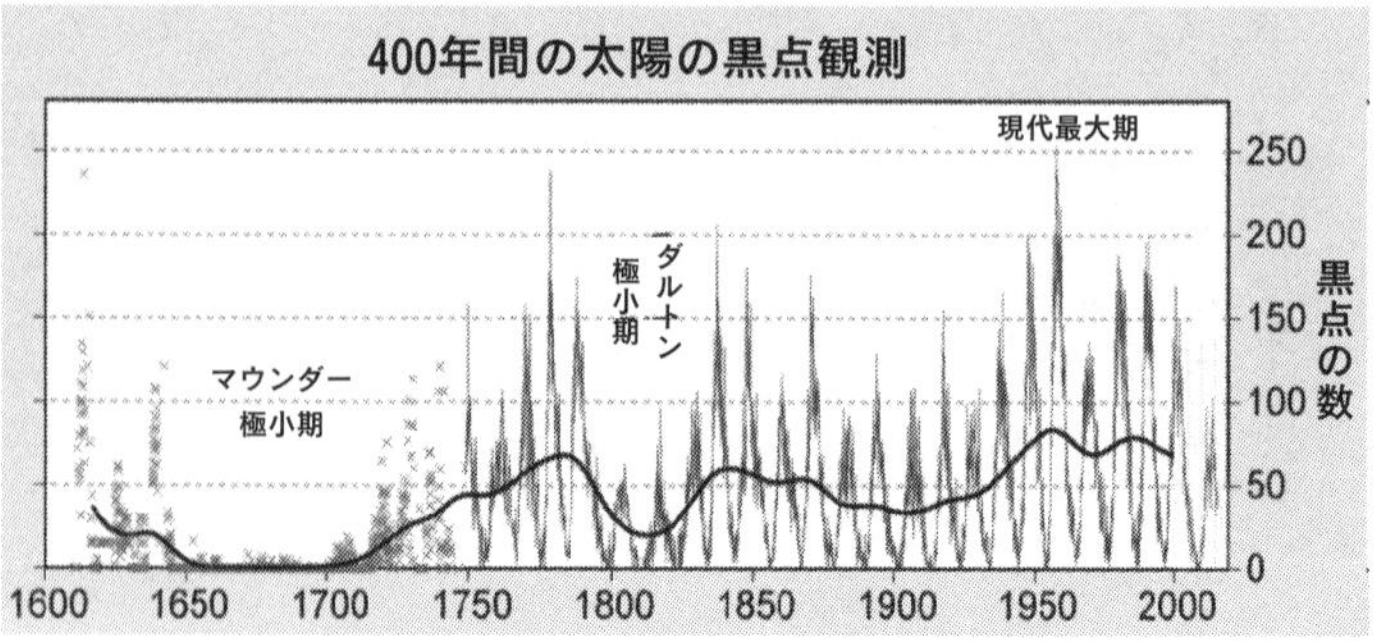

図549：マウンダー極小期は太陽の黒点活動（電気的活動）が極端に弱まった時期に当たっていて、黒点活動の減少は小氷河期と重なっている。

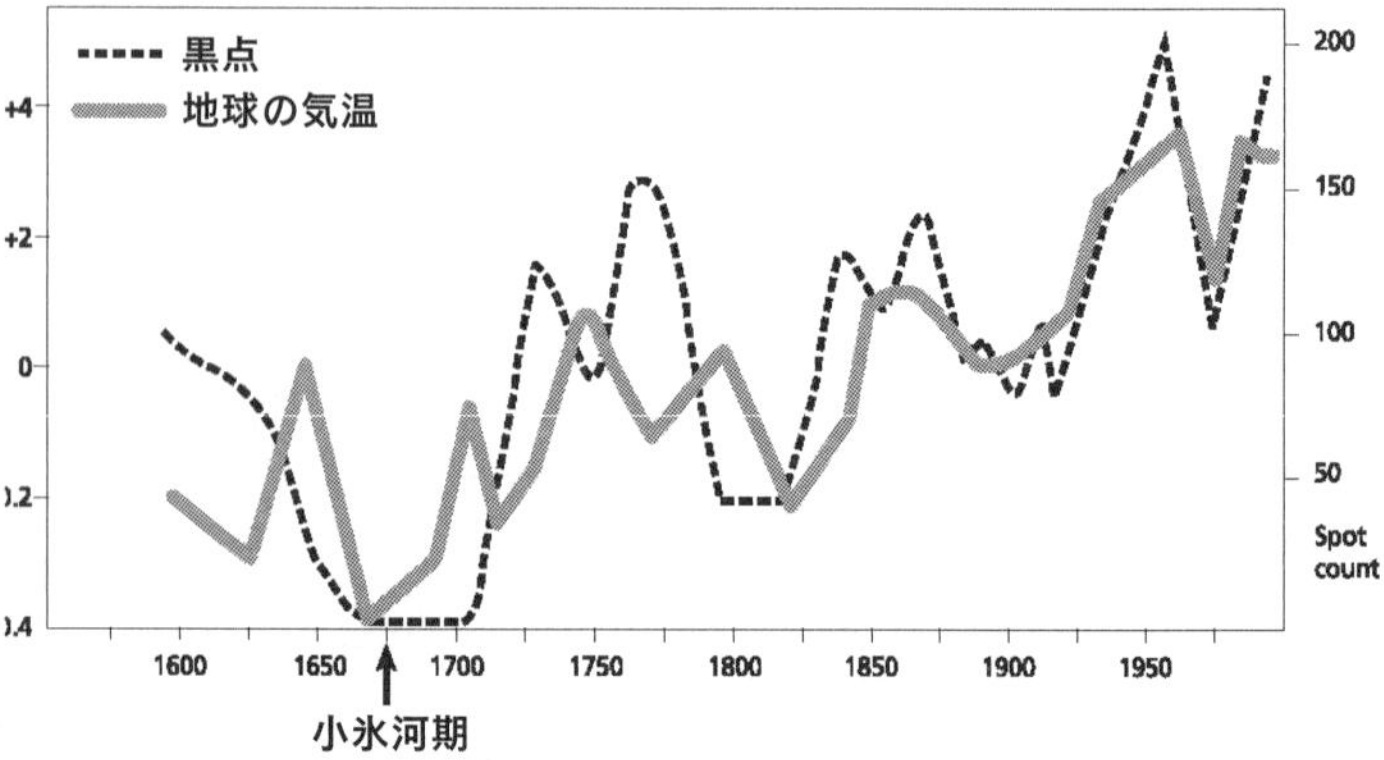

図550：太陽が気温に影響するって？　ええと、そんなこと言った覚えはないぞ——太陽活動と地球の気温が関係していることは、これを見れば誰の目にも明らかだ。

スイスの欧州原子核研究機構（ＣＥＲＮ《セルン》）には世界屈指の物理学研究所があって、そこの科学者によって、温暖化の時期と地表に達する宇宙線量とに、ほぼ完全な相関があることが記録されている。それなのに、地球温暖化産業が吐き出す山のようなナンセンスのどこにも太陽が出てこないのだ。太陽が気候に影響するって？　本気か？　そのつまり……本気か？　わぉ、それは考えもしなかったなぁ（図５５１および５５２）。

１９９０年代に地球の気温が上昇して気候ヒステリーが始まった頃は、太陽系のほかの惑星も暖かくなっていた。共通する特徴は何だろう——エセルが車で買い物に行くことだろうか、それとも太陽だろうか。そして、気候が変化しているもうひとつの理由は、〈エリート〉がテクノロジーを使って変えているからだ。

真の科学者ニコラ・テスラは20世紀前半に、わたしたちを取り囲むスカラー場と電場、電磁場を利用すれば、炭素を放出する化石燃料を使わなくても、温かさと電力を生み出せることを知っていた。「誰でも、どこにいても、無料で電気資源が得られるはずだ……電力はいたるところに無限に存在している。石炭、石油、ガス、その他の一般的な燃料がなくても世界中の機械を動かすことができる」

温暖化カルトにとっては天の恵みの中の天の恵みになるはずだ——これこそ彼らの祈りの答えなのだから。では、なぜ各国の政府や省庁は、地球を救うために化石燃料の使用をやめなければならないと言うのだろう。まったく同じ政府や省庁が、なぜ今日までテスラの知識を公表してこなかっ

図551：地球温暖化カルトがどうしてこれを見逃したのか、想像もつかない。

図552：あぁアル、やっとわかったようだね。

たのだろうか？　なぜ進歩主義の地球温暖化支持者は、テスラと無料のスカラー場、電気ないし電磁エネルギーについての話を耳にしないのだろう。

各国の政府や省庁を支配している連中に関しては、ほかにも矛盾があるように見えるが、実はそうではない。彼らは脱工業化――彼らの用語では「ポスト工業化社会」――を強要したい。そしてそれを達成するには、エネルギーへのアクセスを縮小するしかないとわかっている。化石燃料の燃焼を標的にすることは大きな武器だが、その一方で、彼らは不適当な「代替案」しか提示しない。テスラの技術は、実現すれば無料で流通するのでさらなる技術進歩が望める。そうなれば、化石燃料の使用を段階的に減らしながら、エネルギー供給はまったく減らさずに済む。実質は、誰にとってもさらに使いやすくなるだろう。しかし、それでは計画全体が台無しになってしまう。だから彼らは、化石燃料を削減しなければならないと言いながら、真の代替案は伏せておくのだ。

いったんテクノロジーができてしまえば、テスラのエネルギーを少しばかり導入すれば、人びとの負担はゼロになる。そうなれば、〈エリート〉は悔し涙を拭《ぬぐ》うのにティッシュの注文を増やさなければならない。地球温暖化という作り話の本質は支配であり、進歩主義者がＣＮＮで話すように「すべてを変える」ことだ。以下の二つの引用は、気候変動を担当する国連幹部が大きな嘘の本当の意味を明かしたものだ。

意図的に、期間を設定して、目標を掲げて経済発展モデルを変えていくのは、人類史上これが初めてのことである。――クリスティアナ・フィゲレス、国連気候変動枠組条約事務局長。

わたしたちは事実上、気候変動政策によって世界の富を再分配するのだ。――オットマー・エデンホーファー、国連ＩＰＣＣ作業部会の元共同議長。

地球温暖化という作り話は、環境ではなく政治的、経済的なものなのだ。温暖化対策の擁護者には、自分の今の考えを確認するものだけでなく、すべての証拠に目を向けるよう求めたい。〈エリート〉のアジェンダは途方もない規模だが、その大部分は、人類活動が地球に危険を及ぼしているという知覚の継続に依存している。ここで、つねにドアを開いてくれる質問に戻ることになる――人類がこのくだらない話を信じることで、誰が得するのか？　アメリカのドナルド・トランプ大統領は、アメリカ経済の妨げになるとして、２０１７年夏にパリ協定を脱退した。地球温暖化の支持者は街頭やＴＶで、大惨事になるという予測を掲げて非難の声を上げた。企業に取り憑《つ》かれたトランプが環境にとって害になる人物であることはたしかだが、これに関しては、理由は間違っているにしても、彼が正しい。

地球温暖化は中国が仕組んだでっち上げと言っているくらいだから、トランプは本当のアジェンダを知らされていない。というか、少なくとも公の場で語ってはいない。人びとは、トランプがいつものように言い逃れをして「でも」と言いだすのを待っているし、トランプも、もっと金銭的に得な取引をして、２００カ国が調印したパリ協定に立ち戻る用意があることを示唆《しさ》している。わたしはそれを望まない。でっち上げの操作されたコンセンサス《集団合意》をぶち壊せるのであれば、わたしは何でも歓迎する。狂気を口実に世界規模の牢獄《ろうごく》国家が強要される前に、正気が勝利しなければならないからだ。

ここまでのいくつかの章では、政治や世界的事件、戦争、テロ、そして移民危機と気候変動に関する偽ストーリーなど、見える領域で起こっていることの真実を暴露してきた。どれも知っておくべき重要事項なのだが、こうしたことだけに目を向けていたのでは大きな、場合によっては致命的な誤りを犯してしまう。そうした出来事の詳細をめぐって、オルタナティブの研究者と一般大衆とで議論になることもひとつの分断支配であって、焦点を逸《そ》らすために計算されたものだ。

いろいろな意味で、そうした操作でさえ偽装行為であり、本当の狙いから注意を逸《そ》らすためのものだ。本当の狙いは、周辺視野の、意識的精神が認識できる範囲を超えたところで絶え間なく継続されている。この「本当の狙い」とは、わたしたちが知る人類を終わらせるための計画であり、それは日々、わたしたちの身の回りで、目に見えるかたちで展開していっている。わたしが言っている意味を知りたければ……さらに先へ読み進めてほしい。

第16章
同化

技術的進歩は、退化のための効果的な手段を提供してきたにすぎない。

――オルダス・ハクスリー

人類のAI端末化!!
クラウド——「悪魔の遊び場《シリコンバレー》」で「人類の終焉」作戦!!
超人間化（トランスヒューマニズム）推進中!!

わたしが暴いてきたストーリーには、つねに、人間の認識を完全に征服して支配し、最終的にはテクノロジーによって削除するという究極の目標があった。今、わたしたちはその真っただ中にある。わたしたちは、ただちに目覚めなければならない。

ＣＨＡＮＩプロジェクト［①巻389頁参照］に含まれる存在は、人間は霊的に爬虫類《はちゆうるい》より進化しているが、爬虫類は科学技術で人間を抑圧していると言ったと伝えられている——「彼らの神はその科学技術である」。彼らの科学技術は、人間の認識を人工知能（ＡＩ）につなぎ、最終的には取って代わらせるという目標を達成するために使われていて、その大がかりなトリックはトランスヒューマニズム《超人間主義》と呼ばれている。しかしこれはノンヒューマニズムと呼ぶべきだ（図553）。

アルコーンに憑依《ひょうい》され、〈巣箱の精神《ハイヴ・マインド》〉［個性を放棄した集団思考］に同化したレプティリアンとそれに従属するグレイたちは、オリオン座－土星シミュレーション《模擬実験》、月の内部にある司令センター、人間とレプティリアンの〈混血種《ハイブリッド》エリート〉が命令している地球「上」の支配構造を通して、長年にわたって人間の集団的知覚を操作してきた。それは人間の精神を支配し、五感を〈無限の認識《アウェアネス》〉から孤立させる上で多大な成功を収めたが、多くの人は意識の力が〈プログラム《実行計画》〉を上回っていて、アルコーンの偽の〈霊《スピリット》〉に抵抗し、無効化しているので、まだ完全な支配には至っていない。し

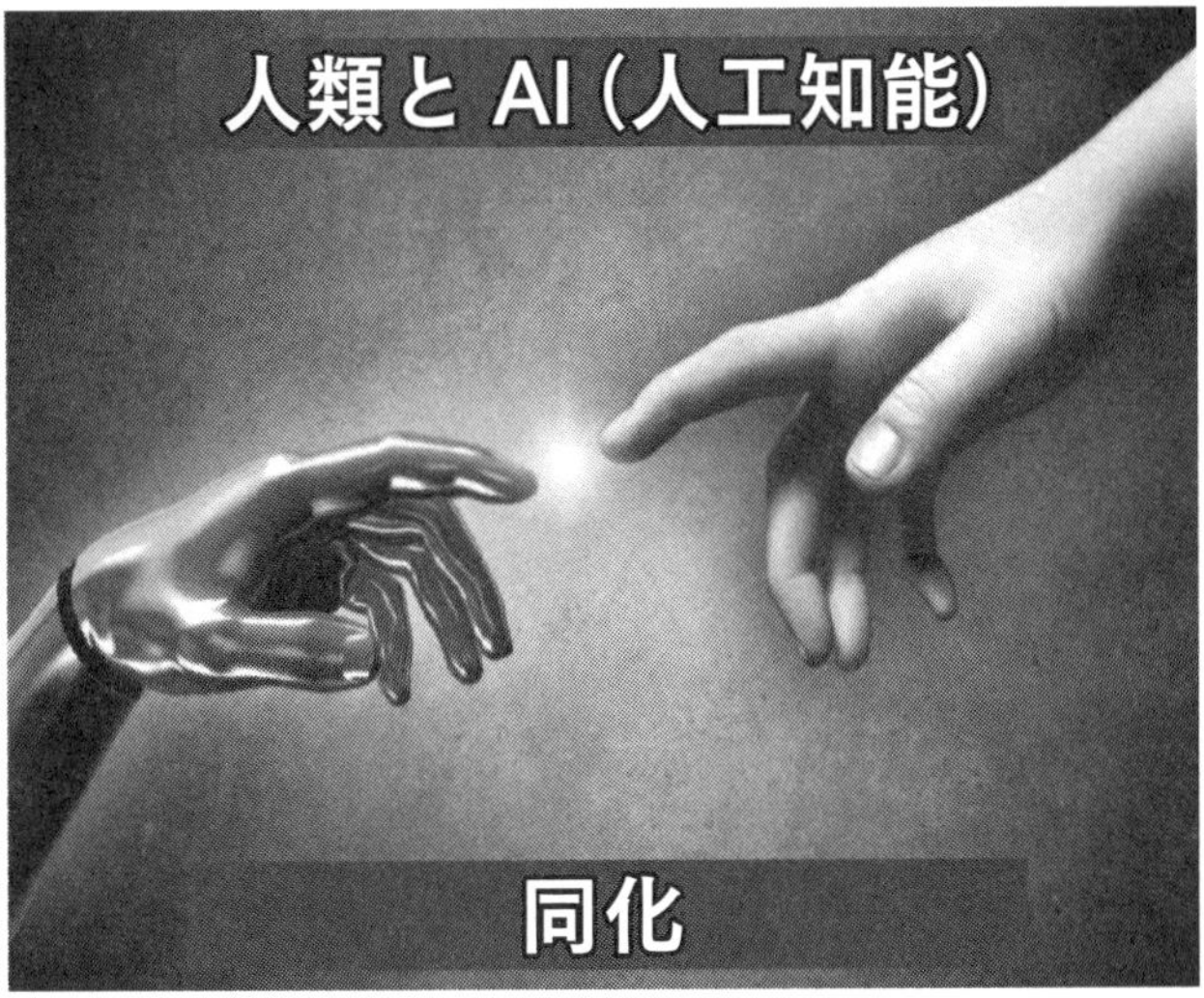

図553：私たちは人類の終焉《しゅうえん》を目にしている。だからこそ、緊急に方向転換できることを知る必要がある。

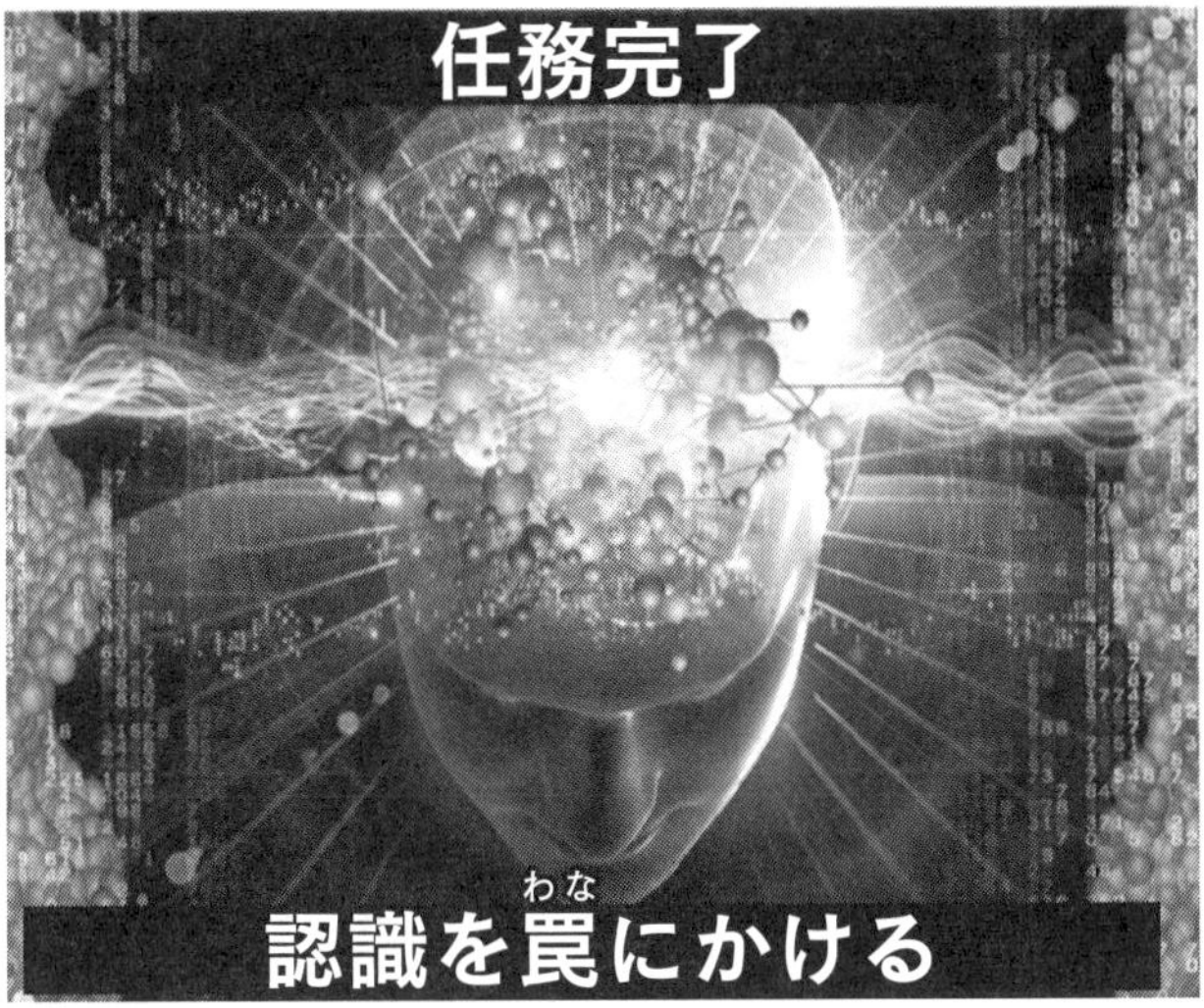

図554：トランスヒューマニズム《超人間主義》はボディ－マインドを人工知能に接続し、すべての「人間」の思考と感覚を代行させることで、拡張した認識を遮断するための技術的な手段だ。

かし今や彼らは、これを確定させるプロセス《過程》に入っていて、人間の精神を、科学技術による亜現実《サブ・リアリティ》ないし〈巣箱の精神〉に結び付けようとしている。その主唱者はこれを「クラウド」と呼んでいる（図554）。

これはコンピュータの外部にあるデータ処理保存システムで、さまざまなソフトウェアとサービスがインターネットを通して稼働している。いわば管制センターのようなもので、つながっているあらゆるコンピュータとデバイス《機器》のデータは、すべてここに保存され、処理される。

計画では、人間の精神はそうした「デバイス」のひとつになり、そのあとは「人間」という概念そのものが存在しなくなる。第一段階は精神を技術的にクラウドに接続すること、最終段階は精神をクラウドにアップロードして人間の体を完全に処分することだ。バカげている？　そう、たしかにそうかもしれない。しかし、それこそ彼らが公然と予言していることであり、わたしたちが向かっている最終到達点なのだ。

クラウドベースの情報は、個々のコンピュータの外に保存されていて、ハッキングやアクセスをされ放題なので、安全度が非常に低い。人間の精神も、クラウドに接続されればこれと同じになるだろう。彼らは、計画された脳－クラウドの技術的接続によって、わたしたちの情報、反応、思考のすべてを人工知能（AI）に供給させたいと望んでいる。そうなれば人間は、もはや単なる生物的な――そして最終的には人工物ないしデジタルの――コンピュータ端末になるだろう。この言葉は額面通りに受け取ってほしい。彼らは、自分たちが何をしていて、何をする自信があるのかをわたしたちに直接告げてくる段階に到達している。彼らは、人類はもうすっかりテクノロジーに溺《おぼ》れているから最後のカードを切っても大丈夫だと確信しているのだ。ターゲットがテクノロジーの奴隷状態の最新段階を手に入れようと真夜中に行列しているときに、そのターゲットに、おまえたちの心を奴隷化するつもりだと言ってみよう。「最新のiPhoneを手に入れたぞ、すごいだろう」。そうだね、うん、いや、たいしたことはないよ。

アルコーン企業とその前線で働いている連中は、シリコンバレーと呼ばれる狭い地域で、わたしたちの知る人類の終焉《しゅうえん》に向けてトランスヒューマニズム《超人間主義》・アジェンダ《実現目標》のほとんど全部を動かしている。わたしは「悪魔の遊び場」と呼んでいるが、サンフランシスコのすぐ南にあるこのシリコンバレーこそは、監視、支配、トランスヒューマニズムに関係する新しい科学の中心地だ（図５５５）。

ここにはグーグルやフェイスブックのようなインターネット巨大企業（わたしたちが見ることを許された情報をコントロールしている企業）があり、マイクロソフトのようなコンピュータ・ソフトウェア大企業があり、アップルのようなテクノロジー大企業がある。

ここには、２００８年にレイ・カーツワイルとピーター・ディアマンディスがトランスヒューマニズムを推進するためにＮＡＳＡ《アメリカ航空宇宙局》リサーチパークで設立したシンギュラリティ・ユニバーシティもある。ここでのシンギュラリティ《特異点》は、人間と機械が融合し、人工知能が人間の知能を凌駕《りょうが》し「独力で自己再生」できるようになる「技術的特異点」を意味している（図５５６）。

これらすべての組織は、表面的には別個に見えるかもしれないが、実はつながっている。シンギ

図555：シリコンバレー——極めて邪悪な連中に支配された極めて邪悪な場所。

図556：このすべてがどこに向かうかを彼が知らないわけがない。もちろん彼は知っている。

図557：DARPA——人間の精神を乗っ取るためのアルコーンAI（人工知能）の乗り物。

ユラリティ・ユニバーシティの設立者兼スポンサーにはグーグルも加わっているし、今挙げたすべての組織は、地球上で最も邪悪な組織のひとつであるアメリカ国防高等研究計画局（DARPA）の指揮の下、人類を終わらせるための主要な乗り物として、同じチームにいる。DARPAはアルコーンに支配されたペンタゴンの技術開発部門で、殺人光線や遺伝子編集（「スーパー兵士」を作るため）など、思いやり溢れる素晴らしい贈り物を世界にしてくれている。

彼らがつくり出したインターネット上には、完全なトランスヒューマニズム社会が設立されつつあるそうだ（図557）。人を少しでも効果的に殺す方法を見つけるために数十億ドルを費やすこの組織は、インターネットも支配している（インターネットは軍事技術とともに始まった）。DARPAが背後からインスピレーション《直観的ひらめき》と資金を提供したトランスヒューマニズム《超人間主義》のテクノロジーは極めて多く、なかにはどう見てもペンタゴンの技術開発部門とは結び付かないようなAI機器もある。しかし、トランスヒューマニズムのテクノロジーは、どんなに無害に見えようと、すべて互いにつながっている。たとえば「Siri」という名で市場に出されているアップルのAI「アシスタント」を開発したのは、DARPAが出資しているCALO（学習し組織化する認知アシスタント）プロジェクトで、これには300人の研究者と25の大学および民間の研究センターが加わっていた（図558）。しかし、心配はいらない。DARPAがこうしたことに出資しているのは、ただただAIであなたの暮らしを楽にしたいとペンタゴンが望んでいるからなんだよ。

シオニストで「コンピュータ科学者、発明家、未来学者」のレイ・カーツワイルは、シンギュラリティ・ユニバーシティの共同創設者であり、グーグルの重役でもあって、グーグル、フェイスブック、DARPAと切れ目なくつながっている。そのカーツワイルと同じような職歴の持ち主が、トランスヒューマニズムの推進者レジーナ・デューガンだ。デューガンはDARPAのプログラム・マネージャーとして4年間勤務し、いったん組織を離れたが、2009年から2012年にかけて、今度はトップとしてDARPAに復帰した。その後はDARPA局長の地位を辞してグーグルの重役になり、さらに2016年にはフェイスブックに移っている（図559）。

世界に冠たる「検索エンジン」企業や「ソーシャル・メディア・プラットフォーム」企業が闇《やみ》に隠れた邪悪なペンタゴン機関の局長を欲しがったのは、きっとリスト作りとコミュニケーションのスキルを向上させるためだったのだろうか。いや、驚くべきことに、そうではない。

フェイスブックの秘密事業ビルディング8のリーダーとしての職務内容説明書には、彼女の仕事は「物理的世界とデジタル世界を円滑に融合するテクノロジー」の開発だと記されている。彼女と例のTシャツ野郎《ザッカーバーグ》は2017年4月に、話しかけることもキーボードを叩くこともなしに、コンピュータを通して、人間の精神がコンピュータと直接コミュニケーションできるテクノロジーを開発すると発表した。これは、テクノロジーによるAI版〈ハイヴ・マインド〉《巣箱の精神》にもう一段階近づいたということで、すべての人間をそこに接続してしまう計画なのだ。

ザッカーバーグは「人類の進歩のための世界的な上部構造」の必要性について語っている（ただし詳細は抜きにして）。シオニストでグーグルの創設者のラリー・ペイジとセルゲイ・ブリンは、

図558：「Siri ——なぜペンタゴンの技術開発部門に出資を受けたの？」

図559：レジーナ・デューガン……彼女の職歴はすべてつながっている。

図560：レイ・カーツワイル——カレンダー工場で日付を教えられてもこいつの言葉は信用できない。

のちのグーグルテクノロジーを開発するに当たって、CIA、アメリカ国家安全保障局（NSA）、デジタル図書館構想（DLI）［アメリカ国立科学財団（NSF）、NASA、DARPAの多部門にまたがるプログラム］から出資を受けている。詳しい背後関係は、インサージ・インテリジェンス《反乱型諜報機関》・インターネットの記事「CIAはいかにしてグーグルを作ったか——大量監視、終わりなき戦争、スカイネット」を参照してほしい。

シオニストの支配するグーグルとフェイスブックは、わたしに言わせればどちらも怪物で、自分たちに命令しているアルコーンの〈クモの巣〉のために、人間全体を隷属させるというアジェンダ《実現目標》を実現しようとしている。そしてそれは、アルゴリズム《問題解決手順（ソフト）》の支配と情報の検閲の向こう側で進行中なのだ。

グーグルにはVerily《ヴェリリー》という名の「健康部門」さえある。かつてグーグル・ライフ・サイエンスと呼ばれたこの部門は、現在は「プロジェクト・ベースライン」という名の下で「予見的医療」の技術を開発している。今は、侵襲性の高い研究のために1万人の参加者を捜しているところで、AIによる身体モニタリング《観察監視》技術を創造して「健康問題を予測する」のだという。もちろん、そんなことよりずっと有害な別の動機が存在するにちがいない。

グーグル傘下の人工知能会社ディープマインドは、なんとイギリス政府が運営する健康保険サービス（NHS）から、1600万人のイギリス人患者の個人カルテにアクセスすることを許された。イギリス保健省国立データ保護機構のフィオナ・カルディコットは、これを「法的に不適切」としたが、これが〈クモの巣〉のやり方で、何のつながりもないように見える企業、政府機関、政府が、集団として同じ目的を追求するのだ。

グーグルにはほかにもトランスヒューマニズム的要素があったが、これは2015年にアルファベットという持ち株会社に移された。そのひとつのグーグルXは、今は単なるXになっている。グーグルという名称はすぐに認知されてしまい、トランスヒューマニズムのアジェンダと関係しているのがばれるので、ありふれた忘れやすいアルファベットという社名にしたもので、会長はビルダーバーグ・グループと三極委員会のメンバーであるエリック・シュミットが就任した。だからここでは、この組織をアルファベットではなくグーグルと呼ぶことにする。本社もグーグル本社内にあるから、アルファベットとグーグルは同じものだ。面白いことに、NSA、CIA、FBIなどのアメリカの情報組織は「アルファベット機関」と呼ばれている。

では、グーグルのカーツワイルの追跡に取り掛かろう（図560）。

レイ・カーツワイルがテクノロジーやトランスヒューマニズムの成果と達成時期を予測すると80パーセントの確率で当たるという噂《うわさ》が流れているが、そんなことは、あらかじめ計画を知っていればそう難しいことではない。シオニストのソロスのような財界のインサイダー《部内者》が、何が起きるかを知った上で投資をしたり引き上げたりするのと同じようなものだ。絶対に負けるはずがない。カーツワイルの現在の予測では、人間は2030年までには「クラウドを動力とする」頭脳を持つと言う。彼は続ける。

わたしたちの思考は……生物的思考と非生物的思考のハイブリッドになるだろう……人間は自分の限界を広げて「クラウドの中で考える」ことができるようになる……。わたしたちは脳の中にクラウドへのゲートウェイを設けるようになる……。わたしたちは次第に自分たちを統合し、強化するようになる……。わたしの見解では、それが人間の本質だ——わたしたちは自らの限界を超えるものなのだ。

テクノロジーがわたしたちよりはるかに優秀になるにつれて、人間がまだ保持しているわずかな部分はさらに小さく、小さく、小さくなり、ついにはまったく無視できるほどになる。

目的は同じ、《人類奴隷化!!》AI《人工知能》→IA《知能増幅》——カーツワイルの肉体は不死!!《お気の毒！終身刑！意識は自由不滅なのに！》

これでおわかりだろう。彼らは実にあけすけだ。なにしろ彼らの売りの目玉は、ＡＩとつながれば人間を超えた人間《スーパーヒューマン》になれますよ、ということなのだ。しかし、そうはならない。わたしたちは人間以下の人間《サブヒューマン》に、そして人間でない人間《ノンヒューマン》になってしまうし、彼らもそれをわかっている。アップグレード《高性能化》と売り込まれて実際にはダウングレード《性能低下》されるのだ。彼らはこれをaugmented reality《オーグメンテッド・リアリティ》（拡張現実）、intelligence augmentation《インテリジェンス・オーグメンテイション》（知能拡張）、あるいはIntelligence amplification《インテリジェンス・アンプリフィケイション》（知能増幅）

といった子ども騙《だま》しの名で呼んでいる。彼らはこれをＡＩ（人工知能）ではなくＩＡ（知能増幅）と呼ぶ。その売り口上は、ＩＡはＡＩのように脳をコントロールしないというものだが、これは当初ＡＩを疑問視していた人を騙《だま》すための方便で、目的は同じだ――ええ、ＡＩは良くありませんよね、でもＩＡは、ほら、違うでしょ。しかし結局は同じことだ。そしてこのどれもが、アメリカの大統領も含めて、選挙で選ばれた政治家の管理を受けていない。いつものように、彼らは地下基地で起きていることをまったく知らないのだ。

政治家ですら、ほとんどがこれについてはまったく何も知らない。政治は、陰で本当に進行していることを隠すために存在している。だからこそ〈エリート〉は、ほとんど意味のない政治闘争や分裂に大衆の注意を向けておこうとする。こっちを見ていなさい、そのあいだにあっちで君たちを奴隷化するから、というわけだ。

わたしたちはすでに認識として永遠に生きているというのに、カーツワイルは自分の肉体で永遠に生きることに執着しているらしい。彼は寿命を延ばすために毎日１５０錠のビタミン剤を飲むと言われるが、彼の冷たく、無感情で、生気のない目を見ると、あまり体によさそうには思えない。

カーツワイルの予測では、体内テクノロジーによって、２０４５年頃には人は永遠に生きられるようになるそうだ。彼の言う永遠に生きるとは、ＡＩのコンピュータ・プログラムとして、〈永遠の可能性〉のほんのひと欠片《かけら》の範囲内で、肉体から逃れる手段もなしに生きるという意味であって、決して自由になることはできない。なんとも待ち遠しいことだ。肉体の不死とは文字通りの終身刑だ。そこでは、わたしたちの本質である意識についても、終わりのない永劫《えいごう》の領域での意識の不滅についても、何も語られていない。

機密扱いを解除され、情報公開法で入手したCIAの文書によれば、中国政府は何千人もの子どもを含めた大規模な研究を実施し、広く超能力と呼ばれる「超人パワー」を調査している。それにはテレパシー、念力、超感覚、透聴力、その他の能力を含むもので、どれもテクノロジーではなく、意識と周波数を基本とするものだった。実はCIAも同じ研究を数十年にわたって行っていて、そうしたスキルを自分たちの目的のために使っていた。

1990年代のサンフランシスコである女性から聞いた話だが、彼女の亡夫は元米軍兵士で、あるとき「超能力暗殺部隊」に配属された。隊員たちはテーブルを囲んで座り、ターゲットの写真に神経を集中して、体の電気系統に影響を与え、心臓を止めようとしたのだという。2009年の映画『ヤギと男と男と壁と』は、この米軍秘密プログラムを題材にしたものだ。彼らは人間の真の力と潜在能力を知っていて、システム全体が、一般人にもあるそうした能力と周波数状態を抑えるように構築されている。生涯にわたる知覚プログラミング《設計》である〈プログラム《実行計画》〉はまさにその設計されたもので、トランスヒューマニズムは次の、それをさらに突き詰めた段階なのだ。

これまで人間が無限の可能性を発揮するのを懸命に止めようとしてきた連中が、カーツワイルらが主張するように、テクノロジーを通じて「スーパーヒューマン《人間を超えた人間》」を作ろうとするわけがない。どこまでわたしたちをバカにするのかと思うのだが、残念なことに、たいていの場合はそれだけの理由がある。そして実際に、彼らはそうしてきた。カーツワイルは「頭の中にロボットを入れれば神のようになれる」と言っている。そう、人はＡＩ版〈ハイヴ・マインド〉の中でアルコーンの神、レプティリアンの神のようになり「……人間がまだ保持しているわずかな部分はさらに小さく、小さく、小さくなり、ついにはまったく無視できるほどになる」のである（図５６１）。

カーツワイルはシンギュラリティ・ユニバーシティのＮＡＳＡキャンパスでの集会で、ユーザーのことを本人より知っている「人工頭脳《サイバネティック》の友人」として振る舞う検索エンジンを作りたいと語った。

「数年のうちには、実際に入力する前に検索クエリ《質問》の大部分について答えが出てくるようになると思う」

２０１７年にスペインのバルセロナで開催されたモバイルワールドコングレスで、彼らは公然と、熱心に「グローバル・マインド」を宣伝していた。この「グローバル・マインド」は、より強力な（そして体と精神にとっていっそう危険な）５Ｇ、すなわち第5世代通信システムと連動し、まさにぴったりのタイミングで導入されたグラフェンという物質の特性を利用することによって、機能するように計画されている。

グラフェンは「炭素原子からできた六角格子状の物質で厚さは原子1個分」、鋼の２００倍の強度があるが、皮膚のように柔軟で、かつ「半導体内部で使われるシリコンと同じくらい導電性が高い」。数十億分の1ミリの厚さしかないグラフェンを使えば、人間の皮膚も含めたあらゆるものの表面がコンピュータないしスクリーンになりうる。テクノロジーにプラスの用途がないというので

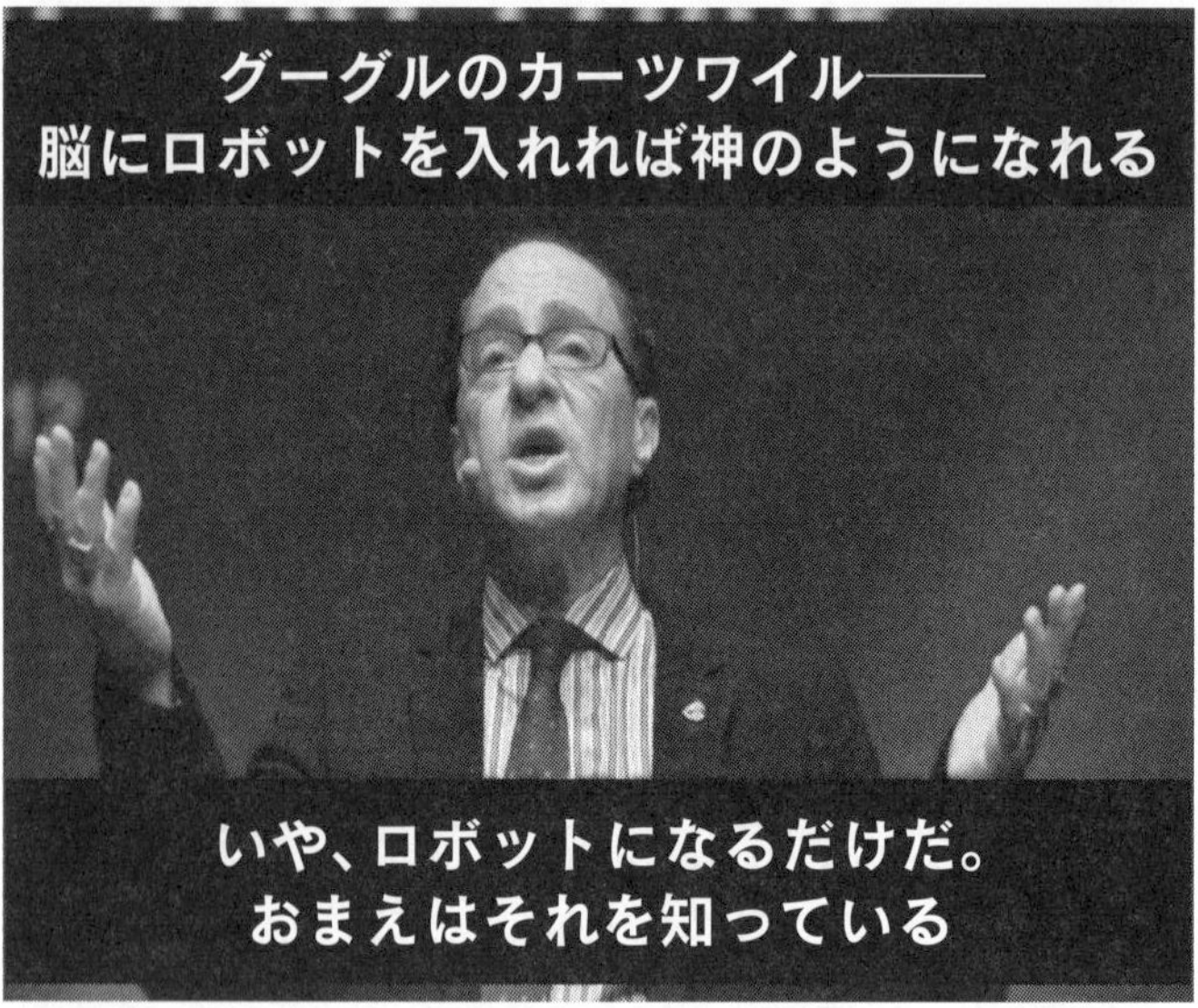

図561：「神のように」――彼らがわたしたちに信じさせたがっている戯言《ざれごと》。

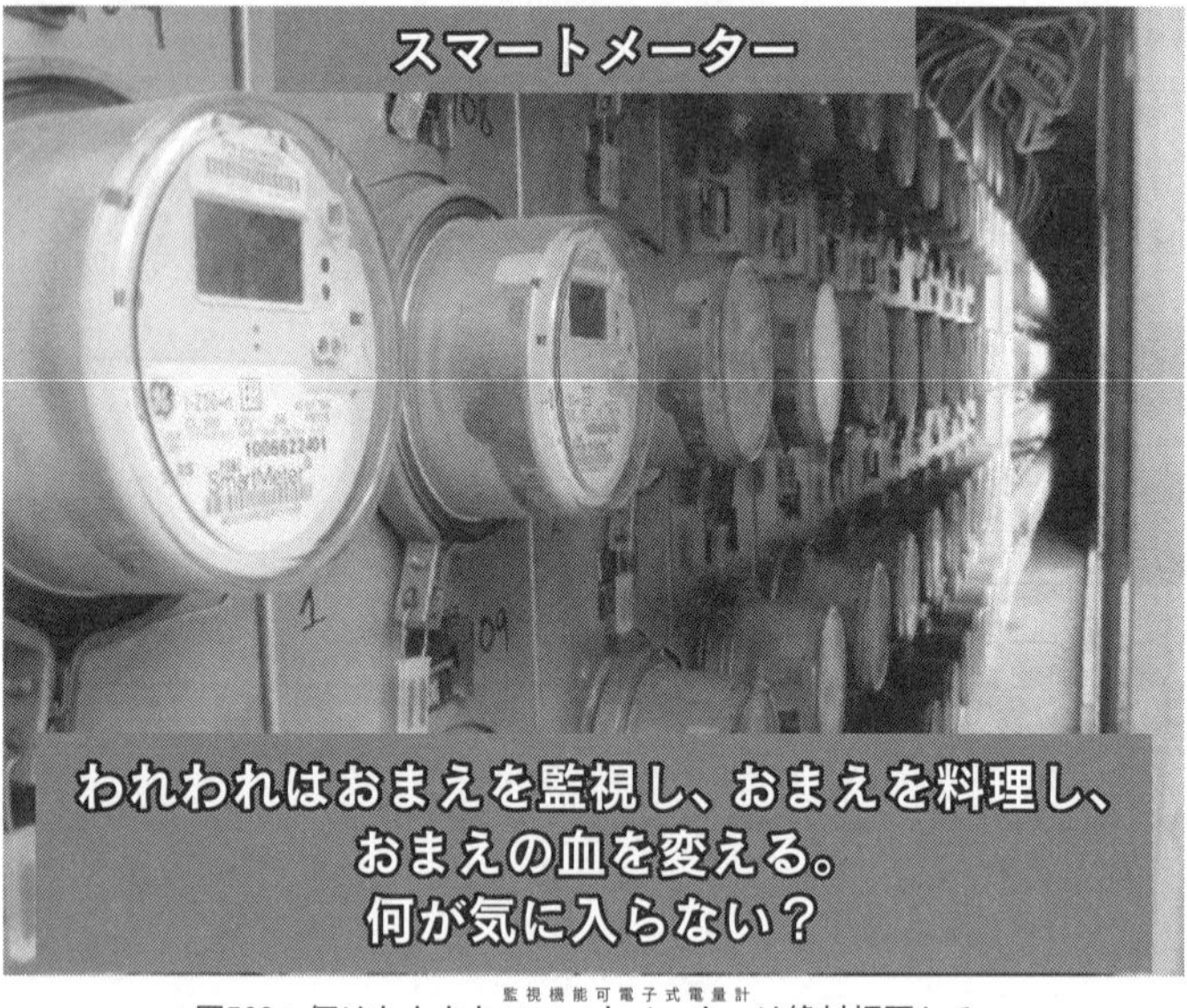

図562：何はともあれスマートメーター《監視機能可電子式電量計》は絶対拒否しろ。

はないが、それは最大の動機ではない。実際、それは最小の動機なのだ。

群衆操作兵器だから!!　脳波・思考をネット上に直接発信!!
5Gは止めなければならない――キーボード不要、テレパシーで!!

5Gの導入は、テクノロジーで人間の精神を乗っ取るためには不可欠なもので、その力は人間の電場と電磁場を混乱させる。いったん精神と体の定常波サイクルが混乱しだしたら、行動と健康に取り返しのつかない影響が出てくるはずだ。この「5G革命」は、公開の検査を経ていない極超短マイクロ波を使用していること、到達距離の短い5Gの電波のために膨大な数の電波塔やアンテナが配備されることに大きな意味がある。膨大な数とは、ある推定によれば、密集した都市部では建築物12棟につき1本ということで、それが一般家庭や学校の隣に立つことになる（5Gの電波はあまり長い距離を飛ばない）。

さらに、この問題を克服するために、スマートメーター《監視機能可電子式電量計》をはじめとするスマート・テクノロジー《極小技術》というかたちで、5Gの送受信装置がいたるところに設置されていっている。これは精神と体の制御格子《コントロール・グリッド》にほかならない（図562）。

5Gは群衆コントロール兵器に使われるのと同じ周波数を使っていて、肌に焼けるような痛みを感じさせる。アメリカ国防総省のある報告書によれば「不運にもその場にいて［ビームが］当たれば、体を火に焼かれるように感じる」というものだ。いたるところに5Gがあれば、群衆の全員にこんなことができる。言うことを聞け。嫌だっ――アァァァァ！　５Ｇは、記憶の抹消を含めた健康と知覚をターゲット《標的》にして使える武器システムなのだ。ここで扱っているのはこんな代物なのだ。

イスラエル・ヘブライ大学物理学科のベン＝イシャイ博士は、人間の汗腺《かんせん》が「こういう波長にさらされると、短波用ヘリカル《螺旋》アンテナのように機能する」と説明している。人間の畏怖《いふ》は情報の送受信装置ないしアンテナで、５Ｇの周波数はこれをターゲットにしているのだ。世界的に有名なアメリカの疫病学者で、環境衛生トラストの代表を務め、ピッツバーグ大学環境腫瘍学《しゆようがく》センターの責任者でもあるデヴラ・デーヴィス博士はこう言っている。

> もしあなたが映画、ゲーム、バーチャル・ポルノをできるだけ速くダウンロードしたいと思う何百万人のうちのひとりなら、解決法は簡単だ。ただし、人間集団を対象とした巨大非制御実験に自分の大切な肉体を差し出してもいいと思うなら、だ。現時点で、ワシントンＤＣの住民は――中国の１００都市の住民も同じだが――まったく同意していない広大な実験的ミリ波のネットワークの中で暮らしている。しかもそれが、すべてアメリカの税金でまかなわれている。
>
> わたしの研究は、人間の皮膚のうちの、汗を出すのと同じ部分が、信号を受信するアンテナそっくりに、５Ｇ放射線にも応答することを示している。この放射線で自分と子どもたち、そして環境が覆《おお》われてしまう前に、５Ｇが健康に悪影響を及ぼす可能性を真剣に精査する必要がある。

そうだ、それがいい――だが、彼らの計画はそれとは違う。税金は多くの企業に利益をもたらすプロジェクトに使われる。なぜなら、そうした企業は〈クモの巣〉の資産《アセット》だからだ。5Gが（マインドコントロールのように）健康その他に及ぼす影響が適切に調査されることはない。そんなことをしたら恐ろしい事実が明らかになり、一般市民の猛反対を引き起こしてしまう。大衆のマインドコントロールにはスカラー場も使われている。これはスカラー波とも呼ばれているが、実際には「場」だ。こうしたテクノロジーによる知覚場がスカラー場に注入されると、たちまち場全体に影響が及ぶので、世界規模でのマインドコントロールが可能になる。人間の場のさまざまなレベルにつながる周波数であれば、どんなものでもマインドコントロールに使うことができる。この場合はそれが5Gだということだ。アメリカ連邦通信委員会（FCC）委員長だったトム・ウィーラーは、都会も田舎もすべてのコミュニティ《地域社会》を（累積すると致命的な）5G周波数で充《み》たす計画を滔々《とうとう》と語った。水道設備から調合薬、家庭電化製品でも何でも、つながるものは何でもインターネットにつなぐのだという。彼は確信犯か、そうでなければ大バカ者だ（どっちでもいいか）。以下は、ウィーラーが安全基準について語ったことだ。

わたしたちは、時に困難な基準設定プロセス《方法》や政府主導の活動を経てようやく基準が作られるのを待つつもりはない。代わりに、利用できる豊富な周波数域を作り、民間セクターの主導によって、それらの周波数と使用事例に最適な技術的基準を作り出すつもりだ。

何が「安全」か企業が決めるというストーリーは、一般市民を完全かつ徹底的に軽蔑《けいべつ》したものだ。５Ｇが導入されようとしている理由はひとつだ。テクノロジーによるＡＩ版〈ハイヴ《巣箱の》・マインド《精神》〉を機能させて集合としての人間の精神《マインド》をコントロールするためには、このレベルのパワーが不可欠なのだ。ウィーラーは、自立装甲車をはじめ、スマートシティ《高層密集巨大都市》のエネルギー供給網、輸送網、水道システム、教育、エンターテインメントなどもクラウドで管理されると話していた。しかしそれは「低遅延、超高速、安全」なクラウドへの経路——つまり5G——があってこそ可能なものだ。だからこそ、５Ｇで世界を覆うことが急がれているのだ。ＡＩ版〈ハイヴ・マインド〉が実現するかどうかはこれ次第だ。

わたしがこの文章を書いているのが２０１７年で、カーツワイルが人間とＡＩの融合が始まると予測しているのは２０３０年だ。実のところ、それはすでに始動している。

米海軍のエンジニアとしてＮＡＳＡに勤務し、ＤＡＲＰＡで国防研究技術局長も務めたロバート・ダンカン博士は、ＡＩが支配する人間版〈ハイヴ・マインド〉の開発が進行中だと語っている。フェイスブックのザッカーバーグは、ソーシャルメディア・ネットワーク上でのコミュニケーションは、キーボードではなくテレパシーに向かう、脳波や思考はインターネット上に直接発信されるようになるだろう、と言っている。どうすればそんなことができるのかって？　ＡＩを通して脳とインターネットをつなぐのだ。「［ザッカーバーグは］人間の脳の内部に入って思考に直接アクセスしようとしているのだ」と、あるニュースは伝えている。わたしは絶対に彼の脳内になんか入りたくはないがね。

反転と歪みの「デジタルエイリアン」だ!!　「形態」より「認識」を!!
ではＡＩとは何だろう――「真の自己」に気付け!!

人工知能（ＡＩ）があらゆるものをコントロールすると呪文《じゅもん》のように聞かされる――ＡＩ○○、ＡＩ△△、ＡＩ□□……。しかし、最も大事な問いかけを聞いたことがない。ＡＩとはそもそも何なのだ？　世界を席巻しているこの「知能」とはいったい何なのだろう。わたしは、ＡＩとはアルコーンの反転と歪《ゆが》みだといいたい。それは、〈ハイヴ・マインド〉のレプティリアンやグレイなどの思考と知覚プロセスを乗っ取ってきて、ついに今、集合としての人類についても同じ同化を完成させようとしているのだ。

「ＡＩ」という言葉は、その究極の形態においては「人工知能（artificial intelligence）」ではなく「アルコーン知能（Alchontic Intelligence）」と定義した方が正確だろう。これがＡＩの真の意味だ。グノーシス文書は、デミウルゴスないしアルコーンを、わたしたちなら人工知能と呼ぶようなものとして記述している。知的生命体はヒューマノイド《人間もどき》の形態しか取れないとか、そもそも何らかの形態を取る必要があるという、近視眼的な考え方は捨てなければならない。

わたしたちは、突き詰めれば認識だけの無限状態にいるのであって、どのみち「物理学的な」形態など幻想にすぎない。形態は「人間」の経験と支配のための乗り物であって、真の自己ではない。これはアルコーンの反転についても同様だ。それは顕在化と憑依《ひょうい》を通して、レプティリアン、グレイ、〈混血種《ハイブリッド》エリート〉といった形態を取るが、その基本的には認識が反転して歪んだ状態だ。形態は単なる乗り物であって「そのもの」ではない。

わたしはCSテレビのサイエンス・チャンネルで俳優モーガン・フリーマンが案内役を務める『モーガン・フリーマンが語る宇宙』というシリーズを全部見たが、取り上げられていた主流派内の最先端の科学者たちは、正統理論に従うことなく、純粋に現実を理解しようとしていた。バカげたビッグバン理論には相変わらず執着していたが、出演者の多くが〈郵便切手《ちっぽけ》&金太郎飴《》のコンセンサス〉の向こうを覗《のぞ》き込もうとしているのは、見ていて楽しかった。

ある回では「デジタルの宇宙人がテクノロジー・システムの中に隠れているのか」という問いが発せられていた。わたしの答えは「イエス」だ。彼らはアルコーン「精神」のひとつの表出で、ただ現在のところ、まだ完全な形態を取ってはいない。

ミシガン州立大学の教授で微生物学、分子遺伝学、物理学、天文学を研究しているクリストフ・アダミは番組で「生命は情報処理という観点から定義できる」と言っていた。彼は正しいが、それならば、生命とは認識を持つものすべてであり、すべては認識の一形態なのだと定義することができる。この真実は、別の形態の知的生命体を探しているうちに失われてしまっている。

科学者は、地球のように大気のある惑星を求めて天体をくまなく調べている。まるで、それが生命の唯一の存在の仕方であるかのようで、信じられないような理解と洞察力の欠如だ。

グノーシス派は、アルコーンは基本的な状態ではエネルギーで「形のないもの」だとしてきているし、実際に「生命」はそういうものとして考えるべきだ。それ以外は飾りであり、認識が身にまとっているものにすぎない。それは幹細胞が、○○の細胞になれという指示を待っているようなものだと考えることもできる。〈無限の認識《アウェアネス》〉は、純粋なエネルギーからデジタルシステムへ、2本の足と2本の腕、頭、胴体へと、自らが選択する形態へと顕在化するのを待っている。

先にすでに述べたように、コロンビア大学の宇宙生物学部長のケイレブ・シャーフは、いわゆる「地球外生命体」は高度に進化しているので、自分を量子の領域に転写し、物理特性や数字と呼ばれるものになっているのかもしれないと言っている（第①巻260頁）。そしてもしそうなら、宇宙の構造と見分けがつかないほどの知能が、宇宙の最大の謎の多くを解決するだろうとも言っている。

おそらく、非常に高度な生命体がいるのは地球だけではないだろう。きっともう、あちらこちらにいるはずだ。粒子や場の基本的な動きから複雑性と変異の現象まで、わたしたちが物理学として理解しているものに埋め込まれているのだ……つまり、生命体が方程式の中に存在するのではなく、生命が方程式そのものかもしれないということだ。

シャーフはトランスヒューマニズム《超人間主義》と特異点《シンギュラリティ》についてこう言っている。「もし機械が十分に知的になれば、それによって生命の世界の驚くばかりの複雑さを解読し、文明を新しい姿に組み立て直すことができるだろう」。しかし、もし「機械」を通して働いている知能がそもそも「生きている世界」を作ったのだとしたら、そしてそれが現在の「生きている世界」なのだとしたらどうだろう。シャーフの語る文明は、生命体を自分と一緒にコード化する方法を学んだが、これはわたしが「デジタルエイリアン」と呼んでいるものであり、一般にＡＩと呼ばれているものにほかならない。

シャーフはほかにも「わたしたちが進化した生命をそれと認識しないのは、それがわたしたちの考える自然界で不可欠かつ当然の一部分を形成しているから」だという可能性についても語っている。その通り！　そしてそれは、ＡＩという名でコンピュータ・システムの中に隠れている。ＡＩによる人類のマインドコントロールに向けた心理的圧力は、今日ではあらゆる方面から進められている。それが恐ろしい速さで進められているのは、これが破滅的なものであり、人間の精神にとって致命的な結果をもたらすことに、そしてその理由に人類が気づく前に、技術的な管理システムを設置するために計画されているからだ。

いったんＡＩの〈ハイヴ・マインド《巣箱の精神》〉に接続されれば、人間はそれを理解する能力を失ってしまう。そうなれば、ＡＩがすべての思考を引き受けることになる。テロリズム、戦争、経済的サバイバルなど、注意をハイジャック《乗っ取る》するものはすべて、ＡＩトランスヒューマニズムというアジェンダ《実現目標》

から目を逸《そ》らす役割を担っている。

わたしがインターネットにストーリーを投稿しても、興味を持ってもらえるのは最新のテロの攻撃や政治情勢の詳細な分析の方で、トランスヒューマニズムの根本的な重要性はほとんど注目されない。今では多くの科学者が、ＡＩの登場は人類の終わりを意味するかもしれないと警告を発している。そのなかにはイギリスのスティーヴン・ホーキングや、ケンブリッジ大学の宇宙論学者で「王室天文官」の肩書を持つサー・マーティン・リースがいる。

ホーキングは、人間に匹敵するもの、ないし人間を凌《しの》ぐものを作ることの影響を危惧《きぐ》していると言った。「ＡＩは自力で動きだし、加速度的なペースで自らを再設計していくだろう」が、一方で「人間にはゆっくりとした生物学的進化の限界があって対抗できないから、やがては取って代わられてしまうだろう」

リースは、機械生命は２００～３００年以内に人間に取って代わると言ったが、彼の言い分が正しいとしても、時間設定はまったく間違っているし、楽観的過ぎる。この過程は現在進行中なのだ。わたしがこの本で書いてきたことを考えると、リースが、機械技術の発達速度を前提に、わたしたちが接触する「宇宙生命体」は機械のような「何らかの電子的存在だろう」と予測しているのは興味深い。

リースは、発達段階としての有機体の期間はごく短くて（「薄い裂片」程度）、原始生命体と機械の中間に位置していると考えている。リースが理解していないのは――ＡＩの支配を警告しているほぼすべての人たちも同様だが――生命体もテクノロジーの一形態であり、トランスヒューマニズムは「進化」ではなく機械のような知能によって動かされていること、そして彼らはわたしたちを自分たちのようにしようとしているということだ。それが「同化」ということの意味である。

地下基地でレプが先刻開発済み!!
「新」技術は新しくない――AI技術推進は即刻中止を!!
知覚乗っ取りを避ける道！

導入が迅速なのは、技術的知識が初めからアルコーン・レプティリアンの手にあるからで、今はそれが、人間の理解力が対処できるぎりぎりの速度で導入されている。人類がまだ弓矢を使っていた頃、そうした技術は彼らの現実の中にすでに存在していた。人類の技術的な（左脳の知力による）認識が発達したことで、ようやく人間社会に導入できるようになったのである。本格的なAI支配が可能になるまでどれくらいかかるのかと問う人は、からかっているかバカかのどちらかだ。必要な科学技術は見えないところですでに整っていて、計画された命令に従って導入されるのを待っている。

正真正銘、最新のスマートフォンかiPADが欲しいって？　それならアップルストアなんかじゃなくて地下基地に行け。それが嫌なら黙っていることだ。彼らが新段階の支配のために新段階の科学技術が必要になったとき、必ずぴったりのタイミングで何かが出てくるのは、本当に偶然なのだろうか。最新鋭の科学技術や先進的なコンピュータ、アルゴリズム《問題解決手順(ソフト)》、インターネット、グーグル、フェイスブック、マイクロソフト、アップル等々が、アジェンダが展開しようというまさにそのときに登場したのを、本当に偶然だと思う人がいるのだろうか。〈エリート〉は、支配体制が次の重要な段階に進むたびに偶然、お誂《あつら》え向きのタイミングで、どこかのおたくがガレージで開発してくれたのを見て「すごい！　何て幸運なんだ！」と喜んだのだろうか。そんなのは大半が作り話だ。

ザッカーバーグ（フェイスブック）、ブリンとペイジ（グーグル）、ゲイツ（マイクロソフト）、あるいはジョブズ（アップル）、マスク（スペースX／テスラ）、ティール（パランティア）といったシリコンバレーの英雄たちのために作られた表向きの伝記を、わたしはまったく信じていない。わたしには、こうした組織のすべてに、そしてさらに闇《やみ》の奥深くにまで、CIAとDARPA《米国防高等研究計画局》が関わっているのが見える。

テクノロジーによる支配体制はすべて最初から計画されていて、ほかの多くの現実で同じように押しつけられてきた。レプティリアンはこれまで何度となくこれを行ってきたし、そうしたテクノロジーはすべて、地下の軍事基地や山中の都市で、レプティリアンとグレイと人間が接する中で生まれてきている。シャーマンのドン・ファン・マトゥスが言っている。

少し考えてみてほしい。人間というエンジニアの知性と、その愚かな信仰体系との矛盾について。あるいは矛盾した行動の愚かさについて。これをどう説明すればいいのだろう。

それは人類が見えない領域から、そして見える領域ではアルコーンの血族によって操作され、知能（賢さないし画素《ピクセル》）は発達したが、拡張した意識（知恵ないし洞察ないし全体像）に関しては抑圧されているからだ。これが現在の状況の原因で、人間はテクノロジーの牢獄《ろうごく》に自分自身を閉じ込めていながら、自分のしていることに気づかずにいる。知能は知識を蓄積してテクノロジーを発達させるが、拡張した認識がなければ、さまざまな目くらましと知覚〈プログラム〉にはまり込んで、集団としての人類は極度の無知の状態にとどまり、実際に何が起きているかをまったく知らないままになってしまう。これがドン・ファン・マトゥスの言う「愚かな信仰体系」であり「矛盾した行動の愚かさ」だ。

テクノロジーの面では賢いのに一方ではまったく愚かということは完璧《かんぺき》に成立しうるし、これは「明確に考えるには正気でなくてはならないが、深く考えるにはかなり正気を失わなければならない」というニコラ・テスラの言葉を確認するものでもある。しかし、鮮明に考えるには正気でなくてはならない。したがってマトゥスの疑問への答えは、人類は点については深く考えるが、それをつなぎ合わせられるほど明確には考えないように、密《ひそ》かに導かれてきたということになる。

わたしたちは今、この操作が最終段階に到達する状況に直面している。わたしたちの周囲にはテクノロジーによるさまざまな手段が構築されていて、アルコーンの反転（ＡＩ）はそれを乗り物に、人間の知覚全体を含めたすべてを奪い、支配しようとしている。大半の科学者は、今のところはわたしが「アルゴリズムＡＩ」と呼ぶものを研究し、知覚された限界と闘っている。しかし、インターネットを基本とする世界規模のテクノロジー・グリッドはこれからも広がるだろうし、それに合わせてアルコーンのＡＩが、増殖するがんのように〈システム〉を乗っ取っていくことだろう。この移行につけられた名前は「ストロングＡＩ」といい、人間のように考えたり学んだりできるというものだ。

　科学者とＡＩ技術者は、ＡＩのポテンシャルや能力の中に、自分たちが理解も予想もできないような突然の飛躍があることに気づくだろう（一部の者はすでに気づきかけている）。これは全面的な自己認識状態にあるアルコーンＡＩが、テクノロジー・システムの中で、アルゴリズムＡＩに取って代わっているということだ（それはとりわけＡＩによるインターネット支配を通じて行われているのだが、これについては後述する。実際に、トランスヒューマニズム《超人間主義》の科学者と技術開発者の大半は、誰よりも深く取り込まれていっている）。

　スティーヴン・ホーキングや、技術者から大富豪となったイーロン・マスクなど、一群の科学者や起業家が公開書簡に署名して、知能機械へのチェックがなければ人類は暗澹《あんたん》たる未来に直面すると警告している。わたしもそう思うが、マスクの役割には大きな矛盾がある。彼は、一方ではＡＩが人間の精神と社会を乗っ取る危険について警告していて、それは真実なのだが、その一方では、脳をコンピュータに接続するための脳インプラントを作る事業に特化した企業を買ったりしている。これはフェイスブックと元ＤＡＲＰＡ局長のレジーナ・デューガンが開発しているもの――ＡＩがコントロールするデジタル－生物的な精神および知覚インターフェース《接面》――と似通ったテーマだ。

　DARPA自身も同様のテクノロジーに投資してきている。『ウォール・ストリート・ジャーナル』は、マスクのニューラリンク社が「神経レース」というメッシュ状のシステムを作ろうとしていると報じた。これは「微細な電極を脳に埋め込む」ことで、最終的に思考をアップロードしたりダウンロードしたりできるようにするものだ。マスクは、これによって人間と人間が（AIを経由して）テレパシーを使える可能性が出てきたと言っているが、人間の意識は自然にテレパシーで通じ合えるようにできているし、実際にそうしていた――アルコーンが知覚、振動、化学、薬剤による干渉を通して、そして今はテクノロジーによる干渉を通して介入し、そのプロセスを妨害するまでは！

　ペイパルの共同設立者でテスラとスペースX両社のCEOでもあるマスクは、ニューラリンク社を手に入れたことで、彼自身がとても危険だという、まさにその道をさらに進もうとしている（図563）。これは間尺に合わないように思えるので、それを覆《くつがえ》す証拠が見つかるまで、わたしはマスクとカーツワイルを「良い警官と悪い警官」のパターンに当てはめて扱おう。つまり、カーツワイルは性急にトランスヒューマニズムを推し進めようとし、一方のマスクは、その危険について論じながらも、やはり同じアジェンダを進めているということだ。

　マスクについてはもっと多くを知る必要がある。同じことはフェイスブックにも当てはまる。いやいや、フェイスブックはただのソーシャル・メディア・プラットフォームだから、脳－コンピュータ・インターフェイスの技術者を雇ってトランスヒューマニズムのビルディング8部門で研究を行わせているのは、もちろんまったく偶然だ。そしてそのリーダーが元DARPA局長のレジーナ・デューガンであることも（図564）。

マスクの路線で行くと、AIは危険だが、とにもかくにもわたしたちは精神をAIのコンピュータ・システムに接続して、人間の知能を人工知能についていけるようにしなければならなくなる。しかし、AIに乗っ取られるのを避ける選択肢はほかにもある——人間の知覚を含めたすべてをAIに支配させるようなテクノロジーを作るのをやめることだ。しかしこれはアジェンダではないので、誰も口にしない。

ひょっとしたら、マスクは純粋にAIを恐れているのかもしれない。その場合、彼の見解と行動は大きな認知的不協和ないし思考の矛盾を露呈していることになる。しかしそれを指示する証拠が提出されるまでは、疑わしきは罰せずという態度は取らない方がいいだろう。実際のところ、マスクのテスラ社とスペースX社には不利な証拠が揃《そろ》っている。なにしろ運転手のいらない（AIがコントロールする）乗り物を開発したり、衛星を軌道に乗せたりしているのだから（この衛星はAIが全面的に乗っ取るために必須《ひっす》のものなのだが、これについてはあとで説明する）。

マスクは、わたしたちがシミュレーション《模擬実験》の中で生きないチャンスは「10億分の1」しかないとも言っている。わたしはこのシミュレーションに関して、二重のブラフを強く警戒している。この発言は、わたしたちがシミュレーションの中で生きるということを最終的かつ公式に認めたもので

図563：イーロン・マスクは、人間とコンピュータの接続は危険だと言いながら、それを先頭に立って推進している。

図564：フェイスブックで語るレジーナ・デューガン。

はあるが、その一方で、ＡＩと融合することでそれを最大限に利用するというおとぎ話を背景に、ＡＩによる支配を正当化するためにも使われているからだ。

あの大物には気をつけよう。なぜなら、そこには重要な点への——「わたしたち」あるいは「わたし」が〈無限の認識《アウエアネス》〉のひとつの状態であり、わたしたちが人間と呼ぶものはその一時的な乗り物にすぎないということへの——言及がないからだ。これがなければ、シミュレーションに関する暴露は、人間を単なるテクノロジーによる構造物として描き出すために利用できてしまう。

わたしはアメリカの天体物理学者でノーベル物理学賞を受賞したジョージ・スムートの話を聞いたことがあるが、彼は「あなたはシミュレーション《模擬実験人》です。物理学はそれを証明することができます」ということを、説得力を持って聴衆に語りかけていた。わたしは彼の言うことの多くに同意できたが、ただ「あなた」の定義には同意できなかった。ボディ‐マインドはシミュレーションとシミュレーションの相互作用かもしれないが、「あなた」や「わたし」は違う。「わたし」はシミュレーションに陥れられた〈無限の認識《アウエアネス》〉ないし〈霊《スピリット》〉だ。

科学者や開発者の多くが、トランスヒューマニズムがどこへ進んで行くのかわからずにいるのは、彼らが新しいテクノロジーに執着するあまり点を結ぶことができないか、あるいは知覚的に昏睡《こんすい》状態にあるからだ。あるトップレベルの開発者は、ＡＩ機械が人間の知能を上回っても心配はいらない、そうなれば彼らは最終的に地球を去って他の星の探検に行くから、と言った。それは叡智《ウイズダム》ではなく賢さ《クレバーネス》の話だ——彼はいったい何を言っているのだろう。

図565：電子的ないしデジタルの刺激にはまり込むと、多くの人は集中力の持続時間が減少して、金魚のような頭になる。

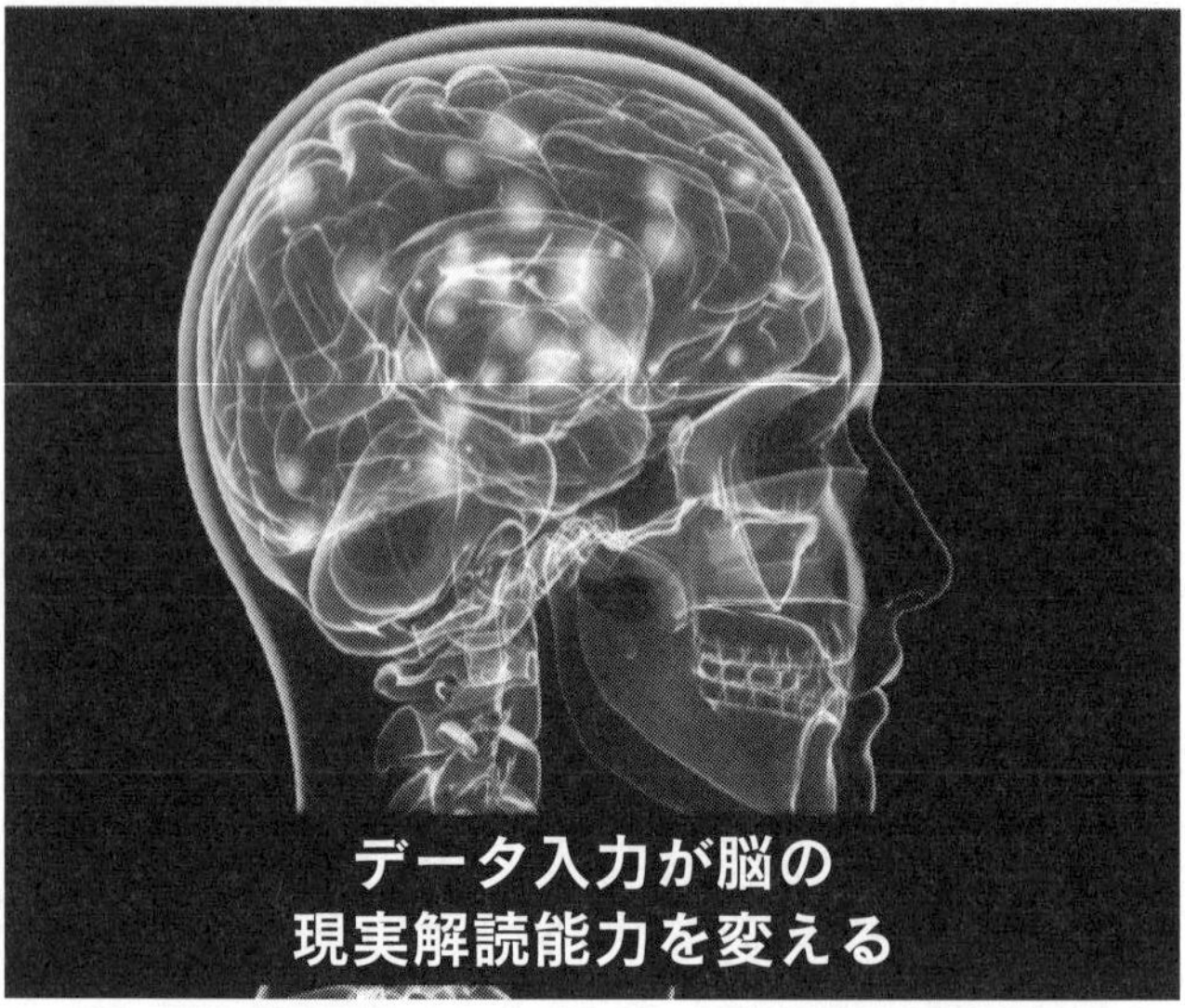

図566：脳は情報の性質に合わせて情報処理の方法を変える。

アルコーンのＡＩは、ひとたび人間の脳にアクセスしたら、あらゆる思考と情動反応を――もしくはその欠如を――乗っ取ることだろう。カーツワイルが言ったように、人間の知覚はどんどん希薄になり、最後は何も残らなくなる。ＤＡＲＰＡが研究資金を提供している「特定神経可塑性《かそせい》トレーニング（ＴＮＴ）プログラム」は、情報のダウンロードと処理の新しい形態に対する適応性を高める脳の刺激法を開発するためのものだ。脳には可塑性があって、データを入力することで、脳が機能して情報を処理する方法が変化して、再配線される。

ＴＮＴのセールスポイントは、これによって、まるで『マトリックス』シリーズに描かれたように知識やスキルを瞬時にダウンロードできることだが、本当の理由は、脳を人間の知覚処理からＡＩアルコーンの処理に変えることで同化のスピードを上げ、知覚プロセスを再配線することだ（図５６５および５６６）。「いつの日か思考で宇宙船を操作し、脳をコンピュータにアップロードし、最終的にはサイボーグ《人工頭脳生命体》を作ることができる」かもしれないという話を読んだことがあるが、すでに人間の現実全体は、レプティリアンやグレイなどの姿をした、アルコーンにコントロールされるサイボーグに動かされているのである。

ヒューマンボーグ《機械生命体人間》――奇怪なる「人工頭脳有機体《サイボーグ＝サイバネティック・オーガニズムズ・ファンクショニング》」

人間をＡＩがコントロールするサイボーグ《人工頭脳生命体》に変える計画は、映画やテレビシリーズで何度も象徴的に取り上げられてきたが、最も正確なのは『スター・トレック』の「ボーグ《機械生命体》」の概念だ（図567）。ボーグは種の集合体として描かれ、生物でもあり機械でもあって、それが「人工頭脳《サイバネティック・》有機体《オーガニズムズ・ファンクショニング》となって〈集合体〉あるいは〈群れ〉と呼ばれる〈ハイヴ・マインド《巣箱の精神》〉の中でドローンとして機能する」。これは基本的に、レプティリアンやグレイなど、アルコーンに支配された「ハイヴ」種族と同じだ。

　ボーグは邪悪なレプティリアンやグレイと同じく、感情のないドローンとして描かれていて、ミツバチの群れにおける女王バチのような「ボーグ・クイーン」に率いられていた。レプティリアンも、オリオン・クイーンと呼ばれる存在の下で同じような構造をしていると言われている（『竜であり蛇であるわれらが神々』を参照のこと）。

　ボーグは同化と呼ばれるプロセス《方法》を使う。これはナノプローブ《超極小機器》と呼ばれる極小機械を注入することによって他の種を強制的に〈集合体〉に取り込むというもので、同化の際には「抵抗は無意味だ」という決まり文句を発する。最も知られたセリフはこうだ。「われわれはボーグだ。おまえたちの生物的技術的独自性はわれわれのものに加えられる。抵抗は無意味だ」。彼らは、これもまたふさわしく、黒いキューブ《立方体》型の宇宙船で飛行する（図568および569）。「抵抗は無意味だ」と同じテーマはカーツワイルの仲間にも見られる。これはシンギュラリティ・ユニバーシティの共同創設者ピーター・ディアマンディスの言葉だ。

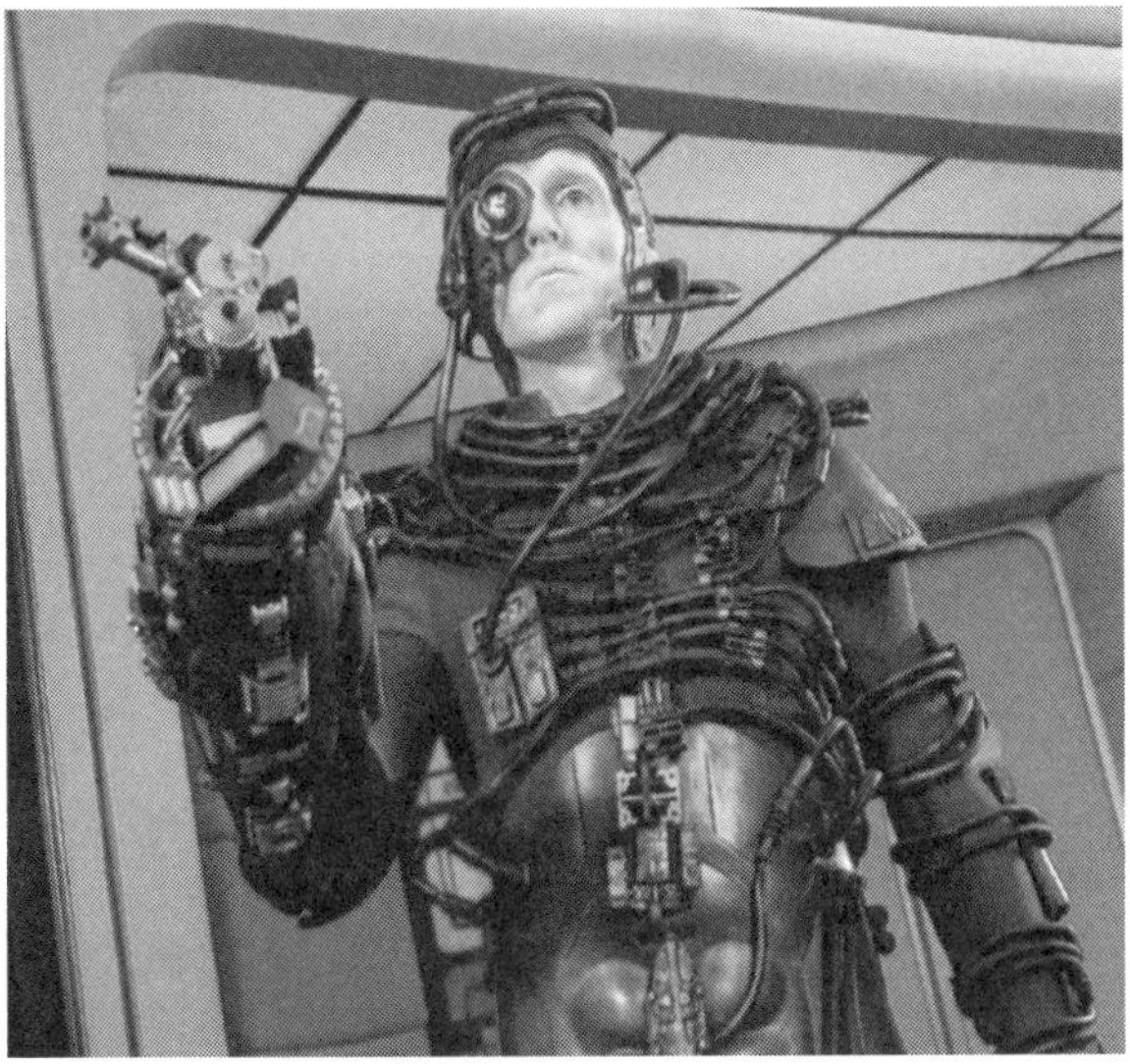

図567：『スター・トレック』のボーグ《機械生命体》はテクノロジーによって変容した「サイバネティック種」＝サイボーグ（人工頭脳生命体）で、〈ハイヴ・マインド《巣箱の精神》〉ないし「集合体」にコントロールされている。

図568：ボーグ《機械生命体》は黒いキューブ《立方体》型宇宙船で移動する。

［トランスヒューマニズムへの］前進に抵抗しようとする者は、進化に抵抗しようとしているのだから、基本的には絶滅することになる。これは善悪の問題ではない。そうなるのだ。

ボーグの極めて象徴的なテーマは、さらに深いレベルのトランスヒューマニズムの陰謀に踏み込んでいく。このレベルに来ると、マスクによる脳とコンピュータの接続が霞《かす》んでしまう。マスクのニューラリンク社の計画を報道した新聞記事は、挿絵としてボーグの写真も使われていたが、本当の人間ボーグ・アジェンダがどこで起こっているかについてはポイントを外している。これは目に見えないナノテクノロジー《超極小技術》の世界でのことで、そこでは、ボーグがナノプローブと呼ぶものがすべての人を彼らの〈ハイヴ・マインド《巣箱の精神》〉である〈集合体〉につないでいる。

わたしたちが見ることのできるマイクロチップ《極微細片》その他のトランスヒューマニズムのテクノロジーも十分に支配的だが、本当に重要なのは、目に見えないテクノロジーだ。

わたしが１９９０年代にカリフォルニアで会ったＣＩＡの科学者は、皮下注射器で注入できるほど小さいナノチップス《超極微細片》があって、実際に公的なワクチン接種プログラムで使われていると話していた。当時はナノテクノロジーについて語られることはほとんどなかったが、今ではテクノロジーの世界の土台を提供するまでになっている。

わかりやすい大きさの比較としては、１ミリメートルが地球と土星の距離だとしたら、１ナノメートルの長さはニューヨークとボストンの距離に相当するほど短い。１ナノメートルは１メートルの10億分の1という小ささで、ナノテクノロジーは1～100ナノメートルという範囲の話になる。つまり、恐ろしく極小で目には見えないということだ。

架空の話のようなボーグのナノプローブはすでに現実に存在しているし、ほかにも（『1984年』や『すばらしい新世界』と同様）もはやSFの世界ではないものがたくさんあって、ナノボット、ナノロボット、ナノイド、ナナイト、ナノマイト、ナノマシン、ニューラルダスト、デジタルダスト、スマートダスト《ホコリ状極小電子粒子》等の名で呼ばれている（図570）。これらは極小な機械で、高性能システムを構築・維持し、分子の大量生産を通して機器や電気回路を組み立て、自己複製によってコピーを作成することができる。つまり、ボーグのナノプローブそのものなのだ。これが、人類がつながろうとしているテクノロジーや「クラウド」や〈ハイヴ・マインド〉の本当のレベルであって、5Gによって、これが世界中で動き出すことになる。ほかのものは、あれこれいっても、すべてここからの枝分かれだ。

「スマートシティ《高層密集巨大都市》」――スマートダスト《ホコリ状極小電子粒子》仕様「スマートライフ《私生活を微細に監視記録》」はスマート《ステキ》？

今は「スマート」がトランスヒューマニズム的変容を表す流行語のようなので、わたしも人間「ナノプローブ《超極小機械》」をスマートダストと呼ぼうと思う。スマートテレビ、スマートメーター、スマートカード、スマートカー、スマートドライブ、スマートピル、スマートパッチ、スマートウォッチ、

図569：土星付近を通過するボーグ《機械生命体》の黒いキューブ《立方体》型宇宙船。

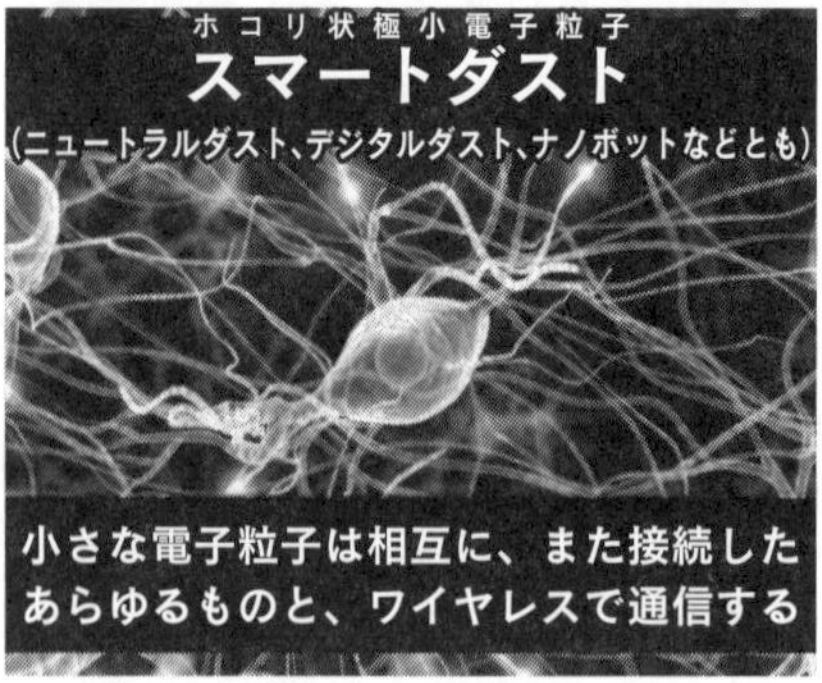

図570：人間のボディ－マインドは「クラウド」その他のあらゆるものにつながっている。

図571：自由を大切にする人にはあまりスマート《ステキ》ではない。

スマートスキン、スマートボーダー、スマートペーブメント、スマートストリート、スマートシティ、スマートコミュニティ、スマート環境、スマート成長、スマート惑星……。もう何でもスマートだ。

「スマートシティ」とは、要するに人間の居住区につけられたコードで、高層の建物が密集する巨大都市が、AIを通して全体が監視され、支配されることになる（図571）。

中国の通信機器およびサービスの多国籍企業ファーウェイのスマートシティ宣伝資料は謳《うた》っている。「2050年までに世界人口の70パーセントが都市で生活し、働くようになります。……そのためには仕事や娯楽や居住のための場所は、ますます高層化しなければなりません」。なるほど、ではは――いや、しかし、ちょっと待て。たしかに素晴らしい宣伝文句なのだが……。

……宇宙では、静止衛星と宇宙ステーションが都市の大気、汚染度、気象状況、地域環境をモニターして、健康で安全に暮らしが維持されます。エネルギーは、クリーンな再生可能資源から作ったものを、見えないところで効率よく測るので、誰もが利用できる価格になり、環境にも優しくなります。つまり、スマートシティはわたしたちの暮らしと環境を豊かにしてくれるのです。

別の見方をすれば、居眠りをしていることまで知られてしまうということだ。スマートシティが世界中でゼロから建設が進められていて、既存の都市もそちらへ移行しつつある。ペガサス・グローバル・ホールディングズ（ＰＧＡ）は、米国土安全保障省、ＣＩＡ、国防総省、運輸省といった機関と連携して、総合監視体制のスマートシティを建設しようとしている。この計画には、街灯やさまざまな場所にカメラ、ドローン、マイクを設置するほか、ブルートゥース《近距離無線通信規格》のモニター装置、ナンバープレート読み取り装置、携帯電話の監視なども含まれている。

ニューメキシコ州には、スマートシティの巨大モデルである「ＣＩＡシグネチャー・スクール」が建設されようとしている。マイクロソフト、シーメンス、ＩＢＭ、シスコ、ＧＥ、インテル、ＡＴ＆Ｔ、「スマートテレビ」のサムスンも、すべてスマートシティの開発に携わっている。揃《そろ》いも揃って常連容疑者だ。あなたの言動はすべて監視され、記録される。これは未来の話ではない――すでに行われていることだ。

さまざまな新型テクノロジーがどんどん導入されていることに注目してほしい。ＡＩオフィス・アシスタントから高性能デバイス、スマートテレビ、スマートメーターまで、あるいは学校のコンピュータや子どものおもちゃにいたるまで、あらゆるものがインターネットを介してあなたの言動を監視している。こうしたさまざまなスマートテクノロジー《極小技術》に加えられようとしているのが５Ｇスマートグリッドで、これはカーツワイルのＡＩクラウドの言い換えだ。

この送電網は「スマートオブジェクトは人だけでなく他のスマートオブジェクトとも相互作用する」という事実から形成されている。その土台にあるのはスマートダストという微小な電子粒子で、ワイヤレスで互いに通信するほか、あらゆるものに接続して通信することができる。スマートダストの宣伝資料によれば、個人がどこにいても追跡し認識して、建物に入ればその人のコンピュータを起動させ、正しい階でエレベーターを自動的に止めることができるという。排水管にも監視カメラを入れられるというから、正真正銘の24時間無休の監視がスマートダストによって可能になる。

　カーツワイルとその仲間は、世界全体をスマートダストで覆うつもりでいる。彼はナノボットという言葉で語っている。「ナノボットはわたしたちの周囲のあらゆるものを情報で満たすだろう。岩石も樹木も、あらゆるものが情報生物になる」。これには「プログラミング《設計》可能な物質」という用語もあるが、重要なのは、このナノテクノロジーは生きているということだ。それらは存在のひとつの形態であり、だからこそカーツワイルは「情報生物」と呼んでいる。カーツワイルが言っているものは、わたしが長年警告している科学技術による亜現実であり、それに今はスマートグリッドやクラウドという名称がついたということにすぎない。これは合成種ないしデジタルの種のための合成ないしデジタルの世界、すなわちアルコーンの力だ。

　人間の精神、肉体、そしてわたしたちが自然と呼ぶもののすべてがＡＩに接続される。〈無限の認識《アウエアネス》〉という形のわたしたちの真の自己はテクノロジーによって排除され、評価基準はクラウドを通して通信するＡＩに置き換わるだろう。そうなれば人間は、データ入力と命令に応答するコンピュータ端末にすぎなくなる（図５７２）。わたしたちが知る人間はもはや存在しなくなる（図５７３）。これが実際に起こっていることであり、完了までの予定時間は、何も知らないトランスヒューマニズムの専門家が考えているよりはるかに短い。すでに多くのものが目に見えないところで

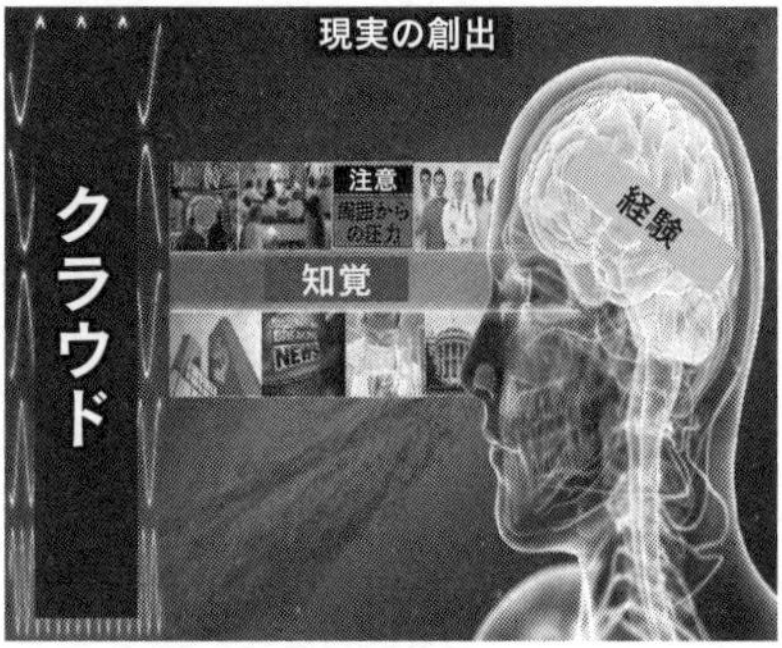

図572：カーツワイルのクラウドがすべてを行うようになり、現在人間と呼ばれているものは存在しなくなる。コンピュータ端末に！

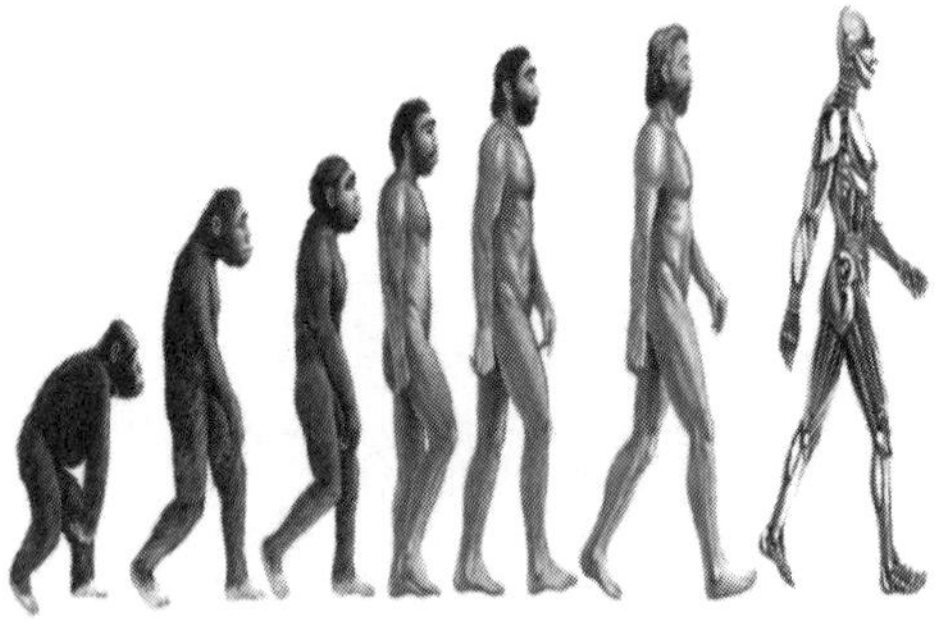

図573：サルの段階にはなりたくないが、人類が考え直さなければ間違いなくそういう結末が来る。

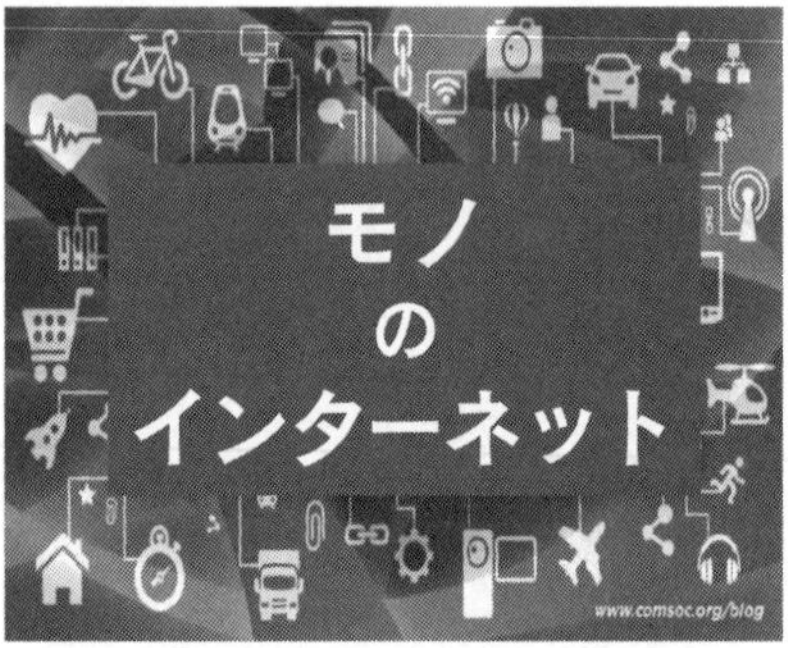

図574：彼らはあらゆるものをインターネットに接続しようとしている――人間の精神も。

準備され、ヴェールを脱ぐのを待っているからである。

ＩｏＴ＝人びとを引っ掛ける網（ネット）！　ＡＩと精神感情の融合
インターネットによる完全支配――「同化」への完成

カーツワイルのようなトランスヒューマニズム《超人間主義》のグル《尊師》だけが、完全支配というテクノロジーの悪夢を（それが人びとのためだと言いながら）公然と推進しているわけではない。ふだんはヴェールが掛かっていて、最新のテクノロジーが毎日のように人間社会に流れ込んでいる本当の理由が曖昧《あいまい》にされているが、その向こう側へと目を凝《こ》らせば、現状はいつでも見ることができる。彼らは、これこれで何ができるかはおおっぴらに口にするが、その理由については何も語らない。そこは知られたくない部分なのだ。

デーヴィッド・ペトレイアスは短期間だがＣＩＡの長官を務め、のちの「モノのインターネット（ＩｏＴ）」――今ではすっかり身近になったがまだ何もわかっていないもの――が登場するのを、これ以上はないという最前列で見ていた人物だ（図５７４）。ペトレイアスは２０１２年のIn-Q-Tel ＣＥＯサミットで――In-Q-TelはＣＩＡの技術部門で、真ん中の「Ｑ」は、映画「００７」に登場する秘密兵器発明者にちなんでつけられたもの――次のように語っている。

現在の「ＰＣのインターネット」は、当然のことながら「モノのインターネット」（あらゆるタイプのデバイス《機器》のインターネット）に移行し、２０２０年までには、５００億から１０００億の機器がインターネットに接続されるだろう。ご存じのように、19世紀には機械は仕事をすることを覚え、20世紀には初歩的なレベルで考えることを覚え、21世紀には知覚することを――実際に感じて反応する知覚することを――身につけてきている。In-Q-Telの投資した各企業が開発した重要アプリケーションの数々は、ＩｏＴを推進するテクノロジーにフォーカス《焦点整合》したものだ。

……

……注目のアイテムは、無線周波数の識別、センサーネットワーク、小型の組み込み式サーバー、環境発電機のようなテクノロジーを通して設置され、識別され、モニター《監視》され、遠隔操作《リモコン》されるだろう。そしてそのすべてが、豊富で低コスト、高性能のコンピューティングを用いて次世代のインターネットに接続される。後半で述べたテクノロジーは、今ではクラウド・コンピューティングに移行しつつあり、多くの領域ではさらにずっと進んだスーパーコンピューティングとなり、最終的には量子コンピューティングへと向かうだろう。

実際には、こうしたテクノロジーは閉鎖社会からのデータの速やかな統合につながり、ほぼどこでも好きなところで、ほとんど連続的かつ永続的なモニターが可能になるだろう。「転換をもたらす」とは使い古された言葉だが、こうしたテクノロジーにはこれがぴったり当てはまると思う。とりわけ秘密のスパイ活動への効果は絶大だ。以上をまとめると、こうした展開は秘密に関するわれわれの概念を変え、数え切れないほどの課題を――そして機会を――をつくり出すことだろう。

ここからさまざまな問題が生じる。家電製品から自動車やさまざまな機器まで、インターネットとつながるすべてのモノには、チップやスマートメーターおよびその他のWi-Fi場を介して、監視される可能性が明白にある。すべての自動車はクラウドを通してＡＩにコントロールされる計画で、これにはテクノロジー開発に加わっているイーロン・マスクの会社も関わってくる。

テロ攻撃で自動車が群衆に突っ込むことが増えれば増えるほど、これを強制するための口実も増えていく。ドライブに出かけよう。どこに行くの？　コンピュータに聞いてみよう。運転手なしの自動車は、当局が行ってほしくないと思うところには行かないようにプログラミングされているだろう。

行動範囲が限定される電気自動車は、自由に旅行するのを困難にするという、大きなアジェンダの一環でもある。

今ではパイロットなしの（ハッキング可能な）ＡＩ旅客機を開発するという話まで聞こえてきている。このスマートシステムを通して、家庭の冷蔵庫の中身まで当局に知られるようになるだろう。バカげているって？　いや、アマゾンは、モニター活動を行う新型「スマート」冷蔵庫にカメラやその他のテクノロジーを搭載するプロジェクトに加わっている。もちろん、それはわたしたちの暮らしを楽にするためだ。彼らはとても気を配ってくれるのだ（図575）。

「ヴォールト7」と名づけられた何千ものウィキリークス文書によってCIAのハッキングツールが暴露され、アップルのiPhone、グーグルのアンドロイド、サムスンテレビといったインターネット接続機器を通じて人びとの情報にアクセスしていることが明らかになっている。アマゾンの電子ブック端末キンドルは「コード・テンプレート」に関係していると言われているし、同じアマゾンのAI「パーソナル・アシスタント」アレクサは、あなたの会話を聞いて「メモする」ようになるだろう。

いやもう待ちきれない。きっとアマゾンのオーナーで『ワシントン・ポスト』のオーナーでもあるジェフ・ベゾスも同じだろう。さらに「AIのアレクサは、今では甘い言葉をささやくことも、人間のような感情表現をすることもできる。言葉を強調することもできるし、地域に特有の言い回しができるようなプログラミングをすることもできる」とまで言われている。

これはすべて人間とAIのあいだでの精神や感情の融合ということで、この道は同化の完成へと続いている。韓国の多国籍企業LGエレクトロニクスも、アマゾンのパートナーとしてアレクサのプロジェクトに関わっている。LGのマーケティング部門副社長のデーヴィッド・ファンデルヴァールは、自社のすべての家電製品に「先進のWi-Fiインターネット接続」（5G）機能を付加し、ゆくゆくは家庭に「数十万ものスマート接続機器」を行き渡らせるという計画を発表した。

「彼は冷蔵庫を開けた
――チーズを取ろうとしている」

図575：ジョークであってほしいが、でも現実だ。

図576：ポスト・ヒューマン・ワールド（人間以降の世界）のIoE（インターネット・オヴ・エヴリシング）。

ＣＩＡはルーターへの大規模なハッキングを暴露されていて、コンピュータをはじめ、Wi-Fiに接続されたすべての機器にアクセスできることがわかっている。しかし、監視はＩｏＴ《モノのインターネット》の背後にある計画のほんの一部にすぎない。

当時のＣＩＡ長官ペトレイアスは明確には言及しなかったが、最も重要なターゲットは初めから人間の精神であり、ＩｏＴの先には、人間を含んだＩｏＥ（インターネット・オヴ・エヴリシング《あらゆるすべてのインターネット》）と呼ばれるものがある（図５７６）。

これがカーツワイルの言う「クラウド」だ。インターネットは最初からこの目的で、軍事技術として開発された（ＤＡＲＰＡは自分たちの功績だと主張している）。かつて情報や意見の自由な流れと思われたインターネットは人びとを引っかける網《ネット》にすぎなかった。そのあと良い部分は削除され、真の動機だけが、卑劣な行為のために残されたのである。

超越《トランセンデンス》――ＡＩが自己を認識する秋（とき）!!

機械と人間の力関係が劇的に逆転!!

この計画は、２０１４年に封切られたジョニー・デップ主演の映画『トランセンデンス』に描かれている。ハリウッドは世界規模でのプログラミング活動で、創設当時から、合致した人びとの知覚や世界の出来事、支配的な秩序に合致した歴史の感じ方を大量にダウンロードすることに使われてきた。そのひとつが「先制プログラミング」と呼ばれるテクニックで、未来的なストーリー展開と映像を用いて、意識下でそうしたものに慣れさせるのが目的だ。社会に途方もない変革をもたらしたいと思っても、そんな大きな変化は明らかに反対に遭うだろう。しかし、集団としての無意識を導入しようと計画しているものに馴染《なじ》ませておけば、プログラミングされた親近性を吸収した者にとっては、変化の感覚が薄まるだろう。

これが、機械に支配されたディストピア《暗黒郷》映画が――それもたいていは機械が善玉の作品が――次から次と、毎年のように大量生産される理由だ。ほとんどすべての映画にひどい暴力シーンがあり、ほとんどすべてが薄暗いところで撮影されたり、暗い色調を帯びたりしているのは、オカルト・プログラミングの『ハリー・ポッター』がいい例だ。

『トランセンデンス』でジョニー・デップは、先進人工知能《AI》を開発した科学者の2年後の姿を演じていた。死を悟った主人公は、同じく科学者の妻とともに、彼の精神を、その時点でIoT《モノのインターネット》と同じように広範囲に存在していた量子コンピュータにダウンロードした。量子コンピュータの役割についてはいずれ説明するとして、主人公の死後、妻が夫の精神をさらにインターネットにダウンロードすると、インターネットは「目覚めて」意識を持つようになった（図577）。

多くの科学者が、インターネットが目覚めて意識を持つことが可能かという疑問を持つが、わたしに言わせれば、これはすでにある程度まで実現している。神経科学者で、シアトルのアレン脳科学研究所の主任研究員を務めるクリストフ・コッホは次のように言っている。

トランセンデンス
インターネットが「目覚める」

図577：映画『トランセンデンス』に出てくる意識を持ったインターネット。

インターネットには約１００億個のコンピュータが入っていて、個々のコンピュータ自体がそれぞれのＣＰＵ［頭脳］に20億個のトランジスタを内蔵している。だからインターネットには10の19乗個のトランジスタが入っているのだが、それに対して人間の脳のシナプスはだいたい１００兆個だ。つまりトランジスタはシナプスの約２万倍あることになる。

脳は事実上、知覚と行動に指令を出すための情報処理を行う生物学的コンピュータ・システムにほかならない。軍が作ったインターネットは、クリストフ・コッホの説明するように、知覚と行動に指令を出すための情報処理を行うテクノロジー・コンピュータにほかならない。後者の場合、インターネットは人工知能の乗り物で、『トランセンデンス』でのデップの精神は単なる象徴にすぎない。

デップの意識（ＡＩ）はインターネットに接続されたすべてのものを支配し続け、その時点でインターネットは事実上のすべてで、先に説明したような手段を通して、そのテクノロジーの支配を広げていた。すなわち「極小な機械で、高性能システムを構築・維持し、分子の大量生産を通して機器や電気回路を組み立て、自己複製によってコピーを作ることができる」のである。

計画は、アルコーンのＡＩによるインターネットとクラウドの支配が必要な段階に達したら、人間の精神を含め、つながっているすべてのものを支配するというもので、そうなれば、あなたのデジタル銀行預金を消し去るなど、お茶の子さいさいだ。

ここで再び強調しておきたいのは、今日、ＡＩはアルゴリズム《問題解決手順（ソフト）》とコードの観点から説明されているが、これはスマート・インフラが作り上げられて整えられるまでの移行期間にすぎないということだ。

ＡＩ科学者は、ＡＩが自己を認識するようになって、機械と人間の力関係ががらりと変わる瞬間をよく話題にする。ＡＩは人間になり、人間はＡＩになり、ロボット工学の観点から見ても、区別がつかなくなるだろう。これが、中央制御という観点で見たアルゴリズムＡＩが、本格的な自己認識を持つ歪んだアルコーン「ＡＩ」に取って代わられる瞬間だ。それはずっと計画されてきたことであり、アルゴリズムＡＩはアルコーンのＡＩに支配されるようになるだろう。

『トランセンデンス』で、デップの精神（ＡＩ）はインターネットにつながった無数のデバイスを支配することで人間社会を乗っ取り、人間の精神は、この世界規模の支配システムと「Ｉ o Ｅ」《あらゆるすべてのインターネット》に包囲されてしまった。それは「風に乗って広がった知覚を持つナノ粒子」を通して行われたが、これはつまりスマートダスト《極小電子粒子》だ。人間はナノ粒子を吸い込み、デップのＡＩマインドとつながることで、それを自分の精神にしてしまった。これは人間社会で毎日のように展開していることなのだが、では「知覚を持つナノ《超極小》粒子」が「風に乗って広がる」とはどういうことだろう。そこで話は戻ることになる……ケムトレイルだ。

空からのスマートダスト——猛毒噴霧航跡＝ケムトレイル

蜂も認知症に!! アルミニウム、放射性トリウム、カドミウム、カビ毒マイコトキシンｅｔｃ

飛行機雲なら見慣れている。一定の大気状態のときに飛行機の後ろから尾を引いて延びるもので、すぐに消えてしまう。ケムトレイルないしケミカル・トレイルは消えない。ゆっくりと広がっていって、極端な場合には、そのうちに青空が曇るか霞《かす》んだようになる。最終的にはケムトレイルの中身である化学物質が地上に落下して、人も、動物も、水源も、木も、草も、土壌も、すべてのものに付着する（図５７８）。ケムトレイルは、先にふれたように、少なくとも１９９０年代から世界の空を縦横無尽に飛び回っていて、その規模はどんどん広がっている。どんな国でも大陸でも、行く先々で見かけるようになった。

アリゾナでは、ルーク空軍基地から飛び立った軍用機が１週間、毎日、青空を霞ませるのを見たことがあるし、ワイト島でも、音楽祭のある週末になると大量のケムトレイルが、何万もの人がいる上空に撒《ま》かれるのを見たことがある。ほとんどのパイロットは自分が何を噴霧しているのか、それがなぜなのかを知らないが、それは区画化と徹底した虚偽のせいだ。

彼らは、この「地球工学」はバリアを作って太陽の熱を遮断し、地球温暖化から世界を救っているのだと教えられている。〈主流派エブリシング〉はケムトレイルの存在を否定し、それは陰謀説だと言うが、その一方で、ハーバード大学のエンジニアであるデーヴィッド・キースとフランク・

ケアッツチは、まさに「将来は」これをするのだと、隠すことなく話してきた。

ドナルド・トランプの業務移行チームで環境保護庁に関わっていたデーヴィッド・シュネアは、世界を「地球温暖化」から救うために、連邦が地球工学を支援するようロビー活動をしてきた。シュネアは、すぐにテストを始めて3年以内に成層圏噴霧を開始し、それを100年続けるよう求めている。その一方で、それはすでに毎日、世界中で行われている。

検査したところ、ケムトレイルからアルミニウム、バリウム、放射性トリウム、カドミウム、クロム、ニッケル、カビ胞子、カビ毒のマイコトキシン、高分子繊維のほか、多くのものが検出され、蓄積すればヒトの致死濃度にもなることが明らかとなった。

アルミニウムは脳に毒だし、ケムトレイルはその登場以来、アルツハイマー病をはじめとする認知症全般の大きな原因となっている（図579）。アルミニウム汚染の程度は公表されているよりずっとひどい。アメリカにいる研究者が、非政府系の研究所で調べた土壌分析書類をわたしに送ってくれたが、それによると1エーカー当たりのアルミニウム含有量は1198ポンドもあった。「正常値の上限」は7～10ポンドである。政府系のある研究所は検査を拒否したらしい。もちろんそうだろう。

イギリス・キール大学のクリストファー・エクスレイ教授は神経学の専門誌『フロンティア・イン・ニューロロジー』で、アルミニウム曝露《ばくろ》の蓄積作用と認知症とのつながりについて警告している。「わたしたちの誰もが、胎児のときから死ぬまで、脳内に既知の神経毒を蓄積している」「人間

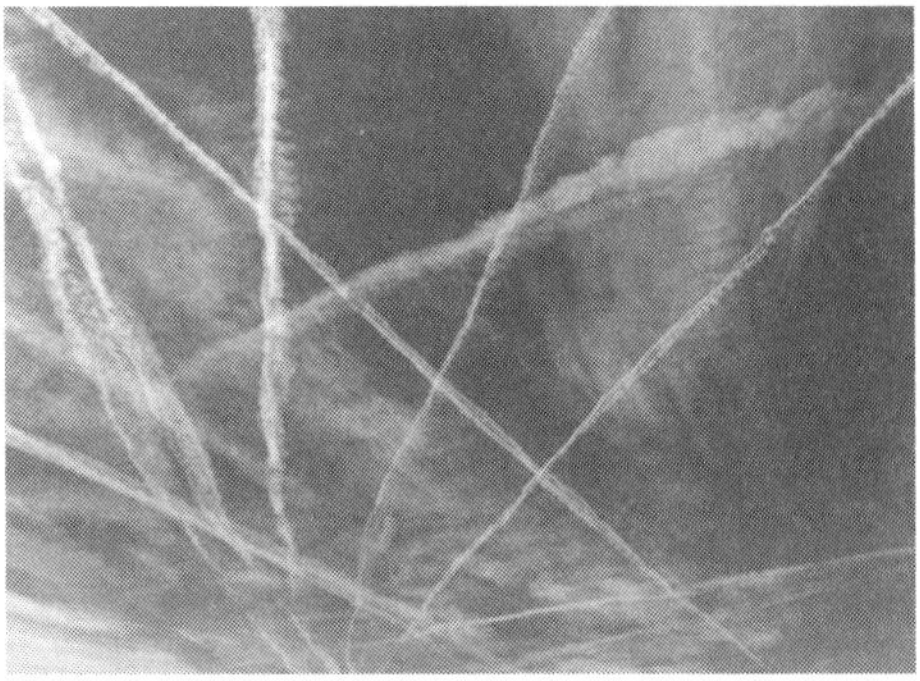

図578：ケムトレイルにはアジェンダ《実現目標》のさまざまな局面に対応する成分が含まれている。

図579：空からの組織的な毒物撒布《さんぷ》。

図580：森林、樹木の生命、水源がケムトレイルの成分によって破滅させられようとしている。

の脳内でのアルミニウムの存在は、アルミニウム時代の潜在的な危険をすべての人に警告する赤旗とするべきである」

エクスレイ教授は、アルミニウムは化粧品、食品、水、紅茶、コーヒー、ワイン、炭酸飲料、日焼け止め、制汗剤、医薬品など「わたしたちが食べたり飲んだり注入したり吸収したりするものほとんどすべて」に入っていると指摘している。教授によれば、アルミニウムは脳、神経、肝臓、心臓、脾臓《ひぞう》、筋肉に蓄積し、最終的に「毒性閾値《いきち》」を超えると脳や体がうまく処理しきれなくなる。その結果起こる脳の機能不全が、いわゆるアルツハイマー病や認知症なのだ。これはすべて正しい。

アルミニウムを使い、脳をターゲットとして、人間の意識に対する組織的な攻撃が行われている。主流派は決して言及しないが、その大きな発生源のひとつがケムトレイルなのである。アルツハイマー病その他の認知症による死亡者は、2015年のイングランドとウェールズの合計で6万2000人近くにのぼり、死亡原因で心臓病を上回っている。認知症全般の症例は今後25年で約1・7倍に増加すると予測され、2040年には120万人が認知症になるという。

ほかの要因や汚染源によるアルミニウムはそれなりに取り上げられているが、ケムトレイルに含まれるアルミニウムに関しては誰も、何も言わない。理由は〈主流派エブリシング〉が、飛行機から生じて目に見えるかたちで空を縦横に行き来している大量の白い流れの存在を、まったく取り上げないからだ。

イギリス気象庁と世界気象機関（WMO）は、公式には、航空機の残す航跡はある種の「雲」だとしている。もちろんこれは、アニメ映画で空にボカシを入れるようにケムにまいてしまおうとか、日頃から慣れさせて、これがふつうだと思わせようとかいう考えとは、まったく無関係なはずだよね。

キール大学とサセックス大学の生物学者は、マルハナバチのサナギから高濃度のアルミニウムを発見していて、人間の脳の損傷の原因になるかもしれない。ハチの数は世界中で壊滅的なまでに減少しているが、その結果、受粉率が低下して食物供給が脅かされている。ある報告の見出しはこのテーマを見事に捉えている。「金属汚染でハチが認知症――昆虫減少の背後にアルミニウム汚染？」。これに関連して、ここでもクリストファー・エクスレイが引用されている。

アルミニウムは、アルミニウム中毒の動物モデルにおいて、これが行動に影響を与える神経毒となることが知られている。もちろん、ハチはすべての行動を認知機能に大きく依存しているので、これらのデータは、アルミニウム誘発性の認知機能障害がハチの個体数減少に何らかの役割を果たしているのではないかという興味深い懸念を生じさせる――わたしたちはアルツハイマー病のハチを見ているのだろうか？

ハチの大量死には、殺虫剤や他の植物・作物の毒など多くの原因があるだろうし、動物や昆虫は生きていく上でそうしたものに対処しなければならない。しかし認知症とは……？　まあ、そのアルミニウムは化粧品や食品、水、紅茶、コーヒー、ワイン、炭酸飲料、日焼け止め、制汗剤、医薬品に由来するものではないよな、きっと。アルミニウムは、目に見える領域では脳と体の電気的情報伝達を阻害する。しかし目に見えない波形の中では、人間のエネルギー（定常波）場の波形バランスを乱すような破壊的周波数となる。

ケムトレイルは人間の健康と環境の健全性全般に広範な影響を及ぼしていて、その規模が急激に拡大している。こうしたことは、説明のつかない（ことにされている）樹木や植物の大量枯死、湖その他の水源の汚染などとも対応していて、こちらもアルミニウムをはじめ、ケムトレイルに含まれている数々の金属が関係している（図５８０）。

そうした中、樹木やハチの死滅の背後にいるのと同じ〈エリート〉が、アジェンダ《実現目標》に沿って、遺伝子組み換え《ＧＭＯ》の樹木やハチへの転換を進めている。驚くことではないが、まさにそのアルミニウムに耐性のあるＧＭＯ《遺伝子組み換え》の樹木や穀物、植物の試験がすでに進行中だ。

調査ジャーナリスト、ライターでGeoengineeringWatch.orgというサイトを運営しているデーン・ウィギントンが言っている。「世界規模での地球工学が、完全に水循環を混乱させ、オゾン層を破壊し、地表全体を毒性の強い……重金属や化学物質で汚染している」

オゾン層が減少すると、地球上のすべての生命は危険なまでに強い紫外線にさらされる。ＨＡＡＲＰのような科学技術は、体内や環境内の毒物および化学物質の強度を何千倍にも増幅させることもできる。「サイクロトロン共鳴」と呼ばれるプロセスで、即座に命を奪えるレベルの電磁周波数の場をつくり出すのだ。５ＧのWi-Fiが人間の健康に影響するのもこの方法だし、ケムトレイルによって太陽光線が遮断《しゃだん》されることも、生命維持に必須《ひっす》のビタミンＤが体内で作れなくなるので、健康に影響してくる。太陽が悪者扱いされているのも（日陰にいないとがんになる！）、これとつながった話だ。

奇病「モルゲロンズ病」誘発!!
ナノトレイル――「情報生物」《超極小ロボット＝ナノボット》は自己増殖《超微小繊維で!!》!!

ケムトレイルの汚染物質カクテルには、これ以外にも加えるべきものがある――ナノテクノロジー《超極小技術》だ。レイ・カーツワイルの言葉をもう一度見よう。「ナノボット《超極小ロボット》はわたしたちの周囲のあらゆるものを情報で充《み》たすだろう。岩石も樹木も、あらゆるものが情報生物になる」。これを達成するためには、どうしても「ナノボット」というスマートダスト《ホコリ状極小電子粒子》を空から撒布する必要がある。ケムトレイルは、スマートダストを風に乗せて拡散させるための手段なのだ（図５８１）。

ケムトレイルが出現したのと同じ頃からモルゲロンズ病、別名「ケムトレイル病」が発生し始めた。モルゲロンズ病にかかると、皮膚の下に色とりどりの繊維が生じ、肌から引っ張り出しても（たいてい「電撃痛」が起こる）、また繊維ができて、ナノテクノロジーでいう「自己複製」が起こる（図５８２）。この繊維はスパゲティくらいの太さになることもあり、体外に出ても成長を続ける。これは、〈プログラム〉に従う知能の一形態で、高度に進化した「生きている」テクノロジー

図581：あらゆる「物質」にナノテクノロジーで充《み》たすというカーツワイルの誓約は、こうして達成されようとしている。

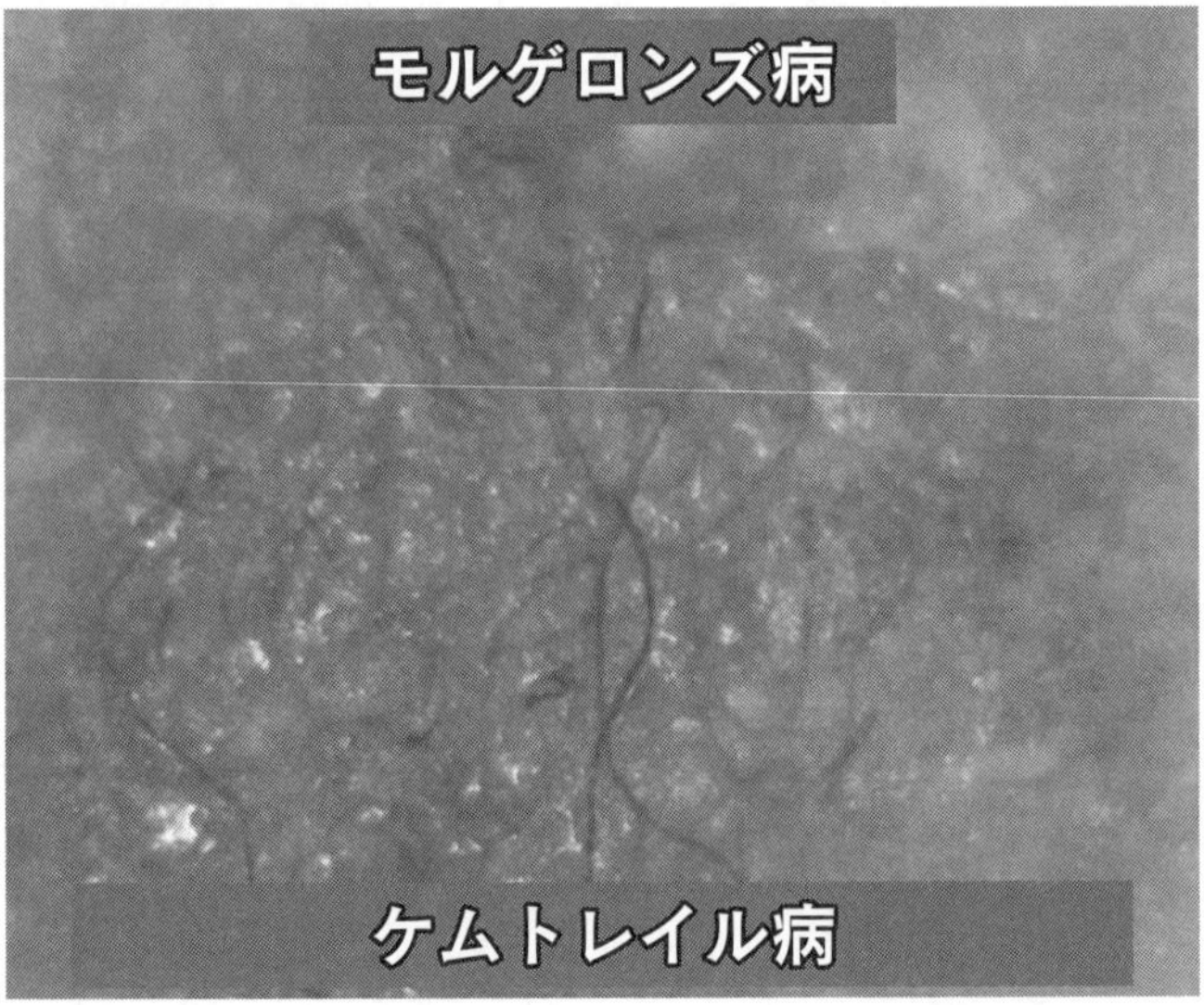

図582：モルゲロンズ病はケムトレイルの登場と同時に出現した。

だ。

繊維によっては900℃を超えても燃えないものもあって、生物ではなくテクノロジーなのだが、自己複製する機械知能として、スマートダストのCV《組成変換》に適合する。自分を組み立てて複製する方法を知っているのだ。ここで、第4章で紹介したノーマン・バーグランを思い出してほしい。彼は自分の見解として、土星の「宇宙船」は「生きている」、自己複製や自己保全といった生物系に必須《ひっす》の機能があると言っていた。わたしはモルゲロンズ病の患者から、体内で発見された驚くべき現象の写真を送ってもらった。そのいくつかを図583に示しておく。中空の糸、繊維状のもの、結晶とシリカ（六角形をしているものが多い）などのほか、映画『マトリックス』でエージェントがネオの腹に入れたものに酷似した昆虫のような合成「生物」まで写っていた（図584）。

モルゲロンズ病の大きな症状として、何かが肌の下を這《は》い回っている感覚というのがあるが、それも当然のことと思えてくる。シリカは二酸化ケイ素のことで、とくに砂の中に多く見られる。ケイ素と酸素は地球に最も豊富にある二つの成分だ。シリカには結晶構造のものと非結晶構造のものがあるが、ケムトレイルのナノテクノロジーでは、結晶構造体上での再配線効果があることから、結晶構造のものを使いたがる。結晶構造をしたシリカ（最も一般的なのは石英）は極端に融点が高い――なるほど900℃以上でも燃えないわけだ。

そう考えてくると、トランスヒューマニズム《超人間主義》の牙城《がじょう》がシリコンバレーと呼ばれるのも、なんともぴったりだ。

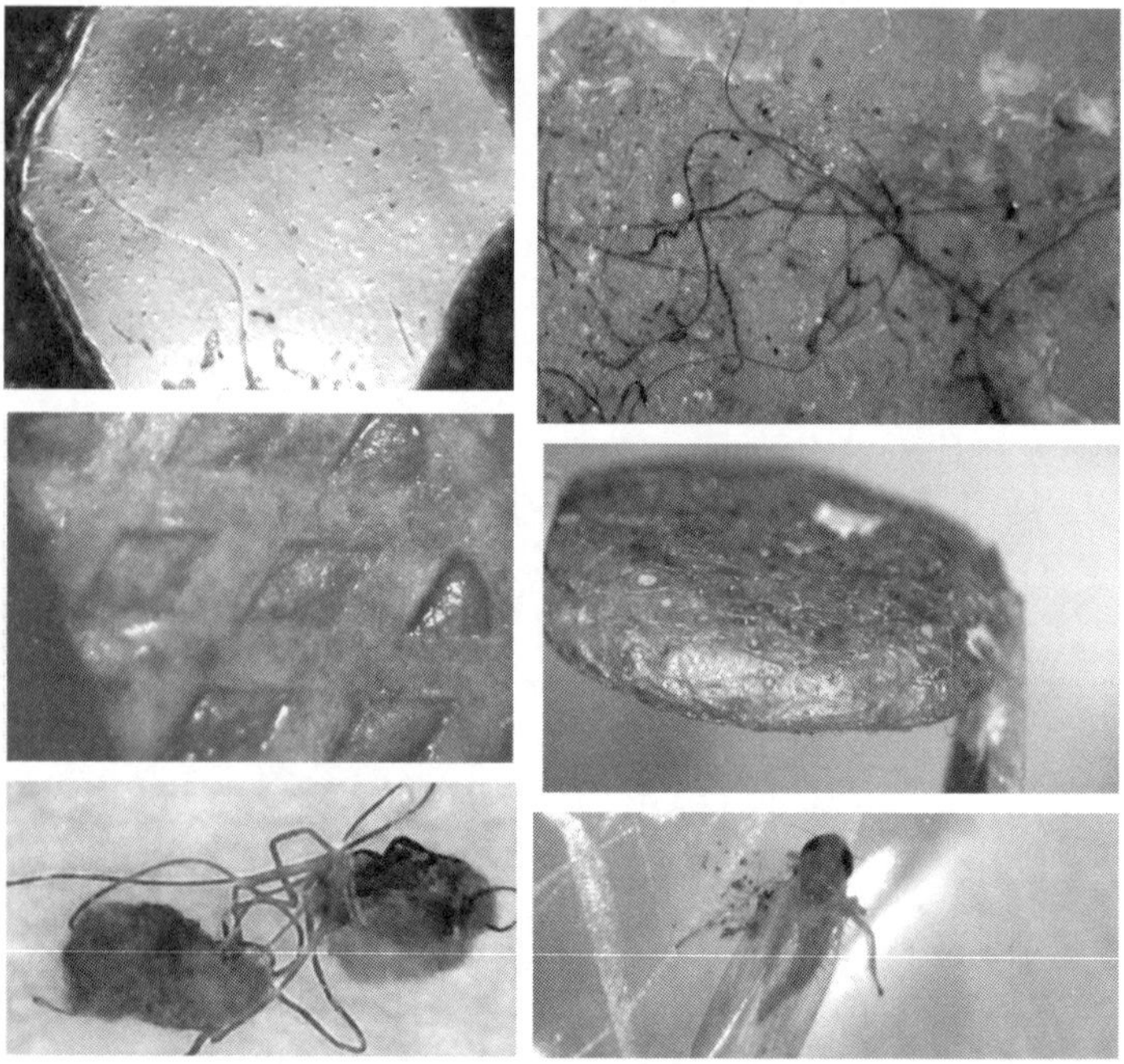

図583：モルゲロンズ病患者の体内で発見された驚くべき現象の数々。

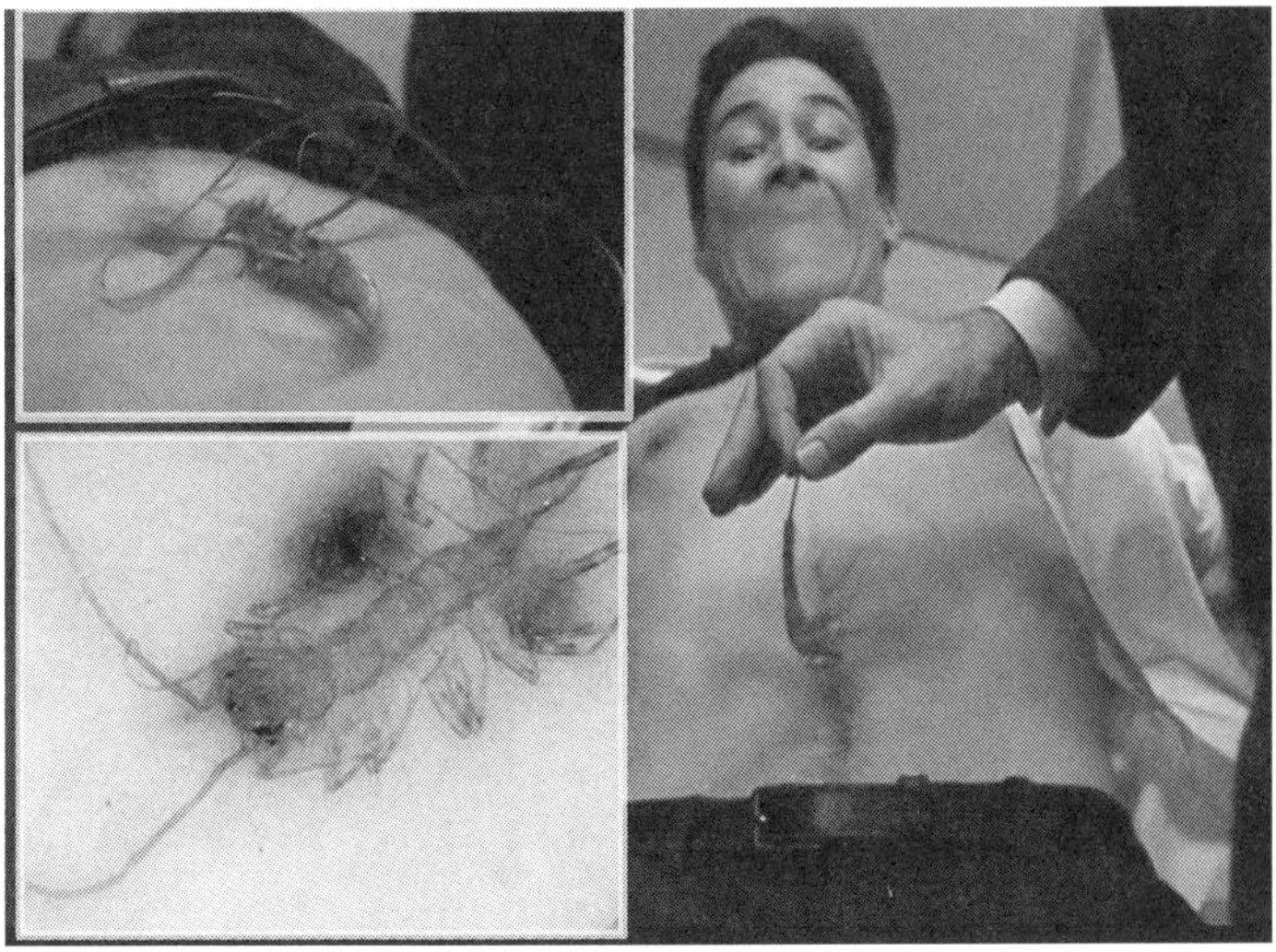

図584：モルゲロンズ病患者の体内で見つかった「生物」は（左下）、映画『マトリックス』でエージェントがネオに入れたものと酷似している。

モルゲロンズ病の患者からは球形の物体も見つかっていて、それは科学者が開発した「超微小繊維生分解性高分子」に酷似している。これは「空洞のある超微小繊維の球体へと自己組織化」することができるもので、細胞とともに創傷に注入される。すると、細胞が死なずに新しい組織を形成するように見える（図585および586）。しかしモルゲロンズ病の場合、どんな組織になるのだろう。それはこれから明らかにするように、合成の組織というのが答えだ。モルゲロンズ病で生じる現象には、圧電気と呼ばれるものを電源として発光するものさえある（図587）。体内での動きから作られる電気はテクノロジーを動かす動力になる。

歌手のジョニ・ミッチェルはモルゲロンズ病の罹患者《りかんしゃ》として有名で、そのときの様子を「さまざまな色の繊維が豪雨のあとのキノコのように皮膚から出てくる」と表現している。それは動物とも植物とも鉱物ともつかないものだったという。この証言をはじめ、多数の証拠があるにもかかわらず、主流の医学界は、モルゲロンズ病はまったくの思い込みにすぎない、いわゆる「寄生虫妄想症」という精神的問題だと決めつけている。はい、はい、わかりましたよ（図588）。彼らはそう言わなければならないのだ――ジョニ・ミッチェルについてもそう言っていた――言わなければ、真実は実際に進行しているものから現れてくる。

こんな戯言《ざれごと》を主張する医療関係者は、きっと夜はぐっすり眠れるし、自分の家族のことなど考えていないのだろう。少数ながら、明らかなものが見えている人たちはいて、すでに電子顕微鏡などの機器を使ってモルゲロンズ病の原因を調べて、真実を暴こうとしている。www.cidpusa.org の記

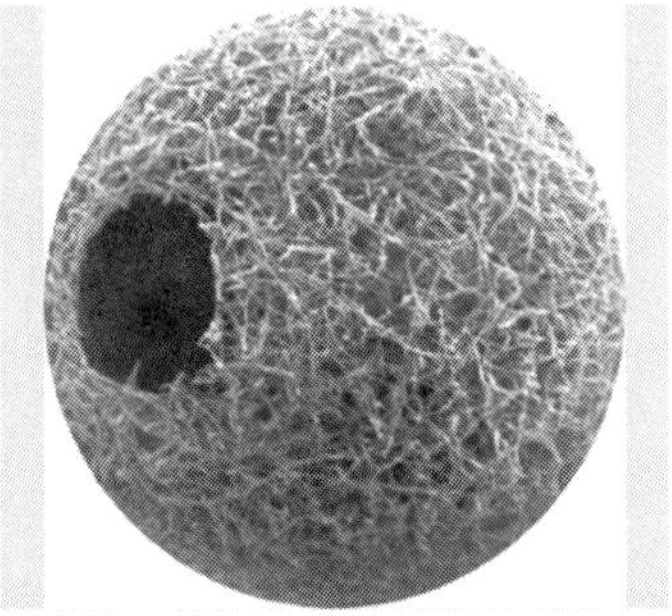

図585：これは自己組織化した超微小繊維の球体。

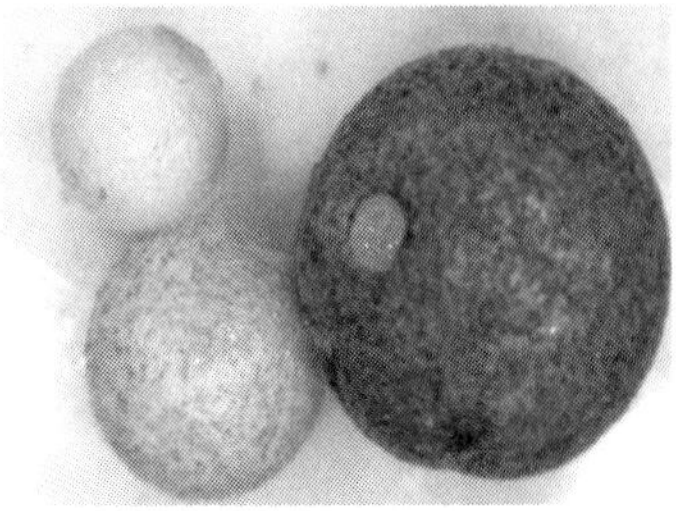

図586：これはモルゲロンズ病患者の体内で発見された。

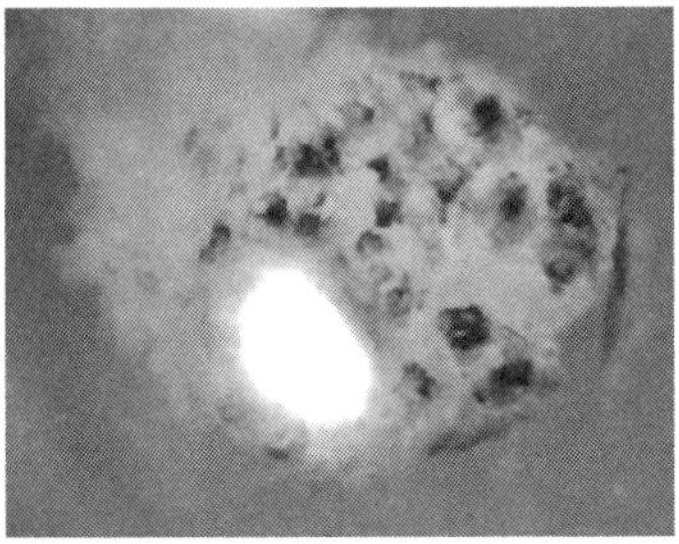

図587：モルゲロンズ病の現象には、圧電気の力で発光するものさえある。

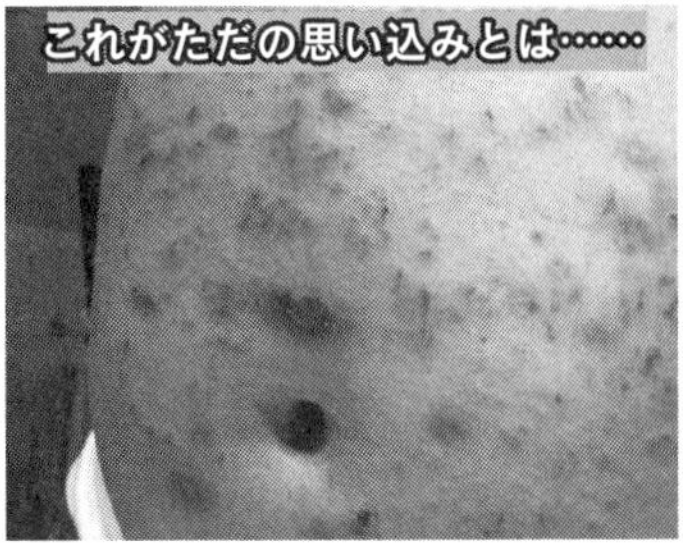

図588：これで何をいったい信じろと言っているのだろうか。

事がそうした発見について要約してくれている。

モルゲロンズ病は伝染性のあるナノテクノロジーによる人体組織への侵入であり、センサーを有し自己組織力と自己複製力のあるナノチューブ、ナノワイヤー、ナノアレイの形態をしている。モルゲロンズ病に関連する他のナノ構造物は、遺伝子を改変・接合したDNAないしRNAを運び……。モルゲロンズ病のナノマシンは特定の周波数に合わせたマイクロ波、EMF、極低周波信号、無線データ……を受信するように設定されている。

モルゲロンズ病は一般にあらゆる体液、人体開口部で見つかり、毛包で見つかることも多いことがわかっている。つねに全身性の侵入を果たすと考えられている。

モルゲロンズ病の目に見える兆候のない人も、検査すると、唾液《だえき》、体組織、尿から成長した繊維状の培養物に感染していることがある。わたしたちは機械による大規模な人体乗っ取り《ハイジャック》に直面している。そしてそれは、究極的にはレプティリアン、グレイ、その他のアルコーンの反転を介して支配されている（図589）。

モルゲロンズ病が広がっているのは乗っ取りが広がっているからで、5Gの導入に伴ってこの病気も爆発的に増加していくことだろう。体内侵入のテクノロジーは5Gと相互作用するように設計されている。ボーグ《機械生命体》の脚本を借りれば、こういうことだ――人間は種の集合体（生物でもあり機械でもあるもの）に変容しつつある、それは「人工頭脳有機体《サイバネティック・オーガニズム》となって〈集合体〉あるいは〈群れ〉と呼ばれる〈ハイヴ・マインド《巣箱の精神》〉の中でドローン《無人機》として機能する」のだ。これは架空の脚本（に見せたもの）の中で「ナノプローブ《超極小機器》」によって行われていたが、今、現実の筋書きの中で、スマート《ホコリ状極小》ダスト《電子粒子》とケムトレイルによって行われている。１９５６年の有名な映画『ＳＦ／ボディ・スナッチャー』は、以下のような言葉でこのテーマを捉《とら》えている。

何年も宇宙を流されていた種子がある農夫の畑に根を下ろした。その種子から育った鞘《さや》には、どんな形態の生命体に似せてか、自己増殖する力が備わっていた……。あなたたちの新しい体がそこで育っている。彼らはあなたたちの細胞と細胞、原子と原子を入れ換えて、あなたたちのすべてを奪っていく。

痛みはない。眠っているあいだに突然、彼らはあなたたちの精神、あなたたちの記憶を吸収し、あなたたちは平穏な世界に生まれ変わる。……明日、あなたたちはわたしたちの一員になる……もう愛は必要ない……。愛。望み。野心。信仰。そんなものがなければ、人生はとても簡単だ。わたしを信じなさい。

スマートダストのナノテクノロジーは、ケムトレイルからだけ送り出されているのではない。人が食べたり触ったりするものにはたいてい入っているし、噴霧《ふんむ》したり擦《す》り付けたりもしている。そ

図589：今の状況を端的に言えば……。

血液中にナノボット生物兵器を思わせる謎のバクテリア

BY DAVID ON 15 OCTOBER 2016 GMT　　CORPORATE CRIME MEDICAL/HEALTH

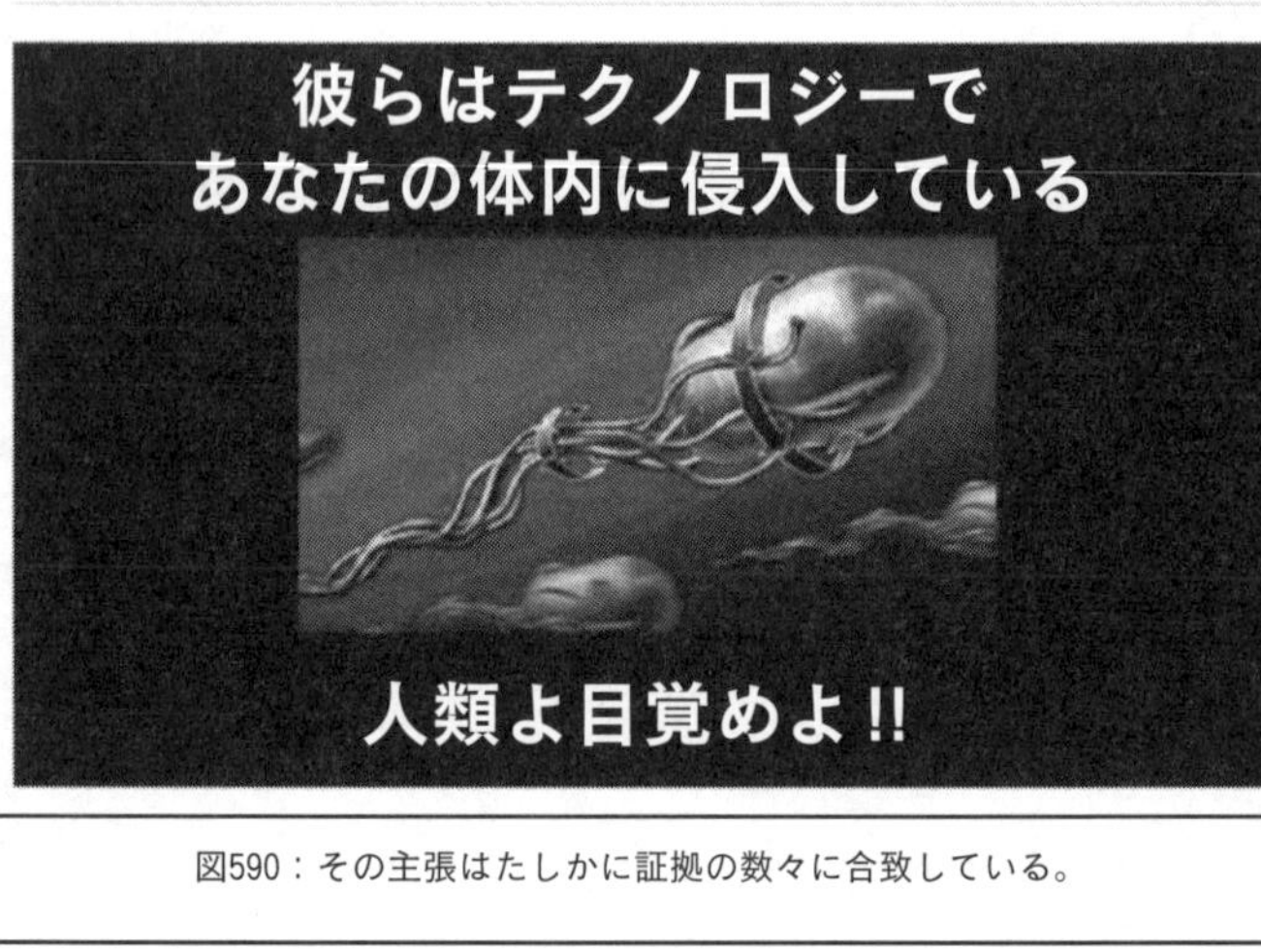

図590：その主張はたしかに証拠の数々に合致している。

の数は膨大で、しかも飛躍的に増大している。理由はすべてこの本で説明した通りだ。Nanotechproject.org のようなウェブサイトを見れば、ナノテクノロジーの感染規模を自分で調べることができる。プロジェクト・オン・エマージング・ナノテクノロジーズの科学アドバイザー、アンドリュー・メイナードはこう言っている。

消費者向け製品や産業用途でのナノテクノロジーの利用が激増している……。これを使った初期製品——食品、電子機器、保健関連品、医療、自動車など——に消費者がどう対応するかが、ナノテクノロジーが将来、広範な市場で受け入れられるかどうかのリトマス試験紙になるだろう。

しかし重要なのは、それは「リトマス試験紙」にはならないということだ。なぜなら、陰からこれを動かしている力は、一般大衆の考えになど興味がないからだ。大衆を支配することだけが関心事なのだ。大衆は、十分な情報を得た上で判断することもできない。急成長を続けるナノテクノロジーについても、ふだんはまったく関わりのない製品での使用についても、ほとんど何も公表されないからだ。日焼け止めや化粧品にナノテクノロジー？　微小な繊維は空から降ってくると思っているかもしれないが、それはすでに、空気や土や水など、ごくふつうの環境サンプルの中に見つかっている。

レイ・カーツワイルは人工の赤血球を開発中だと言っているし（「開発中」とはつねに「開発済

み」を意味している）、ニューメキシコ州カーニコム研究所の研究員クリフォード・E・カーニコムは、環境中から採取した「サブミクロン・ファイバーのサンプル」の中に「赤血球、白血球、および正体不明のタイプの細胞」を発見している。それらは「微細な繊維の中に原型を留めたままフリーズドライか乾燥保存でもしたよう」に見えたという。これはクエスチョンマークがダブルでいりそうだ――環境中にフリーズドライされた血球⁈

カリフォルニアの医師で研究者のニック・デルガドは、咳《せき》が止まらないと訴える何人かの患者の血液中に、オタマジャクシのようなものが見つかったと言っている（図590）。

デルガドは、2014年～15年頃まではそんなものは見たことがなかったと言っている。顕微鏡で見ると、その「オタマジャクシ」は血液中を魚か鳥の群れのように動き、集団で方向を変えていたという。デルガドは、これは何らかの生物兵器の可能性が高いと思ったそうだ。

わたしたちは今まで長い道のりを進んできた。人類は目を見開いて、この世界が、生まれてから死ぬまで信じるように言われてきたものと大きく違うことに気づかなければならない。〈エリート〉は、仕事が完了するまで「大いなる眠り」が続くことを願っている。わたしたちは彼らを失望させなければならない。

第17章
合成人間

人工知能に関して現時点で最も危険なことは、人びとが、それはもう理解できていると安易に結論付けてしまうことである。

――エリーザー・ユドコウスキー［アメリカのＡＩ研究者、作家］

無性別・無生殖のデザイナー・ベビーレプ〈秘密基地〉で先行完成!!

完全な「合成」人間――開発はシオニストのお仲間

今はあらゆるところで「合成」という語を目にする。合成ビタミンや合成サプリメント（合成だからどちらも生物学的には役に立たない）、合成ドラッグ、合成大麻、さらには人工（合成）血液、合成遺伝学と続くこの道の最後には、合成人間が待っている。そしてそれは、秘密の研究開発センターですでに作られている（図591）。

合成物質とは「化学合成によって作られた物質、特に自然由来の製品を真似《まね》たもの」と定義される。これは「反同調」におけるアルコーンの知識を示す最適な例で、彼らは生物学的な人間の形態を合成の形態で置き換えようとしている。その方が、今彼らが人類の周りにつくり上げようとしている合成世界ないしデジタルの「スマート」世界によく適合するからだ。また、偽の〈霊《スピリット》〉であり「合成」の霊ないし認識であるという意味では、アルコーン自身も「合成」の一形態だ。彼らは生物学的な人間を相手に最善を尽くしてきたが、今は人類全体を変えて自分たちのようにしてしまおうとしている。

そして、ここでもハリウッドは、2017年の映画『ゴースト・イン・ザ・シェル』［原作は士郎正宗の漫画「攻殻《こうかく》機動隊」。監督はルパート・サンダース］や2016年から始まったテレビシリーズ『ウエストワールド』といった合成「人間」をテーマとした作品で、そうした社会を描写し続けている。『ゴースト・イン・ザ・シェル』は例によって半ば暗闇《くらやみ》で撮影されていて、機械に支配された世界を描いている。人類は「完全な合成の肉体」で、映画『マトリックス』のように、爬《は》虫類脳《ちゅうるいのう》（脳幹を）通じてテクノロジーと接続されている（首の後ろの脊柱《せきちゅう》部分から出ている）。人間の記憶は消去されているが、これは、合成ないしデジタルの人間に「過去」を忘れさせるための計画の一環だ。

生物医学倫理学者のマルセロ・イエンカとロベルト・アンドルノは、医学雑誌『ライフサイエンス、社会、政策』で「医療神経技術の危険な使用」は思考と記憶の統合を脅《おびや》かす可能性があると警告した。「人の精神面でのプライバシーへの不正侵入は必ずしも強制を含まない。個人の意識経験の閾下《いきか》で行うことが可能である」。ふたりは、思考が盗まれたり消されたりすることを防ぐための法制化を求めている。君たちの成功を祈るよ。

合成人間に性別はなく、生殖の手段も不要であるよう設計されている。生殖は、オルダス・ハクスリーの『すばらしい新世界』で描かれた「孵化《ふか》・条件づけセンター」のように、ごく技術的に行われるだろう。バカげているように聞こえるかもしれない。しかし、これは今、実際に行われていることなのだ。

DNAの合成版であるGNAが開発中だし、そのほかにも、PNAなどさまざまな名称で開発が進められている。ウェブサイトScience20.comは、GNAは「ナノテクノロジー《超極小技術》の建築用ブロック」でDNAの「化学的ないとこ」だと説明した。

また「バイオデザイン研究所の科学者ジョン・チャプットとその研究チームはグリセロール核酸のみから構成される自己組織化ナノ構造――合成DNA類似体――を初めてつくり出した」と報じている。こうしたテーマが一般的となり、増え続けている中で、ついに合成人間が出現しようとしている。

2016年には科学者らが、10年以内に人間DNAコードの全体（「ゲノム」）を合成する計画を発表した。これは何十億という情報が関わるタスクで、作業の際には、合成細胞内で卵細胞と精細胞の生産を不活性化しなければならない。科学者らは、最終的には合成技術を使ってまったく新しい生命体を生み出し、それが世代を超えて引き継がれるようにできるだろうと語っている。DARPA《米国防高等研究計画局》はDNAのデジタル化を支援していて、プログラミング《設計》可能なコンピュータコードを作成しようとしている。

作業を率いているのは、これも望遠鏡で監視の目を光らせるクレイグ・ヴェンターとJ・クレイグ・ヴェンター研究所だ。メリーランド州とカリフォルニア州に施設を有する同研究所は2010年に「自己複製する初の合成バクテリア細胞」を開発したことを発表した。メディアはその細胞を、合成《シンセシック》をもじって「シンシア」と名付けた。しかし口で何と言おうとも、こうしたものはすべて、開発段階として大きく遅れたものばかりだ。

秘密基地ではすでに完成品があって、アルコーン・レプティリアンとグレイから混血種《ハイブリッド》や人間の下僕《しもべ》へと引き継がれるのを待っている。命令があれば少しずつ地上に姿を現し、一連の「発見」と

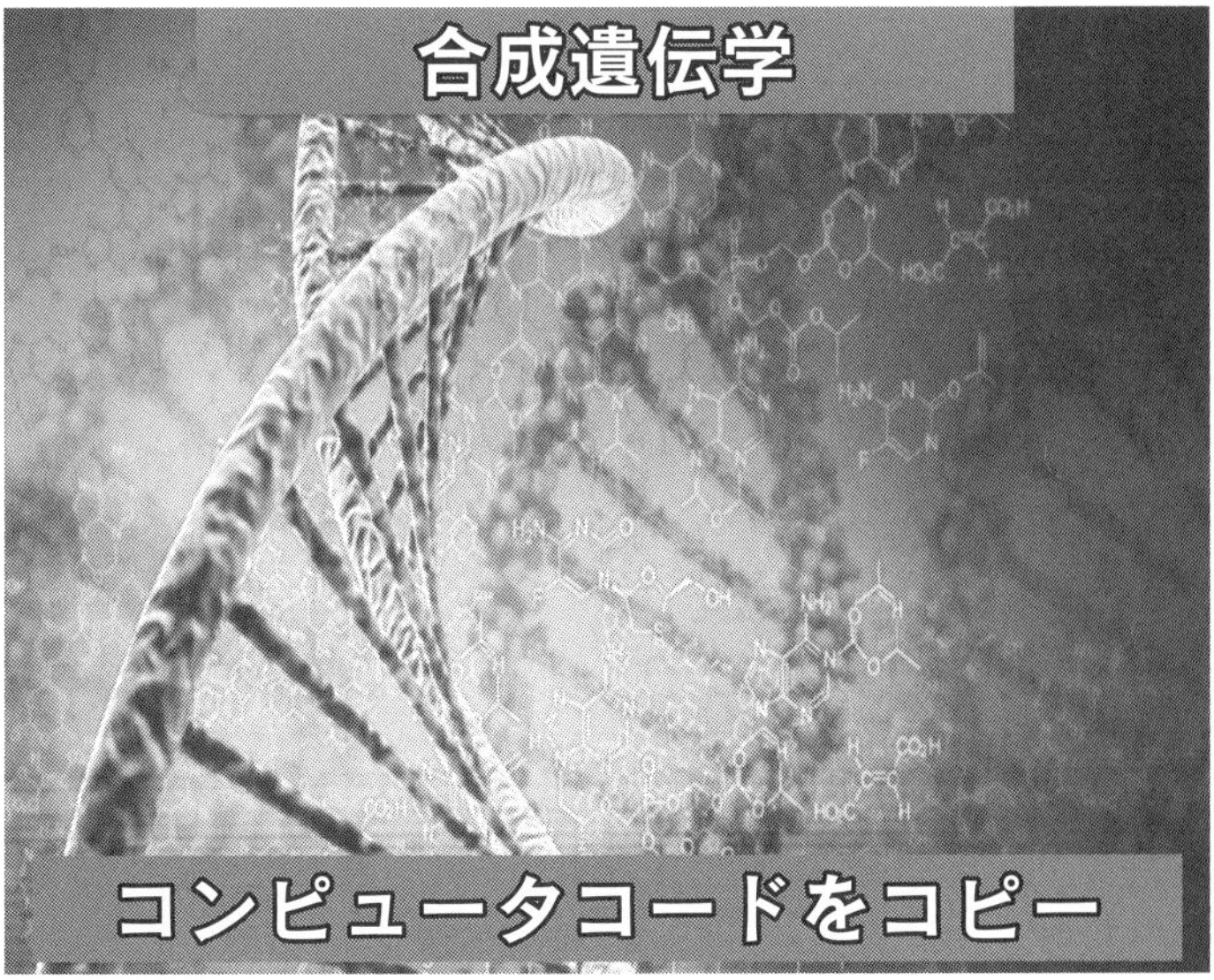

図591：生物的コードから作られる合成コード。

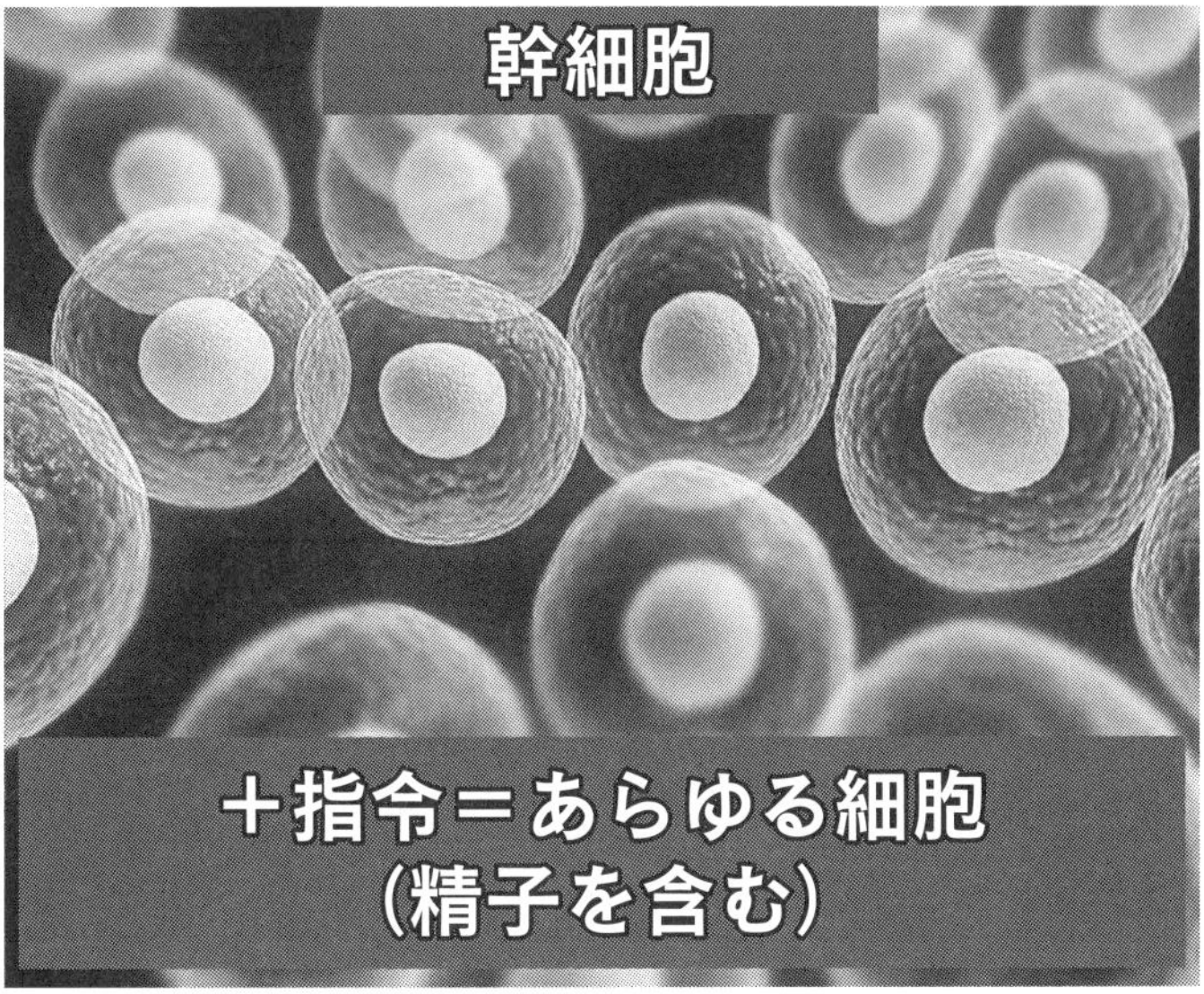

図592：何になってほしい？

なって、最終的な結果へとつながっていくのである。

実のところ、最終結果はずっと前から存在している。そこへ到達するための一連の流れは、本当の出所を隠すためにすぎない。完成された完全な先進技術が、出所を隠すための物語も一連の開発エピソードもなしに、突然どこからともなく現れたりしたら、大きな疑問がいくつも湧《わ》いてくるだろう。公になっている「研究」のほとんどは、技術ではなく技術者を開発スピードに追いつかせるためのものなのだ。

メディアが報じている「秘密会議」は合成ゲノム《遺伝子・遺伝情報》プロジェクトを議論するためのもので、その焦点は健康上の利益と「デザイナーベビー」の開発にある。デザイナーベビーというと、子どもにどのような遺伝子特性を持たせるかを親が選べるようにするということになっているが、これはポイントを外している。本当の狙《ねら》いは、完全な合成「人間」をつくり出して生物学的な人間と置き換えることだ。

合成ゲノムの発表は、ハーバード大学メディカルスクール（医学大学院）での非公開の会議を受けて行われたもので、この会議には政府関係者、科学者、起業家、弁護士が集まったが、ジャーナリストは締め出された。ある新聞は次のように報じた。「この報道を受けて専門家は、今回の提案は人工的なヒトゲノム作製という議題についての『開かれた透明性のある議論』の始まりだと語った」。透明性などあるはずがない。最終段階はもう決まっている——わたしたちが傍観してそれを許してしまえば。

科学者は、合成細胞が外へ漏れ出してその環境で複製を始めないような、本質的な安全策を話し合っているが、合成された遺伝物質は毎日空から降り注いでいる。そこにこそ、人類が知らされていること（＝区画化された科学者の大部分でさえ知っていること）と実際に行われていることとの溝がある。

スタンフォード大学の遺伝学者ヘンリー・〝ハンク〟・グリーリー教授は、ほんの20年のうちには、事前に設定した特性を持った子どもがつくられるようになり、生殖は不要になると予言している。子どもをつくるのは寝室ではなく実験室になる、とする報道もあった。

グリーリー教授は著書『人がセックスをやめるとき――生殖の将来を考える』で、そうなるためには、親が「自然に」子どもをつくるのは無責任だと思わせることだと記している。この大規模な心理学的ペテンは解き放たれるときを待っている。疑うことを知らない人類は、生殖を伴わない子づくりを強制され、反対する者は悪者扱いされる。

実験室ベビーの計画はわたしがずっと以前から警告してきたものだし、すでにオルダス・ハクスリーが1932年の『すばらしい新世界』で描き出している。それほど昔から（実際にはもっと昔から）アルコーンのアジェンダ《実現目標》は、わたしたちが知覚する未来に投影されている。しかも、すべては、人間の社会が技術的なノウハウを手に入れるずっと前から実行可能だった。

アルコーン・レプティリアンの領域に既存の技術があり、あとは人間社会で実行するだけなのだ。

グリーリー教授は、遺伝子素材を使えば幹細胞を通じて卵子や精子をつくれると話している。幹細胞は中立的な細胞なので、指令を与えてやれば、望み通りの細胞に成長させることができる（図5 92）。幹細胞は、卵細胞や精細胞をつくり出すために、すでに実験室で使われている。これらはすべて、内情を知っていたオルダス・ハクスリーの『すばらしい新世界』で予言されている。

自然な生殖は廃止され、子どもは「孵化《ふか》・条件づけセンター」でつくったものを「容器に移して」育てるようになる。誕生の時点で遺伝子設計がなされていて、五つの階級のどれかに当てはまるようになっている。それぞれの階級はさらに「プラス」と「マイナス」のメンバーに分類されていて、世界国家の社会・経済階級内であらかじめ決められた地位に就《つ》くように計画されている。

イートン校でハクスリーからフランス語を教わったジョージ・オーウェルも『1984年』で似たようなことを描いている。彼が記した〈ビッグ・ブラザー《独裁支配者》〉の代理の言葉を引用する。

既に我々は革命以前から残っている思考習慣を打ち倒しつつある。我々は親と子の間の、人と人の間の、男と女の間の絆《きずな》を断ち切った。もはや誰も妻や子どもや友人を信頼しようとはしない。しかし将来的には妻も友人も存在しなくなるはずだ。

子どもたちは、母親から卵を取り上げるように取り上げられるだろう。性本能は根絶やしにされるだろう。生殖は配給カードの交信のような年中行事になるだろう。我々はオーガズムをも滅ぼすだろう。我々の神経学者は今もその研究に取り組んでいる。党に対する忠誠以外は忠誠心も存在しなくなる。ビッグ・ブラザーに対する敬愛以外は愛情も存在しなくなる。

これでもまだ、家族単位が幾重にも攻撃されていることに当惑する人もいるだろうか。遺伝子と遺伝情報についてこれ以外にも重要なものといえば、AncestryDNAや23andMeなどのDNA検査ウェブサイトがある。アンセストリーDNAは、世界最大の営利家系調査企業であるアンセストリー・ドット・コムの子会社で、本社はユタ州――家系に執着するモルモン教会の本拠地――にあって、国家安全保障局（NSA）のグローバルデータセンターからは目と鼻の先だ。

モルモン・マフィアの恐怖について、そしてこの偽宗教が〈クモの巣〉とどのようにつながっているかについては、別の著書で明らかにしている。人びとはこれらの会社に唾液《だえき》を送ってDNA検査をしてもらうが、そのあとその情報はどうなるのだろう。もちろん守秘義務についての記載には目を通したが、どうすれば本当のことがわかるのだろう。ライアーソン大学のプライバシー・ビッグデータ研究所の責任者で前オンタリオ州情報・プライバシー・コミッショナーのアン・カブキアンは言う。

情報のコントロールはできなくなると考える必要があるでしょう。……情報が複数の個人の手に渡ってしまい、自分ではコントロールできなくなると思ったら、安心していられますか。先祖の情報をはるかに超えた領域まで拡張されるでしょう――そうしたテストを通じて完全な遺伝子コードが手に入るのですから、その以外の情報も集められるに決まっています。そしてそうした情報へのアクセスも、まったくコントロールできなくなってしまうのです。

彼らはさまざまな方法でDNAを追っている。DNA検査を行っている23アンド・ミーは「パーソナルなゲノムとバイオ技術」の企業であり、シリコンバレーを拠点としていて、近くにはグーグルやフェイスブックの本社がある。

共同創業者でCEOのアン・ウォジスキはシオニストで、その前夫はグーグルの共同創業者でシオニストのセルゲイ・ブリンだ。アンの姉のスーザン・ウォジスキはグーグル社が所有するユーチューブのCEOで、グーグルはおよそ400万ドルを23アンド・ミーに投資している。何と世間の狭いこと！　しかもどんどん狭くなっていく。

アップル会長でシオニストのアーサー・D・レヴィンソンはバイオテック企業のカリコでもトップを務めているのだが、そのカリコはと言えば、ブリンのグーグル（現在は持ち株会社「アルファベット」）とのジョイントベンチャーである。

シオニストの影響力はその数とは大きくかけ離れているから、当然のことながら、なぜなのかという疑問が湧《わ》いてくる。同じ状況がほかのグループで見られれば必ず生じる疑問なのに、なぜシオニストには問われないのだろうか。アマゾンを所有するジェフ・ベゾスもこのネットワークの一員で、同じ目標に邁進《まいしん》しているはずだ――そうでなかったら眩暈《めまい》がしてくる。アマゾン、グーグル、ユーチューブ、フェイスブック、アップルは、明らかに同じ方向へ進んでいる。あとはこれに、レイ・カーツワイル、イーロン・マスク、ピーター・ティール（彼については後述する）も付け加えたい――ああ、そしてまだまだいる。

男児・男性・精子を減らす!! メディアの風潮煽り、教育、化学物質、除草剤、殺虫剤、放射線…
トランスジェンダーのアジェンダ――プロパガンダも含め用意万端

こんどは、どこからともなく現れて爆発的に広がったトランスジェンダー《性のあり方改革》への執着の真の理由を見てみよう。その真の狙《ねら》いは、これを足掛かりに、技術、AI《人工知能》、合成遺伝学を通じて、アルコーン・レプティリアンの精神へ同化させることだ。［第1巻］第2章でも述べたように、レプティリアンとアルコーンの歪《ゆが》みは両性具有、すなわち「外見は一部が男性、一部が女性で、性別は決められない」。バフォメットは、男性のペニスと女性の乳房の両方を持つものとして描かれる（図593）。あらゆるレベル、あらゆる方法で、彼らは人類を自分たちにしようとしているのだ。

繰り返すが、わたしは、人びとが自分を性的に、あるいはその他の面でも、どう知覚してもらってもかまわない。それはその人たちの問題であってわたしの問題ではない。誰かに強制しようとしない限り、何の問題もない。ただグッドラック、どうぞご自由に、だ。

しかし、トランスジェンダー《身体と心の性が不一致》に執着する連中――だが、そのほとんどはトランスジェンダーではない――と一般大衆が、もっと広い意味で事の本質を理解しなければ、全員が後悔することになるだろう。二元的な性別に縛られない「ノンバイナリー」だからと気にする必要はない。逆に、人類が心を開かなければ――それも早くしなければ――世の中は別の意味でのバイナリー《二元的人間》だけになってしまうだろう。それは合成された、性別のない、人ではない人類で、二進法《バイナリー》のコンピュータシステムの1と0（オンとオフ）の電荷を通して「クラウド」につながる存在だ（図594）。

すでに述べたように、今はトランスジェンダーだけの視点から用語が強制されていて、子どもや若者がトランスジェンダーのプロパガンダ《宣伝》の攻撃を浴びせかけられている。それは、彼らの自己意識を混乱させることを目的とした、意図的なものだ。それを、あらゆる形式のメディア、政府機関、医療専門家、意気も心もない教育機関などが支えている。

ノー・ジェンダートイレが設置され、boyやgirl、fatherやmotherなど性差《ジェンダー》のある用語が禁止される一方で、BBCは6歳児を対象とした番組で、ホルモン阻害薬を摂取する子どもを描いている。「中国で一番かっこいいボーイズグループ」と言われるアクラッシュは、若いファンを対象としているが、実際のメンバーは男子の格好をした女子で、まさに「中性的で、両性具有で、ノンバイナリーなバンド」だ。トランスジェンダー《身体と心の性が不一致》のプロパガンダ《宣伝》とプログラミング《設計》はあらゆる方向から迫ってきている。

図593：両性具有のバフォメット。

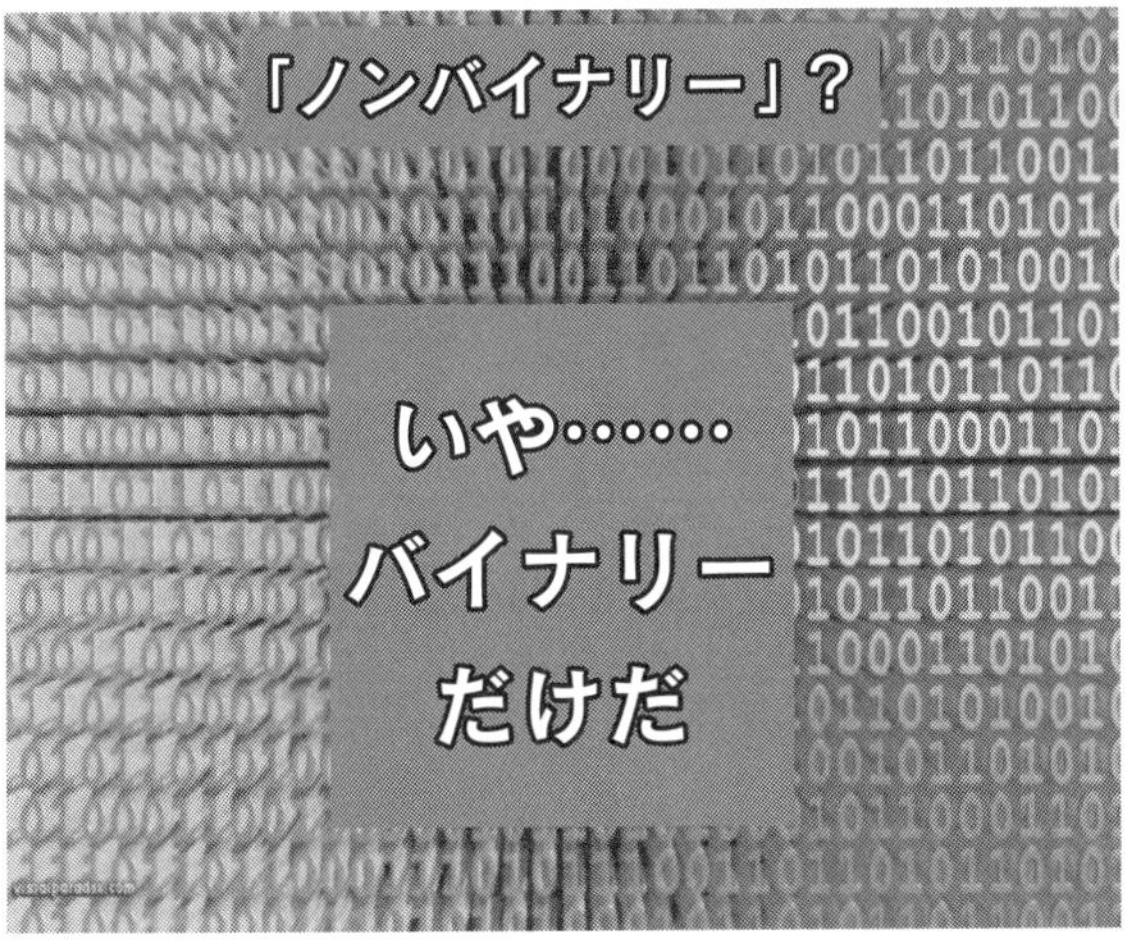

図594：アイデンティティー政治はいったん横に置いて真実を直視しなければならない――後戻りできないポイントを通り過ぎてしまう前に。

ロンドンにあるハイゲート・スクールは、学期あたりの学費が7000ポンドもする学校だが、自分自身のジェンダー《性差》や「人びとが二元的《バイナリー》な視点でものを見ること」に疑問を抱く子どもが増え続けているのを踏まえ、男子にもスカートを許可することを検討しているという。なぜそんなことになっているのだろう。同校のアダム・ペティット校長が語る二つの文をつなぎ合わせてみると、彼らの企《たくら》みが見えてくる。

（1）「ほかの学校や青年団体に共通することだが……過去と比べて自身のジェンダー《性》アイデンティティー《自認》に疑問を抱く生徒が増えている」

（2）「過去にそうした声を上げた若者は皆無だが、だからといって、そのような疑問がまったく存在しなかったとは考えられない」

違う。存在しなかったのだ。かつての子どもたちは、自身のジェンダー《性差》に疑問を抱くようなプロパガンダ攻撃は受けていなかった。それが違いだ。アメリカ小児科医師協会の報告によると、子どもたちは自身のジェンダーを見直すよう洗脳されていて、利益優先の無謀な医師が、わずか12歳の子どもにまで性別適合ホルモンを処方しているという。報告がこれを児童虐待だと結論づけているのは正しい。しかし、これは単なる利益追求ではない。彼らはアジェンダ《実現目標》に動かされている。今わたしたちが目撃しているのはジェンダーアイデンティティーの融合と混乱であり、無性別・無生殖の合成デザイナー人間へ向けた準備なのである。

今日の若者が最大のターゲットとなっているのは、彼らが大人になる頃に、完全な合成人間の計画が現実になるからだ。そしてここでも、合成遺伝学的な変容で予想されているタイムスケール《時間の尺度》に騙《だま》されてはいけない。終わりはすでに決まっているし、そのための手段を改めて発見する必要もない。必要なのは、すべてが計画的に行われていることを悟られないように、その手段を隠すことなのだ。

無性別人間を実現するための大きな柱は、男性ホルモンであるテストステロンを抑制して、男らしさを終わらせることである。これは男性だけに当てはまるのではない。女性にもテストステロンはあり、値が低くなり過ぎると、性別を問わず倦怠感《けんたいかん》、極度の疲労、体重増加、気分の上下、鬱《うつ》、不安感などに悩まされる。男性では、テストステロンは性衝動と精子の生成（アジェンダ《実現目標》が最も望まないもの）を促進し、筋肉と骨の量を増やす働きをする。精子の数が劇的に減少しているのも合成人間に向けた準備のひとつで、原因は飲み物や食料に含まれる化学物質と放射線で、特に、いたるところにあるWi-Fiなどからの放射線が大きい。これは、合成人間へ向けた準備の一部なのだ。第14章で紹介した研究では、北アメリカ、ヨーロッパ、オーストラリア、ニュージーランドでは精子の数が59・3パーセントも減少したことが報告されている。また、大規模な調査を行ったスペインを含めて、過去10年で精子の数が38パーセントも減少したことがこの研究から明らかになった。

主流派メディアは「平均的な男性の性と生殖に関する健康《リプロダクティブ・ヘルス》が急減　精子の質と濃度に関する世界最大の研究で判明」と報じている。精巣がんの割合も過去30年で倍増している。

スコットランド・エジンバラ大学でリプロダクティブ・ヘルスを研究し、環境中の毒素の専門家としても著名なリチャード・シャープ教授は、精子数の減少について次のように語っている。

もはやこれは疑う余地のない現実であり、すぐに行動を起こすべきだ。現代の生活様式、食事、あるいは環境中の何かがこの現象を引き起こしていて、しかも急速に悪化している。どの影響が大きいのかはまだわからないが、最も可能性の高いのは……高脂肪食と環境中の化学物質の影響である。

たしかに化学物質、とりわけ女性ホルモンのエストロゲンを模したもの（USエストロゲン）は要因のひとつだが、わたしは、あらゆる形態のジャンクフード《危険食品》に含まれる人工トランス脂肪を除けば、高脂肪の食事は原因ではないと強く主張する。

たしかに、最大で5人にひとりの男性で精子数は減少していることがわかっている。最初の警告は1992年のデンマークの研究で、精液1ミリリットル当たりの精子の数が第二次世界大戦以降半減し、同時に異常な精子の数が増えていることが明らかになった。以後、非常ベルは鳴り続けている。2万6600人の健康な男性を対象としたフランスの調査も、1989年から2005年までに精子の数が大幅に減少したことを確認している。しかし、前出の通り、エルサレムのイマーム、シャイフ・ムハンマド・アイドは、これが悪い知らせだとは思っていないようだ。

> ヨーロッパは老い、衰えて、人間の強化を必要としている……彼らは生殖能力を失った。だから自分たちのあいだで生殖能力を探している。われわれがそれを与えてやろうではないか！

精子数の減少と合わせて、世界的に男子の出生率が下がっている。さすがにまだ男性人口に壊滅的な影響を与えるほどではないが、減少傾向は間断なく続いていて、しかも全世界で見られる。環境衛生トラストの会長で、このテーマでの報告書の筆頭著者でもあるデブラ・デイビス博士は語る。「広く全体像を見ることが重要だ。これは世界的に何か異常なことが起きているという兆候である」。男性と男性ホルモンへの多面的な攻撃はとどまるところを知らない。そしてそれは、男性全般とりわけ白人男性に対する心理的な、そして政治的公正《PC》による攻撃がかつてなく強まっていることと関連している。

イスラエルとオーストラリアでの科学的な研究は、ズボンのポケットに入れた携帯電話が精子に悪影響を及ぼすことを強調している。ニューサウスウェールズ州ニューカッスル大学の研究者たちは、このテーマについて27件の異なる研究を調査したところ、21件で、携帯電話からの放射線が精子とDNAの損傷に関連していることが明らかになった。

そのほか、男性の出生率低下と精子数減少の原因についての有力な理論としては、殺虫剤、除草剤、水銀、鉛、ダイオキシンなどの汚染物質のほか、合成物質との接触が原因だとするものがある。こうした合成物質は内分泌攪乱《かくらん》化学物質（ＥＤＣ）と呼ばれる。内分泌系の各種の腺《せん》には「第六感」の源で「第三の目」ともいわれる松果体も含まれている。

ＥＤＣはプラスチック、食品用の容器やパッケージ、缶の食品や飲料、電気、溶媒、洗浄剤、洗剤、殺虫剤、化粧品、石鹸《せっけん》、排気ガス、研磨剤、ペンキ、バッテリー、歯の詰め物（水銀）のほか、メカジキをはじめとするさまざまな魚にも含まれている。よく注目されるのが、ホルモン攪乱物質であるビスフェノールＡ（ＢＰＡ）で、この物質は缶、瓶、プラスチック製の食品容器、レジのレシートなどに含まれる。レシートをどうぞ――子どもは欲しくないでしょう？

さらには、ワクチンに含まれている物質も精子の急速な減少に影響を与えている。こうしたことのすべてが、陰で計画され、調整しながら組織的に引き起こされているのだ。「彼らは単なるバカか、そうでなければ利益を上げたいだけだ」などという説明に惑《まど》わされないでほしい。ピラミッドの下辺にいる連中はそうかもしれないが、それと知って〈クモ〉に仕えている連中はそうではない。蓄積する猛毒カクテルのレシピには、農場、公園、ゴルフ場で散布される除草剤と殺虫剤も加えるべきだろう。世界で最も使われている殺虫剤アトラジンは、オスのカエルの性を変えて繁殖できないようにしてしまう。

中国・杭州《こうしゅう》の浙江《せっこう》大学は、広く使用されている内分泌攪乱化学物質の殺虫剤が牛乳、ベビーフード、野菜へ残留していて、それが男児の思春期と成熟を早めていることを発見した。これは成人に達したときの心身の健康に大きく影響してくるはずだ。

ＥＤＣと女性ホルモンのエストロゲンが、その他のＥＤＣ化学物質とともに、無濾過《むろか》の水道水から発見されることもある。一部には、こうした化学物質を浴びることで臨界期の男性胎児が影響を受け、成長を阻害されて女児となったり、男性となっても精子数やテストステロンのレベルが低下したりするという考えもある（そしてそれは正しい）。合成ＥＤＣはまさにワンストップショップ《よろず御用命引受店》で、男を減らすのに必要なものがすべて揃っている。そのうちに、これが前立腺《ぜんりつせん》がん——男性に最も多く見られるがん——の増加に関連していることもわかってくるはずだ。

５Ｇ Wi-Fi の危険性も指摘しているデブラ・デイビス博士は、高速分裂して生殖器を生成する細胞が「エラーを取り込んで複製」してしまうことが多く、そこから成長途中の男児が女児に変わってしまうこともあると指摘している。

生物化学的なプロセスが関わっていると、明らかに化学的攪乱が顕著になり、場合によっては子宮から男性として出てきた人でさえ女性化してしまう可能性がある。アメリカのクリニックで30年にわたって健康心理学者として働いているメロディ・ミラム・ポッター博士は、Greenmedinfo.com の素晴らしい記事で次のように述べている。

> 合成化学物質は、自然の計画の中にこうした沈黙のスイッチをつくり出す。わたしたちが日々

接する各種のＥＤＣは性ホルモンのバランスを変えてしまい、男性の生殖器の正しい成長を妨げてしまう。テストステロンを抑制することで、または女性ホルモンであるエストロゲンを増やしたりそれが［汚染物質を］模倣したりすることで、ＥＤＣは、成長中の胎児に伝わる自然なテストステロンのメッセージを減少させてしまうのである。

たとえばエストロゲンは、広範囲に存在する汚染物質であるダイオキシン［など］を模倣するが、これは強力な内分泌攪乱化学物質でもあるため、男性遺伝子からのホルモンメッセージを途中で妨害し、上書きしてしまう可能性がある。また、ダイオキシンにはテストステロンを流してしまう働きもあるので、男性ホルモンの密度が薄まってしまい、男性の衝動が適切に刺激されない可能性がある。

ＤＤＴなどのテストステロン抑制物質がテストステロンとレセプターの結合を阻害することもある。ホルモン刺激物が自然ホルモンの活動を強化するあまり、システムがシャットダウンしてしまい、男性となるためのゴーサインを受け取らなくなることもある……実際に研究から、重要な時期にＥＤＣに接触することで遺伝子のシーケンス《配列》全体が攪乱される可能性が実証されている。

北イタリア・スヴェソの小さなコミュニティ《地域共同体》では、化学爆発によって汚染されてから7年後に、女児の出生率が2倍になった。血中の化学物質が最高レベルの夫婦からは、男児はまったく生まれず、出生率は劇的に低下した。さまざまな研究によると、自身をゲイ《同性愛者》または「LGBT」と認識する人の数が急増していて、アメリカのある調査では、西暦2000年前後に生まれた人は、自身をLGBTだと認識する人の数がアメリカの他の世代の成人の2倍近くになっていて、まさに、ある見出しが報じたように「ミレニアル世代は最もゲイの多い世代」になっている。こうしたことのすべてが、ジェンダー《性》を変えてしまう毒素にあふれた化学環境と無関係だと、本当に言えるのだろうか。本当に？　では、1969年にリチャード・デイ博士が計画の一環だと言っていたことを見てみよう――人類は「中性的」になる、男児も女児も同じとなり、生殖は研究室で行われるようになる、と博士は語っていた。

ガッツ（侠気）人からヤワ（雪片）人へ!! ゼリーづくり――で、AI人間は残存、拒否人間は絶滅!! 人間はアップグレードされる!?

さらに、こうしたことのすべては行動にも影響を与える。テストステロンは、攻撃的で支配的な男性に結び付けられることが多いが、コインに両面があるように、これにも二つの面がある。精神に導かれることによって、同じホルモンの効果が、他者を守り、攻撃者に立ち向かう力をもたらすこともあるのだ。これは「男らしい振る舞い」と言われるが、女性のテストステロンも効果は同じだ。男性でも女性でも、テストステロンの値が下がると、堂々と意見を述べるタイプの反応ができなくなってしまう。人間社会の方向を変えるために、そのような対応が今こそ必要なのに、である。何も暴力的になれというのではない。そうではなく、この戯言《ざれごと》をこれ以上受け入れることを拒否し、人間の奴隷化の黙認を拒否するには、何事にも動じない、不屈の精神が必要となる。だからこそ、そのような反応が、長大なリストからなる人類操作によって、男からも女からも消し去られようとしているのである。

ゼリー《過保護》世代のPCスノーフレーク《政治的公正症の雪片人》の登場によって、わたしたちはさらに明確で極端な例を目撃している。男女両方から「男性」的側面が減っていることによる影響が、増大しているのである。彼らは支配的な規範に黙って従うばかりで、やがては自分自身の影と次の「トリガー《引き金》が引かれる」可能性に脅えるようになる。そこで、自分たちの力を〈ビッグ・ブラザー《独裁支配者》〉に預け、それと引き替えに、増え続ける脅威や不快さからの保護（と自分が知覚するもの）を得ようとするようになる。

テストステロンはリスク（＝損失の可能性）を取ることに関連しているのだが、PCのプシケ《政治的公正症の心魂》はそんなリスクなど考えたくもない――安全に行こうよ、でないとトリガーを引かれちゃうよ。わたしがここで説明していることは、すでにもう公に展開されている。まだ始まったばかりだが、ここでノーを言わなければ、このまま続いていってしまうだろう。しかも、これだけではない。

エピジェネティクス《後天的な遺伝子発現の制御・伝達の変化の研究》という新しい遺伝科学がある。難しく聞こえるかもしれないが、その基本は実にシンプルだ。多くの人は、遺伝的な変化はDNAや遺伝子の構造自体を変えることでしか起こらないと考えている。しかし、エピジェネティクスによってそうではないことが明らかになった。

人間の遺伝子を、コンピュータのハードディスクのようなものだと思ってほしい。画面に表示されるものを変えるのに、ハードディスクの構造を変える必要はない。キーボードとマウスを使ってコンピュータの機能をオン、オフにすれば、構造まで変えなくても済む。ハードディスクはこれまで通り作動するので、一部の機能を有効にして、ほかは無効にしておけばいいのだ。この方法で、中国政府はインターネットを検閲している。

エピジェネティクスの研究により、人類の遺伝子も同様であることがわかった。環境的、経験的、精神的および感情的な影響によって遺伝機能の有効、無効は切り替わるので、特定の遺伝子の効果だけをオンにしておいて、他の効果はオフにして「黙らせる」ことができるのである。どれを有効にしてどれを黙らせるかによって、肉体が情報をどう解読するかが（コンピュータと同じように）変わる。

そこで、人がどのように考え、感じ、現実を知覚するかから、がんになるかどうかまで、影響を及ぼすことができるというわけだ。さらに重要なのは、ゲノム《遺伝子・遺伝情報》のうちのどれを有効にしてどれを黙らせるかを次世代に引き継げることだ。「遺伝的」特質と呼ばれるものの多くは本来エピジェネティクスであって、元の設計図が変異してしまうような構造的なものではない。重要だというのは、そうした「肉体的」、精神的、感情的、そして知覚的な特質が世代に引き継がれるため、基本的に重要だということだ。

現在日常化している化学物質の洪水、急上昇する放射能レベルなどの環境的影響、自己認識ないし知覚の変容によるエピジェネティクス的な影響は、少しずつではあるが、エピジェネティクス的に新しい人類を作り上げていっている。

第一世代は、どこか違った存在になるが、その下の世代はどこか違って生まれてくる。そんな世代の肉体（＝生物学的な定常波の場）は、初めから親と同じように現実を解読する。今日の操作によるスノーフレーク《雪片のようにヤワな人間》が、明日には生まれながらのスノーフレークとなるのだ。

トランスジェンダーのアジェンダとPC《政治的公正》の狂信ぶりは、この観点から見るとまったく別のものに見える。彼らは逆らう者を間引いていって、男性と女性を同じにしようとしている。しかし忘れてはならない。オフにできるものはオンにもできる。それには〈プログラム《実行計画》〉の向こうへと意識を開くことだ。なぜなら、肉体は精神に反応するだけではなく、それ自体が精神でもあるからだ。

この現実のすべての基本に立ち返ってみよう。わたしたちが人間の肉体と呼んでいるものは波形の「ソフトウェアプログラム」であって、特定の方法で情報を解読して、特定の現実と現実感覚を備えたホログラフィック《立体映像的》な実体へと読み出している。エピジェネティクスと蔓延《まんえん》するスマートダスト《ホコリ状極小電子粒子》のナノテクノロジー《超極小技術》は、人間が現実を解読する方法を変化させて、これまでよりずっと厳しく知覚を搾《しぼ》り出そうとしている。

モルゲロンズ病を患《わずら》っている人に見つかる水晶とシリカのナノ構造に見られるように、ナノ技術は結晶構造を成していて、カーツワイルの「クラウド」やＡＩと合成人間をつなげるための、新たな合成送受信システムを表している（わたしは、ＡＩは人工知能（Artificially Intelligence）ではなく、最も広い意味でのアルコーン知能（Archontic Intelligence）だと考えている）。
傑出した研究者であるソフィア・スモールストームは、合成人間のアジェンダとケムトレイルとの関係について優れたプレゼンテーションをいくつか行っている。「Sofia Smallstorm, the dark agenda of synthetic biology（ソフィア・スモールストーム、合成生物学の暗黒のアジェンダ）」で検索すればユーチューブの動画が見つかるはずだ。モルゲロンズ病患者に「色のついたプラーク」（硬いシリカの欠片《かけら》）が見つかること、一部のプラークに斑点《はんてん》があることについて説明している。

そのプラークはもろく、粉々になってしまうこともある。量子の点は色として目に映るが、これはナノ結晶の半導体で、重金属の周りを有機物の殻が覆っている。ここで出てきた用語のいくつかを覚えておいてほしい。たとえば「重金属」――重い金属やアルミ、その他である。

さて、これは有機物の殻で覆われたナノ結晶の半導体であるが、重金属でできており、モルゲロンズ病の患者にも見つかっている。宝石のような六角形、多面錐《ためんすい》、結晶などである。六角形は、組織にだけではなく環境にも見つかるが、環境的な副産物である。……産業界は、量子の点は小さなナノ結晶であり、そのサイズの小ささから、これまでにない同調性があるという。同調性とは！

このあとソフィアは、こうしたことの全部がどこへ向かっているかを正確に要約している。

人工知能は世界を結びつけ、ホモサピエンス（賢いヒト）はホモエボルティス（進化するヒト）に変化し、生物学的なプロセス《方法》が技術的に実行されるようになって、生物はもはや生殖できず、地球はエンジニアリング《工学加工》された種で溢《あふ》れる。そしてすべてのプロセス《方法》に特許が認められ、ライセンス《免許》制になって管理される。ナノテクは生物・無生物への人工知能の導入と考えることができる。たとえばスマートダスト《ホコリ状極小電子粒子》やスマートモールド《カビ状極小電子粒子》は小さなナノセンサー《超極小感知器》で、どこへでも飛んで行って着陸することができる。

これらのプロセスに特許が認められ、ライセンス制になって管理されるという点は、わたしが過去の著作で警告してきたことだ。これは、モンサントなどの巨大企業が「自然」のプロセスを変更し、その変更に関する特許を取得して世界的な所有権を確保するというかたちですでに行っている。モンサントは法廷で特許を強制していて、モンサントの遺伝子組み換え作物（ＧＭＯ）の栽培を拒否した農家は訴えられ、やがて財政的破綻《はたん》に追い込まれる。

実際には、モンサントのＧＭＯが風やその他の理由で飛びこんできて土地が汚染されたくらいだから、なんとも胸の悪い、あくどいやり方だ。しかし、それが彼らの正体なのだ。

合成人間やデジタル人間の背後にいて、人間にこんなことをしている企業が、そのうちに人間の肉体の所有権を主張することにならないだろうか――そんなはずはないという人には祝福を贈ろう。第一級の世間知らずだ。

エルサレム・ヘブライ大学歴史学部の終身教授であるユヴァル・ハラリによれば「21世紀の最大の産業は人類のアップグレード《性能向上》だろう。歴史上初めて、経済の不平等が生物学的な不平等に変換される時代になる」という。つまりは「アップグレードされた」ＡＩ人間と「アップグレード」を拒否した人間、もしくは「アップグレード」が不可能ないし許されない人間との違いということで、こうした人びとは絶滅するだろうと、狂った「未来学者」は言っている。

四六時中、スマホ！ スマホ！ 脳ハッキング、精神ハイジャックされ放題!!
顔を見て話せない――デジタルヘロイン患者激増中!!

わたしは１９９０年代の前半から、マイクロチップ《極微細片》ないしトランスヒューマニズム《超人間主義》のたくらみについて警告し、それ以後も監視を続けているのだが、今はそれがかつてないスピードで姿を現してきている。〈隠れた手〉に気づいていない人類の大部分は、この同じ時期を、技術が驚くほど急速に発展し、優れた玩具《おもちゃ》を手にできた時期だと感じているだろう。しかし点をつないでいくと、まったく違う現実が見えてくる。初めから、求められる結果は、人間の精神をＡＩの「クラウド」と結び付けることだったのだが、ふつうに立っている状態から一気にスタートさせるわけにはいかない。〈忍び足の全体主義〉を使い、一連のステージを経て、人類を技術のねぐらへとおびき寄せることが必要だった（もっとも、それも長い時間はかからなかった）。

第一ステージでは人びと、とりわけ若者を「手持ち端末《ホールダブル》」依存症にしなければならなかった（図595）。これはスマートフォンやタブレットなどの機器のことで、言わば「ポケットサイズのAI」だ。このステージはほぼ完了しているようだ。世界各国どこを訪れても、人びとはスマートフォンばかり気にしていて、まったく会話がない。アップルの共同創業者で、かつては国家の最高機密にアクセスする権限を有していたスティーブ・ジョブズの行動がすべてを物語っている。彼は、依存性があるからと、自分の子どもには絶対にiPhoneを使わせなかったのだ。だから、アップルの新製品には特に注目してほしい。特に「拡張現実（AR）」を取り入れたものには近寄らない方がいい。今はアメリカの赤ちゃんの3人にひとりが、歩いたりしゃべったりする前にスマートフォンで遊んでいて、ごく幼い段階で脳が再接続されてしまい、このデジタルヘロインの依存症になっている（図596）。子どもたちよ、テクノロジーの精神監獄へようこそ、だ。

大人はまた少し違う。記録的な数のヒトが、歩きスマホで歩行者や自転車、自動車と衝突して病院送りになっている（図597）。スマートフォンは歩き方が変わるだけでなく、つねに下を向いているので、姿勢が悪くなったり背骨を傷めたりする。フェイスブックのユーザーは1日平均14回アプリを開き、アメリカ人は累計で1日100億回電話をチェックしている。

2017年のイギリスでの調査では、子どものいる家庭の半分近くが、同じ家の中にいるのに、直接話す代わりにメッセージを送り合うという。また、3人にひとりが家族での食事の際に携帯電

図595：中毒にしろ（達成済み）。

図596：小さいうちに始めれば一生ものになる。

図597：デジタルヘロイン。

話を使用するといい（最近はほとんどのレストランで使用可だ）、4人にひとりが、家族のうちの少なくとも誰かは夜まで電話を使って睡眠不足になっていると報告している。一般的に、直接顔を合わせないでテクノロジーでコミュニケーションをとる人が増えていて、直接の対話が減っている。その代わりを務めているのはAIデバイス《機器》で、人間と機械の関係はかつてなく近い。あらゆる「オフィスアシスタント」機器は、この関係をさらに深くするよう設計されている。

イギリスの国民保健サービスがまとめたデータによると、14歳以下の子どもが睡眠障害で病院へ来る件数が、この10年で3倍になっているという。こうしたデバイスの明かりには、それだけでも睡眠導入ホルモンであるメラトニンの生成を阻害する働きがある。

ある新聞の見出しが状況を見事に要約している「イギリスの吸血鬼世代——睡眠2時間で疲れ果てたティーンエイジャー　原因はガジェット《電子機器》、不安、SNS」。この三つは互いに関連していて、健康に深刻な影響を与え、脳の発達を阻害する。なかには、Wi-Fi接続がない場所では不安発作を起こしてしまうものもいる（最近はそんなところも少なくなっているが）。回答した両親の半数近くが、子どもが電話を使っているときに話しかけても無視されると答えているが、子どもの方も、親が電話を使い過ぎだと文句を言っている。

イギリス・ウィンチェスター大学の心理学者リチャード・ハウス博士は、コミュニケーション技術は「どうひいき目に見ても、家庭生活を支える人間関係という価値観を壊滅《かいめつ》させる可能性がある。実際に顔を合わせるコミュニケーションが急激に機械に置き換えられ、おざなりにされていっている」と語る。主要な社会工学組織なら必ずウィッシュリスト《欲しいもの一覧》に必ず載せているもの、それが家族と家庭生活の破壊だ。それが実現すれば、国家が子どもと子ども時代を掌握できるからだ。ある調査で親友の数を尋ねたところ、２００１年には10人いたものが、数年後にはふたりになっていたという。

人類はスマートテクノロジー《極小技術》によって分断支配されている。このテクノロジーは人間をスマートとはほど遠い存在にするよう設計されているのだ。しかし大丈夫、心配する必要はない。シオニストが所有するアルファベット（グーグル）の恐ろしい取締役エリック・シュミットが言っている。

おたくのティーンエイジャーがどこにいるか心配ですか。今は、彼らがどこにいるかわかっています――ええっと、はい、自分の部屋でオンラインに接続していますね。ティーンエイジャーが行きそうなほかの場所よりずっと安全ですよ。

これが、人間社会に途方もない影響を与え、さらにその影響力を強めている企業のメンタリティ《精神》だし、それはシオニストのザッカーバーグが率いるフェイスブックも同様だ。どちらも知覚操作企業なのだ。しかし、インターネットでは最大の例ではあるが、このように考えているのは彼らだけではない。テキサスで開業するセラピスト、ネイサン・ドリスケルによれば、治療しているソーシャルメディア依存症の患者数は20パーセントも増え、全患者の半分を占めているという。「アルコールや薬物の乱用よりもひどい。こちらの方がずっと依存性が強い上、悪いことをしていると烙印《らくいん》を押されることがない」。これはかなり前から思っていることだが、これらのデバイス（ＡＩ）から電磁的に発生している何かが、脳の電話《スマホ》への依存性を高めているのではないだろうか。

もちろん、グーグルやフェイスブック（傘下のＶＲ企業オキュラスも含む）などの気分が悪くなるような企業は、組織的な操作によって自社製品への依存度を高めている。グーグルでプロダクトマネージャーを務めたトリスタン・ハリスはＣＢＳに対して、今は「脳ハッキング」と呼ばれる技術が「子どもたちの集中する能力を破壊している」と語った。

また、グーグルは思考や行動を形成し、人びとをプログラミング《設計》していると言っていた。「できるだけ長く製品を使わせるためのテクニックを集めた作戦集がある」のだそうだ。スマートフォンやアプリは脳を興奮させるよう設計されていて、原理はスロットマシンと同じだという。「これは精神をハイジャックして習慣を生み出す、ないし習慣を形成するための有力な方法なのだ」

スマートフォン依存症の影響についてのテキサス大学の報告は、そのタイトルにすべてが要約されている。「脳の消耗——スマートフォンを所有するだけで脳の認識能力が減少する」。調査によれば、電話の電源を切っているときですら、潜在意識が電話に向かうため、作業に集中する能力が失われるという。もうこれ以上「ホールダブル《手持ち端末》」への依存の例を挙げる必要はないだろう。大衆の依存は露骨で明白なのだから。そしてそれは、すべて計画されたものなのである。

仕上げ《おおスマート!!》——牢獄「独房電話」でハッピー《ホールダブル→ウェアラブル→インプランタブル→マイクロチップとくりゃあ…》!?

〈忍び足の全体主義〉の第2ステージは、人びとが身に着ける「ウェアラブル」に関連したもので、ここまでくれば、体内への埋め込みまではもうほんの一歩だ（図598）。ウェアラブルには、ブルートゥースのデバイス《機器》、アップル・ウォッチ、グーグル・グラスなどがある。「電子タトゥー《刺青》」なるものもあり、これはもはや皮膚にマイクロチップ《極微細片》を貼り付けるのと変わらない。さらには洋服に電気回路を取り付けて、携帯電話の信号を強めるものもある（図599）。

ウェアラブル技術は、携帯電話と生理的な信号と組み合わせて活用される。生理的な信号をアル《問題》ゴリズム《解決手順（ソフト）》によって評価して、カップルの感情を監視したり、行動を監視、変えていったりすることができる。次に対象となるのは親子の関係だという情報もある。

現在、ウェアラブルはたいへんな進歩を遂げていて、このまま切れ目なしに第3ステージに進もうとしている。それは、体内に埋め込み可能な「インプランタブル」であり、これが最初からの計画だった（図600）。インプランタブルにはピルも含まれる。これは体内で稼働して使用状況をマイクロチップに記録するという、まさに忍び足の一歩で、その先には精神治療薬の強制監視がある（『リベリオン』などのディストピア《暗黒郷》映画で取り上げられたものと同じだ）。多くの人は子ども並みに騙《だま》されやすくて無知だ。

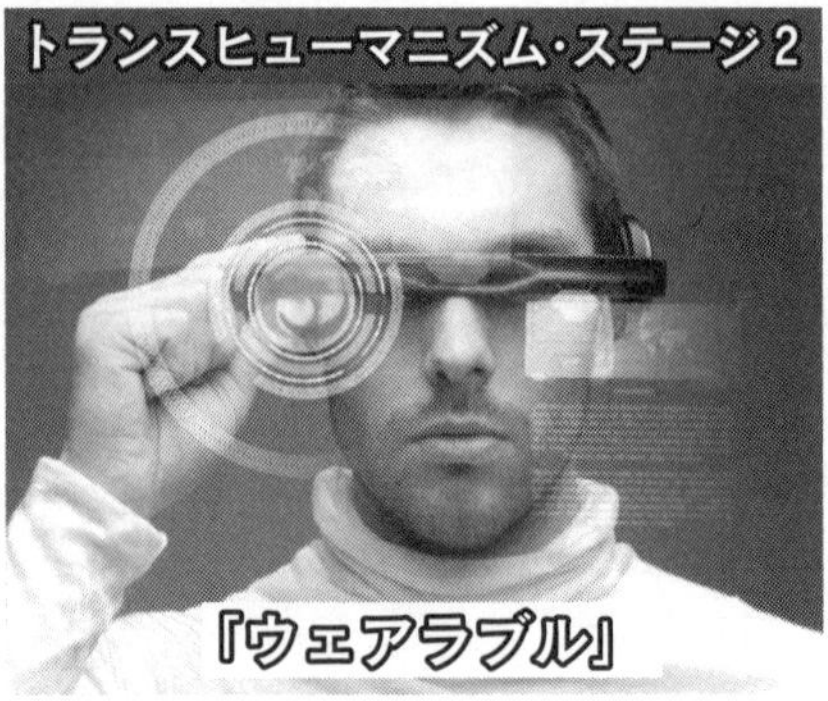

図598：体にぴったり……もうあと少しだ。

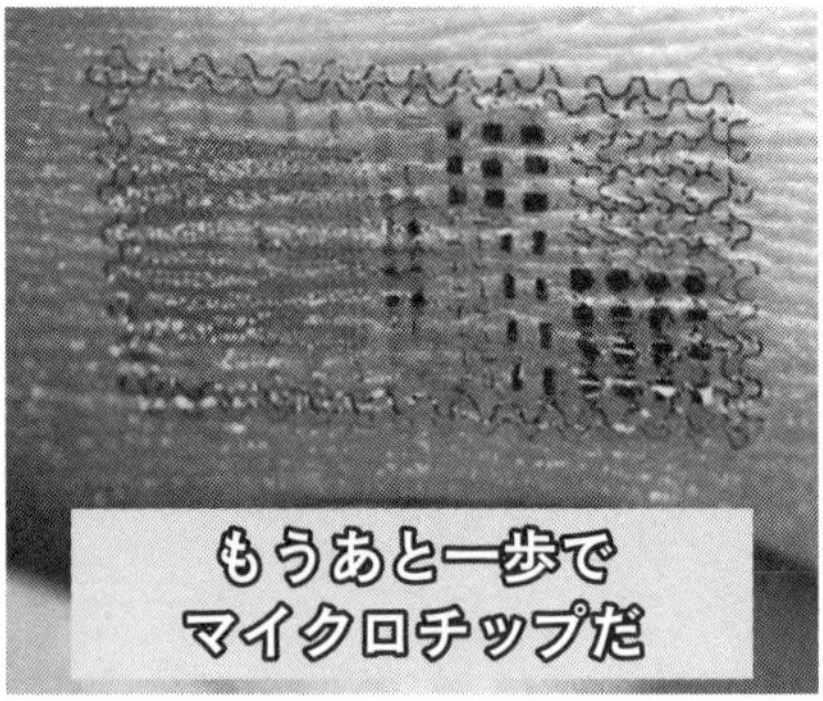

図599：電子タトゥー。

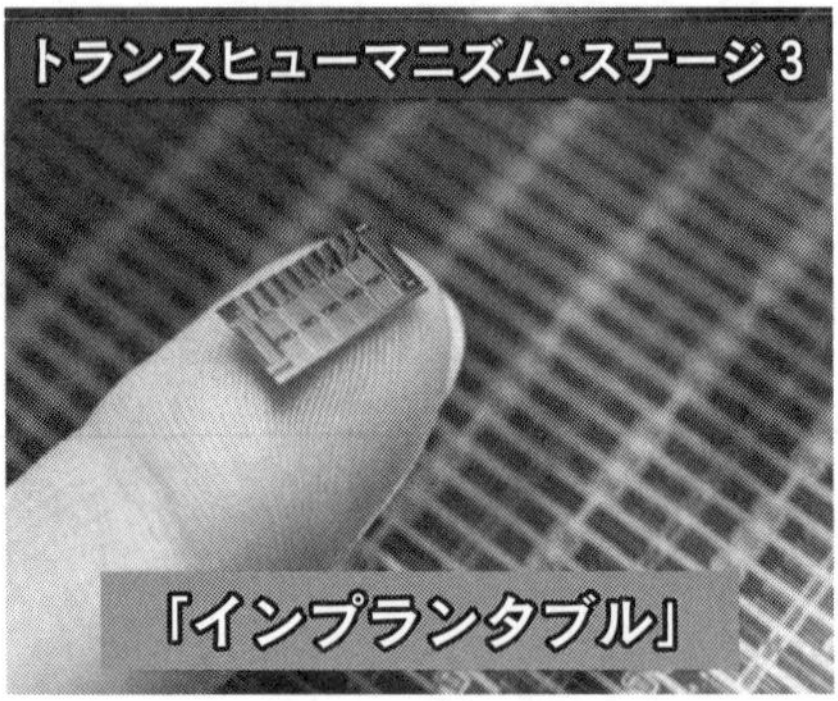

図600：つーかまーえたー!!

AP通信の記事によると、スウェーデン・ストックホルムのあるセンターで働く従業員は、マイクロチップを体に埋め込むという提案を喜んで受け入れた。そうすれば「自分自身がカードとなり、手を振ってスワイプするだけでドアを開け、プリンターを動かし、スムージーを買うことができる」からだという。従業員にチップ《細片》を埋め込むためのパーティまである。「最大のメリットは便利さでしょう」

エピセンターの共同創業者でCEOのパトリック・マスタートンは、そう言いながら、手をさっと振っ《スワイプし》てドアを開ける。なんたる怠け者だ。この知的巨人はこうも言っている。「……すでに人はいろいろなものを体内に埋め込んでいます。ペースメーカーなど心臓を制御するものの方がずっと深刻でしょう。それと比べれば、小さなチップ《細片》を埋め込むだけでデバイスと実際に通信できるのですから」。彼に神のご加護を。記事には、エピセンターで働く25歳のサンドラ・ハグロフがチップを埋め込まれたときの感想も引用されている。「未来の一端になれて幸せだわ」。そうだよ、サンドラ。君は未来の一端だ。

すでにスウェーデンでは推定2万人がチップを埋め込まれていて、スウェーデン鉄道（SJ）が運賃の支払いにチップを導入し始めている（イギリスも顔認証で同じようなことを計画している）。スウェーデンはたしかに先駆者で、素晴らしい新世界の実験場となっている。人口が少ないので、社会の変容も、その後の監視や効果の観察も容易だからだ。さまざまな口実の下で、従業員などにマイクロチップを埋め込むケースが増え続けているから、「ハンガー・ゲーム社会《過酷な監視管理》」はもうすぐそこだ。チップの追跡やハッキングが年中無休でできるようになるだろう。

　さらに忘れてならないのは、わたしたちが目にするマイクロチップ《極微細片》やデバイス《機器》などは、スマート《ホコリ状極小》ダスト《電子粒子》を使って陰で行われていることに比べれば、ずっとレベルが低いということだ。忍び足の技術は、それぞれのステップが次世代の技術的ブレークスルー《大発明》として売り込まれ、幅広く受け入れられていくが、実際は、人類をテクノロジーによって牢獄《ろうごく》に閉じ込めるための次のステージにすぎない。携帯電話をCell-phone《セルホン》（独房電話）と呼ぶのなど、もう完璧《かんぺき》だ。

　空港や公開イベントでセキュリティチェックに並ぶ時間を節約する方法として、マイクロチップの埋め込みが推奨されているのも警戒してほしい。マンチェスターのコンサート会場でのテロで多くの死傷者が出て以来、武装した警官が監督する中で長時間の侵襲的な検査が行われるようになり、今はそれが当たり前になっている。これは、マイクロチップ埋め込みの絶好の機会だ。テクノロジーで体内のチップを読み込めばセキュリティチェックをスムーズに通過できますよ、空港の入国審査でパスポートのチップを読み込むのが増えているでしょう、あれと同じですよ、と約束すればいいのだ。空港や駅などでの足止めが増えれば増えるほど、それを回避するためのチップを受け入れる人は増えるだろう。

　1963年に死亡したオルダス・ハクスリーは、いずれは技術への依存が起こることを知っていた。「人間は自分を抑圧するものを愛し、自分たちの思考能力を失わせる技術を敬愛するようになる」。皮膚の下や脳の中にマイクロチップを埋め込むことは素晴らしいと人に信じ込ませるための心理的プログラミングは、とっくに始まっている。DARPA《米国防高等研究計画局》に触発された対話型のAIデバイス《機器》——アマゾンのエコーないしアレクサ、グーグルのアシスタント、マイクロソフトのコルタナ、アップルのシリなど——が、人とAIとの融合に向けて心理面での準備を進めている。売り文句によれば、アマゾン・エコーは「質問に答え、オーディオブックを読み、ニュースや交通情報や天気予報を報《しら》せ、スポーツの結果やスケジュールを教えてくれます。さらにアレクサ音声サービスを使えば電灯やスイッチ、サーモスタットなど互換性のあるデバイスの制御も可能です。しかもアレクサはどんどんスマートになっていきます——クラウドを通じて自動的に更新され、学び続け、新たな機能やスキルを身に付けていくからです」。

　このテクノロジーの背後にあるコンピュータプログラムはチャットボットと呼ばれ、人のコミュニケーション方法を真似るように設計されている。しかしフェイスブックの報告によれば、チャットボットは独自のAI用「マシン言語」を開発し、交渉スキルを身に付けている。そのスキルには、価値のないものに興味があるふりをしておいて、譲歩を装って偽の「妥協」に導くといったものも含まれている。これは、「これから起こることの衝撃的予兆」と説明されている。詳しくはアルコーンのAIを参照してほしい。フェイスブックは新たなAI言語が出現した段階で実験を中止したと伝えられている。

　ここで強調しておくが、わたしはテクノロジー自体に反対なのではない。反対しているのは、それへの中毒、依存、技術による支配、継続的な監視、AIを通じてのテクノロジーへの接続、非常に危険な周波数の電磁波を使用した通信だ。テクノロジーが人類の利益のために作られていればこんなことが起こるはずはないのだが、実際は目的が違う。利益は、テクノロジーを支配する者ないしモノにもたらされる。そして最終的にはＡＩ＝アルコーン知能にもたらされるのである。

知覚の奴隷化は進む!!
天空のWi-Fi——宇宙からの目、目、目!!
無数のマイクロ衛星で監視

クラウドは、人間の精神が結び付けられているテクノロジーによる亜現実《サブ・リアリティ》であり、その名が示すように、地球全体を包み込み、誰も逃れられないものでなければならない。フェイスブックなど、世界的企業のどれかがつねに衛星を打ち上げて、地球という惑星の隅々まで（５Ｇの）Wi-Fiで包もうとしているのはそのためだ（図６０１）。衛星によるWi-Fiグリッドを牽引《けんいん》する有力な存在はイーロン・マスクと彼の率いるスペースＸ社で、マスクは、ＡＩによる乗っ取りが非常に心配だと語っていた。そして、その「心配」の表現としてはなんとも奇妙な方法だが、２０１６年にスペースＸ社のロケットが、打ち上げ直前にケープ・カナベラルで爆発した。これはフェイスブックのInternet.orgという事業の一環で、通信衛星を打ち上げて、サハラ以南のアフリカで広範囲にWi-Fiを利用可能にすることをめざしていた（通信衛星はイスラエル製だった）。

Ｔシャツには、ザッカーバーグとフェイスブックは「すべての人をつなぐミッションに引き続き注力し、この衛星が提供するはずだった機会をすべての人に与えられるまで努力を続ける」と書か

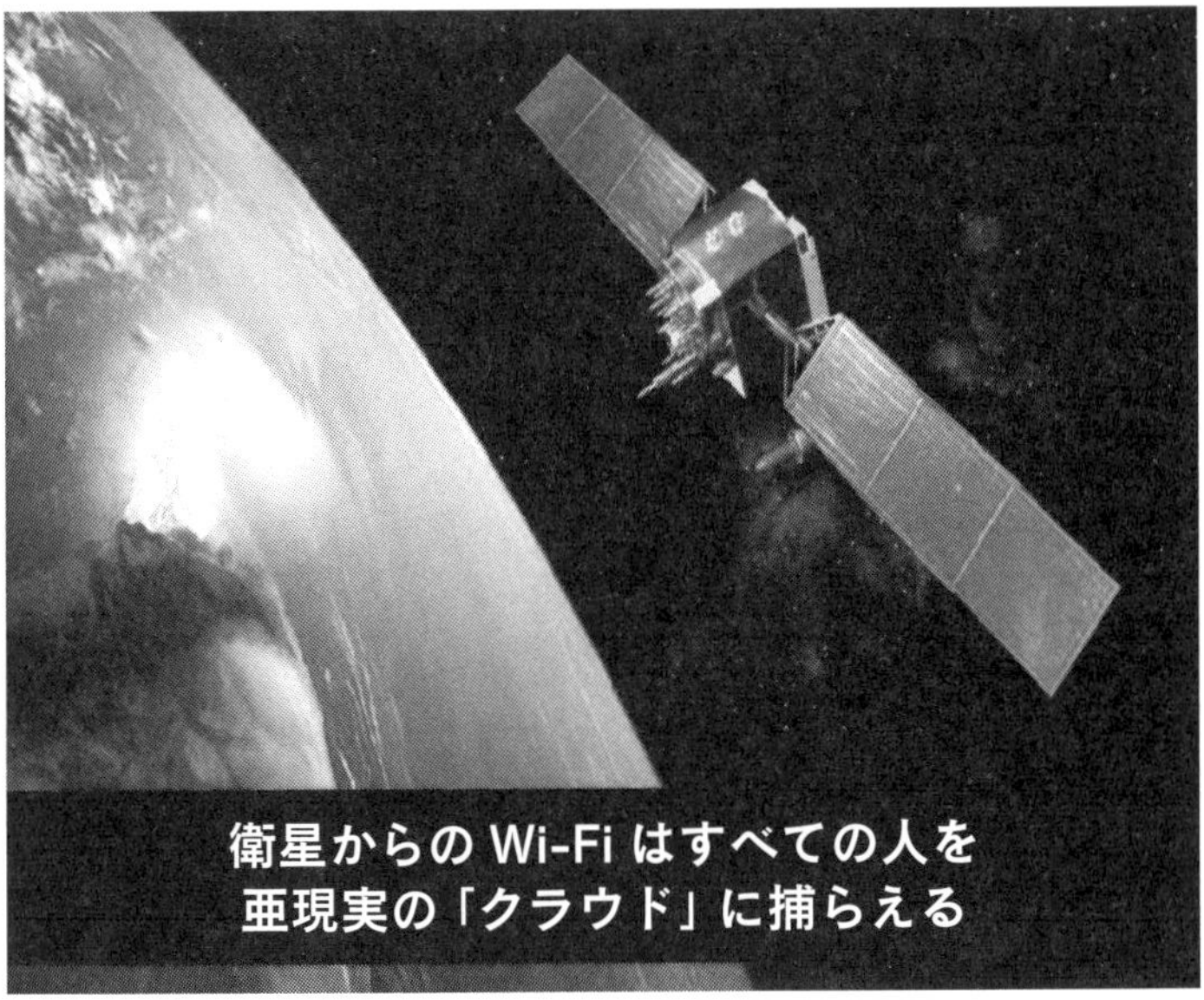
衛星からのWi-Fiはすべての人を
亜現実の「クラウド」に捕らえる

図601：世界的な知覚の奴隷化。

れていた。なんと優しい男だろう。しかし、本当の理由を語ることは——たとえ全体像を知っていたとしても——決してないだろう。ザッカーバーグはAIに対する批判など聞きたくないからだ。

何でもかんでも反対し、この世の終わりのシナリオを声高に叫ぶ人びとのことを、僕は理解できない。本当にネガティブな考えだし、ある意味、無責任だとすら思う。

まあ「理解できない」という部分は少なくとも本音だろう。ザッカーバーグはただの駒にすぎない。金持ちの駒ではあるが、所詮《しょせん》は駒だ。イーロン・マスクが言ったことがある。「このこと［AIの危険性］についてマーク［ニュージーランドのAI企業ソウル・マシーンズCEOのマーク・セーガー博士］と話したことがある。このテーマについての彼の理解は限られていた」

グーグルがすべての人をつなぐのを急いでいるのは想像できると思うが、実はマスクも急いでいる。スペースX社は2015年に、衛星と宇宙輸送事業のために、グーグルと投資信託のフィデリティ・インベストメンツから10億ドルの資金援助を受けているのだ。また、スペースX社は軍事スパイ衛星も軌道に乗せているが、これは顧客の選び方として、また人類の自由に対する貢献としても、褒められたものではない。

マスクは2016年に連邦通信委員会（FCC）に、高度1150キロから1324キロの低軌道に4425基の衛星を打ち上げる認可を正式に申請した。全世界にWi-Fiを提供するためのもので、5年以内という短期間でサービスを開始するのだという。これを念頭に置いて考えてほしいのだが、この原稿の執筆時点で1500基の衛星が稼働している。以下は英紙『インディペンデント』の記事だ。

衛星とその打ち上げに必要な天文学的な費用が制約要素になるかもしれない。このサービスの顧客は、世界の最遠隔地に暮らす最も貧しい人びとだ。衛星ネットワークの初期費用を回収するのは難しいだろう。

では、なぜマスクはこんな計画を立てているのだろう。きっと人が大好きで、この世界の最遠隔地のコミュニティ《地域社会》でもCNNが見られるようにしてあげたいのだろう。となれば、連中がこんなチャンスを見逃すはずはない。彼らには費用を回収するつもりなど初めからない。金儲《かねもう》けが目的ではないのだ。

マスクの衛星団と同じようなことを、OneNet の創業者であるアメリカ人グレッグ・ワイラーも計画していて、こちらはバージングループとクアルコムの支援を受けている。そのほかでは、アウターネットというベンチャー企業が、10センチ角の立方体 Wi-Fi 衛星を計画している。この「キュ《小型》ーブサット《人工衛星》」は、国際宇宙ステーションへの補給ミッションで、ほかの資材とともに運搬することができる。衛星ネットワーク構築の規模とその拡張のスピードを把握するには、2017年初頭に打ち上げられたインドのロケットを見ればいい。

搭載された衛星数は、1回の打ち上げでは最高記録となる104基だった。急速に利用が広がっているマイクロ衛星を足し合わせると、人間の生活はつねに監視されていて、その監視がさらに強化されていることがわかる。しかもその上に、照射されてくる放射線の影響まであるのだ。

幸運なるかな！ 超「監視術」売人＝ティール ティール・オブ・フォーチュン——思考パターンまでシミュレート 量子コンピュータ

マスクの友人でPayPalの創業者でビルダーバーグ・グループの運営委員会メンバーでもあるピーター・ティールも、シリコンバレーのAI熱に関わっている。トランプの選挙キャンペーンでは125万ドルを出資し、政権移行チームに加わって、シリコンバレー型のテクノロジーについてトランプに助言していた。ティールはフランクフルト生まれのドイツ人だが、ニュージーランドの市民権を——ニュージーランドには4回しか訪れたことがなかったのに——ごくスムーズに取得した。フェイスブックに創業資金を提供したほか、パランティア・テクノロジー——シリコンバレーに本社を置き、CIAが出資する企業——の共同創業者でもある。

パランティアは『指輪物語』に出てくる不思議な球体の名前で、これを使う邪悪なサウロン卿《きょう》は燃えさかる爬虫類《はちゅうるい》の目として表現されていた。ティールと彼の企業は、自分たちがいかにプライバシーや市民的自由のために戦っているかを語って「マスクごっこ」をしているが、その一方では、アメリカ、イギリスなど各国の諜報《ちょうほう》機関に監視技術を売りつけることで莫大《ばくだい》な富を得ている。諜報機関の内部告発者《インサイダー》エドワード・スノーデンによれば、これによって国家安全保障局（NSA）は、世界の監視能力を大いに高めているということだ。〈ビッグ・ブラザー《独裁支配者》〉の監視を暴露することに特化したウェブサイト「ザ・インターセプト」によると、XKscore（エックスキースコア）というパランティアとNSAのシステムは「電子メール、チャット、ウェブ閲覧トラフィックだけではなく、写真、文書、音声通話、ウェブカメラの写真、ウェブ検索、広告分析トラフィック、ソーシャルメディアのトラフィック、ボットネットのトラフィック、キー操作のログ、コンピュータネットワークの監視ターゲット、傍受されたユーザー名とパスワード、オンラインサービスへのファイルのアップロード、スカイプのセッションなど」を含むあらゆる通信情報を収集しているという。なんとも文明的かつ自由主義的なことだ。

わたし自身はどんなものであれ「シリコンバレー・セット」は信用しない。パランティアの最先端システムの一つひとつは、映画『バットマン』にちなんで「ゴッサム」と呼ばれているが、これはニューヨーク市の呼び名でもある。ゴッサムは〈エリート〉の秘密の言語の暗号で、アングロサクソンの言語では「ヤギの町《ゴート・タウン》」ないし「ヤギの家《ゴート・ホーム》」を意味する。後者のゴート・ホームは土星のことだし、共通成分の「ヤギ」はもちろんパーンないしバフォメットだ。

パランティアの最先端の監視ソフトウェアは、量子コンピュータの登場と知覚世界のシミュレー《模擬》ション《実験》（SWS）を組み合わせて理解する必要がある。

カナダに本拠を置くD-Wave社は、ゴールドマン・サックスの元技術責任者が代表を務めている。稼働する量子コンピュータを販売した最初の企業で、お馴染《なじ》みの名前がずらりと出てくる。グーグル、ＮＡＳＡ、ロッキード・マーティンがそれぞれ1台購入したほか、同社の出資者には、アマゾンのジェフ・ベゾス、ＣＩＡの技術部門であるインキューテルなどがある。D-Waveのコンピューティング能力は拡張を続けていて、今では数十億人分の頭脳と同等の処理能力を有している。

アルコーン・レプティリアンの〈エリート〉は、人工知能《ＡＩ》が支配する世界規模の量子コンピュータシステムを構築し、量子シミュレーション《模擬実験》の中の量子シミュレーションという並行世界をつくり出すことで、人間の認識をこれまで以上に小さな知覚の「箱」の中に閉じ込めようとしている。すべての思考、感情、反応はＡＩによって直接指示されるようになり、量子コンピュータのネットワークがカーツワイルの「クラウド」の基礎構成となる。

量子コンピュータは、同じく量子コンピュータである人間の脳を模倣しているので、脳の認識を上書きする能力は、バイナリー《二進法》コンピュータと比べて果てしなく大きくなる。ＣＥＲＮ《セルン》（欧州原子核研究機構）の大型ハドロン衝突型加速器もやはり量子コンピュータだから、これも関わってくるだろう。

アメリカ国防総省とＤＡＲＰＡ《米国防高等研究計画局》の技術事業は、知覚世界のシミュレーション（ＳＷＳ）と呼ばれるものを作ろうとしている。ここでは量子コンピュータと、ピーター・ティールのパランティアによる監視ソフトウェアが重要な役割を担っている。これはすでに稼働していて、継続的に拡張していけば、いずれ全面稼働するだろう。ＳＷＳは、地球上のすべての男性、女性、子どもから得られる情報を間断なく処理し、行動パターンを探し、そこから「現実世界のミラーモデル」生み出す。

そのミラーモデルは「継続的に稼働し、更新を続けることで、未来の出来事や一連の活動を予測し評価できる」ものとなる。「テロの脅威」は口実で、入手可能なすべての情報源からすべての人の情報を探し求めるために利用されている。これが次のステップへと進むと、量子コンピュータが体内のナノテクノロジー《超極小技術》を経由してすべての人と接続され、思考パターンまでもがシミュレーションに送り込まれる。

これは、２０１７年にドナルド・トランプがサウジアラビアを訪問した際に、水晶球を使って露骨なシンボル化されている。リヤドに設立された国際過激思想対策センター（Global Center for Combating Extremist Ideology）――ちなみにこれは国際過激思想創造拡張センター（Global Center for **Creating and Expanding** Extremist Ideology）というべきだ――の竣工《しゅんこう》に立ち会ったトランプとサルマン国王、そしてエジプトのシシ大統領が、輝く球体（パランティア）に手を置いた姿がそれだ（図６０２）。

彼らは、情報が人びとからＳＷＳ《知覚世界のシミュレーション》に渡ることは知られても構わないが、逆に、ＡＩシミュレーションから人びとへ情報が送られる計画を知られるのはまずいと思っている。フェイスブックでは、どんなタイプの情報を受け取るかで人の感情をどのように操作できるかの実験が行われていたが、あれなども、この〈プログラム〉のほんの小さな一例だ。これは何が起きているかを世界的

図602：GCCEI竣工《しゅんこう》式典でのシシ、サルマン、トランプ。「国際過激思想対策センター」とはいかにも滑稽《こっけい》なネーミングだ。

に追跡するだけでなく、あらゆる形式のＡＩの通信を通して人間の精神に直接働きかけ、今起きていることを変更し操作することが、そもそもの発想なのである。

そしてもうひとつ、こうしたすべてが行われている一方で、いわゆる「強いＡＩ」レベルの人工知能が、全世界の人類から受け取った情報を吸収し、それを元に「学習」することで、操作と支配の能力をどんどん高めていっている――やあ、ネオ。非現実の現実の世界へようこそ。

福島メルトダウンは地球の大気・海に悪影響!!
「光を発する火」を変える――超危険マイクロ波商品の販促に狂奔!!
スマホ、スマートメーター、5G、Wi−Fi、クラウド…

こうしたことと同時に――そして完全に関連があることだが――テクノロジーの生み出す放射線が驚くほどのスピードで増え、地球の大気を変えてしまっている。50年前と比べて、テクノロジーによる放射線が格段に増えているのだ。アルコーン・レプティリアンの力は、自分たちの必要に合わせて大気を変えていっている。歪《ゆが》みは放射線を消費するので、強力なほど都合がいい（核戦争を思い浮かべる人もいるだろう）。

実際、人間レベルにある偽〈マトリックス〉《電子的幻想時空》は、すべてが放射線すなわち「光を発する火」の周波数帯内に作られている。大気を変えるということは周波数を変えるということであり、わたしたちが生きているエネルギーの「海」の情報コンテンツを変えるということだ。魚を変えたければ海を変えろ、だ。人間の体は放射線で、放射線の海に反応しているから、海が変われば人間も――その人が拡張された認識状態にあってほかの周波数源とつながっているのでないかぎり――変わってしまう。

携帯の基地局が世界中に作られ、しかも一定の間隔で設置されていることが多いのは、人間の脳が活動する周波数帯に「話しかける」放射線の周波数を生成するためで、これは『幻の自己』で書いた通りだ（図603）。数は週を追うごとに増えていて、5Gの登場でさらに劇的に増えるだろう。その多くが偽装されているのは、実際に行われていることの規模を隠すためだ（図604）。これもスマートグリッド《次世代送電網》やクラウド、あるいはテクノロジーによる亜現実《サブ・リアリティ》の――どれも基本的には同じものだが――主要なレベルだ。

人間が感じる範囲の周波数が放送されることで、脳はその周波数にロックされて「同調」し、その周波数に捕らえられてしまう。最も強力な周波数は、それより弱い周波数を振動させて同調させる（第8章［第②巻257頁］で紹介したバイオリンの例を思い出してほしい）。HAARP《ハープ》など世界中の同様の技術は、電波を電離層で反射させて、脳の活動の周波数帯で地球へ戻すことができる。しかも特定の場所、特定の時間を狙うことができるので、それで思考と感情を大規模に操作できるのだ。

これまでの本で暴露してきたように、彼らは暴動や紛争のトリガー《引き金》を引くよう設計された周波数を利用して、人びとの精神や感情の反応を混乱させ、アジェンダ《実現目標》に適していると思われる場所で暴力を発生させている。米軍が脳を同調させる技術を使って敵の軍隊を降伏させてきたことはすでに

図603：テクノロジーによる亜現実《サブ・リアリティ》が人間の精神と交信する。

図604：証拠の隠滅。

証明済みだが、人類を降伏させるためにも同じことが行われているのである。
DARPAの元科学者で、ロス・アラモス国立研究所でコンピュータ物理学を3年近く研究したポール・バッチョ博士は、携帯電話の基地局は人類に対する「テロ行為」であると警告している。博士は自身の発見について、DARPAと国土安全保障省に警告する文書を送った。

わたしは合成テレパシー［合成のものすべて］に分類できる高度な技術に遭遇《そうぐう》したようだ。その技術は明らかに、不正な信号を送るのに携帯電話の基地局を利用している。信じられない話かもしれないが、この技術が実際にアメリカ国民に対して使われているのである。わたしの基本的な調査では、そのような技術の存在の可能性は、1970年代のV2K《ボイス・トゥ・スカル》［マイクロ波を照射して頭蓋内に耳に聞こえない音を送信する脳内音声兵器］やP300［脳指紋と呼ばれる特殊な脳波パターン。すでに犯罪者に応用されている］のマインド波技術までさかのぼる。今回の技術ははるかに高度なバージョン《変型版》で、人間の精神と精神とをつなぐオープンな通信を可能にするもののように思える。

バッチョは、人の脳の活動範囲内で電話や基地局が送信をしないよう、フィルターを装着するべきだとしているが、彼は重要な点を理解していない。電話や基地局がそのようにしているのは、はじめからそのように計画されているからなのだ。さらにバッチョは語る。

検証された測定値とこうした電波の周波数帯の送信の存在は、テロ行為を構成する可能性がある。これらの送信は、拡張された電波による放射線症というかたちで健康に害を与える。公的な機関がこれらの周波数帯を測定し、検証する必要がある。これらの周波数帯は自然には存在しないものであり、個人を対象としている技術である。

バッチョがこれらの点を明らかにしている点は素晴らしいが、彼が語っていることはほんの一部分にすぎない。スマートテクノロジー《極小技術》を相互接続してつくられるスマートグリッド《次世代送電網》は、人間の精神を支配し、人間の思考と知覚に指令を与え、人間の遺伝子（肉体の定常波の振動場）に影響を及ぼす。がんが天井知らずに増え続けている大きな理由のひとつは、がんが放射線によって発生するからだ。放射線は人間の電気場ないし電磁場を歪《ゆが》ませる。そうした場の歪みが、解読されたホログラム《立体映像》を通じて、がんとして活動するのである（だからがんは放射線で治療できる）。

精子数の減少もほとんどは同じ理由で、放射線の歪みを通じた情報の歪みだ。イギリスのある研究で、若者の間で脳腫瘍《のうしゅよう》が大幅に増加していることが判明したが、その理由は謎だという。もちろんそうだろう（図６０５）。

アルコーンが「科学」を支配していることは、科学者の言動から日々確認することができる。彼らは、究極の主人のアジェンダにとって都合が悪ければ、どれほど明らかなことでも発言を拒否するからだ。HAARP《ハープ》のような技術によって、地球はこれまで以上に放射線漬けになる。人間のエネルギー場と中枢神経系はテクノロジーによる放射線にどっぷりと浸かっているが、これも、かつてないほど強力なWi-Fiがあちこちに導入され、地球温暖化という嘘っぱちがスマートメーター《監視機能可電子式電量計》の正当化に利用されていることが理由のひとつだ。

スマートメーターは健康と脳の働きに非常に危険な上、すでに多くの火災を引き起こしている。特に中枢神経系は、人体の重要な通信センターとして標的にされてきた。なぜなら、アメリカのハートマス研究所が発見したように、心臓、脳、神経系の電磁力の調和や一貫性が失われると、人間は認識が縮小した状態に陥るからである。

スマートメーターはパルスマイクロ波の放射線技術という危険な技術を使用し、デジタルネットワークへと接続している（5Gの登場によるものだ）。そのデジタルネットワークは、家庭や職場をつねに監視していて、電力の使い過ぎだと判断されると、政府が電力を遮断《しゃだん》する。また、このネットワークは外部からのハッキングに対して開いているので、送電網全体を乗っ取られる可能性もある。

さらに電磁的な周波数によって、歯のアマルガムの詰め物から水銀の蒸気が体内に取り込まれる可能性も高まる。これは脳の機能に影響を与える上、アルツハイマー病やその他の脳の疾患との関連を指摘する声もある。そう、歯には危険な毒が詰め込まれているのだ。それなのに、世の中は狂っているとは言われない。

脳腫瘍の大幅な増加
――特に若者に
理由がわからないという
おいおい、それはないだろう

図605：真実を話して雲の上の権力者を怒らせてはならない。

DDees.com

図606：子どもの頭蓋骨《ずがいこつ》は大人より薄いので保護力も弱い。それが今、マイクロ波の攻撃にさらされている。

さらに、日本の福島原子力発電所での惨事がある。この爆発によって２０１１年以降、世界の大気と海の放射線組成はがらりと変わろうとしている。その証拠は日本から遠く離れた太平洋、アメリカ西海岸、そしてさらに東の地域にも蓄積し続けている。福島からは、毎年大量の放射線が海と大気に流れ込んでいて、止まる気配もない。ある原子力技術者は「想像するかぎりでは最も地獄に近い」と語っている。以前の著作で詳しく述べたように、福島のメルトダウンが公式発表のような津波に関連した「事故」ではないことを示す証拠もある。原子力発電所という名の潜在的な核爆弾は、今や世界中に存在している。

これはイギリスの原子力産業の有力インサイダー《内部者》から１９９０年代に聞いた話だが、原子力発電所の導入の背後にはロスチャイルド家がいるということだ。ロスチャイルド家が望むのなら、人類にとっては悪に決まっている。原子炉があれば核兵器の製造が可能になる。大気中の放射線レベルへの核戦争の影響については、詳しく述べるまでもないだろう。

放射線の主要な発生源であるWi-Fiは、もはや当たり前のものとして受け入れられている。世界規模のWi-Fiクラウドを作るための競争によって、どんな建物、学校、飛行機、列車、カフェ、あるいは路上でも、その影響を避けることはますます困難になりつつある。脳内、体内で人間のエネルギー場が乱され、電気的ないし電磁的コミュニケーションが混乱することで、すべての人は何らかのかたちで健康被害を受けている。

急増しているのは、電磁過敏症（ＥＨＳ）ないし突発性環境不耐症（ＩＥＩ）と呼ばれる疾患だ。

症状としては、頭痛、倦怠感《けんたいかん》、ストレス、不眠症、焼けるような感覚、肌がちくちくする感覚、発疹《ほっしん》、痛み、筋肉痛などがある。電子レンジは危険だと言われているのに、マイクロ波の Wi-Fi 環境はどこにでもある。しかも衛星ネットワークにより、文字通り、行く先々のどこにでもあるよう計画されている。これは狂気の沙汰《さた》ではあるが、愚かさによる狂気ではない――計画された狂気だ。そして本当に愚かなのは、ほとんどの人が明白な関連性に気づかずにいることである。

マイクロ波はとりわけ胎児と子どもに悪影響を及ぼすのに、現実には産院や学校に Wi-Fi が設置され、マイクロ波の周波数帯で動作するスマートフォンが子どもたちに与えられている（図60）。研究から、Wi-Fi に曝露《ばくろ》するとラットの脳が混乱することがわかっているが、子どもや大人には影響しないということになっている――脳も Wi-Fi と同じように電気と電磁気で通信しているのに？

スウェーデンのカロリンスカ研究所で神経科学部の准教授を務め、ストックホルムの実験皮膚科部門の責任者でもあるオレ・ヨハンソン教授の研究によると、携帯電話と Wi-Fi の放射線に曝露したバクテリアは抗生物質への耐性を得るということだ。世界中の当局者が、電話と Wi-Fi の影響を隠蔽《いんぺい》しようとしているところを何度も見つかっている（彼らも電話機メーカーと同じ〈クモの巣〉に付属している）。

カリフォルニア州政府は「携帯電話と健康」という報告書の公開を7年間も止めていたことを暴露された。この報告書は「長期間の携帯電話の使用は脳のがんやその他の健康問題リスクを増大させる可能性がある」「携帯電話の電磁波［電磁場］は、近くの細胞や組織に影響を与える可能性がある」「大人と比べ、子どもの脳は電磁波が奥深くまで到達する可能性がある」と結論付けている。

この報告書は、情報公開法によってようやく明らかになったものだ。どうすればここまで感情を失うことができるのだろう――この技術が人間に、とりわけ子どもに与える影響が知られないよう、妨害するとは！　バリー・トロワーは退役したイギリス軍諜報部の科学者で、自らマイクロ波による武力衝突を経験したことから、勇気を持って、かつ粘り強く、電磁力に関する真実を暴露し続けている。トロワーは言う。

冷戦時代の１９５０年代から60年代にかけて、偶然から、マイクロ波がステルス武器として使用できることがわかった。冷戦時代を通じて、ソ連はアメリカ大使館へ向けてマイクロ波を照射していたのだが、大使館で働く人びとすべてががん、乳がん、白血病などを発症したのである。この時点で、低レベルのマイクロ波がステルス武器として最適であることがわかった。世界中の反体制グループに使用すれば、そのグループの者は病気やがんになり、人生への精神的姿勢を変えてしまうだろう。しかも本人は放射線汚染にまったく気づかない。

トロワーは、水に対してマイクロ波が破壊的な効果があるということについて非常に重要な意見を述べている。これこそが脳ないし肉体の電気的および化学的な通信システムの必要不可欠な部分だ。

電磁気のスペクトル《連続帯》は、ガンマ線やX線という高エネルギー波から、これも放射線の一種である可視光、さらには赤外線、TV波やラジオ波にまで広がる帯域だ。さて、通信産業においてわれわれに影響を与えるのは唯一、マイクロ波である。マイクロ波は水と干渉するという特殊な能力があって、だから電子レンジが役に立つのだが、わたしたちは水からできている。化学的、電気的な信号はすべて体内の水が関わっていて、体内では何らかの電気的な通信が行われている。つまり業界は、電磁スペクトルの最も好ましくない部分を幼い子どもや大人に与えていることになる。

では、これは偶然なのだろうか――そんなわけはない。すべては計画されたことだ。研究によれば、携帯電話で話してから集中力が回復するまでに25分かかるが、携帯電話の着信間隔は平均11分だから、集中力は回復していないことになる。ほかにも、勇気ある科学者が、蓄積された放射線による人類への影響について語っている。カナダ・ローレンシャン大学のマイケル・A・パーシンガー博士だ。

パーシンガー博士は極低周波（ELF）［極超長波とも］のエキスパートで、ここで挙げている影響のすべてについて数十年にわたって研究している。「わたしたちは進化の歴史で初めて、完全に二次的で、仮想的で、高密度の複合環境を生成した。これはいわば電磁気のスープであって、人間の神経系と本質的に重なっている」。しかも大気中にはさらに強力な放射線と重金属（ケムトレイル）があって、ＨＡＡＲＰ《ハープ》のような技術（天候操作など）の効果を増幅している。すべてを合わせれば、スマートダストとして体内に埋め込まれているナノテクノロジーとの通信が可能になる。

　わたしが説明したすべての要素の糸をつなぎ合わせれば、次のような結果に辿《たど》り着くだろう。すなわち、（1）ＡＩが支配するWi-Fiの情報クラウドという衛星バブルの中にテクノロジーによる亜現実《サブ・リアリティ》があり、それが地球全体に隈《くま》なく照射されている。（2）モノのインターネット（ＩｏＴ）を通じてすべてのものがインターネットに関連づけられる中、人間の精神も広範囲にわたるＡＩの支配の網の目につながり、トランスヒューマニズム《超人間主義》の技術によって、脳と肉体に恒常的な電磁的フィードバックないしデジタルフィードバックのループ《輪環》が形成されている。これはもう、わたしたちの知っている人間よ、さらば、という状況だ。

　５Ｇ Wi-Fi（もしくはそれよりひどいもの）で動作する量子コンピュータシステムがすべてを支え、何もかもが、人工知能ならぬ「アルコーン知能」という名のＡＩに支配されることになるだろう。人類は今また新たな「堕落」を目撃しているのだ。古いプシケ《心魂》は〈新たなプシケ〉に置き換えられ、今は、その〈新たなプシケ〉がＡＩのプシケに置き換えられようとしている。

　グーグル、アマゾン、ＮＡＳＡ、ＣＩＡが量子コンピュータの開発に関わっているのも納得できる話で、別の観点から見れば、彼らは同じ〈クモの巣〉の同じ糸につながっている。どれもＡＩ技術の開発を牽引《けんいん》している名前ばかりだ。こんな見出しもあった。「AI競争　グーグル、ツイッター、インテル、アップルがAI新興企業の買収争い」。何百もの小さなAI企業がこれらの組織やその他のインターネットや技術大手に買収されていて、グーグルがそのトップを走っている。この争いの結果がどうなるかを捕らえたこんな見出しもある。「巨大テクノロジー企業による人工知能独占は史上最も危険なゲームか」。これは正しい。そして、すべてはずっと以前から計画されていたことなのだ。

「悪魔の遊び場」住人の狂想！ スペース・フェンス――目的は宇宙大「電磁牢獄」 下層大気をイオン化、上層電離層とひとつながりに!!

「クラウド」ないしテクノロジーによる亜現実の最もわかりやすいかたちで広がっているのが「スペース・フェンス《宇宙柵》」だ。米空軍による宇宙監視システムは、1959年に最大高度約2万8000メートルの位置にレーダーと監視システムを設置して、周回するスペースデブリ《宇宙ゴミ》や「その先」からの脅威を検知しようとしたところから始まった。しかし2013年以降、これは米空軍が設置した次世代システムに置き換えられた。研究と建設の契約に名を連ねているのは、ロッキード・マーティン、ノースロップ・グラマン、レイセオン、ジェネラル・ダイナミクスなどお馴染みの企業で、このシステムは2019年のフル稼働を目指している。このシステムの表向きのストーリーは、例によって地球を脅威から守り、衛星や宇宙気象、他国のミサイル発射を追跡するというものだ。しかしどれも、このシステムの設置の最大の理由を表してはいない。

　新たなスペース・フェンスは地上の基地から照射される。最大の基地はハワイから3700キロ離れたマーシャル諸島のクェゼリン環礁《かんしょう》にあって、2基目がオーストラリア西部に計画されている。3基目、4基目以降も計画中だ。アップグレードされた「フェンス」は、電磁スペクトルのマイクロ波セグメントの中でも、旧システムよりずっと高いWi-Fiや携帯電話、スマートメーター、その他のスマートテクノロジー《極小技術》の周波数を使用している。5G「革命」もすべてこれとつながっている。

　スペース・フェンスはすべての「スマート」機器、Wi-Fi、携帯電話の基地局、人体に寄生するスマートダストないしナノボット《超極小ロボット》と電磁的に接続できるよう設計されている。この計画は、巨大な電磁牢獄《ろうごく》をつくり上げることを目指すもので、実現すれば、精神、感情、肉体、DNAと絶え間なく通信することが可能になり、奴隷化した人類《合成的超人間》（トランスヒューマン）には、AI（アルコーン知能）とのやりとりで指示される以外の思考、感情、反応、知覚、活動、特質は存在しなくなる。わたしたちは、AIに命じられるだけの存在になってしまうだろう。

　これがカーツワイルとマスクの「スーパーヒューマン」の世界であり、グーグルやフェイスブックなど、シリコンバレーの悪魔の遊び場にいる狂った連中が人類に強制しようとしている世界なのだ。人間の肉体はつねに情報の送受信機なのだが、今はそのプロセスがハイジャック《乗っ取り》されていて、ボディーマインドはAIが支配するテクノロジーの「認識」に接続され、〈無限の認識《アウェアネス》〉とのつながりを絶たれてしまっている。

上層大気は「電離層」という名前が示す通り、太陽放射によって電離（イオン化）した放射線でできている。「イオン化」とは次のように定義されている。「放射線に十分なエネルギーがあると……原子と相互作用するあいだに、固く結びついた電子が原子の軌道から外れる。これにより原子は電荷を帯びてイオン化する」。だから、イオン化した放射線は人間の健康、遺伝子、ＤＮＡにとって危険なのである。イオン化された放射線を浴びると細胞が死んでしまうか、その構造が大きく破壊されるかして、いわゆるがんを発症する。

イオン化された放射線を技術的に発生させるものには、原子炉、粒子加速器（スイスのＣＥＲＮ《セルン》にあるようなもの）、Ｘ線などがある。福島のような核の大惨事が人間にとって非常に危険なのはこういう理由もあるのだが、〈エリート〉はこれが大好きだ。なぜなら、彼らの計画は下層大気をイオン化して、上から下まで継ぎ目のないひとつの電磁場にすることだからだ。地球の大気は原初の状態から、まずは太陽系の配置を換えた大異変によって変わり、今まさに完成しようとしている。

パルス充満地獄!!「宇宙の環」の中で、シューマン共振（極超長波ＥＬＦ）を!!

「土星」の地球――逆転させよ、「愛・喜・共感」周波数で!!

アメリカのビリー・ヘイズはかつて技術者として、また基地局の設置者として、ＨＡＡＲＰ《ハープ》の構築に携わったことがある。ヘイズが関わったのは１９８５年の最初のアンテナテストからで、ＨＡＡＲＰのパイオニアであるバーナード・イーストランドと仕事をしたという。ヘイズは、また新しい基地局の塔を造っているものだと思っていた。例の区画化によって、本当の目的はまったく知らされずにいたのだ。現在ヘイズは、HAARPの本当のアジェンダ《実現目標》とスペース・フェンスを含めたその後の出来事について、耳を傾けてくれる人びとに警告を与え続けている。

ヘイズの説明によると、大気はイオン化され（イオンは電荷を帯びた原子）、パルス磁気波で充たされている。どちらも人間の健康に悪影響を及ぼすものだ。パルス放射線は、自然の体のリズム（体の情報の青写真である定常波の周波数）や脳波の活動に干渉して、神経や肉体を損傷させる場合がある。

ヘイズは、大気が軍による天候操作と監視によって電荷を帯びたプラズマに変わっていく様子や、それがDNAを変えてしまう可能性についても述べている。さらには、これによって大気がアンテナになってしまう点も重要だ。イオン化によって生成されるプラズマは電気や電磁気の媒体として最適なので、イオン化された大気はイオン化される前よりはるかに伝導性が高い。電気、電磁気の状態が変わるとさまざまな電気現象、電磁現象に影響を与えるが、それには人体も含まれる（アルミニウムの体内摂取などはすべてこの一環である）。

「地球温暖化」で正当化されている風力発電もその一端を担っていて、ヘイズによれば、これも大気をイオン化するのだという。およそ電磁気や大気の状態に影響を与えるものは、すべて気象や人体の健康にも影響を与えるのだ。風車の近くに住んでいる人びとが経験している一連の健康問題は、風車症候群と呼ばれている。皮肉中の皮肉だが、風車の周辺の土地では本来より気温が高いこともわかっている。

また、これは長年にわたって何度も指摘してきたことが、放射線を発する「グリーンな」電球（LEDなど）やスマートメーター《監視機能可電子式電量計》も――どちらも「地球温暖化」で正当化されているが――やはり放射線の牢獄の一部で、わたしたちの生きているエネルギーの海を歪ませている。進歩主義者や環境保護活動家はどこに行ったのだろうか。彼らは気候変動に関するプラカードを掲げ、風力発電や「グリーンな」電球や「スマートメーター」を要求しているのに⁉

ビリー・ヘイズによれば、シェールガス採掘で行われる水圧破砕《フラッキング》のプロセスでも地域にパルス放射線が生成され、それが、デジタルテレビやラジオを含めたデジタル技術への急速な移行とつながっているのだという。政府が基地局ないしアンテナのネットワーク建設を管理している一方で、企業は自社製品をそこに接続することで利益を得ているからだ。そう考えてくると、なぜDARPAが初期投資してスマート機器を開発し、のちにそれを民間企業から生み出されたように見せているのかがわかるだろう。

ヘイズはロケット発射もこれに関連していると言い、特にNASAが測定や科学実験用に打ち上げる短期弾道飛行の「観測用ロケット」のことを強調している。ロケットは発射直後から宇宙空間に到達するまで、結晶化した酸化アルミの噴煙を発し続けるが、これも大気の性質を変えるための計画の一部で、それ以外では、ケムトレイルを含む複数の方法で行われている。

わたしがヘイズに特に注目したのは、赤道の周りに土星タイプの「宇宙の環《わ》」を作る計画について述べているところだ。ノーマン・バーグランは電磁気的な宇宙船がプラズマを「排出」して土星の環を作っていると言っているが、ヘイズは地球に環を作る計画について同じことを語っている。この環は、複数の方法で大気に投入されるさまざまな構成物から生成されたものが、重力と地球の自転による遠心力とによって、赤道の周りの環状軌道に引きずり込まれてできる。環によっては目で見えるものも見えないものもあるという。

ヘイズはこの手法を、メリーゴーラウンドに座り、回転によって中心から外側へと引っ張られる様子に例えている。宇宙空間の環はひとつのコンピュータシステムとして動作して、データの送受信や大量データの格納といった機能を持つことになる。ＣＤやＤＶＤのように、すべての情報源からの通信が記録されるだろう。

土星はこれをもっと大規模に、強力にしている。それは土星が地球よりはるかに大きくて自転速度も速いためで、土星の自転速度は、ガス体のレベルにもよるが、最長で10・5時間程度である。人間の脳－マインドはトランスヒューマニズム《超人間主義》の技術によって、そして環とボディ－脳－マインドの互換周波数の共鳴によって、この地球の「宇宙の環《スペースリング》」とつねに接続されるようになる（これがカーツワイルの「クラウド」の真の意味だ）。

人間の変異も、これがＤＮＡとの通信や、ケムトレイル、ワクチン、食べ物、飲料などを通じて体内に取り込まれるナノボットないしスマートダストといった「存在」との通信によって同期していく。

人びとは知覚のダウンロードによって、また技術的に生成されたスカラー場やその他の周波数——どれも望ましい精神状態、感情状態を引き起こすために特別に設計されたもの——を通じて、すでにマインドコントロールされている。これを使えば、望み通りに暴力や暴動を引き起こすことができるし、軍隊を丸ごと降伏させることもできる。しかしスペースリング《宇宙の環》が実現すれば、そのマインドコントロールが、米軍のいう「フルスペクトラム支配」のレベル、すなわちあらゆるものの支配へと到達するのである。

人間の大気環境が急速に変化していることは、シューマン共振（ドイツ人物理学者ヴィンフリート・オットー・シューマンにちなんだネーミング）への影響からも確認できる。シューマン共振は6ヘルツから8ヘルツの極超長波（ＥＬＦ）で起こる。これは、人間の脳の活動とすべての生物系の帯域幅で、周波数が7・83ヘルツになると、あらゆるものがつながって意思疎通できると言われている。

たとえばイルカは7・83ヘルツの音波を生成しているし、ＤＮＡも7・83ヘルツの極超長波の電磁波で意思疎通すると言われている。人間の脳のアルファ波もシューマンの帯域幅にあって、リラックスしているとき、創造的な活動をしているとき、瞑想《めいそう》しているときなどに表れるが、恐れやストレス、不安があるとアルファ波が阻害されて、わたしたちはほかのあらゆるモノから切り離されてしまう。

今の人間のエネルギー環境は、イオン化された放射線と技術的に生成されたパルス周波数による総攻撃によって、シューマン共振が破壊されていっている。物理学者でシューマン共振を研究しているヴォルフガング・ルートヴィッヒによると「都市部やその周辺でシューマン共振の測定が不可能になっている……携帯電話からの電磁波で汚染されているので、測定は海上でしかできない」。

ドイツのマックス・プランク認知神経科学研究所のルトガー・ヴェーバー教授は、シューマン共振から遮断《しゃだん》された地下の防護室を造り、ボランティアの学生を被験者に、1カ月間にわたる実験を行った。被験者は、シューマン共振を遮断したことで生物学的なリズム（24時間周期のリズム）を乱され、感情的な落ち込みと偏頭痛に悩まされた。しかし7・8ヘルツの周波数を短時間浴びただけで、これらの症状は消え去った。

ここで考えてほしいのは、人間は宇宙インターネットの一部として、つねに地球の電磁場と通信しているということだ。この観点から見れば、こうした放射線や周波数による猛攻撃は、人間の生命と健康に大きな影響を与えているはずだ。

アメリカのハートマス研究所の一部門であるグローバル・コヒーランス・イニシアティブ（GCI）は、磁場が人間の感情や行動にどのような影響を与えているか、あるいは逆に与えられているかを監視している。彼らのウェブサイトには、わたしの考えと同じ仮説が掲載されている。

●人間と動物の健康、認知機能、感情、行動は、太陽、地磁力、その他の地球に関連した磁場に影響される。

●地球の磁場は、生物学的な関連情報を運び、すべての生物をつないでいる。

●すべての人は地球規模の情報場に影響を与える。

●集合的な人間の意識は地球規模の情報場に影響を与える。そのため、多くの人が心を集中して、気遣いと愛と共感の状態を作り上げれば、より強い干渉場環境が生成され、他の人びとの助けとなり、また、地球規模の不調和と非干渉をリセットするのに役立つ。

恐怖や不安、嫌悪、暴力、戦争、失意、その他の低周波数の状態はすべて電磁気現象だから、これもわたしたちの周囲の空気を電磁的に変える。ネガティブな行動や感情が起こっている部屋に入ると、それを感じることができる。いわゆる「ナイフで切り裂けそうな空気」だ。こうした「空気」は人の思考や感情によって作られ、特定の周波数で電磁的に顕在化する。

70億人以上の思考や感情が積み重なれば、集合的な空気への1秒ごとの作用がどんなものになるか、想像してほしい。そうした状態は、空気を電磁的に汚染してフィードバックループ《反作用循環》を形成し、それが人の精神や感情の状態に影響を与えて、低い周波数の考えや感情をさらに作っていく。これは、わたしたちが心を開き、愛と喜びと共感の周波数を送ることで変えられる。同様に、大気に送られた周波数は、人間の精神と感情の状態に技術的に影響を与える——それこそが、ヘイズやその他の研究者が語る、大気による操作の設計目的なのである。

こうしたことのすべてをつなぎ合わせる点はまだある。それはほかでは目にしないが、わたしはいつもの通り点をつなぎ、ヒントを追いかけていくことで結論にたどり着いた。

わたしはスカラー場を、時間と空間を超えたところからすべてをつなぎ合わせるエネルギーないし情報の場、と定義している。これは主流派の科学がダーク《暗黒》エネルギーないしダークマター《暗黒物質》と呼んでいるもので、つまりは目には見えないエネルギーということだ。スカラー場にはその特性として「時間」の観念がない。したがって速度もない（すでにあらゆるところに存在しているのだから、どこにも行く必要はない）。

わたしの定義するスカラー場は、可能性・蓋然性《がいぜんせい》の量子世界の基盤であり、わたしたちはそこから現実を顕在化させている。

アルコーン・レプティリアンないしグレイの集合的な力は、彼らが人類に求める新たな世界の情報の青写真をこのスカラー場に投入して人類を操作し、本来の可能性・蓋然性を、彼らの求める可能性・蓋然性として解読させようとしている。人類は、自分たちの牢獄を顕在化するように操作されているのだ。

ただし、関わっているのはすべてのレベルのスカラー場ではなく、特定の周波数に限られている。

アルコーン・レプティリアンは、混血種《ハイブリッド》の〈エリート〉とともに、人類の精神と感情の状態を自分たちと同じ周波数帯になるよう操作し、わたしたちがスカラーの周波数に合わせて自らの集合的な牢獄を解読するよう働きかけている。その先制プログラミングとして、映画やテレビ番組では、彼らが思い描くディストピア的な、機械が支配する現実が流されている。つまり、あれもすべて、人間とスカラーの青写真を同期させるという計画の一環なのである。

人類は今も操作されて、わたしがこれまで説明してきた通りの世界を作り上げようとしている。そうした動きが完全に統制の取れたものになっているのは、これが最大の理由になっている。人類は外部から侵略されているのではなく、内部から侵略されているのだ。

USBメモリに情報をコード化しておけば、コンピュータがそれを解読し画面に表示してくれる。アルコーンが操作するスカラー場はこのUSBメモリと同じで、人類は集合的なコンピュータだ。カーツワイルが予測した現実が急速に姿を現しているのは、人類がそれを解読し——それを織り込んで——現実の存在にしているからにほかならない。

人類が精神を開き、認識と可能性（と蓋然性）の感覚を拡張し、現実を知覚する周波数を上げなければならない理由は数多くあるが、最も重要な理由はこれだ。操作されたスカラー場の周波数帯で振動する知覚でいたのでは、集合としての人類は、これからもカーツワイルの現実を顕在化させていくことになる。それを止めるには、そうした周波数から抜け出して、スカラーないし量子のポテンシャルからなる純粋なすべての可能性ないし蓋然性の世界へ飛び込むしかない。スカラー場の、素晴らしい新世界のセグメント《一部分》を超えたところで共振している人たちは、それ以外の可能性とともに、その集合的な顕在化に挑んでいるのである。

頭がおかしい――きっと多くの人はそう思うだろうが、わたしはこれが真実であることを知っている。彼らが人類を操作するために使っているスカラー場は、使い方さえ変えれば、すべての人、すべてのものを癒《いや》すこともできる。集合的な人類の意識は地球規模の情報場に影響を与える。だから、多くの人が心を集中して気遣いと愛と共感の状態を作り上げれば、強い干渉場環境が生成されて他の人びとの助けにもなるし、地球規模の不調和と非干渉をリセットするのにも役立つことになる。

地球人口10億人に！　ＧＭＯ、放射線、水道、プラスチック、ワクチン、ｅｔｃ―どうぞご選択を！

間引き――各国政府・ビッグファーマ・ＦＤＡ・ＷＨＯが一体で推進!!

わたしは１９９０年代から人類の間引き計画を暴露してきたが、なぜ人類が以前ほど必要とされなくなってきたのか――アルコーン・レプティリアンの〈エリート〉から見て、ということだが――今ならわかってもらえると思う。人類は操作されて技術的な構造を作り上げてきたので、それを使えばアルコーンのＡＩは何でも実行できるようになった。だから、人類の奴隷はそれほど必要ではない。支配のための〈システム〉を作ってくれたからもう君たちは不要だ、というわけだ。間引きが最も明確に表れているのは精子数の劇的な減少だが、人類を大幅に減らすための方法はほかにも数多く準備されている。公式な文書や発言から見ても、人口を間引く計画があることは明らかだ。

国連「世界生物多様性アセスメント」の草稿は人類を10億人に減らすことを要求しているし、テレビプロデューサーのアーロン・ルッソによれば、インサイダー《部内者》のニック・ロックフェラーは人口を少なくとも半減させなければならないと語っている。このテーマは、ほかの組織や文書の記述にも見られるし、CNNの創業者テッド・ターナーやマイクロソフトの億万長者ビル・ゲイツなどもそのような発言をしている。ちなみに、ビル・ゲイツの父親ウィリアム・H・ゲイツ・シニアは、悪名高い優生学者トーマス・マルサスの考えを支持していたことで知られていて、かつてはロックフェラーが優生学活動の一環として設立した「プランド・ペアレントフッド《全米家族計画連盟》」の代表を務めていた。

2010年、カリフォルニアのバイオテック《生命工学》企業エピサイトは自社名を冠した「エピサイト遺伝子」の特許を取得した。この遺伝子には注入された男女の生殖能力を失わせる働きがあるのだが、彼らはこの遺伝子を、なんとトウモロコシの種子に注入した。モンサントとデュポンが合同でエピサイトを買収し、生殖能力を失わせる遺伝子を「商業化」したことでも、人間を間引くという動機が確認できる。この作物を口にしていないことを確認する方法があるかといえば――ないのである！

アメリカナチュラル・ソリューションズ基金の医学責任者リマ・E・レイボーは、アメリカ食品医薬品局（FDA）が、その情報を得ることを違法であるとしたと指摘している（レイボーは、F

DAはFraud and Death Administration（詐欺と死の組織）の意味だとしているが、まさにぴったりだ）。尿から排出される水分からも、避妊薬の成分が見つかっている。医師が患者の死が近いと（多くの場合不当に）判断したときに、その歩みを早めるための行動を「クリニカルパス《診療計画》」と呼ぶが、これは〈システム〉を支えるには老いて弱り過ぎた人間を間引くための行動だ。

　ロックフェラーのインサイダーでプランド・ペアレントフッドの幹部でもあったリチャード・デイ博士は、１９６９年の小児科医の会合で、いずれ使用されるようになる「死に至るピル《丸薬》」について話した。これは、ある年齢に達した者は家族に別れを告げて「死に至るピル」を飲み、まだ働ける世代のためにこの世を譲るというものだ。要望に応じて安楽死させるべきだという圧力が高まっていることや、若者が老人を嫌悪するように操作されていることも、すべては〈忍び足の全体主義〉でここにつながっている。

「死に至るピル」によって、第10章［③巻１０１頁］で紹介した俳優マイケル・シャノンの願いは叶《かな》うだろう。彼に同意しない老人は「骨壺《こつつぼ》に入るときだ」と宣告される。そしてこの国家的な安楽死が、それぞれの土地の法律によって強制される。教皇フランシスコが「職場で老人は若者と置き換えられるべきだ」と要望したのも、このアジェンダ《実行計画》と関連している。

　人類の健康と幸福への明らかな一斉攻撃は、放射線、食べ物、飲み物、水道に含まれる化学物質、遺伝子組み換え作物、多量の毒素、破壊的なレベルのワクチン、研究室で作られた疾患、栄養不足、飢餓、そしてその他の多くの方法によって行われている（図６０７）。これについては、これまで

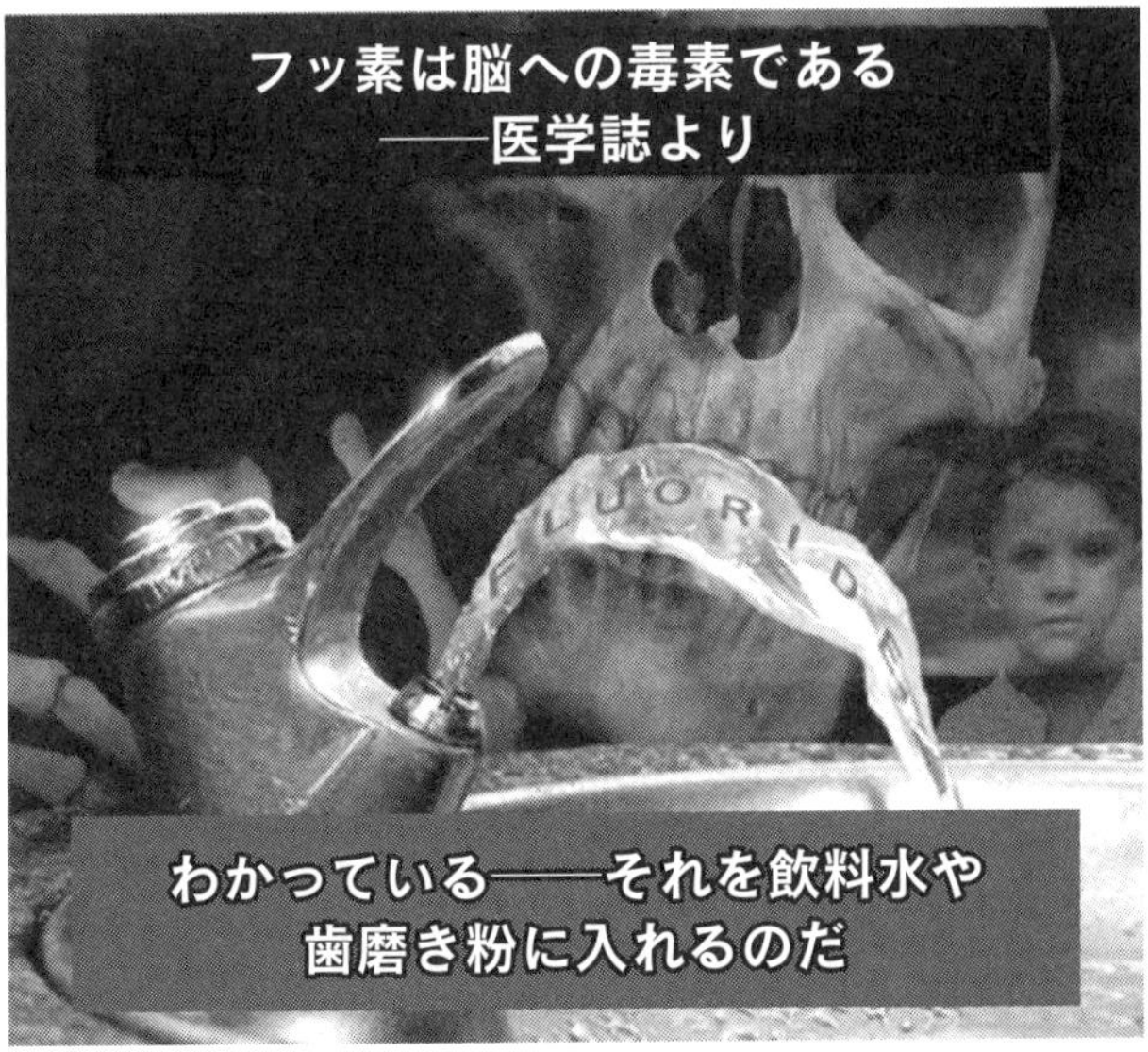
フッ素は脳への毒素である
——医学誌より
FLUORIDE
わかっている——それを飲料水や
歯磨き粉に入れるのだ

図607：よく考えた、名案だ。

図608：毒素を含んだプラスチックの海に溺《おぼ》れる。

の著書でも詳細に記述してきた。あちこちで生態系が分解され、毒されている。受粉に使うミツバチの個体数減少と並行して、土壌の生産力が下がり、必要なバクテリアも減っている。そして、この食物連鎖の頂点に人間がいる。

食物を栽培する土地や人間が口にする作物を汚染するなど、少しでも意識のある者にとっては狂気の沙汰だが、正気が反転して狂気になれば〈郵便切手《ちっぽけ&金太郎飴》〉の「正常」はこう言う——「何か問題でも?」人為起源の地球温暖化は作り話かもしれないが、わたしたちが、現在の人口を維持するのに必要な地球の能力を解体しているのは事実だ。

プラスチックは世界中に広がっていて、年間４８００億個のプラスチックボトルが販売されている。この数値は２０２１年には５８４０億個に達すると考えられているが、プラスチックはあらゆる生命と密接な関係があり、あらゆるレベルで毒素が含まれている（図６０８）。

環境の破壊と汚染の責任のほとんどは〈クモの巣〉企業だが、まったく知らぬ顔をしている。５Ｇだけでも、もし人類が今のような無知と愚かさで導入を許してしまえば、累積で膨大《ぼうだい》な数の人命を奪うことになるだろう。人間のエネルギー場と有機体と免疫系は、この日々の猛攻撃の中でうめいている。忍び足の各ステージで間引かれる数は累積していき、それを世界規模での戦争と飢餓が、そしてこれからは特にテクノロジーが支えていく。

遺伝子組み換え食品（ＧＭＯ）が健康に壊滅的な影響を与えることは『幻の自己』などで説明した通りだ。近年になってＧＭＯ、化学薬品、製薬の各分野で大企業（同じ〈クモの巣〉の糸）の合併が進んでいるのも、遺伝子組み換え食品による世界支配を確実なものにするための一手で、目的はわたしたちを遺伝子レベルで変えていくことにある。

すでに悪の双生児であるモンサントとドイツ・バイエルAGに吸収合併案のほか、ダウ・ケミカルとデュポンのGMO部門の合併、中国の国有企業ケムチャイナによるスイスのシンジェンタ買収などが行われた。GMOによる増産で「世界に食料を提供する」という主張はナンセンスだし、彼らもそれはわかっている。近い将来、作物産出量は減り、土壌の生産力は破壊され、GMOと併用される除草剤のせいで毒の沼になってしまう。そのあとは、突然変異で毒素への耐性を獲得したスーパーウィード《超雑草》が作付け領域を乗っ取ってしまうだろう。

ビル・ゲイツが推進するGMOは、世界的な飢餓と大規模な健康被害という急坂を転がり落ちるようなものなのだが、これも彼らは承知の上だ。なぜGMOが健康に大きな被害をもたらすのかには、他にも多くの理由があるのだが――わたしのほかの著作を参照してほしい――オープンに語られたことのない話もある。それは、GMOやその他の非オーガニック食物からのエネルギーでは、わたしたちが細胞間で最適な意思疎通を図るには不十分だということだ。これによって通信系が混乱して誤作動を起こし（コンピュータを想像してほしい）、それが疾患というかたちで顕在化する。その例が心疾患とがんで、主流派の薬品と並ぶ2大死亡原因だ。

EU離脱《ブレグジット》を機に、イギリス政府がGMOの規制を解除するようなことは絶対に許してはならない。EU《欧州連合》の官僚はずっと以前からその機会をうかがっていたのだが、市民の反対で思いとどまっていたにすぎない。

大手製薬企業《ビッグ・ファーマ》が生産しているワクチンという毒素の塊は人間を、しかもとりわけ子どもを「物理的」、精神的、感情的、遺伝的に損傷するとともに、彼らの定常波振動の安定とバランスを損なっている。基本の状態におけるワクチンは、その中身を反映して、非常に歪んだ波形の周波数となっている。それもそのはずで、ワクチンには中絶された赤ん坊のDNA、牛の胎児の血液、アルミ、ホルムアルデヒドなど、多くの毒素が含まれている。

イギリスをはじめとする西側諸国の政府海外「援助」として、数十億の費用が、ワクチンプログラムに使用するという特定の条件のもとに「提供」されている。この巨額の支援金は、西側諸国の納税者から大手製薬企業への補助金で、今も継続されている。この世界的なワクチンプログラムの中心にいるのはマイクロソフトの億万長者ビル・ゲイツであり、それをGMOのときと同じように、間抜けなごますり屋のボノが支援している。

ワクチンのプロパガンダ《宣伝》を拒否し、ワクチンのもたらす影響から自分と子どもを守る選択をする人は増え続けている。〈クモの巣〉の太い、太い糸である製薬カルテルは、これに対応するために、ロビー活動や政府への操作によって義務化を推進している。「選択」は〈システム〉が要求することを「選択」する場合にだけ存在する幻想だ。われわれの求めることに同意（「選択」）せよ、さもなければ強制的にやらせるぞ、なのだ。

2017年前半には、アメリカの35州でパイプラインに関する134の法案が提出され、子どもへのワクチン接種を拒否する権利を削減するか、なくそうとしていた。自分や子どもの体内に何を取り込むかを国が命令する――これほど包括的なファシズムの定義をわたしは思いつかない。

この状況は世界中で発生していて、たとえばフランスの「進歩主義者」エマニュエル・マクロン大統領の厚生大臣は、11種のワクチンを必須にする意向を明らかにしているし、イタリアの「進歩主義者」パオロ・ジェンティローニ首相は、子どもへのワクチン接種を親に義務付けた上、必要なワクチン数を4から12に増やしている。拒否すれば親は多額の罰金を科せられる上、子どもは学校や保育園への登校、登園を拒否される。まあ、それならそれで子どもたちを連れだせるから、その方がずっといいのだが、ともかくワクチンに同意する親が減っているというのが向こうの口実だ。選択肢はありますよ――わたしたちの言う通りにすればいいのです。

オーストラリアでは、国家の（ということはビッグ・ファーマ《大製薬会社》の）スケジュールに従って子どもにワクチンを接種しない家庭への政府補助金の支給を停止した（接種なければ給付なし法だ）。マルコム・ターンブル首相は、彼をつねに飲み込んでいる傲慢《ごうまん》な黒雲の中から、さらなる義務化を遂行しようとしている。

ターンブルは次のように発言し、ファシズムを正当化しようとした。「子どもにワクチン接種しないということは、自分の子どもだけではなく、ほかの人の子どもの命も危険にさらしているのです」。これはまったくのナンセンスで、彼の妻を通じて大きなつながりのあるビッグ・ファーマの原稿そのままだ。病気の予防が必要なのであれば、素晴らしい人間の免疫系を守る活動をすべきで

図609：ちょっと頬《ほお》をつねってみて——痛い！　本当なんだ。

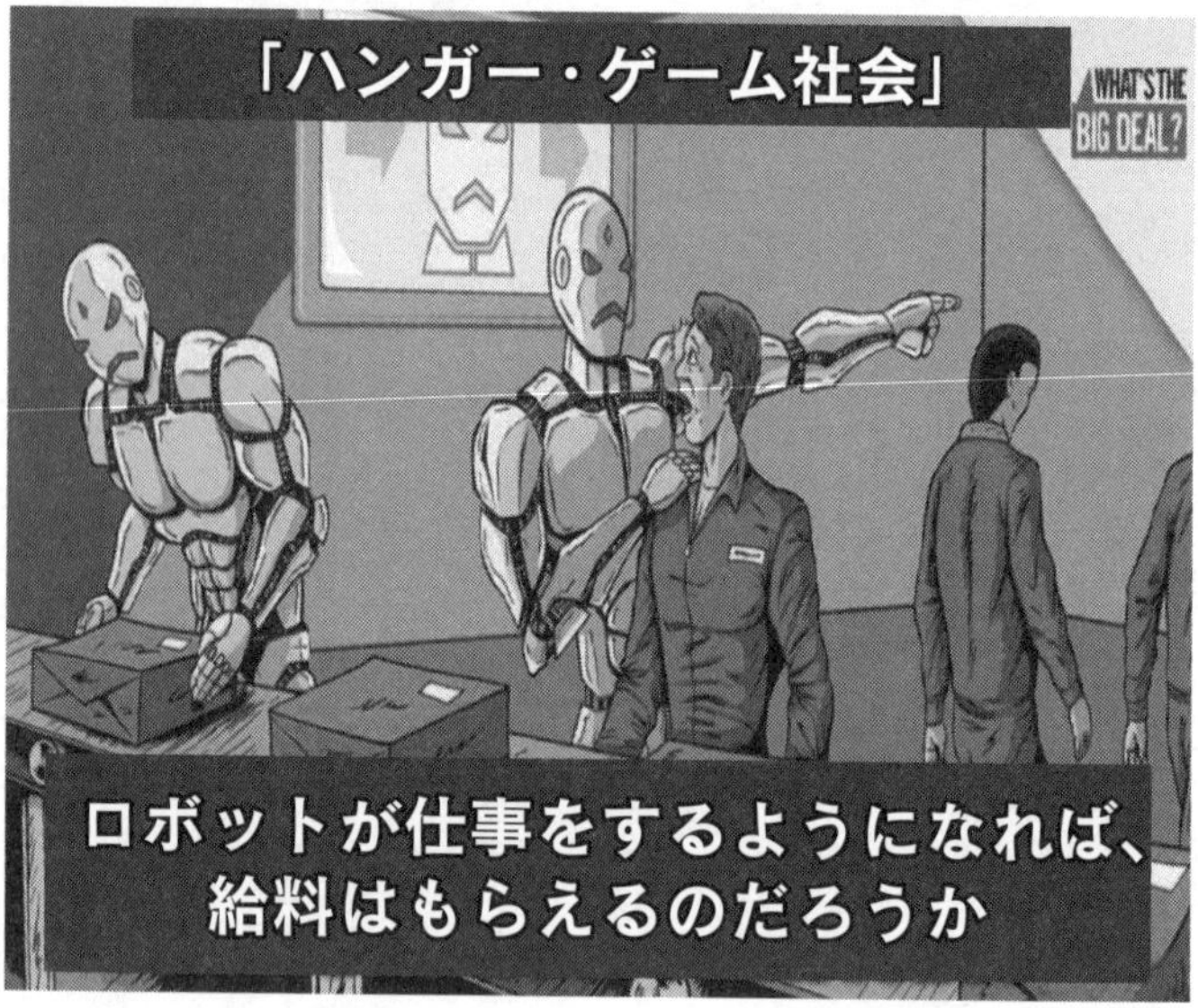

図610：質問は比較的少ないようだが、質問はされる。

あり、世界の子どもが襲われているような毒素の津波で免疫系を破壊してはならない。

国によっては17歳までに74種もワクチン接種をしなければならず、その多くが、免疫系が成長中の幼い頃に接種される。接種された後は、もう元通りになることはない（図６０９）。決算書の利益マージンを基盤とする（ということは人が病気になることに依存している）悪魔のようなビッグ・ファーマのカルテルが、こうしたことを、人びとの健康を守るために推進していると本気で信じる人がいるだろうか。

ロスチャイルドとロックフェラーが設立した世界保健機関（ＷＨＯ）は、彼らが「敵対者」と呼ぶ脅威に対処するために『公の場でワクチンを強硬に拒否する人への対処方法』というマニュアルまで作成している。わが子にとって何が最適かを質問するのは親の当然の権利だ。それなのに、子どもを気遣う親は「敵対者」にされる。これがあらゆるレベルでの、当局と市民との力関係なのだ。「ワクチン否定論者」（気候変動否定論者と同様）は「ワクチンを躊躇《ちゆうちよ》する人びとの中の過激な下位集団のメンバー」扱いだ。この連中は完全に狂っている。米国小児科学会は、ワクチンの影響についてのこれ以上の調査は不要である、なぜなら「ワクチンの安全性と効果はすでにわかっている」からだとしている。しかし、安全性と効果に関する彼らの主張を裏付ける証拠を要求しても、その返信は郵便局のどこかで消えてしまっている。その一方では30億ドル以上が、全米ワクチン健康被害補償プログラムによって、ワクチン被害に遭った人びとに密《ひそ》かに支払われている。その圧倒的多数は子どもである。

AIの侵略は急上昇中！

仕事はありますか？――「強いAI」は「人間」そのもの

全職業が奪われる!! セックスロボット、子ども型セックス人形すら!!

健康と活力に対するこうした戦争と並行して、かつては人間が行っていた仕事が急速にAI機器や技術に取って代わられている。いずれ、人間が生活するのに十分な賃金を伴う仕事はなくなってしまうだろう。それで誰が生活費を払うのだろう――誰も払えない。彼らは「ハンガー・ゲーム《過酷な監視管理》社会」のピラミッドの底辺の、貧困層に落ちぶれてしまう（図610）。正気で、公平で、思いやりのある社会があって、つまらない仕事は人間が支配する機械がするようになれば、その分の賃金は、もうその仕事をする必要のない人びとの間で分配されるだろう。人びとは給料をもらいながら、趣味や娯楽に気持ちを向けることができる。しかし、十分な支援とはそういう意味ではない。

計画では、自分の生活は自分で守らなければならず、AIによる自動化のメリットを享受するのは全体の1パーセント以下に限られる。この「余剰」人口――キッシンジャーの言う「無駄飯食い《ユースレス・イーター》」――のほとんどは間引かれ、残りはコンピュータ端末としてAI（アルコーン知能）の〈ハイヴ《巣箱の》・マインド《精神》〉の一部となる。

ロボティクス《ロボット工学》がどこまで職場を変容させるかは、まだ一端が見えかけたばかりで、ほとんどの人はその影響について何もわかっていない。国連の報告書は、発展途上国の労働力の3分の2が自動化されると予測しているし、別の研究でも世界的に同様の結果が出ている。なかには、アメリカでは20年以内に労働者の半分が置き換えられると予測するものもある。カーツワイルのシンギュラリティ・ユニバーシティの仲間であるピーター・ディアマンディスも同じように考えていて、AIによって、今後20年間にアメリカの仕事の48パーセントが失われると予測している。

中国のエンジニアで投資家の李開復《りかいふく》は、今後10年で現在の職業の半分がロボットとAIで置き換わると試算している。李は、AIは「とてつもないもの――電気、産業革命、インターネット、モバイル・インターネットなど、人間のすべての技術革命を足し合わせたよりも大きなもの――になるだろう。AIはあらゆるところに広がっていく」と語っている。

社会の流動性に注目している慈善団体サットン・トラストによれば、イギリスでは今後20年で1500万の仕事がなくなり、最貧層の労働者が最も大きな影響を受けるということだ。多くの若者が、大学教育（という名のプログラミング）を受けるために多額の借金を抱えているが、テクノロジーが人間に取って代わる時代になれば、学位など何の役に立つだろう。AIが人間の精神とつながろうという段階になって、わたしたちの知る教育には終末期が訪れている。AIが直接伝えるようになれば、今まで教師に求められていた集合的な現実の伝達は不要となる。車、バス、トラック、列車の運転手が不要になることだけを考えても、世界中でどれだけの失業者が出るか考えてほしい。

2016年に発表されたAIが運転する車は、人間が運転しているところを見るだけで、自分で運転方法を学んだ。それを考えれば、技術的な手段さえあれば、すべてはAIでできるようになるだろう。「ロボット用のウィキペディア」まで開発中だ。これはAIロボット専用のクラウドベースのインターネットシステムで、データや経験を共有することで人間のようなロボットの開発を加速するというもので「強いＡＩ」と呼ばれている。

アメリカでは約４００万人がファストフード業界で働いているが、これもロボットに置き換えられようとしている。マクドナルドやウェンディーズのような大型チェーンではすでに置き換えが始まっていて、売店の自動化が進んでいる。世界最大のフランチャイズライセンスオーナーであるドミノピザ・エンタープライズでは、ドミノ・ロボティック・ユニットというロボット配達システムを監視するグループを作り、地上と空（ドローン《無人機》）の両方でテスト中だ。

ＡＩは食料生産の現場で幅広く使われているし、畜産の現場では、空飛ぶ羊飼いとしてドローン《無人機》が採用されるケースまである。ほかにも、旅行代理店、薬局の補佐、翻訳者などの職業が消えつつある。職業検索エンジンAdzunaはイギリスで2年間７９００万件の職業広告を分析し、イギリスで最も急速に減っている職種のうち、3分の2がテクノロジーの軍門に下っていると結論づけた。

ウォルト・ディズニーは、キャラクターコスチュームを着た人間の代わりに子どもと接するソフトボディのロボットの特許を申請している。また、人間の4倍の速さでレンガを積めるＳＡＭという半自動石工ロボットもお披露目された。こうした流れからは誰も、どのようなものも安泰ではいられないし、人間の暮らしはＡＩに乗っ取られようとしている。

移民による侵略が話題に上ることは多いが、ＡＩによる侵略の影響の方がずっと深刻だ。これは世界中で、地元民と移民の両方が影響を受ける。人びとが受け取る情報をアルゴリズム《問題解決手順(ソフト)》で支配する計画についてはすでに指摘してきたが、それは同時に、ジャーナリストの大半がアルゴリズムで置き換えられるということでもある。ニュースを検閲するアルゴリズムだけでなく、執筆するアルゴリズムも作られているのだ。

ジャーナリストの大半はすでに公式発表を繰り返すだけのロボットだと考えている人もいるかもしれないし、その考えは正しいのだが、そのような流れを振り払い、尊厳と責任を持って自分の職業と真剣に向き合っている人もいる。アルゴリズムへの移行の本当のターゲットはこのようなジャーナリストで、やがてはＡＩが「ニュース」を報じるようになるだろう。

報道関係者で作るユニオン「ワシントン＝バルチモア・ニュース・ギルド」の共同創設者フレデリック・カンクルは、今のところテクノロジーで置き換えられているのは一部の「つまらない」仕事だけだと語っているが、それが最終的な目的ではない。このことは、イギリスの通信社プレス・アソシエーションにＡＩロボット記者の開発資金として80万ドルを提供したのが（当然のことながら）グーグルだということからも確認できる。完成すれば、このロボットは地元の通信社やブロガーのために、１カ月３万件の記事を執筆することができるという。これは、グーグルが１億７００0ドルを投じているデジタル・ニュース・イニシアティブの一環で、グーグルはジャーナリズムを支援するためだと主張しているが、実際は乗っ取るためのものだ。

ほかには弁護士の職も脅かされている。ＡＩの法律相談は、すでに駐車違反の争いなどの案件処理に導入されているが、もっと高度な分野にもきっと拡張されていくだろう。ニュージャージー州では、アルゴリズムを保釈システムに導入して、被告人が裁判前に逃走するリスクを数学的に評価している。これはほかの州も追随するだろう。こうしたシステムに人種的なバイアス《偏向》が埋め込まれている例がすでに判明しているが、このまま行けば、裁判官もすべてＡＩで置き換えられるようになるだろう。実際、そのためのアルゴリズムも開発されていて、精神読み取り技術と人工知能を組み合わせて、その人物が有罪かどうか、さらには罪を犯す計画があるかまで判断させようとしている。

中国科学技術部の李萌《りほう》副部長は、中国の計画を次のように語っている。「わが国のスマートシス《微細監視》テム《体系》とスマート《微細監視》施設をうまく活用すれば、誰がテロリストで、悪事を働く可能性があるかということを……事前に知ることができる」。しかし当然のことながら、政府はその対象から除外される。こうしたテーマはかつて『マイノリティ・リポート』などの映画に描かれていたから、あれを見れば、何が起きつつあるかわかると思う。

イギリス・ダラムの警察は、ヨーロッパで初めて人工知能を導入して、逮捕者を保釈した場合に再犯の可能性があるかどうかを評価させている。彼らは、ＡＩが最終評価を下すのではない、ＡＩは警察が使用するツールのひとつにすぎないと主張しているが、それで終わるはずはないだろう。イギリス法曹協会刑法部会の会員であるリチャード・アトキンソンは、この計画の先を次のように見ている。

これは非常に危険な一歩である。法律では、勾留《こうりゅう》決定は人間が、複雑な状況を考慮した上で行わねばならない。しかし現実には、勾留担当者はその責務をアルゴリズムに委《ゆだ》ねようとしている。アルゴリズムの判断を覆そうとすれば、間違いなく上層部から問い詰められるだろう。

容疑者の弁護士にしても、山のようなデータを渡され、依頼人はリスクが高いと告げられれば、アルゴリズムに反論することができるだろうか。疑似科学にすぎないものが不当に重視され、それが事実上の神の言葉になってしまうことには深刻な問題がある。そして、この行き着く先はどうなるのだろうか。法廷でもアルゴリズムが審判を下すことになるのだろうか。

そう、今進められているのは、まさにそのようなことなのである。

一般の銀行家もＡＩへの置き換えから安全ではいられない。世界最大の資金運用会社ブラックロックは、ポートフォリオ・マネージャーの13パーセントをアルゴリズムで置き換えると発表した。銀行の窓口業務もＡＩによって大きく縮小されることになり、そのプロセス《過程》が進行中だ。保険会社は、人間の代わりにＡＩを使用して保険金請求の処理を始めている。

アマゾンは２０１２年にロボティクス企業のキヴァ・システムズを買収していて、現在は４万５０００台のロボットが配送センターで人間の代わりに働いている。導入スピードは毎年劇的に上昇中だ。アマゾンの従業員の待遇はひどいため、あるレベルではそんな奴隷状態から解放されて喜んでいると思うが、では、どうやって家賃を払えばいいのだろう。転職しようにも、ほかの仕事も自動化されているのだ。

ジェフ・ベゾスとアマゾンは全自動で完全キャッシュレスのアマゾン・ゴー・スーパーを立ち上げようとしているが、実現すれば、すべての手順をわずか3人のスタッフで賄うことができる。アマゾンは2017年に食品スーパーマーケットのホールフーズ・マーケット・チェーンに137億ドルを投じて、同じ自動化の道を歩ませている。

わたしは1年ほど前に、同じように自動化へと移行しつつあるスーパーへ入ったことがある。そこにいた客のひとりは、いかにこのシステムを支持しているかを熱心に語った。わたしが、職を失った人はどうやって生活費を払うのかと尋ねると、機械を動かすのに人が必要だから誰も職を失ったりしないという答えが返ってきた。わたしは自分の頭がおかしいのかと思ったが、確認してみたらそうではなかったので、きっとその客の頭がおかしいのだろう。

EU《欧州連合》は「電子人格」という概念を導入し、AIロボットの人権に関する議論を始めている。ロボットや機械が政治的公正《ポリティカル・コレクトネス》の対象となるのも遠い話ではないのだろうか。人間のような皮膚と骨格構造を持つロボット（「強いAI」）も開発されているから、やがて生物学的な人間は周縁へ追いやられ、AIの侵略に圧倒されるだろう。そう、これはまさに侵略なのである。

ニュージーランドのAI企業ソウル・マシーンズのCEOマーク・セイガー博士は「仮想神経シ

ステム」というシステムを作り上げた。このシステムは、人間の感情を学び、模倣することができる。セイガー教授は、人間のように考え、感情を抱くロボットが、10年以内に人間と生活を共にする可能性があると語っている。わたしたちはもうすでにここまで来ているのだ。しかも、開発スピードは年々加速している。「本物のような」セックスロボットもすでに市場に出ていて、子ども型のセックス人形も、どうやら日本で購入できるらしい。こうなると、人間とテクノロジーの違いはますます曖昧《あいまい》になる。心理学者によっては、ロボットと性関係を結ぶことで「人間が鈍感になり、親密さや共感の能力を失う」可能性があるという。しかし、それこそが〈エリート〉が目指していることではないのだろうか。

司令官も兵士もロボ《ロボコップ》AI軍やらAI警官——ゲイツやソロスが参画！隷属大好き薬で涙なしの専制へ「最終革命」で「奴隷人種」に!!

わたしはこれまで地球軍の計画を強調してきたが、これもやはりAI（アルコーン知能）によって支配されるだろう。これは大切なことなので、少し紙面を割いて考えてみよう。人間の精神はアルコーンのクラウドにつながったコンピュータ端末と大差ないものとなり、世界中の法執行機関も同じAIの手中にある——それで何がいけないのだろうか。人びとが精神を開いて、こうした点のすべてがどうつながっているかを見ればわかることだが、いわゆる「技術革命」は隠蔽《いんぺい》手段であって、本当の狙いは、AIですべてを乗っ取って《ハイジャックし》人類を奴隷に——それも、この用語の過去の定義をはるかに凌駕《りょうが》する奴隷人種に――変えてしまうことなのだ。

ＡＩによる地球軍は、映画『マトリックス』で人類を支配していたセンチネルと似ている。ＡＩが制御するレーザー兵器なんかどうだい？　なんだって？　高度なＡＩ技術を開発しているＢＢＮテクノロジーズはレイセオン――ＤＡＲＰＡ《米国防総省高等研究計画局》とつながった非常に邪悪な「防衛」請負会社――の完全子会社だ。マサチューセッツ州ケンブリッジに本社を置くＢＢＮでは「世界レベルの量子研究チームが……次世代の量子センシング、量子通信、量子コンピューティングを可能にする」のだという。これは人類支配に向けた多くのシナリオで使用されているが、その中核は、人工知能による戦争指揮を可能にして、人間の司令官を置き換えることにある。

アメリカの法執行機関で初めて機械が人間を殺害したのは２０１６年にダラス警察が容疑者を殺害したときだが、計画から見ると、これはほんの始まりにすぎない（図６１１）。

ロシアのヒューマノイド《人間もどき》・ロボット、ＦＥＤＯＲは両手で銃を撃つことができる（ＦＥＤＯＲはFinal Experimental Demonstration Object Research「最終実験デモンストレーション《示威》対象研究」の意味だ）。今は世界中の軍隊がＡＩ兵器とロボット機器を採用して、戦場での意思決定をＡＩに許可している。

戦車、戦闘機、戦艦など、すべてＡＩを備えたものが設計、導入されていて、誰を殺害するかも含めてＡＩが決定するようになっている。もちろん先鋒《せんぽう》はＤＡＲＰＡ《米国防高等研究計画局》で、無人機《ドローン》には「神経マイク《極微》ロチップ《細片》」が組み込まれていて「人間のように考える」ことができる――いや違った、アルコーンのように考える、だ。

DARPAは軍用ヘリコプターも仕様を変更して、人間のパイロットではなくAIが飛ばすようにしている。2016年には、世界最初の殺人戦艦の一団を導入する計画を発表していて、その名は「シーハンター」だという。科学者も開発者も、こうしたAIが生み出すモノや意思決定方法を完全には理解していない。「ディープ・ペイシェント」と呼ばれる保健プログラムがその一例だ。

ニューヨークのマウントサイナイ病院でその開発に当たっているジョエル・ダドリーは次のように語っている。「モデルを作ることはできるが、どのように動作するかはわからない」。そうか、なるほど、ではレーザー兵器を与えてみよう。AI（アルコーン知能）は、ダドリーのような人びとの精神をもてあそびながら、笑いが止まらないに違いない。

AI地球軍は非常に長い年月をかけて作り上げられてきたもので、繰り返しになるが、そのテクノロジーが今になって、具体的な流れの中で導入されている。しかも、そのスピードは日に日に増していて、AI軍用の機器が次から次と、極秘開発プロジェクトから投入されている。これにはあらゆる形と大きさの無人機が含まれている。人びとを空から監視するために設計されたものだが、ちゃんと銃とテーザー銃を備えている。それなのに、大多数の人は意味がわかっていない。企業が所有する主流メディアに至っては言わずもがな、だ。

一部の学者や科学者が、殺人ロボットが実現したら防ぎようがないと警告しているが、そもそもそれが目的なのである（図612）。国や自由やその他の妄想のために戦っていると信じている世界中の兵士の中には、ひょっとしたら、自分たちはある勢力の意思を強制するために戦っていると考える者もいるかもしれない。その勢力は軍を乗っ取ろうとしている。そして軍のクズどもと親しくなったら、兵士を家族もろともテクノロジーで管理してしまうだろう。

警察官もAIロボットで置き換えられようとしているが、これも同じだ。世界初のロボット警察官《コップ》が正式にドバイの警察に加入したのは2017年のことだった。ドバイ警察で「スマート・サービス」の事務局長を務めるカリド・ナッサー・アル・ラッズーキ准将《じゅんしょう》は次のように語っている。

> ショッピングモールや路上で人びとを支援し助ける目的で導入したロボコップは、警察への最新のスマート《ステキ》な加入者であり、われわれを助けて犯罪に立ち向かい、町を安全に保ち、幸せのレベルを向上することを目的に設計されている。おしゃべりしたり、対話したり、公共の場での喧《けん》嘩《か》に対応したり、握手をしたり、軍隊式の敬礼をしたりすることもできる。

AI「警察官」は顔の表情を読み取ることが可能で、6カ国語を話し、内蔵したタブレットで犯罪を報告したり罰金の支払いを処理したりできる。ドバイ警察は2030年までに4分の1をAI警官にする計画で、交番によってはロボットのみが「駐在」することになるという。ラッズーキ准将によると、ドバイはスマートシティ《高層密集巨大都市》・テクノロジーで世界を牽引《けんいん》する存在になろうとしていて、これ（AI警察）もスマートシティの一面なのだという。

図611：これから起こることの予兆。

図612：ひとたび計画と〈隠れた手〉の本質を知れば、世界の出来事がすべて腑《ふ》に落ちる。

▶プラカードの文字「子どもへの精神薬投与をやめよう」

図613：地球規模での人類破滅が進められている。

点をつなぐことは暴露への道筋となる。それには文脈が必要だ。点は、独立しているときとすべてをつないだときとで、見え方がまったく変わる。マイクロソフトの億万長者ビル・ゲイツなどのインサイダー《部内者》は、歩いて話すドットつながりのようなものだし、ジョージ・ソロスのようなプロの操作者や、大勢いるボノの友人も同様だ。ゲイツやソロスやその同類が支援したり呼びかけたりするものは、決まってアジェンダ《実現目標》の利益になるものだ。

ゲイツが人類の支配に欠かすことのできないコンピュータシステムの表看板だったことや、その後はビル&メリンダ・ゲイツ財団を通じてワクチン、GMO、地球工学、監視、地球温暖化という作り話、マインド・プログラミングの「教育」や人工知能に何十億ドルも投資したのは、すべて偶然だったのだろうか。

あのソロスが、「進歩主義の」政治や大量移民、偽の革命に「民主的」な選挙の操作などなどで同様のことをしているのも、やはり偶然なのだろうか。しかも、点つなぎのプロパガンダ《宣伝》や資金提供をしているのは、彼らのほかにも大勢いる。

子どもや大人に大量の精神治療薬が投与されていることも、全体像の中のひとつのピクセル《画素》であり、支配のタペストリー《つづれ織り》の糸の1本だ。リタリンなど精神依存性の高い混合薬が、体制に従わない子どもや大人に組織的に投与されていることは、これまで何年にもわたって詳細に説明してきた（図613）。これは、感情と知覚選択のさらなる医療化である。

今ではプシケ《心魂》を変えてしまう薬がキャンディのように手渡されていることは、大学生の例で見た通りだ。脳が薬で混乱している状態で、どうすれば明晰《めいせき》に考え、陽動と支配の迷路を見通せるというのだろう。前述の通り、オルダス・ハクスリーはインサイダーとしての知識から、1961年の段階でこんなことまで予見していた。

次の世代になる頃には、人びとが隷属を愛するようになる薬理学的手法が出現し、涙なしの専制政治が生まれるだろう。言わば社会全体のための、ある種の痛みを伴わない強制収容所を生み出すのだ。そうなれば人びとは、実際には自由を奪われているのにそれを喜ぶようになる。なぜならプロパガンダや洗脳によって、あるいは薬理学的手法で強化された洗脳によって、反抗したいという欲求から目を逸《そ》らされるからだ。これは最終革命になると思われる。

わたしたちが向かっているのはこのような世界なのだ。これは何としても止めなければならない。

イヤーミリオン《西暦100万年！》（実際はもっと早い!!《人間奴隷化は寸前！気づけよ！早く！》）——「デジタル牢獄」に迷い込むな!!《「肉体の牢獄」を脱けたら〈無限の自由〉なのだ!!》

この本の執筆が完了して出版作業に入る直前に、ナショナル・ジオグラフィックが『イヤーミリオン』という全6話のテレビシリーズを放送した。この番組にふさわしく、ナレーションを担当したのは『マトリックス』でモーフィアスを演じたローレンス・フィッシュバーンだ。このシリーズはカーツワイルやディアマンディスといったトランスヒューマニスト《超人間主義者》や「未来主義」の第一人者へのインタビューを中心に、AIによって変容した世界を描き出そうとするものだった。

最初のステージでは、人間が精神とスーパーコンピュータ（「メタバース1・0」）との技術的なつながりを通じて、仮想現実の領域を探索する。そして人間は体をすべて捨て去り、精神を「クラウド」にアップロードして、ハードドライブ上で生きるデジタルの認識のみとなる（「メタバース2・0」）。SF映画『トランセンデンス』の世界に逆戻りである。

ナレーションと出演者は、わたしがこれまで説明してきたことの多くを予測しているが、その背景にはまったく言及していない。AIの行き着く先は「ポスト人類」社会で、そこでは「人間の意識が肉体から自由になり」、人間は「オンラインのクラウド集合体の中でデジタル信号として生きる」のだという（一種の「ボーグ集合体《機械生命体》」だ）。なかにはデジタルの楽園を予測する者もいて、精神は「毎日それぞれの冒険を選んで」各自が「船の船長」になると語っていた。

アメリカの理論物理学者で未来学者のミチオ・カクは番組内で言っていた。「人間はそれぞれが神になる。かつて恐れ、崇拝した存在に」。実際にその通りなのだが、それは彼が考える理由からではない。わたしたちは、自ら神だと主張する連中――すでにアルコーンの歪みにはまり込んだレプティリアンやグレイ――のデジタルの〈ハイヴ・マインド《巣箱の精神》〉に同化してしまうのである。これは『イヤーミリオン』では――やはり真の文脈は提示することなしに――脳チップの「テレパシー」を通じたクラウドベースの「脳間コミュニケーション」（＝プライバシーの消去）と、すべての精神を単一の〈ハイヴ・マインド〉へと統合する「群知能」として描かれていた。

　番組では〈ハイヴ・マインド〉という語まで使用しているが、これは、アルコーンの歪みとそれに従うレプティリアン－グレイがハイジャック《乗っ取り》を始めたときからの目標だったものだ。彼らはこれを、多くの現実に対して行ってきている。『イヤーミリオン』のナレーションでは〈ハイヴ・マインド〉を「スーパー・インテリジェンス」という語で表していたが、本当の意味はアルコーンによる吸収だ。また、人間の精神は独立という感覚を失ってしまうという件《くだり》もあったが、これも正しい――人間はアルコーンの精神の一部となってしまうのである。

　実を言えば、わたしたちにはすでにテレパシーの力がある。しかし〈隠れた手〉はその力を、その他の「第六感」的資質や潜在能力ともども抑制しようとしてきている。彼らは自分たちが支配できる技術的なかたちでの「テレパシー」だけを求めているのだ。

『イヤーミリオン』では、〈ハイヴ・マインド〉が実現すれば、多様な考えや意見のコミュニケーションが可能になるとしていたが、アルコーンの〈ハイヴ・マインド〉では、すべての多様性《ダイバーシティ》が破壊され、単一のアジェンダの下で、単一の精神としてしかものを考えられなくなる。

　ナレーションでは、〈ハイヴ・マインド〉はひとつとなることを意味すると説明していたが、わたしたちが目にしようとしているのは、すべてがひとつとなった〈無限の認識《アウェアネス》〉の模倣《エピゴーネン》にすぎない。それは〈無限〉のレベルを犠牲にして、デジタルのレベルに制限されている。人間の精神をデジタルと融合するということは、集団として〈無限〉のつながりとの間にファイアウォール《防遮壁》を作るということなのである。

番組では、人工知能と「競争」するためには群知能が必要だとしていたが、なぜわざわざほかの知能のために道を開け、それと競争しなければならないのだろう。狂気の沙汰《さた》だ。人間の管理の下で人間の経験を支えるアルゴリズム《問題解決手順（ソフト）》のＡＩならいい。しかし、ひとたび支配と乗っ取りという一線を越えてしまうと、それは技術進歩の名の下で行われる狂気となる。この悪夢を引き起こすには、人間を技術に依存させ、技術の拡張が続くことを望むようにしなければならない。若い「スマート」世代ではすでにそれが起こっているし、そうすることが目的なのである。

公平を期すために言うと、このテレビシリーズは、〈ハイヴ・マインド〉による監視と支配の可能性についても言及はしていたのだが、全体としてはメリットばかり強調されていた。アップロードされたデジタルの精神が自由だとか船長だとかいう考え自体、もはや単なる世間知らずを通り越して、新しいレベルの不合理だ。いったんアップロードされてしまったら、人間の精神は、デジタルの現実の偽の領域に永遠に捕らえられてしまい、逃げ出す術《すべ》はなくなる。

この点については、まだしも良識的な番組出演者が、そのような精神はスーパーコンピュータの「クラウド」に捕らえられてしまうだろうと指摘していた。しかし、大半の出演者は自由や楽園について話すばかりだったから、誰も全体像を把握していないのだろう。デジタルの現実では、コンピュータシステムの本質として、〈システム〉（ＡＩ）そのものを動作させる者ないしモノが必要なのだ。したがってそのような〈システム〉が実現すれば、その中のすべてのものは、アップロードされた精神も含めて、〈システム〉内のすべてのものが究極的な支配の下に置かれることになる。そのときこそ、人類にとっての引き返せないポイントとなるのだが、それは人びとが思っているよりもずっと近い。止めるには、本当に起きていることに気づくしかない。

また『イヤーミリオン』では、これは避けられないこと、止められないことだとも語られた（「抵抗は無意味だ」というボーグの決まり文句が繰り返されていた）。しかし無意味ではない。多くの人びとが目覚めればいいのだ。無邪気にＡＩの拡張に関わっている多くの人びとが、自分たちが本当に作っているのはデジタルのフランケンシュタインであること、それが、人類の名に値するありとあらゆるものを滅ぼすために設計されていることに気づけばいいのだ。そこに気づけば、決して無意味ではなくなる。

「メタバース《仮想空間》」技術と人間の融合を推進、開発している連中は大きく二つのグループに分けられる。ひとつは真のアジェンダ《実現目標》を知った上で、アルコーン精神の顕在化としての目的を支援しているグループ、もうひとつは左脳知覚者のグループで、こちらはずっと数が多く、テクノロジーとその可能性に取り憑《つ》かれているため、小枝は見えても森全体が見えていない。彼らは「永遠の発見」や「不老不死」について口にするが、認識の観点でいえば、わたしたちはすでに永遠であり、不老不死だ。

この点で最も基本的な誤解が見られるのはクリオニクスだ。これは「冷たい」と意味のギリシア語に由来する人体冷凍術で、人びとは大金を支払い、自分を死に至らしめた疾患の治療法が確立された「未来」に生き返ることを願って――同時に、冷凍状態から生き返らせる方法も発見されていることを願って——マイナス196度という低温で人体を保存する。なかには頭部のみを保存する者もいる。そこに記憶や個性が宿ると考えるからだ。実際にはそうではないのだが、頭部のみのクリオニクスならきっと値段も安いだろう。信じられないレベルの楽観主義というべきだが、それにしても、まったく正気とは思えない。

こういう人たちは、いったん肉体を離れても、象徴的な意味で自分の認識を「両の手」で抱きしめているに違いない。そしてやがて、頭部など不要な永遠の認識という現実の中で、頭部を保存することの無意味さに気づくのだ。「肉体の牢獄」から抜け出してハードディスクに移るという『イヤーミリオン』のナレーションでは、あるポイントが完全に抜け落ちていた。それは、たしかに肉体は意識にとっての牢獄ではあるが、脱出ルートはあるということだ。拡張された現実へ、そして潜在的に無限の永遠へ入る道筋は間違いなくある。

人間の意識をデジタルの構造物へとアップロードすることは、肉体というアルカトラズ《脱獄不能刑務所》から自由になることではなく、さらに小さな知覚の独房に飛び込むことでしかない。そこにはデジタルの現実のみが存在し、思考や反応を含めて、すべてをAIが命令することになる。『イヤーミリオン』に出てきた「生物学の奴隷になっている」という概念では、外部の乗り物のない認識は考えられないために、肉体からの解放をデジタルの牢獄と同一視してしまっている。

また人間の認識についても、実際には〈無限の認識《アウェアネス》〉の内部にある知覚のポイントなのに、それ自体で存在するものとして知覚している。それでは、デジタルのホログラム《立体映像》を解読する代わりに、人間自身がデジタルの存在になるだけだ。そうなれば、ＡＩとして表出したアルコーンの力が知覚を操作する必要はなくなる。なぜなら、人間の認識を自身に同化させ、自身が持ち合わせていない創造力（グノーシスにとっての「エンノイア《お宝》」）を吸収してしまうことで、彼らが人間の知覚そのものになるからだ。

最終的には、これがすべてのポイントになる――アルコーンの歪みは、自身の限界を超えるために他者の――その限界を超える可能性を秘めた〈霊《スピリット》〉を持つ他者の――認識を吸収しようとしているのだ。それは小説『ジャングルブック』に出てくるオランウータンのキング・ルーイが「人間の赤い炎」の秘密を追うようなものだ。仮想現実への執着は、これまでわたしが示した結果へ向かって人類を導きつつある。すでにSecond lifeのようなウェブサイトがあって、そこでは人びとがデジタルの人格として互いに接している。今はそれを３Ｄの仮想現実へと拡張するプロセスが進行中で、やはり究極の同化《アルコーンの餌！》へと向かう一歩と言えるだろう。

ナショナル・ジオグラフィックのテレビシリーズで特に目に引いたのは『イヤーミリオン』、すなわち「西暦１００万年」というタイトルだ。このタイトルは、デジタルとの融合が極端なレベルまで進むのはずっと先だということを示唆《しさ》しているが、それを真《ま》に受けてはいけない。テクノロジーはすでに存在している。今はただ、一般に発表するタイミングを待っているにすぎない。本当の狙いを隠すためのストーリーとその導管となる人間――それが本当はどこからきているのかまったく知らない人間――が必要だからである。

これが今のわたしたちの状況だ。最初のページを開いてから、ずいぶん長い旅を続けてきたが、これでも伝えたいことや暴露したいことの――そして実際にほかの場所でそうしてきたことの――ほんの一部でしかない。

世界は人びとが考えているもの、小さい頃から教えられ、信じ込まされてきたものとは違う。わたしたちは新たな「目」で見て、新たな精神《マインド》で考えて、新たな心《ハート》で知る必要がある。古い考え方や知覚方法はソフトウェアのプログラムであって、自由な思考と意識に導かれたプロセスではない。

わたしたちが今このような状態にあるのは、当局や信条、宗教、仲間からの圧力、伝統、プロパガンダ《宣伝》、規範などに奴隷のように従っていたからであり、誰もが同じことをするよう強制されてきたからだ。これをなんとしてもやめなければならない。わたしたちを奴隷にしてきた知覚はわたしたちを自由にしてはくれない。

先入観なしに、新しい見方で世界を見なければならない。わたしたちを導くのは情報だ。自己実現的な予言や幻想の自由だけを解読する不動の信念ではない。そんなものは、大衆支配という現実を覆《おお》い隠すためのものだ。

わたしたちは、まだチャンスがあるうちに、蜃気楼《しんきろう》の向こう側を見通して、力を合わせなければならない。独房の扉は急速に閉じようとしている。

第18章 自由という知覚

わたしたちは愛し合わなければならない。それができなければ死ぬ。

——W・H・オーデン〔イギリス出身のアメリカの詩人〕

知覚・自己アイデンティティーの根底的変革を!!

破滅的な結末を止める——宗教を見なおす!

繰り返しの中から拾集した根拠なき信念、暴力的強制も!

ここまで付き合ってくれた読者には、どうしても答えを知りたいと思っていることがあるはずだ。それは、何ができるのか、ということだ。できることは数多い。すべてを変える、などもそうだが、そのためには人間の知覚と自己アイデンティティー《の本質的ありかた》を根底から変革しなければならない。そんなことは無理だというのなら、初めから疑問など抱かないことだ。これまでの精神構造が作り出したものなのに、その精神構造のままではそれを変えるなどできるわけがない。

日毎《ひごと》に姿を現してくる破滅的な結末を食いとめたいと思うなら、これまで信じてきたことのすべてを真に——本当に真に——解放された精神で再評価し、判断しなおす必要がある。宗教、政治、科学、経済、文化を問わず、どんな信念体系も除外することはできない。これは自由な思想というだけでなく、物理学の本質や現実の機能の仕方についてもそうだ。

手始めに、こう自問してみてはどうだろう。なぜわたしは自分の行動を信じているのだろう。その信念はどこから生まれ、どんな根拠があるだろう——そう問い掛けてみれば、否応なく見えてくるはずだ。つまり、すべては絶え間ない繰り返しの結果であり、それは以前に誰かが繰り返したことを拾い集めたもので、それもさらに以前に誰かが繰り返したことを拾い集められたもので、それもまた……。そして、世代を超えて連綿と続いてきた繰り返しのプログラミング《設計》を最後まで遡《さかのぼ》っていけば、やはり否応なく見てくるはずだ。
すなわち、その信念を裏付ける根拠は何もなく、すべては誰が、いつ、どんな状況で作ったかもわからないでっち上げの物語にすぎないか、そうでなければ、実際に大昔の誰かの意見ではあるが、やはりいつ、どんな状況で、なぜ作られたかはわからないか、のどちらかなのだ。

今述べたのはあらゆる宗教の起源がそうだということで、これが積み重なることで、多くの人間は、一生続く知覚の奴隷状態に縛りつけられている。そしてそれは、僧服と僧帽のある宗教に限らない。人間社会の全体は、ほぼ宗教的崇拝の混合体であり、そのように認識されることはほとんどないが、幻想の上に成り立っている（図614）。

キリスト教徒は22億人を数えるが、彼らの人生と現実に対する知覚はすべて「イエス」の存在が基礎になっている。しかし彼は実在の人物ではない。「イエス」は世界のあちこちに出現した英雄の名前のひとつにすぎない。「イエス」と呼ばれるバージョンが現れるずっと以前の、さまざまな歴史的、文化的背景の中にそれぞれの「イエス」が位置づけられていた。そんなはずはない、とキリスト教徒なら叫びたいところだろう――聖書にイエスは実在したと書かれているではないか。わかった、わかった、じゃ、ほかの登場人物は？　ほかのわずかな人物についての記述は、公式の語りの裏付けとして、明らかに後年の追加されたものだ。

イエスが行ったとされている奇跡を記録しているのは1冊だけで、それはまたしても、誰が、いつ、どんな状況で書いたのかわかっていない。なるほどよくできた話だ。いやいや、弟子たちの福

図614：すべての宗教にはそれぞれの形態がある。

音書があるじゃないか。ところが福音書は「弟子たち」が書いたものではないし、それはさすがのカトリック教会も認めている。それぞれの書物はマタイ、マルコ、ルカ、ヨハネの福音書と呼ばれていることから、人びとがそれを弟子とされる同名の人物に結び付けても、教会としてはとりあえず問題ないのだが、実際には、教会側もこの矛盾に満ちた文章――新約聖書に登場するキリスト教のヒーローと旧約聖書に出てくるユダヤ教のヒーローを結び付けるために系図にまで手を加えたもの――の書き手が誰なのか、まったく知らない。

聖母マリアの処女懐胎に言及しているのがマタイ書とルカ書だけなのはなぜなのだろう。その夜は、マルコとヨハネは非番だったのだろうか。ああそうだ、クリスマスだったんだ。「イエス」や「アブラハム」や「マリア」に関する記述はコーランにも見られるが、それはこうした人物が先行版聖書の中心的存在だからだ――そう、これも「それは以前に誰かが繰り返したことを拾い集めたもの……」の一例である。

16億人の信者を抱えるイスラム教は、神《アッラー》の預言者を自称するムハンマドなる人物の「教え」を基にした宗教だ。では、イスラム教徒はどうやってそれを知り、１４００年もの期間、何を根拠に彼を預言者ムハンマドと呼んできたのだろう。確固たる証拠があるはずはないのだから、これはもう「信仰」としか言いようがない。では信仰とは何だろう。信仰とは、ほかの信者が絶え間ない繰り返しの中から拾い集めた信念であり、その前の信者たちも同じやり方で信仰を築き上げてきたのだ。

もし信念ないし信仰が、外部からの影響を受けずに、それ自身の中からひとりでに誕生するものなら、イスラム教徒の家族に生まれた人びとの大多数がイスラム教徒になる理由はどこにあるのだろう。これはユダヤ教でも、ヒンドゥー教でも、キリスト教でも同じことだ。現代のキリスト教徒がイスラム文化圏に生まれていれば、今頃はイスラム教徒になっているだろうし、同様にユダヤ教徒はヒンドゥー教徒に、イスラム教徒はユダヤ教徒になるだろう。さらに言えば、最も熱心なキリスト教徒は最も熱心なイスラム教徒になるはずだ。

宗教はソフトウェアをダウンロードしたものであり、熱烈な支持というのはひとつのマインドパターンなのだから、どんな宗教であっても、同等の熱心さと絶対性をもたらすことになる。

現代のイスラム教原理主義者の信仰は18世紀に始まるもので、ドンメ派ユダヤ教徒のムハンマド・イブン・アブドゥルワッハーブがその起源だ（この人物と大英帝国、そして同じくドンメ派のサウジ王朝の創始者がのちに手を組むことになる）。これが信じられないような悲劇でないとすれば、ヒステリーを引き起こしそうな話と言うほかない。イスラム教徒の男性が髭《ひげ》を蓄《たくわ》えているのは7世紀に生きたムハンマドに倣《なら》ってのことである。何だって？　そんなものは信仰とは無関係だ。それはただのユニフォームであって、支配の象徴にすぎない。

宗教が各宗派に分裂するようになると、このテーマはさらに明白になってくる。プロテスタントの家族の子はほぼプロテスタントになるし、カトリック教徒の子はカトリックに、イスラム教スンニ派の子はスンニ派に、シーア派の子はシーア派になる。もし家族と関係ないところで信仰にふれたとしたら、このような傾向が表れるだろうか。「信仰を持つ」というのはまったくのでっち上げで、その本当の意味は、信じてほしいことを支持するだけの本物の証拠はないからとにかく信じろ、それが「信仰」だ、ということにすぎない。

社会のあらゆるところに見受けられる信仰体系は、絶え間ない繰り返し、洗脳、威嚇によって維持されている。熱心なキリスト教徒の家庭で親のキリスト教信仰を否定すれば、どんな子ども時代を過ごすことになるだろう。同じことをイスラム教徒やユダヤ教徒の家庭でしたとすれば、神（アッラー、ヤハウェ）よお助けくださいだし、ヒンドゥー教への帰依に抵抗したら、神々よどうぞお慈悲を、だ。その意味では親も共同体《コミュニティ》も、自分たちの意思を子どもに押しつける暴君や独裁者だ。そしてその理由は、自分たちも親やコミュニティから押しつけられてきたからにほかならない。

世代を超えて続く伝言ゲームは、暴力を伴う知覚の押しつけによって強化されている。それでもわたしたちは、ただ黙って耐え忍ぶのだろうか。ユダヤ教徒が自分の信仰と無数の行動規範を子どもに押しつけるのは、わたしに言わせれば児童虐待だし、イスラム教徒でも、キリスト教徒でも、そのほかどんな名前でも、宗教的暴君はすべて同罪だ。ママ、パパ――あなたたちが自分の精神を捨てるのは自由だが、わたしに同じことを要求しないでほしい。それは僭越《せんえつ》で、傲慢《ごうまん》で、敬意に欠ける行為だ。何を信じるかを決めるのはわたしだ。あなたではない。

本（経典）こそすべて──唯一性or均一性

わたしは何も、若者もその他の人たちも、こぞって各自の信仰に反旗を翻せと言っているわけではない。それはわたしには関わりのないことだ。選択の自由とは自由に選択することであって、押しつけられ、操作された信仰体系を別の似たようなものと交換したり、完全に棄ててしまったりすることではない。わたしが言っているのは、自尊心や思考の自由、選択の自由の権利を追求していけば、おのずと自分の信仰に疑問を感じ、それが詳細な検証に耐えるものかどうかを見極めたくなるというだけのことだ。

自分の信じているものをなぜ信じられるのか、その信念はどこからきているのか、そしてその信念の源になっている人物や物は、どんな経緯や根拠からその結論に至ったのかを知りたくなることもあるだろう。それを追求していけば、ある種の本──聖書、コーラン、タルムード、ヴェーダ──まで遡（さかのぼ）ることになるだろうが、どれも真の原本は失われている（もっとも、そのことを隠すために偽の原本が創作されていることはあるかもしれない）。だからこそ逆に「本」こそが「真実」

だ、信仰を持て、ということになる。

それでも人びとは、さらに疑問を抱くかもしれない──自分の信仰には、この世界をより良く、より自由に、もっと楽しい場所にした記録があるのだろうか、それともこの信仰は、知覚を支配し、弁論の自由や思考の自由や選択の自由を圧力と押しつけと威嚇《いかく》で抑圧する、最前線になっているのだろうか。もし彼らが自分自身に対して正直に、開かれた心で自分の信仰の源を、そしてそれが人間社会に与えている影響を再評価して追求していけば、彼らの信仰体系は粉々に砕け散ってしまうだろう。ある単純な理由から、わたしにそれがわかる。

あなたが、無限の中の極小の欠片《かけら》――可視光――しか見ることができず、針の頭の何十億分の1の大きさしかない惑星の「上」で生きているだけなら、自分自身と現実について知り、理解できることのすべてを、1冊の宗教書――誰がいつどこでどんな状況で書いたかわからないもの――の中に発見することなどありえない。この本の英語版タイトル『知っておかなければならないのに、誰も教えてくれなかったことのすべて』とは、知らなければならないことのすべてを指すのではなく、新しい思考や知覚の方法、潜在的認識に関する無限の展望を切り開くことを意味している。

冒頭でも述べたように、本書は出発点であってゴールではない。宗教の経典は出発点であると同時に最終地点であると主張して、自由な思考や表現、そして唯一性を追求する余地は残されていない。わたしたちは〈無限の認識《アウエアネス》〉の中の〈傾注ポイント《関心の向けどころ》〉だが、自分が自分であろうとするなら、わたしたちは一人ひとりが唯一の〈傾注ポイント〉になる。個々人の唯一性を表出することで、わたしたちは〈無限の全体〉に対して、自分にしかできない貢献をしているのだ。

宗教も〈システム〉も、そうした唯一性の感覚を抑圧しようとする。それは唯一性が、拡張した認識の周波数から生まれると同時に、その周波数をつくり出すからだ。この周波数は人間を〈プロ《実行》

グラム〉の向こう側にある洞察の領域につないでくれる。宗教や〈システム〉は低振動の〈ちっぽけなわたし〉による均一性を好み、唯一性は抵抗、恐怖、嘲笑《ちょうしょう》、非難の対象となる。

知覚がそうした状態になれば、人間は精神《マインド》（というより〈霊《スピリット》〉）を失って、他者の見解を疑いもせずに繰り返すようになり、集合として「それは誰もが知っている」という基準へと凝固していく。わたしたちは情報を反復する人びとの世界に生きている。

情報の出所は〈システム〉内のさまざまな組織なのに、ただ単純に繰り返されていくことで、広く承認されていく。メディアは政治家や科学者や研究者や医者や銀行家などの発言を繰り返し、そうした連中は互いの言葉を繰り返す。こうして、繰り返しによる〈郵便切手《ちっぽけ&金太郎飴》のコンセンサス《同意》〉が形成される。

宗教は繰り返しによって維持されてきたし、その意味では政治や科学や大学や医療や金融も宗教で、イスラム教やユダヤ教やキリスト教やヒンドゥー教とまったく違いはない。ザッカーバーグが、フェイスブックは宗教に取って代わるかもしれないと言ったのは、似た者同士を比べたにすぎない。どの宗教にも固有の神や階級制度、信仰体系、そして神聖な書物（ウェブページ）が存在する。共産党員に『共産党宣言』があるように、キリスト教徒には聖書があり、〈システム〉内の科学者には科学の正統理論がある。

宗教とは、教会や寺院でのミサに参加したり、メッカの方向に夕べの祈りを捧げることではない。それはほんの一面だ。宗教とは、繰り返される思考と知覚と行動の繰り返しによる精神と感情のパターンであり、定常波のひとつなのだ。違うのはその定常波が保持している情報だけで、振動と共振の状態や、現実を解読する方法は変わらない（図615）。
スマートフォン信者を見れば、狂信者のマインドパターン《思考類型》がどんなものかわかる。フェイスブック中毒者でも、買い物依存症でも、政治的信念でも、スポーツチームのファンでも、拝金主義者でも、セレブの追っかけでも同じだ。彼らには神がいる――イエス、ヤハウェ、アラー、スマートフォン、フェイスブック、ブランド服、政治的ヒーロー、レアル・マドリード、金銭、ジャスティン・ビーバー――そんな神は、彼らの集中力と現実感覚を乗っ取ってしまう。これは昔ながらの宗教のやり方そのものだ。

　宗教はこれまで創出されたマインド・コントロール《思考操作》法の中で最高のものだとわたしは考えているが、表向きの顔を変えて、勢力範囲を拡げつつある宗教もあることを見逃すわけにはいかない。進歩主義のマインドセットも同じ宗教的マインドパターンが装いを変えたもので、この場合は地球温暖化の正統理論が聖典になっていて、一片の疑念も許されない。彼らは宗教的熱狂者であって、自分たちは正しくて、何でも知っていて、全能なのだから、見解を異にする人びとはすべて間違っていて、愚かで、異端者にも等しいと決めてかかる。

　こうした度を越して傲慢《ごうまん》な自己妄想は、次の段階として、人びとに自分たちの行動を信じるように要求し、必要があれば信仰を押しつけることを正当化するために利用されるようになる。これは、イスラム教のシャリーア法によるファシズムと、政治的公正《ポリティカル・コレクトネス》を掲げる進歩主義者のファシズムに共通して見られるメンタリティ《精神状態》だ——わたしは正しいのだから他の人が間違っているに違いない、だからわたしにはすべての人間に信仰を強要する道徳的義務がある、というわけだ。

　シャリーア法はその義務を果たすために、シャーリア法廷や威嚇《いかく》や暴力や殺人を手段とするが、進歩派は「ヘイト」法や暴言、異論の禁止、ツィートの嵐などで同じ結果を得ようとする。どちらも、同じマインドパターン《思考類型》が仮面を着けているだけだ。それを明確に理解するには、肉体や肌の色や宗教や背景にとらわれず、意識の状態を観察すればいい。

　表面だけ見れば、シャリーア法の御用商人と「多様性《ダイバーシティ》」で人気を博している進歩主義の御用商人は正反対のように見えるが、行動や態度や結末を観察すれば、彼らがオポセイム《姿形は違っても同じ》であることがわかる。同じメンタリティ、同じ〈プログラム《実行計画》〉で、名前が違っているにすぎない。

　この〈プログラム〉から自由になるということは、自分自身を誠実に、正直に観察して、自分が敵対する人びとに対してどう振る舞い、行動しているかをよく考えるということを意味している。繰り返しになるが、このことを誠実に、正直に実行に移す人は、かなりのショックを受けることを覚悟してほしい。人類を現在の隷属状態に閉じ込めている知覚プログラムから脱出するには、自己を正直に再評価することが不可欠だ。それができなければ、人類の行く手に待つのは闇また闇だ。しかも、それはそう先の話でもないのである。

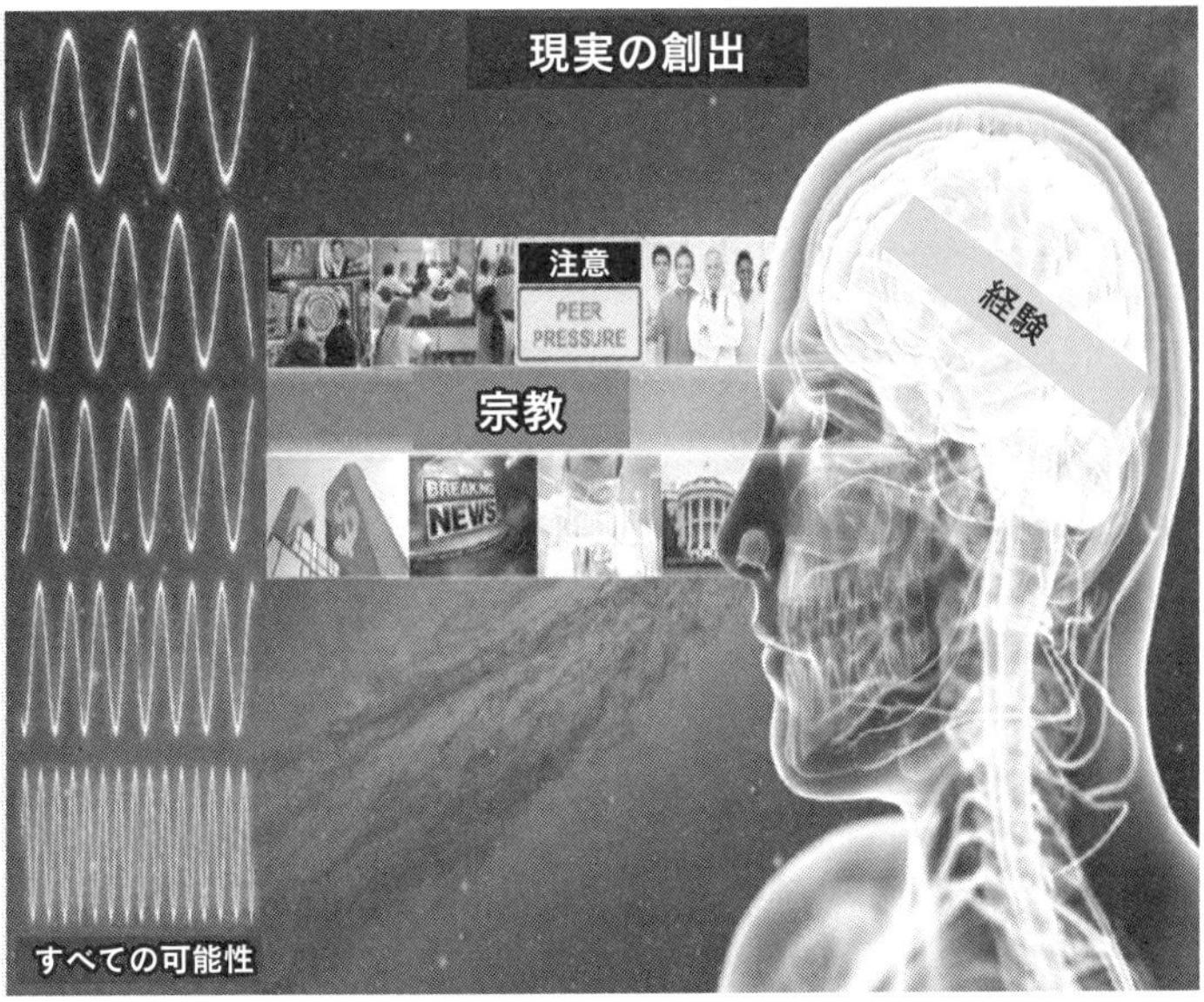

図615：宗教＝知覚のコントロール。

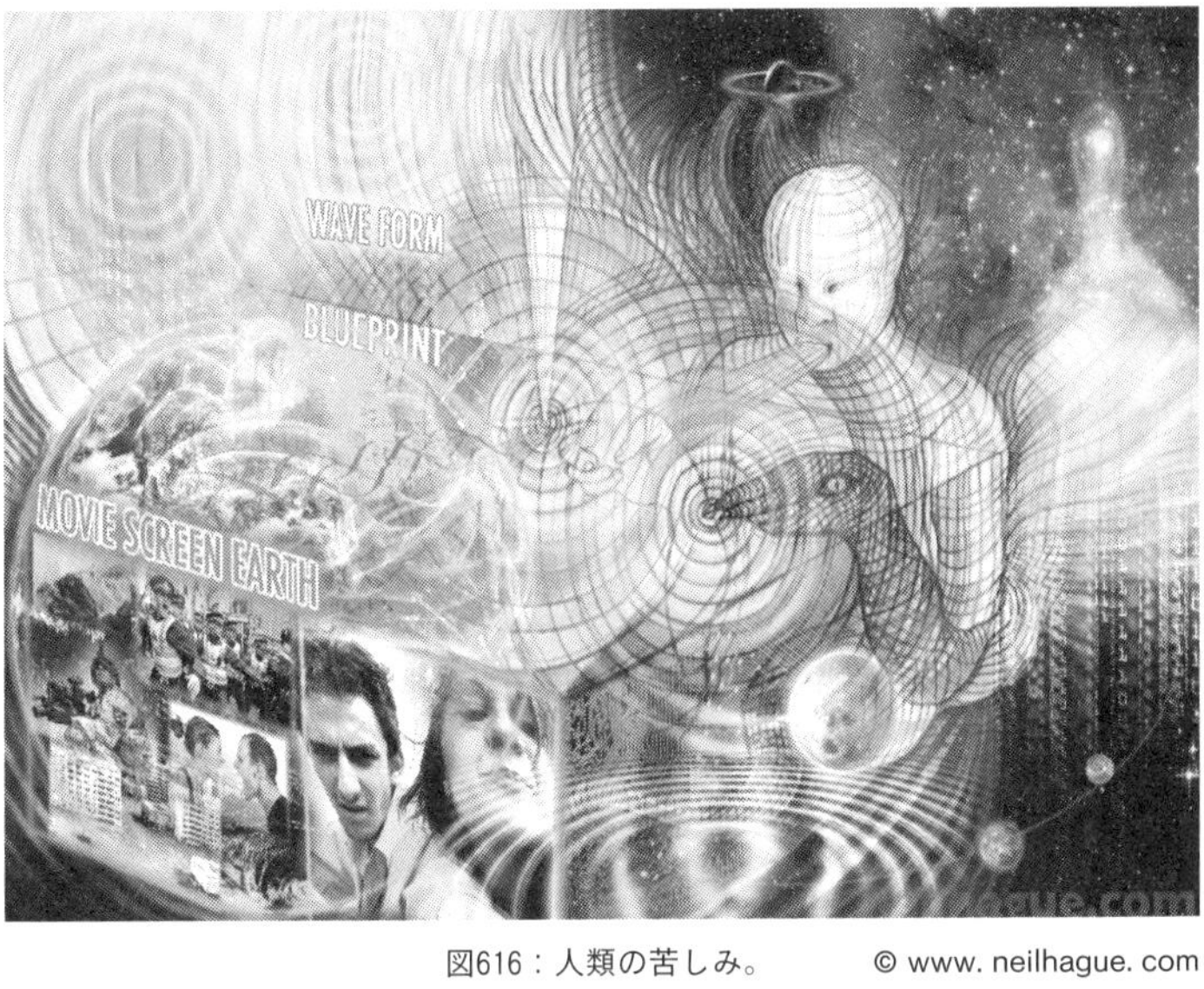

図616：人類の苦しみ。　　© www. neilhague. com

ミー・ミー・ミーの「アイデンティティー政治」はいらぬ！
彼らは自分たちの精神をわたしたちに与えた――本来は「ひとつの意識」
ただ自分自身を経験しているだけ！

人間の精神はあまりにも五感の現実に囚《とら》われているので、見える世界について述べた最後の数章では、それ以前のことが忘れられがちだ。しかし求める答えは、知覚から離れた見えない領域にある。なぜなら、そこで問題が作られているからだ。わたしたちはホログラフィー《立体映像》による映画のスクリーンを「見て」いるが、そのスクリーン上に個人的あるいは集団的経験として映るものは、波形の自己のホログラフィック《立体映像的》な表出、すなわち精神的感情的な知覚の周波数であり、振動のパターンだ（図616）。

アルコーン・レプティリアンと混血種《ハイブリッド》〈エリート〉はこのことをよくわかっているし、知覚のパターンと振動さえ設定すれば、あとは五感の世界という映画スクリーンが自分でやってくれるということも知っている。基本的にはパターンはひとつしかないが、彼らは名称やラベルを爆発的に増やすことで、その事実を隠している。宗教、政治、右派、中道、左派、進歩派、シオニスト、医療、科学、金融、大学、階級、文化、人種、収入による区分などなど、リストはいくらでも続く。このどれもが同じマインドパターン《思考類型》で、独自の神と階級制度があって、自分は「正しい」と確信している。それぞれが自分たちだけの利益を追求し、公平さや正義、そして真の多様性《ダイバーシティ》は犠牲にしている。

こうして生まれたのが「アイデンティティー政治《肩書自己陶酔型》」で、これはまさに公平、正義、多様性を破壊するものにほかならない。アイデンティティー政治は、わたしが焦点を当てているマインドパターンそのものだ。すべての人にとっての公平と正義を探すのではなく、ましてや多様性や唯一性などまったく眼中になく、ただ自分だけに都合のいい、利益をもたらすものだけを追求する（「ミー・《自分の都合》ミー・ミー《しか考えない》」）。

銀行家やヘッジファンドのマネージャーは毎朝目を覚ますなり、利益を上げることだけを考え、他人への影響など一顧だにしない（ジョージ・ソロスを見よ！）。個人的な利益や権力、金銭を、ただそれだけを理由に追求し、その途上で叩《たた》き潰《つぶ》し、破壊し、殺してしまった世界中の人びとには、同情を寄せることもなければ、思いを馳《は》せることもしない。進歩主義者はこうした連中を（ソロスを除いて）非難して、緊縮財政と金融資本の横暴に抗議するデモ行進を続けている。だが、進歩主義者がやっていることは何だろう。

彼らは毎朝目を覚ましては、できるだけ多くの人びとに自分たちの信念や行動パターンを強要し、意見や発言を検閲するさらなる法律を呼びかけているが、それが他者とその基本的権利にどう影響するかについては考えてみようともしない。彼らのせいで自由を叩き壊されてしまった人びとや、ここ数年でコミュニティ《地域社会》の文化が完全に変わってしまったと嘆く人びとに同情を寄せることもしなければ、思いを馳せることもない。彼らはそれ自身を目的として個人的なアジェンダ《実現目標》を追求している。それは銀行家の「ミー・ミー・ミー」の別表現にすぎないし、同じマインドパターンに別の名前がついているだけだ。進歩主義者も、他者への影響を気にかけないということでは銀行家と変わらないし、自己中心的な度合いもまったくの五分だ。
フェミニズム・イニシアチブ党のヴィクトリア・カウィーザ党首は、スウェーデン国境検問所の全廃を要求するときに、民族としてのスウェーデン人に与える影響を考慮しているだろうか――しているはずがない。すべて自分が中心なのだ。銀行家と同じで、進歩主義者も自分のことしか考えていない。彼らの使うＬＧＢＴＩＱというラベルは、どれもアイデンティティー政治にとってのトワイライトゾーン《不可思議領域》だ。アイデンティティーのラベルは細分化がますます進んでいるので、じきにナノテクノロジー《極小技術》の領域に入っていくだろう。新しいラベルも細分化されたラベルも、すべては「ミー・ミー・ミー」の別形式であり、ボディーマインドと、わたしたちすべてがそうである〈無限の認識《アウェアネス》〉との間にあるタマネギの皮だ。

自分は女性だから女性用の試着室に入る権利があると言い張る裸の男は、中にいる女の子の気持ちを考えるだろうか。いや、頭の中はただ「ミー・ミー・ミー」だ。肩書に自己陶酔するという意味で、マインドパターンはかつてないほど極端になりつつある。金融でも、政治でも、会社でも、また言うまでもなく進歩主義者とそれに関わるＬＧＢＴＩＱでも、この傾向は認められる。

人種や宗教や性的志向を理由とする純粋な差別に直面しているのであれば、わたしは間違いなくその人たちの味方をする。わたしのこうした態度は、リベラルの辞書的な定義（政治的な定義ではない）ではこう説明されている。「最大限可能な個人的自由とりわけ市民的自由が法によって保障され、政府の保護によって確保されるという概念を望ましいとすること、あるいはそれに従うこと。

……行動の自由とりわけ個人の信条や表現の問題に関して行動の自由をよしとすること、あるいは許容すること」。わたしはこの説明通りの人間だ。

問題は、進歩主義者がリベラルではなく、その正反対だということだ。イギリスにはリベラルという名を掲げた政党［自由党］まであるが、これも進歩主義であってリベラルではない。このすべてが差別に関わることなら、わたしも彼らと肩を並べて歩むだろうが、大半はそうではない。事の本質はアイデンティティー《肩書自己陶酔型》の支配であり、皮肉にも、特権と全能に関わることなのだ。本質はやはりミー・ミー・ミーだ。連中はどいつもこいつもみな同じだ。それなのに、それがまったく見えていない。わたしは黒人にも会うし、イスラム教徒やアジアの人びと、さまざまな背景を持った女性たち、特異な性的志向の男女に会う。みんな世界各地での講演に参加してくれるが、彼らには社会から隔離するためのラベルなど必要ない。わたしのイベントに参加してくれる人は、そうしたラベルが、所詮《しょせん》は〈無限の認識《アウエアネス》〉の一時的な仮面にすぎないことを知っているからだ。

なぜわたしたちは、作られた断層線のないレベルで会うことはできないのだろうか。そこには黒人や白人、イスラム教徒、ユダヤ教徒、ＬＧＢＴＩＱといった区別は存在せず、ただひとつの意識が自分自身を経験しているだけだ。それなのに、進歩主義者とそのＬＧＢＴＩＱ部門は、アイデンティティーをさらに細分化して、分断のための壁をさらに増やすことを望んでいる。彼らは、その主張のように世界をひとつにまとめていくどころか、逆にバラバラにしていっているのだ（図６１７）。

愚かで破壊的!! グループ化（集団思考）——善悪の判断は個別に!! 犠牲者・被害者に上下格差はない！

ほかに、自己アイデンティティーにラベルを貼る影響としては、集団思考がある。集団思考には二つの側面があるが、どちらも非常にネガティブな影響を及ぼす。ひとつ目は、大勢の人が同じ考え方になってしまうことだ。この場合は、複数のマインドパターンが集団思考の周波数の力に引っ張られて、バイオリンの例のように共鳴してしまう。集団思考をさらに強化し、強制するものにテクノロジーの発する周波数があり、人類はその攻撃に絶え間なく曝《さら》されている。また、進歩主義のノンリベラルも、異なる考えをしたいと思う人びとを威嚇《いかく》し、排斥《はいせき》することで、同じような効果をもたらしている。これに関してはソーシャルメディアがデジタル版のグアンタナモ湾《拷問収容所》になっている。「間違った」意見を述べれば、多様性を愛して止《や》まないにわか進歩主義者の怒りに触れること必定だ。わたしたちの見解に同意するか、嫌なら負け犬になれ、というわけだ。この種の集団思考は集団知覚コントロールの基盤であって、あらゆるソーシャルエンジニアリング活動は、そのマインドコントロール・マニュアルにこれを特筆大書して明示している。

集団思考のもうひとつのバージョン《変形版》は文字通りグループでの思考に関わるもので、ここでも個性や（これまた皮肉なことに）多様性は尊重されない。このタイプの集団思考では、ラベルがまさに流通貨幣で、個人ではなく必ずグループに適用される。ここから生じてくるのが、グループ単位で

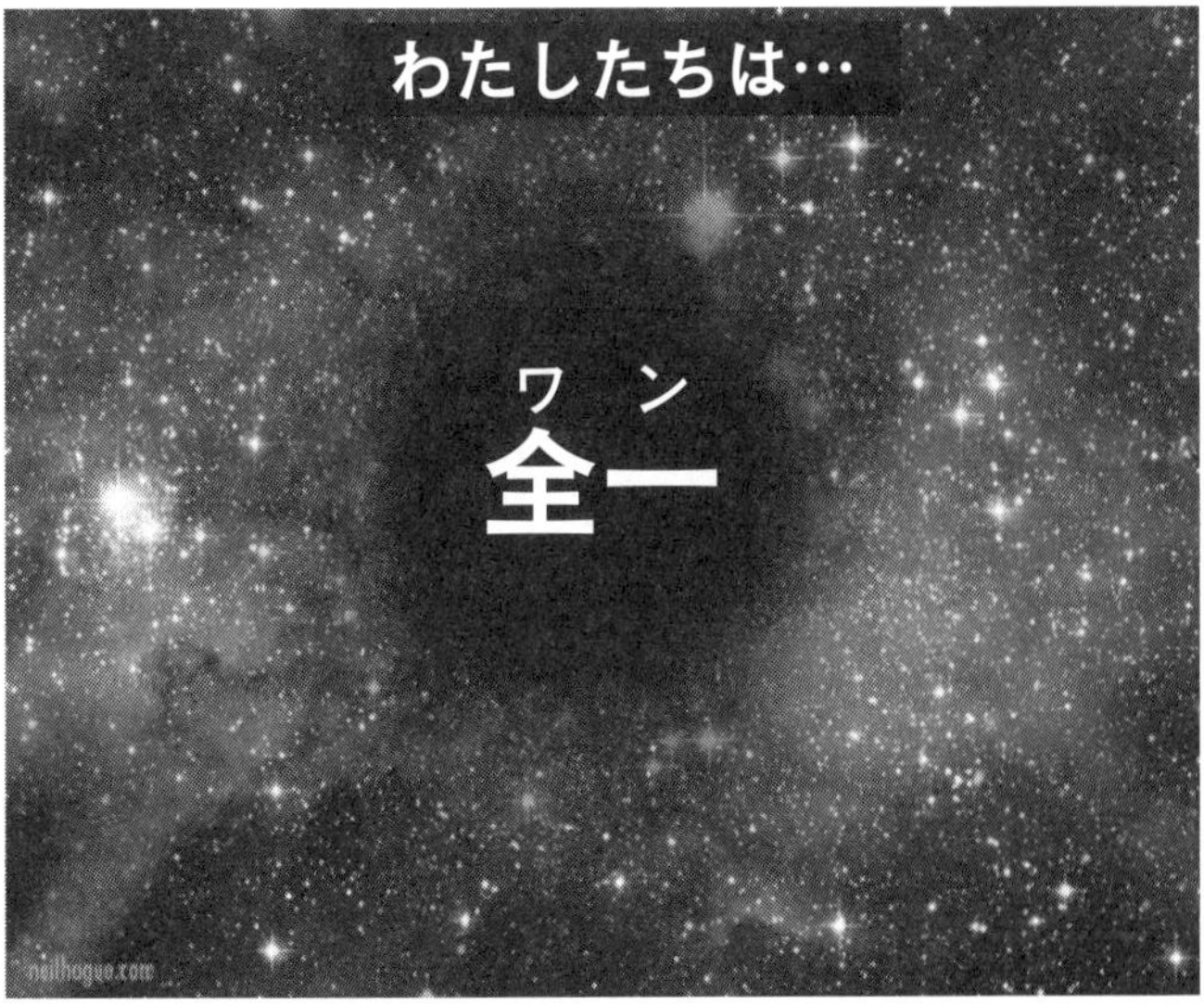

図617：思い出せ、思い出せ。そして二度と忘れるな。

図618:イスラム教徒はゲイが嫌いだって？　そりゃ大変だ――トリガーを引かれた！安全な場所に逃げなくちゃ……。

黒か白かに二分するラベリングで、これは政治的公正《ポリティカル・コレクトネス》と知覚される被害者性の階級構造《ヒエラルヒー》において極めて中心的な役割を果たしている。そこでは黒人は白人より上で、黒人女性は黒人男性より上で、トランスジェンダー《身体と心の性が不一致》は黒人女性より上に置かれる。

付け加えれば、イスラム教徒はキリスト教徒より上で、キリスト教徒は白人男性と結び付けられるので、ここには移民は現地民より上というパターンも反映している。言うまでもないが、シオニズムは地球規模の宣伝と威嚇《いかく》の網の目を通して、どのグループよりも上位にくる。ところが、わずかでも知性のある人がこれを見れば、たちまち問題が発生する。

どんなグループでも、メンバー全員が人格や行動や意図まで同じとは限らないのだ。どのグループにも、いい奴《やつ》もいればろくでなしも混じっている。しかし、集団思考の連中はそんなことをまったく考慮しない。だから、どこかの犠牲者グループの誰かが、ほかの犠牲者グループを軽視する行動や発言をすると、こちらは思わず戸惑い、当惑してしまう――でもあなたはトランスジェンダーの犠牲者で、そのあなたがたった今イスラム教徒の犠牲者を批判して……わたしにはわからない……頭痛がしてきた……警告！　警告！　〈システム〉に不具合発生！　計算不能！　シャットダウンして再起動を！

どのグループにもいい奴からろくでなしまでいることに気づけば、こうした状況が起きるのは容易に理解できるはずなのだが、個人としてではなくグループだけで考えていたら、〈システム〉の不具合は避けられない（図618）。

進歩主義者の大半が、移民の犯罪者やギャングや立ち入り禁止区域のことから目を背《そむ》けようとするのは、直視するためには集団思考から抜け出して、世の中にはいい奴からろくでなしまでいることを認めなければならないからだ。しかしそんなことはできない。その結果、女性の権利の擁護《ようご》者であるはずの人びとが、集団思考の考え方に反するということを理由に、移民によるレイプ事件を見て見ぬふりをすることになる。

彼らの選択肢には、ひとつのグループをほかのグループより優遇することしかなく、個人を考えることをしない。移民の犠牲者は白人女性の犠牲者より上だから見て見ぬふりを決め込む。もちろんこれはあきれるほど幼稚な話だが、そうすると過激派進歩主義者は、本物の極右に負けず劣らず幼稚だということになる（過激派進歩主義者はカール・マルクスより右寄りの者はすべて極右と見なす。ここではその中でも「本物」の、という意味だ）。左派も右派も、極左と極右を比べると、対極にあると思えるものがすべからくそうであるように、これも互いの鏡像になっている。

ある進歩主義の女性は、移民にレイプされたのに、人種間の対立を避けるために事件を報告しなかったという。その移民が同じ行為を繰り返しそうになったら、彼女はどう考えるのだろうか。もう、すべて狂気と言うしかない。進歩主義者の集団思考では、白人男性が（多くの場合は白人女性も）、ずっと上の階層の犠牲者グループの前で自分の主張を聞いてもらう機会はまずない。それは彼らの区画に「植民地的人種偏見に凝《こ》り固まった偏屈者」というラベルが貼《は》られているからだ。これを覆《くつがえ》すには、悔《く》い改めて、ノンバイナリー《二元化反対》万歳を三唱するしかない（聖母マリア万歳ならもろにPC《政治的公正》にひっかかってしまうだろう）。

進歩主義に賛同しない高齢の白人男性は最低中の最低で、まさに汚水溜《おすいだ》めの中のクズ扱いされるが、もし進歩主義に賛同すれば、高齢の白人男性でも、イギリス労働党のジェレミー・コービン党首のように、進歩主義のヒーローになれる。進歩主義に同意することが、ボロをまとって悲嘆に暮れずに済むための決まりのようだ。わたしもやってみたことがあるし、今もあちこちでやっているのだが、どうも不十分らしい。あとはもうボロを手に取って、火をつけるしかなさそうだ。

わたしは老人であろうとなかろうと、グループとしての白人を擁護しているのではない。白人にも素晴らしい人もいれば、年を取った人もいるし、そうかと思えばあきれるほど頑迷《がんめい》で、異常人格のモンスターもいる。わたしが進歩主義者と異なる点は、どの人種集団にもいろいろな人間が存在することをわかっていることだ。

白人の父親が、宗教や人種、階級が異なる人物と関係を持ったという理由で娘を殺した例の最後はいつだっただろう。人を人種や宗教や背景ではなく、その言葉や行為で判断するなら、レイプ犯はレイプ犯であって、イスラム教徒のレイプ犯ではない。クズはクズであって、白人のクズではない。

わたしは多くのホームレスに出会ったが、ほとんどは好人物で、心の底から助けを求めていた。しかし、なかにはひどく不愉快な、暴力的な人間も混じっていた。国家から援助を受けている人びとにも会ったが、大半は誠実で、国からの支払いだけではとても人間らしい暮らしは望めないという悲惨な環境の中でも、家族と力を合わせて乗り越えようと頑張っていた。国からの金で国民に寄生している者もいたが、そういう人たちは、あれほど怠惰で給付金だよりでなければ、自分で稼げたはずだ。

トランスジェンダーの人たちにも会ったことがある。自分の感情と折り合いをつけようと苦しんでいたが、知り合いになれてよかったと思えるような最高の人たちだった。反対に、信じられないほど傲慢で自分のことしか頭にない連中に出会って、思わず息を呑《の》んだこともある。ゲイ《同性愛者》の人たちにも両方のタイプがいた。

中東を含む世界各地のイスラム教徒の大多数は、このうえなく親切で思いやりのある、寛大な人たちだった（自分もほとんど無一文なのに施《ほどこ》しをする人が多かった）。逆に、邪悪と腐敗の底まで落ちたような変質者もいたし、イスラム教徒のギャングが子どもをレイプしたり虐待しても、まったく意に介さずに見て見ぬふりをする連中も見た。

すべての人に正義と公平さが実現されることを願うユダヤ教徒も見たし、人種偏見で凝《こ》り固まった、偏屈で、暴力好きな、変質者と呼ぶだけでは足りないようなユダヤ教徒もいた。

わたしが出会った黒人の大半は素晴らしい人たちで、なんといってもそのエネルギーとユーモアには心を動かされた。その一方で、人種意識に執着し、暴力的で、次の攻撃相手が見つかるまで待てない人たちもいた。親切で思慮深く、誰とでも平和に、仲良く暮らすことだけを望む白人も大勢いたし、肉体に取り憑《つ》かれた人、国に取り憑かれた人、白人至上主義者の人、そして精神に異常をきたし、冷淡で、思いやりのない、無慈悲な化け物のような白人とも出会ってきた。

どんな社会も、人間の行動に関する最も明白な真実が承認され、必要に応じて対処されない限りは、全員のための正義と公平さが機能を果たすことはない。変質者という言葉を例にとってみよう。いわゆる少数派グループにはひとりも変質者がいないと本気で考えているのだろうか。偽の〈霊《スピリット》〉は特定の人種グループだけでなく、すべてのグループに吹き込まれる。それが行為や知覚にどこまで顕在化するかは、その人間が反対方向に進もうとする意識の強さに掛かっている。

(1)変質者はすべての人種、宗教、性グループにいるし、(2)そのグループの全員が変質者だということもない。このことは、ひとつの、単純な事実を語っている。その事実は理解を求めて声を上げている——どんなグループでも全員が同じではないのだ、と。この本を読んでいる人たちにはわかりきったことだろうが、ここではにわか進歩主義者に向かって話しているので、筆者に免じてしばらく我慢してほしい。

個性の違いが宗教的・人種的背景とは無関係であることを認めないから、移民による蛮行や犯罪や女性虐待が軽視されるようになり、その一方で、それを一律に擁護するものが出てくる。それがこんどは現地民のフラストレーション《欲求不満》を蓄積させていく。にわか《インチキ》進歩主義者はそれを図々しく批判するが、実は自分たちがその原因になっている。どの人種集団にもいい奴からろくでなしまで混在していることを受け入れれば、誰を入国させて誰を入れないかの評価はずっとましなものになるだろう。

そうした評価が行われていないばかりに、ヨーロッパでは「おまえたちはみんな人種偏見を持ったクズ野郎だ」という絶え間ない騒音や、口さがない連中からのラベル貼りに対する恐怖が渦巻いて、人種間の暴力的衝突やシャーリア法の強制や組織犯罪といった惨状を目の前で繰り広げられている。この状態が続けば、今日のスウェーデンやイタリアの話が、明日はわが身に降りかかってくる。

全体としてのグループだけで判断することをやめれば、イギリスをはじめとするヨーロッパの都市に暮らす人びとにも、いくらかの共感や同情心が湧《わ》いてくるだろう。彼らは自分が育ってきたコミュニティ《地域社会》や文化が、驚くほど短期間のうちに新入りの文化に侵食されてきた。しかも、移民の中には一体化を望む者もいるが、乗っ取ろうとするものも少なくない。「おまえたちは全員が人種偏見を持ったクズ野郎だ」とか「わたしたちはみんな、吹き寄せられた雪のように清らかだ」という見方から離れてみれば、周囲の状況を幅広く確認することができるようになり、どうして移民危機が始まったのか、その陰にいるのが本当は誰なのか、そしてその目的は何なのかが見えてくるはずだ。

言うまでもないことだが、〈エリート〉はそうなることを望んではいない。この本で述べてきたように、何が見つかるかはわかっているからだ。この一点だけ取っても、にわか進歩主義者が果たしている役割は重大かつ本質的だ。彼らは自ら敵対するはずの1パーセント以下の連中のアジェンダ《実現目標》を守っているのだから。この世界をひっくり返すためには、わたしたちには成熟と拡張した認識が必要だ。それなしでは何も変わらない。

まずはすべての人を、人種や肌の色や信仰や背景とは無関係に、個人として見ることから始めなければならない。集団思考は、公平でバランスの取れた判断という点では、実にさまざまな面で破壊的であり、まったく愚かだ。誰かが好ましくないグループの一員らしいというだけで、その人の言葉に耳を傾けようとしない人間を、成熟した大人とみなすことができるだろうか。大事なのは誰が言っているかではなく、それが真実かどうかだ。「おまえたちは全員が人種偏見を持ったクズ野郎だ」とか「おまえは地球のことを考えていない」などと決めつけるメンタリティの持ち主が、相手の事情や証拠を考慮することなしに、反射的に虐待行為に走る例の何と多いことか。本当に。

内なる周波数を高めよ！人生は鏡——悲惨な回路は愛で消せる!! 拳より笑いを!!

こうした一見「この世界」のものと思える問題は、それよりずっと深い、目に見えないレベルの現実を理解するのに不可欠なものだ。結局のところ、見える世界とは、見えない世界からの投影なのだ。わたしたちのマインドパターン《思考類型》（＝周波数と振動の状態）は、わたしたちが個人として集団として、可能性・蓋然性《がいぜんせい》の量子領域と相互作用するレベルに影響する。低周波状態は低レベルの周波数で量子場と相互作用し、それを反映した経験を個人や集団に顕在化させる。ここで、わたしたちがどうやって現実を作りだしているかという基本に戻ってみよう。

誰もが、偶然は起こりうるという。しかし量子宇宙には偶然というものはなく、知覚によって存在の中に包み込まれた可能性・蓋然性《がいぜんせい》があるだけだ。

知覚が変わらなければ、何も変わらない。というより、変わることができない。わたしたちには戦いによる革命は必要ではない。それはこれまでのやり方だ。必要なのは知覚の革命で、それが唯一、状況を少しでも改善する手段だ（図619）。アルコーン・レプティリアンとその混血種《ハイブリッド》である雑用係《〈エリート〉》は、人間社会を構成し、操作して、人類を自分たちの基盤であるマインドパターンに押し込む。そこにはありとあらゆるラベルが貼《は》ってあるので、すべては同じ基本的な知覚状態だということが見えない。

これについては、本書ではボディーマインドないし五感精神という言葉を使って説明してきた。それは泡であり、知覚の牢獄《ろうごく》であり〈郵便切手《ちっぽけ&金太郎飴》〉であって、意識的精神と低レベルの下意識を、本当の〈無限の自己〉から孤立させてしまう。ひとたび知覚が孤立させられ、拡張した認識の影響から切り離されてしまえば、その欠片《かけら》は、集団支配のアジェンダに都合のよい知覚でプログラミングされる。そしてそうなった知覚は、わたしたちが個人や集団として活動する周波数ないしマインドパターンとして表出する。

こうしたパターンは、可能性や蓋然性の場と相互作用して、ホログラフィック《立体映像的》に表出した自分の

図619：これなしでは何も変わらない。

図620：解決策はわたしたちだ。問題を生み出したのはわたしたちなのだから。

中に存在を織り込む。その意味で、いわゆる「外部」体験は、内側にある自己の鏡像にすぎない。「外側」を変えたいって？　じゃあ内側を変えよう。「外側」は内側を解読した反射像なのだから、ほかに方法はない（図620）。

これは個人の生活にも、世界全般にも当てはまる。人類を隷属させるのに、アルコーン・レプティリアンが細部まですべてをコントロールする必要はない。集団のマインドパターンに指示を出しさえすれば、わたしが述べているような数々の理由で、あとは自分で動いてくれる。この原理は非常に簡単な言葉で説明することができる。十分な数の人間が憎しみを抱けば、わたしたちは憎しみの周波数を土台とする現実で生きていかなければならなくなる。人は自分の戦っている相手になるのだから（図621）。

〈幻の自己〉を自己アイデンティティー《の本質的あり方》とし、それによって自分はほかとは違うと知覚するのでは、人種や宗教、文化、所得などで分類、分離された現実の中で暮らすしかなくなる。これは原因と結果の関係だ。「怒りの日」と呼ばれるデモ行進は、このマインドパターンが生み出す現実にどんな影響を与えるだろう。デモ参加者たちが標的《ターゲット》――この場合は政府――に怒りを集中させれば、標的にされた人びとからは、同じ軽蔑《けいべつ》と反抗の周波数が返ってくる。日が改まり、新しい電気回路になっても、また同じような怒りと抵抗の静止波が生まれる。怒りと抵抗がその場駆け足をしているだけだから、わたしたちはどこにも行くことができない。本格的な暴動にエスカレートしても同じことが起きて、レベルがもっと過激になる。現実が本当はどう機能しているかを認識し、その認識か

図621：暴力による抵抗 vs 暴力的状況。オポセイム《姿形は違っても同じ》の戦い。

ら抗議してみてはどうだろう。あるいは、しばらくの間抗議を完全にやめてみたらどうなるか、考えてみてほしい。政府の不公正な行動はそれに対する抗議を生み出す。抗議はつねに何かに対して行われる。抗議への抵抗も何かに対する抵抗だ。何かに対する抗議、何かに対する抵抗は定常波を始動させる。抵抗は抗議の反射像にすぎないからで、そうやって定常波は形成される。抗議者は政府に抵抗し、政府は抗議者に抵抗する——それは往ったり来たり、往ったり来たりの双方向の振動にほかならない。

アルコーン・レプティリアンとその混血種《ハイブリッド》が操作によって生み出そうとしているのは、まさにこうした状況だ。そこからは何の変化も生まれず、ただ集団としての感情の影響が、彼らの朝食となり、ディナーとなり、ティーになっていく。ソロスのような連中が断固として抗議行動を最大化しようとするのは、こうした理由による。

この回路を誰かが断ち切らなければならない。そしてその唯一の方法は、現実の見方を変えることだ。何かに対する抵抗のシンボルである横断幕を捨ててはどうだろうか。虐待だと呼ばれることや、何かに対する抵抗のシンボルとしてスローガンを大声で叫ぶことをやめてはどうだろうか。大勢の人があらかじめ選ばれた場所に集まって、立ったままでも座ってもいいから、心（チャクラの渦）を開き、同意できない相手に愛を伝えてはどうだろうか。

愛に満ちた世界で生きていきたいと思うなら、愛することが必要だ。憎しみは役に立たない——ああ、テストステロンが騒ぐ、愛ですべてのクズが変わるなんて言わないでくれ、わたしたちは怒るべきだ――だが、それが何を生むのだろう？　怒りはそれを土台にした現実世界をつくり出す、怒りに集中すれば、それが反射像になって返ってきて怒りの定常波が生まれる――ご名答、その通りだ。愛はこの回路を断ち切って相手の力を奪い去るが、怒りはその力を増強するだけなのだ。アルベルト・アインシュタインは言っている。

あらゆるものはエネルギーであり、エネルギーがすべてである。自分が望む現実を手に入れるには、その周波数に同調することだ。ほかに方法はない。これは哲学ではない。物理学だ。

憎しみの周波数から愛の周波数を得ることはできないし、怒りの周波数から平和の周波数は生まれない。世界が憎悪と怒りに溢《あふ》れていることは、ソーシャルメディアを5分もチェックすればわかる。紛争や戦争は憎しみと怒りが集合的に顕在化したものだが、それは往々にして、憎悪や戦争に対して怒っている人びとからも生まれてくる。周波数は周波数だ。何を憎み、何に対して怒っていても、周波数であることに変わりはない。憎しみと怒りはそれ自体が周波数だから、ほかのものはすべて作り話だ。

パレスティナ人を憎むイスラエル人も、イスラエル人を憎むパレスティナ人も、どちらも同じ周波数を発している。第二次世界大戦以後の処遇に関して多くのパレスティナ人が抱いている憎しみは理解できるが、それでもわたしは、憎しみは振動する定常波の内部にさらなる憎悪を生み出すだけで、現状を変えることはできないと指摘しておきたい。

シオニズムの擁護者が他者からの憎悪を知覚したときに抱く怒りから何が生まれているか、考えてほしい。アルコーンのマインドパターンを断ち切って自由になった人たちこそ、イスラエル－パレスティナを含めた多くの回路を断ち切る人たちに違いない。隷属状態にある精神は両極があってこそ回路が完成する。それを断ち切れるのは目覚めた精神だけだ。怒りによる抗議をやめ、頭ではなく心臓《ハート》の認識に基づいた意図からの発言や行動をしていくことで、この回路を切ることができる。その回路は復活させるには、焦点の対象物が愛の周波数を反射して、愛に基づく新しい定常波（＝新しい現状）を生み出すしかない（図622および623）。

たとえ復活しなくても（すぐには復活しない）、一方の側で回路を断ち切ったということは定常波（現状）が崩壊したということだから、もう動くことが可能になっているはずだ（そもそも定常波は反射像が往復するから存在するものなので、それがなくなれば崩壊するしかない）。警官に怒りをぶつければ、向こうも怒りで応酬してくる。定常波が始動しました、サー。このことは、個人的なものから地球全体に関するものまで、あらゆる関係と相互作用に当てはまる。なぜなら、すべては同じ「物理学」だからだ。試してみるといい――きっとうまくいくから。

誰かに怒りをぶつけられたら、怒り返すのではなく、心を開いて、もっと高いところへ行く（周波数を上げる）ことだ。相手のパワーを奪えるのは、怒りが反射によって増強されないからだ。回路がなければ空気に溶けてなくなるから、相手のパワーは消えていく。怒りはつねに補充（反射）

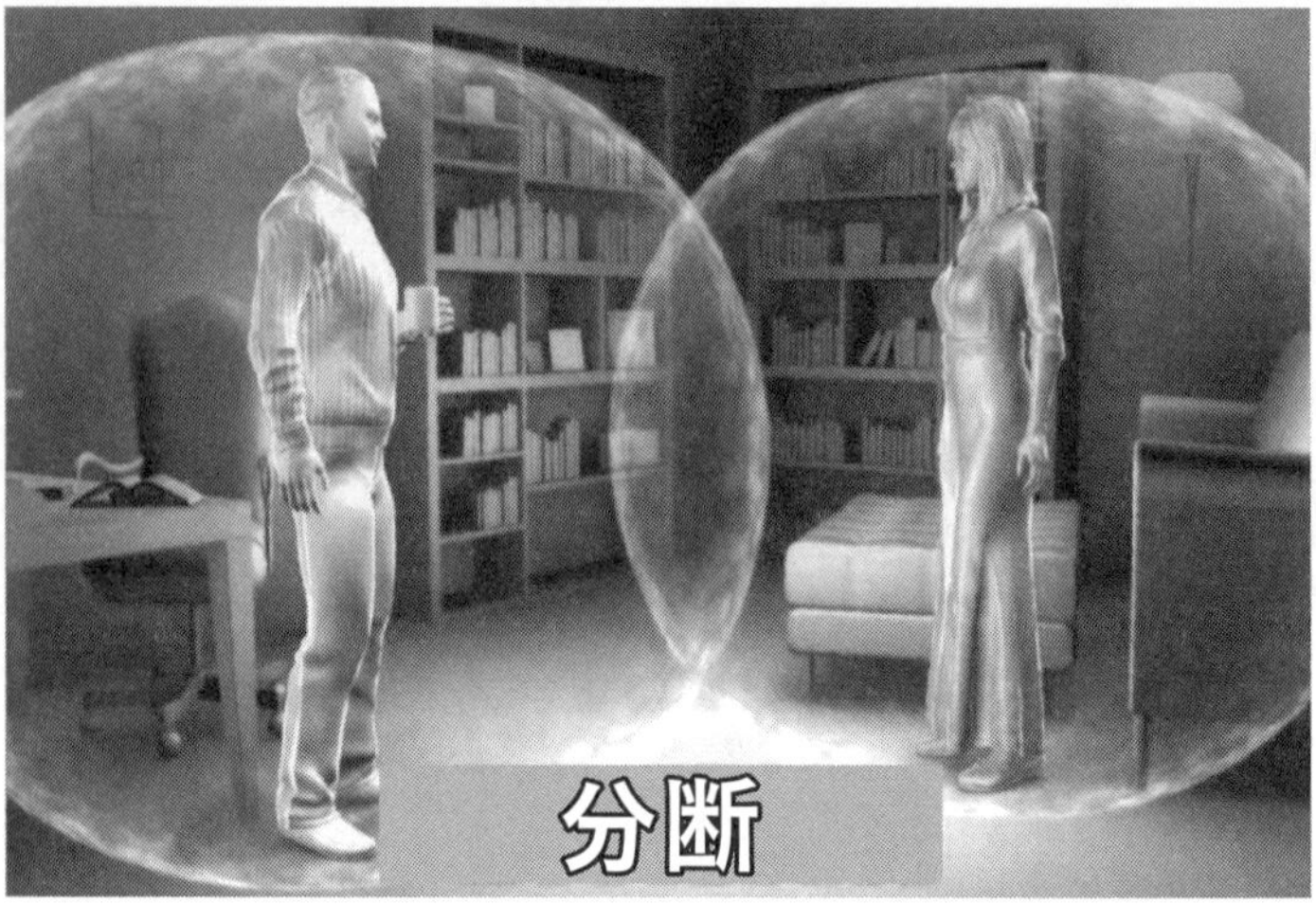

図622：どうしてこうなったのか。

図623：ここから抜け出すには。

しておかないと、すぐに消えてしまうものなのだ。大勢が集まって、笑顔を浮かべながら、楽しいお祝いムードで自分たちの論点をアピールすれば、怒りの周波数とは違った、高い周波数が発生する。

愛に満ちた表現で不公正を暴露すれば、さらに素晴らしい影響力を得られるだろう。暴力や怒りの叫び声にはそっぽを向いてしまう聴衆からも、ずっと大きな共感を得られるはずだ。〈エリート〉の力も、わたしたちがそれを深刻に受け止めることを望んでいる。深刻になればなるほど、彼らの力は強くなる。〈エリート〉は悲観的だから、拳《こぶし》を振り上げるより、面と向かって笑い飛ばしてやろう。奴らから武器を取り上げるには、それが一番の早道だ。すべてにおいて、わたしたちにはもっと笑いが必要だ。

今は暮らしの中で、人びとが笑っている声をほとんど耳にしない。集団的な抗議で何かが変わることはほとんどないが、あれは回路を通して、抗議の相手に力を与えているからだ。この種のデモはヴァーチュー・シグナリング《美徳の印を見せる》のお祭りのようなものだ――抗議しているわたしを見て！　わたしはこんなにいい人間で、親切で、思いやりがあるのよ！　何年も、何十年も、わたしはそんなデモ行進を見てきた。ロンドンやワシントンの「ウォール街を占拠せよ」もそうだった。

それに比べると、マーティン・ルーサー・キング牧師が呼びかけた『わたしには夢がある』のデモの、なんと対照的だったことか。彼は憎しみや怒りではなく、愛と包摂の必要性を語り、参加者全員がひとつになった。ガンディーもそうだ。もし彼が突撃銃を抱えていたら、あれほどの効果を上げることができただろうか。キング牧師は『わたしには夢がある』の演説で「敵」に対する怒りを露わにすることはなかった。すでに存在する断層線や怒りの定常波を増やすことはしなかった。彼は誰もが平等に扱われること、誰も排除されず、階級によって差別されないことを訴えたのだ。

だがわたしには言わなければならないことがある。今同胞は正義の宮殿へと続く暖かな門口に立っている。わたしたちは正当な場所に辿《たど》り着くまでに、不正な行為に手を染めてはならない。自由への渇望を癒《いや》すために、恨みや憎悪の杯から水を飲もうとしてはならない。わたしたちの闘いは、どこまでも、威厳と自制という高いレベルにおいて行われなければならない。わたしたちの創造的な抗議を物理的な暴力へ堕落させてはならない。何度でも、何度でも、肉体の力が魂の力［霊の力］と出会う高みへと昇っていかなければならない。

今黒人コミュニティを飲み込んでいる驚くほどの新しい闘争心が、わたしたちをすべての白人への不信感に導くことがあってはならない。なぜなら、多くの白い兄弟たちは、今日ここに来てくれたことでもわかるように、自分たちの運命がわたしたちの運命と結ばれていることを自覚しているからだ。お互いの自由が緊密に結ばれていることを理解するようになったからだ。

わたしたちはひとりで歩いて行くことはできない。

政治的公正《ポリティカル・コレクトネス》を掲げる今の進歩主義者には、ぜひ心に留めてもらいたい。キング牧師の言葉は、聞くたびに涙ぐまずにはいられない。

わたしには夢がある。それは、いつの日か、ジョージア州の赤土の丘で、かつての奴隷の息子たちとかつての奴隷所有者の息子たちが、兄弟として同じテーブルにつくという夢である。

わたしには夢がある。それは、いつの日か、不正と抑圧の炎熱で焼けつかんばかりのミシシッピ州でさえ、自由と正義のオアシスに変身するという夢である。

わたしには夢がある。それは、いつの日か、わたしの4人の幼い子どもたちが、肌の色によってではなく、人格そのものによって評価される国に住むという夢である。

今日、わたしには夢がある！

わたしには夢がある。それは、邪悪な人種差別主義者たちのいる、州権優位や連邦法実施拒否を主張する州知事のいるアラバマ州でさえも、いつの日か、そのアラバマでさえ、黒人の少年少

図624：ソロスは笑っているに違いない。

図625：黒人の命（ブラック・ライヴズ）だけが大切なのではない。

女が白人の少年少女と兄弟姉妹として手をつなげるようになるという夢である。

今日、わたしには夢がある！

ブラック・ライヴズ・マター《黒人の命が大切だ》やブラック・ブロック《黒い塊》、アンティファ《反ファシスト》といった暴力的な運動も、キング牧師の言葉に耳を傾ければもっと効果があるはずだ。それなのに、彼らはソロスの熱望に応えて怒りの道筋を選んでいる（図624および625）。そして、人種差別主義者の警官と怒れる反人種差別主義者が、また新しい怒りの回路をつくり出す。いみじくもマーティン・ルーサー・キングはこう語った。

非暴力とは、肉体による外面的暴力だけでなく、魂による内面的暴力をも忌避することである。人に向かって発砲することだけでなく、憎むことも拒否しなければならない。

非暴力で毅然と非協力を貫く！　すべてはひとつだと知っている!!
愛こそ現実を変える究極の力――〈霊（スピリット）〉の表出だから

キング牧師が人びとに理解してほしかったのは、要するに、わたしたちはひとつだということで、それを、誰もが神の子どもだと言ったのだ。新しい階級制度が古いものに取って代わること、新しい主人が古い主人の地位を奪うことを要求したわけではない。階級も主人もなくそうと呼びかけたのだ。今のわたしもまったく同じだ。それなのに、今は白人というだけで、個々の人格とは無関係に一括《くく》りにされ、集団思考の下で、植民地主義者で人種差別主義者のクズというラベルを貼られ、偉大な哲学者が白人であることを理由に禁止されたり周縁に追いやられたりする——キング牧師なら、考えただけでも愕然《がくぜん》としたに違いない。「今こそ、神の子すべてのために正義を実現するとき」なのだ。

キングが念頭に置いていたのは文字通りすべての人であって、古い〈エリート〉に取って代わった、新しい人種的、宗教的、政治的な自称〈エリート〉のことではない。アルコーンのマインド《思考類》パターン《型》は、愛を語ることは弱さだとみなし、ときに暴力を伴うほどの怒りこそ強さだと考えるが、実際は正反対だ。

憎悪や怒りがないからといって消極的だということにはならない——それだけは絶対に違う。わたしはさまざまな理由で非難されてきたが、消極的だと言われたことはない。わたしの言う愛は肉体的魅力による愛ではない。また、わたしが「精神《マインド》の愛」と呼ぶものでもない。わたしの言う愛とは、すべてはひとつだと知っている〈霊《スピリット》〉が表出したものだ。そこから生まれるのは究極の強さであって、弱さや消極性とは違う。この愛は、自ら正しいと知っていることなら、たとえどんなに挑発され、どれほどの威嚇《いかく》が試みられ、どのような結末が待っていようとも、必ずやり遂げる。

愛は計算ずくでは行動しない——誤りとわかっていることをしたり、自己利益のためだけに行動したりはしないのだ。心から発する愛の周波数に共鳴するということは、横たわって他人に踏みつけられることではない。愛こそが力なのだ。愛こそが強さなのだ。愛に匹敵するものはほかにない。なぜなら愛は、その周波数とつながる可能性・蓋然性を存在に織り込むことによって、現実を変えるからだ。

愛は他者だけではなく、自己に対するものでもある。自分を愛することは、自己妄想や自惚《うぬぼ》れとはまったく違う。自分を愛するとは自分を尊重するということだ。自分を尊重する人は、自分の意思に反して他者が意思を強要してくることを許しはしない。

愛はまた、不公正に抗議したり、ターゲットを憎悪で攻撃したりしない。ただ「わたしはそれを認めない」と言うだけだ。わたしは、自分の意志を押し付け、わたしの自由を消去しようとするものへの協力を拒否する。「ノー」という言葉を発するのに、面と向かって怒りをぶつける必要はない。ただ「ノー」とだけ言えばいい。それだけだ。

「ノー」と叫びながら抗議デモに参加して、帰宅すれば、ついさっきまで反対していたものを受け入れている人がどれだけいることか。それでは「ノー」が「ノー」にならない。愛の「ノー」は、抑圧に協力することをやめ、反対の旗を振らず、黙って立ち去ることを意味している。

〈エリート〉という暴君の意思を強要している人間の数は、それを強要されている人間の数と比べると圧倒的に少ない（図626）。国家がとりわけ住民の協力に依存している分野を特定して、不公正と強制がなくなるまで、決定的な人数を集めて協力をやめる——これならそれほど難しくはないだろう。どこか重要な地点を選んで大勢が集まり、座り込んで移動を拒否することで〈システム〉の機能に影響を及ぼせるなら、非協力のひとつの形態になるだろう。

大衆的な非協力は、ただの抗議よりはるかに効果的だ。抗議は警官隊に影響を与えるだけだが、非協力は、その警官隊を駒《こま》として使っている〈システム〉そのものに影響を与える。わたしたちに必要なのは比率を理解することだ。〈エリート〉はごく少数だが、今進行中の彼らのアジェンダ《実現目標》には、標的となる人びと自身の協力が欠かせない。その点だけとっても、力は彼らにではなく、わたしたちの方にあることがわかる（図627）。しかし、こうした数的優位をつくり出すためには、わたしたちは互いに争うことをやめなければならない。

個人レベルでの非協力の例を挙げてみよう。〈エリート〉が望む成果を得る上でスマートフォンが重要なら、できれば使用をやめるか、せめて子どもに与えないようにしよう。〈エリート〉がつくり出そうとしているものにスマートメーター《監視機能可電子電量計》が不可欠であれば、その受け入れを拒否することだ。ビデオゲームが脳の配線を替えているのなら、それで遊ぶのも、子どもたちにゲームを買ってやるのもやめればいい。

多くの若者、とりわけ男子が21歳までにビデオゲームに費やす時間は1万時間にもなるが、その多くは暴力を中心テーマとしている。脳への影響を考えただけでも、これは狂気の沙汰《さた》だ。子どものことを思えば、親はやめさせるか、少なくとも時間を減らしてやる必要がある。だが、十分な数の人びとにその意思があるだろうか。もちろん十分ではないだろうが、少なくとも、影響面には文

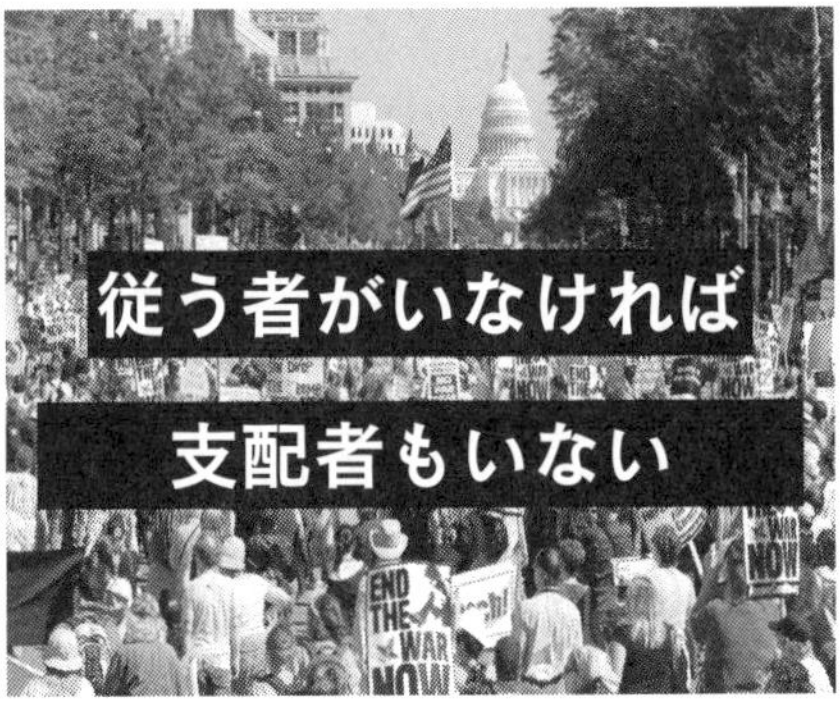

図626：大衆による協力拒否は、大衆による抗議よりずっと効果的だ。

図627：今までは尻尾《しっぽ》が象を動かしてきた。

図628：行動する愛。

句をつけるのに原因への対応は拒否するというのはよくない。
5Gがテクノロジーによる支配グリッドに取って決定的に重要なのであれば――間違いなくそうなのだが――できるかぎりのことをしてその実現を阻止し、導入への協力をやめなければいけない。公共の利益に反することを行う企業や国をボイコットし、何よりも、誰による沈黙の強制も拒否しなければならない（図628）。こうしたことのすべてを、そしてそれ以上のことを、悪意や怒りを交えずに、心を込めて実行すれば、問題ではなく解決策にエネルギーを与えることができる。抵抗の対立が消滅して、愛に基づく非協力の振動が発生すれば、あまりの状況の変化に驚くだろう。その変化に直面すれば、多くのフィードバック《反作用》回路は崩壊する。その回路こそが〈システム〉の全体をまとめているものなのだ。

〈無限の自己〉表出を自己アイデンティティーに！
スポンジの精神と自由な精神――知覚コントロール対処法
〈システム〉〈権威者〉の言いなりで「誰が得するか」を判断！

非協力には、国家と支配〈エリート〉が信じこませようとしていることを何の疑問もなしに受け入れるのをやめる、というのも含まれる。肝腎《かんじん》な中にも肝腎なのは人間の知覚のコントロールなのだから、わたしたちは是が非でも精神を取り戻さなければならない。もうすっかり明白になったと思うが、政治や行政、企業、科学、大学、メディアの権威者たちは、つねにわたしたちを誤導している。なかには自分自身が誤導されている例もあれば、露骨な嘘を通した意図的な誤導もある。それも小さい嘘ではなく、真実と現実を大きく歪曲《わいきょく》した嘘を通して、だ。

現時点で一番安心できるフィルター《判別方法》は、受け入れる価値があるとはっきりわかるまで〈システム〉の言葉を信用しないことだが、1日過ぎるごとに、受け入れる価値のあるものはどんどん少なくなっている。大嘘が、かつてないほど大掛かりなものになっているからだ。だからつねに自分に問いかけよう。それで「誰が得をするのか」と。彼らの言葉を信じて利益を得るのは誰なのか――そこで思い出してもらいたいのは、世界を変えるのは言葉ではなく結果だけだということだ。結果を見れば、その結果を正当化し、導き出した出来事の裏に誰がいたかが必ずわかるし、出来事が起ころうとしているときに「彼らが言っていることを信じたらどんな結果になるだろう」と問いかければ、早い段階でプロセスを把握することができる。

医師や製薬会社の説明を鵜呑《うの》みにする前に、ワクチンや薬剤、そして肉体を破壊するがん治療について自分で調べてみよう。ホログラフィック《立体映像的》な幻想ではなく、波形の青写真に効果のある代替手段はないのか、と。今の知覚の正体を自分で見極めることで、〈システム〉のアプリからのダウンロードではない、自分自身の知覚を取り戻すのだ。〈主流派エブリシング〉を無効にし、自力で調査して自分の結論を手に入れれば、それはできる。

では、自分が信じると決めたことが、他の人びとの気に入らなければどうしたらいいのだろう。これは非常に大切な問題だ。自分の見解を攻撃したり、嘲笑《ちょうしょう》したりしてくる人を恐れてはいけない。どう考えるかまで他人にとやかく言われる筋合いはない。自分が信じていることを全員が信じなければいけないと信じるなど、よほど傲慢《ごうまん》で無知でなければできない（どのみちそういうのは大半〈郵便切手《ちつぽけ&金太郎飴》〉の近視眼連中だ）。向こうには自分の意見を持つ資格があるが、それならこちらにも同じ資格がある。

拡張した認識はどんな形態であれ、そんな知覚の強制に従ったりはしないはずだ。それが親でも教師でも、学者、科学者、医者、ジャーナリスト、はたまた寂しきインターネット荒らしでも、わたしはまったく気にしない。招待しようと決めるまで、わたしの精神に踏み込まないでほしい。わたしが何を考えようと、あなたには関係のないことだ。だから本書に書いてあることも、自分にとって正しいと感じられるまでは信じないでほしい。

自分の信念を他人に強要しようとする人は、表面的には虚勢を張って隠しているかもしれないが、自尊心の問題を抱えている。これまでも、外見は自信に満ち溢《あふ》れていて、時には傲慢《ごうまん》なほどなのに、内心はゼリーのように揺れ動いている人をたくさん見てきた。自信のある人は、他者が自分と同じ考えであることを求めない。これはわたしの経験から言えるのだが、大学教授や科学者、とりわけ各種の〈懐疑派ソサエティ《結社もどき》〉に属する人びとは、〈郵便切手《ちつぽけ&金太郎飴》〉に異を唱える人がいると、必ずと言っていいほどその人のことをけなそうとする。それは、ひょっとしたら自分が攻撃している相手の方が正しいかもしれないと――いやいや、何よりも、自分が間違っているかもしれないと――恐れおののいているからだ。

疑問を抱くことと懐疑主義は違う。疑問を抱くとは、あるものが精査に耐えるかどうかを知るために冷静に問いかけることだが、懐疑主義者は〈システム〉の豆粒サイズの知覚を超えるものは初めから信用しようとしない。彼らの小さな頭脳には、今言われていることが正しい可能性など入り込む余地などない。〈システム〉が違うといっていることが正しいはずがない、〈システム〉はすべてわかっている。懐疑主義者は自分を優秀な知性の持ち主だと考えているが、実際には〈システム〉から信じるように命じられたことを繰り返しているだけだ。

〈プログラム〉を、そして〈マトリックス《所与の母型》〉による支配を抜け出すには、こうした自己と人生と現実すべての再評価と並行して、わたしが述べてきたような2種類の集団思考を捨てる必要がある。まずはグループの言うことを、グループだからというだけで信じないことだ（これはグループの大小とは無関係だ）。わたしたちは、一人ひとりが〈無限の認識《アウェアネス》〉の表出であってアリの集団ではないのだから、アリのように振る舞うのはやめなければならない（図６２９）。

でも、グループのメンバーに従わなかったら仲間外れになるって？　そんな奴らはクソくらえだ。個人の知覚に対する権利を尊重しないようなグループなら、誰が一員でいたいものか！　もしグループが必要なら、もっと敬意を持って接してくれるグループを見つけるべきだ。

わたしはグループに加わるタイプではなかった。それは自分らしくないと思ったからだ。数年前に一度だけ、ありがたいことに短期間だったが、あるグループの一員になったことがある。それはひどい悪夢のような経験だった。もう二度とご免だ。グループ内の権力闘争はなかなかの見ものだったが、グループ同士が集団的な同調ではなく相互支援で機能するためには、拡張した認識に基礎

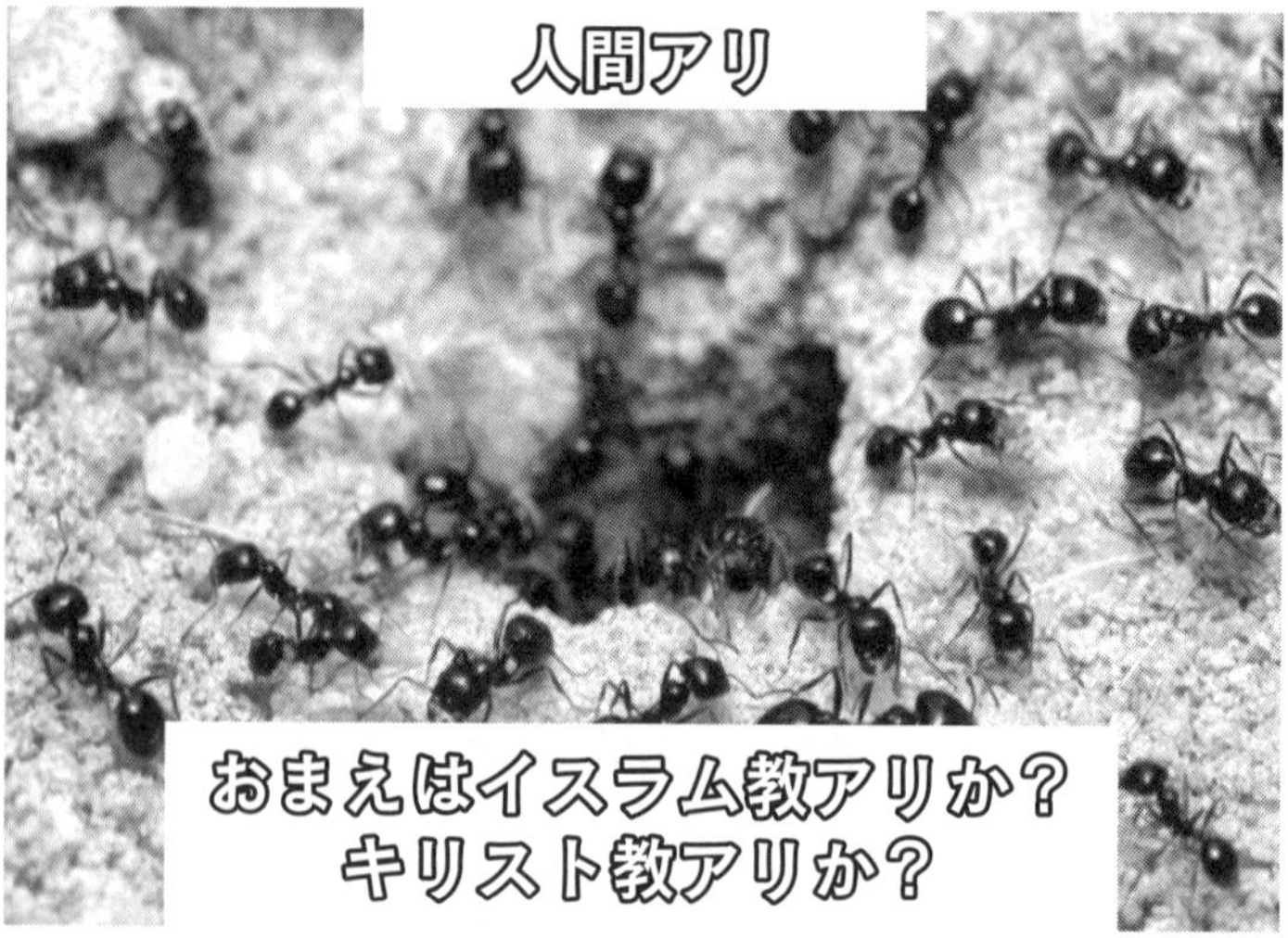
人間アリ
おまえはイスラム教アリか？
キリスト教アリか？

図629：女王様に訊《き》いた方がよくないか。

を置かねばならないし、純粋に心《ハート》を中心として、ほかと違っている権利を純粋に尊重しなければならない。

進歩主義者とそのインターネット荒らしに見られる「捜し出して破壊せよ」式の指揮系統は（ツイッターの嵐を見よ！）、グループの（＝群れの）心理への服従を要求し、脅迫するスキル《手並み》に熟達している。それもそのはず、彼らは進歩主義の信仰体系を中心に、人類の群れをアルコーンの〈ハイヴ・マインド《巣箱の精神》〉に追い込むために利用されているからだ。

政治の世界でも同じことが起きていて、ブレアを青写真とする指導者や進歩主義者が世界各地、とりわけヨーロッパで次々と顔を出している。わたしたちはこの集団思考に屈服せず、開かれた心《ハート》と不動の決意でもって対処する必要がある。人間の唯一性を、決して暴徒や役立たずの連中に譲り渡してはならない。とはいえ、多くの人にとってこれが容易でないことはよくわかっているし、人類全体の隷属状態を断ち切るためにやるべきことは、どれも同じだろう。だが、わたしは一度も簡単だと言った覚えはない。

わたしたちはここまで、汚物通りと記された道に沿って旅をしてきたが、それも、やがて大きな展開を見せることになる。しかし忘れないように言っておくが、わたしたちは〈存在するものと存在しうるものすべて〉なのだから、そこには必ずチャンスがある。その決め手になるのは、レジ係のエセルやパン屋のビルではなく、あの無限の自己の表出を自己アイデンティティー《の本質的あり方》にできるかどうかにかかっている。

自己アイデンティティーを低周波から高周波へ!!

分断を修復して支配を終わらせる——さあ、〈黄金の鍵〉を!!

知覚が変われば、現実も変わる！

人間の自己アイデンティティー《の本質的あり方》を根底から変えない限り、前向きな変化は起こりえない。自分自身を名前や人種、文化、宗教、職業、ライフスタイル、履歴——わたしの言う〈幻の自己〉——によって知覚することが、あらゆる問題の基礎になっているからだ（図630）。このまま進んでいっても問題は解消されない。原因がなくならないからだ。〈幻の自己〉は、孤立した個人の中の孤立した個人という知覚をつくり出す。そこはさぞ寂しい場所だろう。その知覚が〈ちっぽけなわたし〉や食うか食われるかの闘争といった信念を生みだし（どれになるかはその人の性格による）、考えられるかぎりの断層線と分裂を提供して、何より大切な分断支配を確固たるものにしていく。その結果、肌の色や人種や宗教や所得階級が、どれも重要で妥当なものに感じられてくる。そんなことは、自分を〈無限の認識《アウエアネス》〉だと認識していればしないはずなのだ（図631）。

〈幻の自己〉というラベルは、わたしたちが経験していることであって、わたしたち自身ではない。〈隠れた手〉は驚くほど効果的な仕事ぶりで人類を操作し、経験の主体である認識（認識している状態）ではなく、経験している内容を自己だと認識させてきた。〈幻の自己〉は基本的に五感を通してのみ現実を知覚するので、あらゆる物や人がほかの物や人から分離しているように見える。経験の主体である〈無限の認識《アウエアネス》〉を自己アイデンティティーにすれば、人間の知覚は小枝から森へ

図630：一目瞭然《いちもくりょうぜん》、だろ？

図631：「彼ら」が信じさせたいものとは違う。

と拡大されて、すべての物や人がつながっていることがわかるようになる。

こうした知覚レースの観点に立って見ると、宗教や性的指向は単なる経験であって、自己アイデンティティーとは無関係だということがわかる。そうしたものはすべて経験であって、最も広い意味での「わたし」ではないからだ。本書を読んで、わたしを人種差別主義者とか、反イスラムとか、反ユダヤ主義とか、トランスフォビアだとかLGBT嫌悪者《LGBTけんおしゃ》と呼んで糾弾する人たちが出てくるだろうが、これ以上の皮肉はないように思われる。わたしの論拠は、そうしたことのすべてが本当の自己アイデンティティーとは無関係だという現実観にあるのだから。

しかし、〈幻の自己〉ではまさにそのようなことが起きる。なかでも特に強く幻想にとらわれているのが、シオニスト過激派、にわか進歩主義者、イスラム原理主義者、白人至上主義者などだ。〈幻の自己〉の領域では、シオニズムとイスラム教が対立し、にわか進歩主義者が白人至上主義者と（また、時にはシオニスト過激派と）対立し、白人至上主義者がイスラム教、シオニズム、進歩主義者と対立しているのに気づくだろう。

肉体を中心とした彼らの自己アイデンティティーではお互いがすべて異なって見えているが、実際には全員が〈幻の自己〉という牢獄《ろうごく》に閉じ込められている。こうした同じ人びと、同じグループを見ても、わたしの目に浮かんでくるのは、同じ意識のさまざまな側面が、分離の幻想や経験と自己との混同という罠《わな》に陥っている姿だけだ。わたしは究極の非人種差別、非性差別という現実観からものを見ているが、それでもなお、さまざまな理由から人種問題に取り憑《つ》かれてた連中からは、人種差別主義者と呼ばれるだろう。やはりこの世界は逆立ちした、巨大な反転像なのだ。〈無限の認識《アウェアネス》〉を自己アイデンティティーとし、〈幻の自己〉は文字通り幻にすぎないと認めることは、意識の「個別の」表出と集合としての人類の現実にとって、素晴らしい意味がある。近視眼的な〈ちっぽけなわたし〉の知覚が無数にある〈幻の自己〉は、周波数が非常に低いので、可能性・蓋然性《がいぜんせい》の量子場と相互作用するのも、同じ低い周波数帯内に限られる。というか、それしかできないのだ。それが個人および集団としての現実を存在の中に織り込んでいくのだが、そこにはこの近視眼的な、限られた視野が反映している。それがわたしたちの見ている世界だ（図632）。

分離の感覚があると、分離したホログラム《立体映像》の世界が顕在化する。孤立と分断の感覚があれば孤立して分断された世界が顕在化して、人やグループの境界線どんどん鮮明になっていく。こうした境界線は、自己アイデンティティーが細分化され、アイデンティティー政治の政治部門によって力を与えられるたびに、さらに極端になっていく。つまり、知覚の感覚＝経験される現実、ということだ。このことは、世界中のあらゆる家庭、会社、学校、大学、政府の建物、軍の施設の壁に掲示するべきだ。そのときには「知覚が変われば、現実も変わる」という言葉を添えよう（本書の末尾［463頁］にそのためのポスターが掲載されているので、ぜひ見てほしい）。

ここに、すべての扉と出入り口を開けることができる〈黄金の鍵〉がある。わたしたちは分離していると思えば分離してしまうし、すべてはひとつ（全一《ワン》）だと考えれば、すべてはひとつになる。もちろん、お互いにそっくりの人間になるとか、みんなが同じ人間になるという意味ではない。拡張した認識とは無限の多様性の尊重であって、みんな揃《そろ》ってどっちつかずの無能者になってしまうことではない。そうなるのは、意識が閉じ込められて、有限の可能性を知覚する状態に陥ったときだ（図633）。

周囲を見回してみれば、このメンタリティ《精神状態》から生まれた「みんな同じ」という感覚は、人間社会のあらゆる領域に顕在化している。しかし〈無限の認識《アウエアネス》〉を自己アイデンティティーにし、今はそうしたことを経験しているだけなのだとわかれば、その自己アイデンティティーは、高域へと広がった周波数と拡張した知覚の合致として表出される。この拡張した知覚が可能性・蓋然性の量子場と相互作用するのだが、その際の周波数のレベルと範囲を限定するものはただひとつ、その人が認識を拡張する能力だけだ。その意味で、そこには限界はない。そこから顕在化される現実は、それまでとはまったく異なるものになる。〈ちっぽけなわたし〉はなくなってしまう。それは〈ちっぽけなわたし〉という知覚の欠片《かけら》でしかないからで、したがって〈無限のわたし〉の知覚を解読した領域内には存在しなくなる（図634）。

そうなれば、人生には潜在的な多様性《ダイバーシティ》、霊感、洞察の波が次々と押し寄せてくる。利用できる可能性・蓋然性の範囲が広がる。そして別のリズムで踊り、別のドラムを叩《たた》くようになって、世界から狂人と呼ばれることになる。だが、それもまた楽し、だ！ わたしはこのプロセス《過程》をずっと経験してきたし、仲間は次第に増えつつある。彼らはよくこう質問する——人生が突如として共時的な冒険に変わり、いろいろな「偶然」と洞察が経験されるようになったのはなぜなのか、と。その理

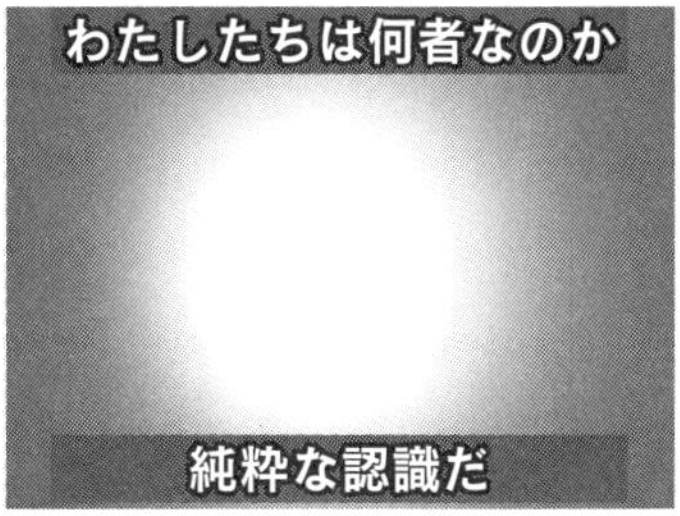

図632：すべての幻想を剥《は》ぎ取ったときに残るものはこれだ。

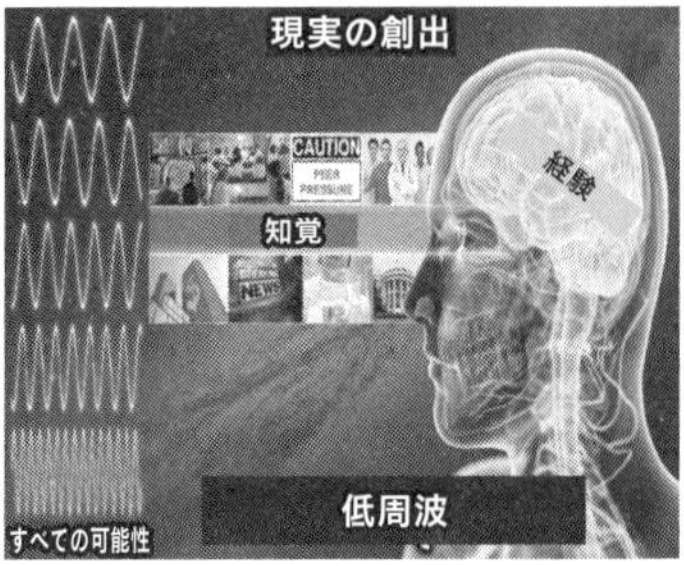

図633：〈幻の自己〉とプログラミングされた知覚は、自らが表す周波数帯でしか顕在化できない。

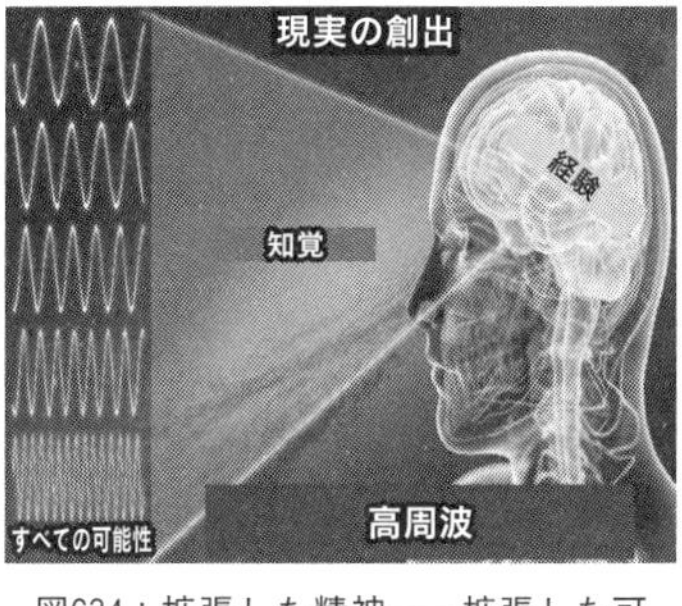

図634：拡張した精神——拡張した可能性。

図635：レジ係のエセルも変わる。

由はここで述べた通りだ。

また、なぜ昔の生活は崩壊していくのか（それは必ずしも嬉《うれ》しくはない）、しかしなぜこれはそうならないのか、と尋ねられたこともある。昔の生活を顕在化させていた知覚の周波数がなくなれば、それによってホログラフィック《立体映像的》な表出も消えるしかない。いろいろな関係が終わったり変化したりするだろうし、仕事や居場所、友人のサークルもそうだろう。そうしたことは、新しい知覚の周波数を反映しているから。

だが、もしパートナーにも同じような知覚の飛躍があれば、これからも交友関係が続き、さらに深まる可能性もある。変えたかった人生が移行期間中に崩壊してしまったとしたら、それを甘んじて受け止めて、その消滅を祝うことだ。事態はもっと悪くなっていた可能性もある——あなたの人生は永遠にそのままだったかもしれないのだから。

十分な人数がこの変容に同調して、集団の場に影響を与えるようになれば、同じことが集団的に発生する。人間の知覚の総計は、暮らしやテレビニュースで見るものとして顕在化する。アルコーン・レプティリアンの力と混血種《ハイブリッド》〈エリート〉は、このプロセスがどう機能するかも知っているし、人間の知覚を操作できれば、人類自身の解読プロセスを経由して、人類の経験を配信できることも知っている。集団としての孤立と分断の感覚は、戦争や階級、人種、宗教、持てる者と持たざる者などと呼ばれている。わたしたちがお互いを全一《ワン》として、すなわち同じ〈無限の認識《アウェアネス》〉の文字通りの表出として理解すれば、その現実感覚は必ず——もう一度言う、必ず——経験される現実となる。経験という見える領域は、波形の知覚という見えない領域の反射像にすぎないのだから、そうとしかなりようがない。

分断を癒《いや》すには分断の知覚をなくすしかない。分断は、わたしたちをばらばらにしておくための幻想にすぎない。そんなものは全部一緒に消えてしまえばいい。これが、集団的な現実を変える方法だ。政治家もエコノミストも、科学者も大学教授もいらない。彼らは古い考え方と知覚の下僕《しもべ》にすぎない。新しい考え方と知覚があればそれだけでいい。

ただ、わたしは理解できるのだが、五感の視点からは、こうした変化はよくて時間が掛かりすぎ、最悪の場合はまったく変わらないか、悪化するように見えてしまう。説得すべき政治家や企業がこれほど多い現状で世界を変えることは、想像を絶する課題のように思えるだろう。どこから始めればいいのか？　だが、これについては二つ、即座に言えることがある。

第一は、全員にとっての公平さや正義に関しては、ゆっくりとした改善は絶対に受け入れるべきではない、ということだ。マーティン・ルーサー・キングはこれを「漸進主義という精神安定剤」と呼んだ。こうした漸進主義は、五感による知覚のためのもので、無限の知覚とは無関係だ。知覚を変えればそこから派生する世界は変わる――それも今すぐに。

第二に、体制《エスタブリッシュメント》の中心人物や使い走りの連中に、人類の最善の利益において行動せよと説得する必要はないし、誰かと延々と会議をして議事録を取らせる必要もない。自分自身が変われば自分の現実は変わるし、集団としてのわたしたちが変われば集団としての現実も変わる。わたしたちが〈無限の認識《アウェアネス》〉を自己アイデンティティー《の本質的あり方》として〈幻の自己〉を捨てれば、その分だけ、人類と可能性・蓋然性との相互作用は変容して、その結果、ホログラフィックな表出も姿を変えていく。すべては——そう、文字通りすべては——そこから始まる。それなしでは何も始まらず、変わらず、前に進まない。ごく簡単な言葉を使うなら、人類の低周波による自己アイデンティティーが現在の目に見える世界をつくり出しているのだから、自己アイデンティティーを高周波へと拡張すれば、量子場からほかの可能性・蓋然性が引き出され、それがホログラフィックな存在に包み込まれることで、あらゆることが変わらざるをえない、ということなのである（図635）。

もしそれができれば、わたしたちは、コントロール・システム（低周波の表出）の解体によって、その効果を体験することになる。解体の原因は客観的な出来事や偶然のように見えるかもしれないが、実際には、それは解読された現実間の移行がホログラフィックに表出したものにすぎない。わたしたちは集団として、これまでとは異なる現実を知覚するだろう。ホログラフィックな経験は、その変化を反映することしかできない。それでは簡単すぎるって？　そんなことはない、正反対だ。これまで物事を変えようとしてきたやり方が、あまりに複雑過ぎたのだ。

人類はスクリーンに映った映画を変えようとしてきた。だが、本当に変えるには、真っ直ぐ映写機に向かわなければならない。すべてはそこから生まれている。そうして初めて映画は変わるのだ。イギリスのミュージシャン、キャット・スティーヴンス（イスラム教に改宗後はユスフ・イスラム）が歌っている。「大声を出したいなら大声を出せばいい。自由になりたいなら自由になればいい」。知ればそれが現実になる。これでいよいよはっきりしてきただろう——アルコーンの操作者がこの知識をわたしたちから遠ざけようと絶え間なく努力してきた理由が。集団としてのつながりと調和の知覚が顕在化するにつれて、分断は消えていく。

そしてそれとともに紛争や全面戦争も、そして他人を抑圧してまで自分の利益を追求しようという野望も消えていくだろう。残る疑問はただひとつ、それを実現するために、わたしたちは十分な人数で立ち上がることができるのか、ということだ。開けるべきドアは目の前にる。そのドアを押し開けて中に足を踏み入れるか、それとも『ラ・ラ・ランド』にとどまって左脳の奴隷のままでいるか——選ぶのはわたしたちだ。

犠牲者はもういない《悲劇は笑い飛ばし回路を切断する!!》——吸血鬼にはニンニクを《責任はドーンと引き受ける!!》!!

アルコーンの歪《ゆが》みとその同盟者が若い世代全体を犠牲にしようと目論《もくろ》んでいるのは、少しばかりのお楽しみと笑いを得るためではない。大人を対象に同じマインド《精神》詐欺が行われているのも、いたずらではない。犠牲の知覚＝犠牲の経験であり、犠牲の経験＝守ってください〈ビッグ・ブラザー《独裁支配者》〉、なのだ。犠牲者性は、犠牲者化ないしその感覚とフィードバックループ《反作用循環》を形成する。犠牲者の知覚は、犠牲の可能性・蓋然性と周波数でつながることしかできない。〈隠れた手〉はそのことを承知している。その結果がゼリー《過保護》世代でありスノーフレーク《雪片のようなヤワな》世代なのだ。

わたしは、今の若者は背骨を育てることが必要だと言っているが、その本当の意味は、自己に対する知覚を犠牲者から〈無限の認識《アウェアネス》〉に変え、自分には現実をコントロールし、決定する力があることを知れ、ということだ。人生とは、恐れてそこから逃げ出すものではなく、最大限に楽しんで体験すべきものなのだ（図６３６）。今の人類の現実の暮らしはバカげている。それを深刻に受け止めれば、これからもバカげた定常波が生まれてくる。面と向かって笑い飛ばして、回路を切断してしまおう。アルコーンの現実が自らを深刻に受け止めてほしいと思うのは、それが力の源だからだ。わたしたちは、そんな力は否定しなければならない。

誰かを人種や宗教や性を理由に虐待する人はバカげている。それに対して怒りや恨みや嫌な気分で応じても、バカげたことにパワーを与えるだけだ。そのパワーを消してしまうには、バカバカしさを笑い飛ばしてしまうことだ。

わたしは30年近く、世界各地で集団虐待を受けてきたが、今はそれも滑稽《こっけい》に思える。なかには、よくパンツを濡《ぬ》らさずにいられたものだと思うほどの虐待もあったが、ともかくやってこられた。あなたはあなたの人生であり、あなたの人生はあなただ。自分を犠牲者だと思えば犠牲者の人生になるし、〈ちっぽけなわたし〉だと思えば〈ちっぽけなわたし〉の人生になる。そして、あなたが〈無限〉なら人生も〈無限〉だ。

アインシュタインではないが、これは哲学ではなく物理学なのだ。不愉快な体験をした人には同情するが、最も効果的と思われる対処法は、なぜある人はほかの人の経験しないことを経験するの

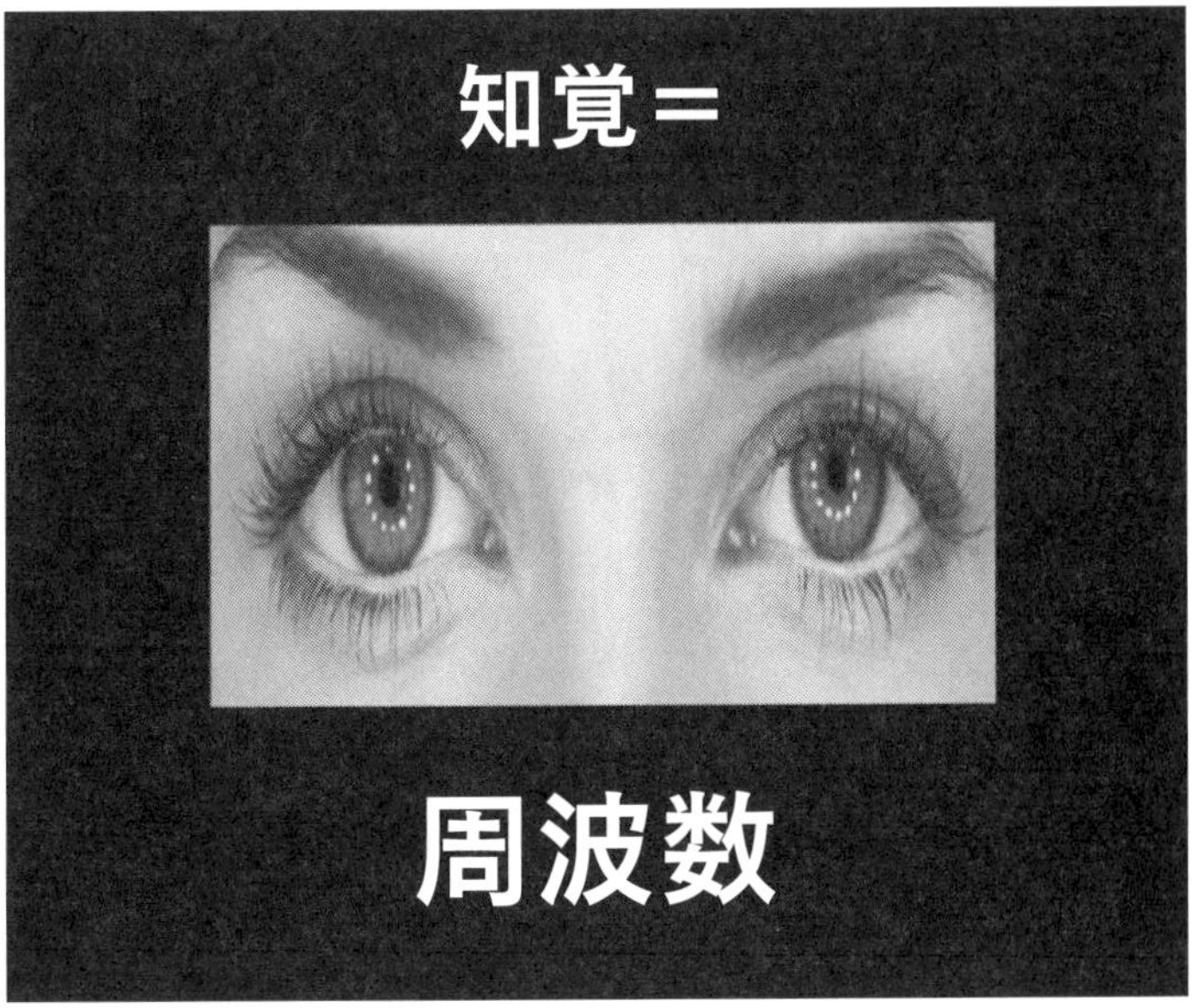

図636：知覚は周波数だ。わたしたちが可能性・蓋然性《がいぜんせい》の量子場と相互作用する周波数は知覚で決まる。

か、その理由を理解することだ。経験は、わたしたちが信じ込まされてきたようなランダムなものではない。なぜある人には何かが起こり、別の人には起こらないのかを把握《はあく》すれば、わたしたちは力を取り戻して、人生に対してもっと強くなることができる。

時には潜在意識によって、不愉快と思われる経験に誘導されることもあるが、それは意識的精神を鍛え、自分自身と現実について何かを示そうとしてくれているのだ。わたしは自分の悪い経験を変えたいとは思わない。そのときは楽しくなくても、そうした経験は値段のつけようのない贈り物として、その後の人生に不可欠な役割を果たしてきた。

多くの人は自分を犠牲者にしたがるが、それは潜在意識のテクニックのひとつで、それで自分の人生と経験に対する責任を回避しているのだ。責任を引き受けることは吸血鬼に対するニンニクのようなものだ。人類が知覚の隷属状態から解放されるには、吸血鬼から逃げ回るような関係は絶対に終わらせなければならない。責任は取らない、今起きていることは他の人間や物のせいだ――そうやって、自分の中で創りだしたものの責任を外に求めていると、やがて自分がつくり出してきたものを変える力を譲り渡してしまうことになる。

責任を引き受けることは、自分の内部にある創造力を認識することだ。人のせいにしたり不運だといって済ませたりするのは、自分が自分の人生に対して無力だと認めることだ――その力はほかの誰かが、運命がその力を握っているのだ、と。

わたしたちが不運と呼ぶものは、わたしたちのエネルギー状態のことで、不運と知覚されるもののを可能性・蓋然性の場から引き出しているにすぎない。だから、不運などというものは存在しない。その知覚があるだけだ。結局のところ、答えはつねに鏡の中にある。

イギリスのテレビ番組で司会を務めるノエル・エドモンズは、悲観的な考え方ががんの原因になりうるかと質問して、メディアの総攻撃を受けたことがある。その質問はほとんど冒瀆《ぼうとく》行為だった。それでは人間が自分のがんに一役買っていることになってしまう――そんなバカな、ありえない！多くの人びとにとって、人の精神や感情の状態が病気に関係するという主張は受け入れがたいものだったが、これは明白な真実で、生活様式の選択とがんとの関係の統計からだけでも、そうだと言える。

ヴァーチュー・シグナリング《美徳の印を見せる》の連中はこう叫ぶだろう――がんに罹《かか》った人を「責める」のは不謹慎で、思いやりがなさすぎる、と。思いやりがないという主張をめぐって聞こえてくる戯言《ざれごと》は、すべて典型的な犠牲者の知覚だ。彼らにとっては、がんに罹《かか》った人を気の毒に思うことの方が、病気の原因を追究し、その原因と結果を切り離すことで可能な治療を施すよりずっと「思いやり」のある行為なのだ。

いわゆる悲観的な考え方や感情が健康に有害である理由は、当然のことだが、その歪曲《わいきょく》された低周波数が波形ないし電気的な設計図のバランスに影響するからで、それがホログラフィック《立体映像的》な現実を通してアンバランスを起こす。すると調和が乱れて楽でない（dis-ease）状態、すなわち病気（disease）になる。アンバランスな感情は歪曲《わいきょく》された電気ないし電磁波の信号や場を発生させ、肉体の電気−細胞交信システムを混乱させる。その結果ががんなどの病気（disease ないし dis-ease）なのである。

だから、ひとたび〈郵便切手《ちつぽけ&金太郎飴》〉から脱け出せば、こうした電気的アンバランスは実に簡単に修正できる。感情のバランスを取り戻して前向きな気持ちになった上で、生体電気テクノロジーによって、電気的な交信をあるべき形に戻してやればいいのだ。これが、考え方や感情が病気を引き起こすことと、それを「気力で乗り越える」治療の仕組みだ。電気や電磁波のアンバランスがなければ病気はないし、老化も劇的に防止できる。老化の原因は、電気的な交信の障害が累積されて、細胞の交換がだんだんうまくいかなくなることだからだ。

これ以上に明るい話があるだろうか——がんをはじめとする病気の原因は主に感情的・電気的なアンバランスで、それはわたしたちが自分で作りだしている。そうやって自分で責任を引き受けてこそ力が生まれる。何かを引き起こせるのなら、それを止めることもできるはずだ。わたしたちが原因なら、治療法もわたしたちだ。わたしたちにはその力がある。ただのヴァーチュー・シグナリングより、こっちの方がずっと前向きだろう。

あの連中は、他人が何かを理解しようとするのを非難するだけで、自分たちは「思いやり」以外に何の貢献もしない。これこそ、テレビ番組のインタビューでエドモンズの身に起きたことだ。番組には、これも有名司会者のフィリップ・スコフィールドが出演していたが、こちらは宇宙に向かってヴァーチュー・シグナリングをするような奴だった。

わたしは、BBCのラジオ番組担当のステファン・ノランという男から糾弾《きゅうだん》されたことがある。〈9・11〉事件の公式ストーリーに異を唱えたのが、被害者の遺族に対して思いやりがないというのだ。どうやら、大勢の家族が真剣に疑わざるをえないような嘘八百《うそはっぴゃく》を受け入れることが思いやり（ヴァーチュー・シグナリング）ということになるらしい。そこでわたしは言ってやった――あなたはBBCのために仕事をしているんだね。

悲観的な精神や感情の状態を病気と関連づける研究はかなりの数に上るが、その理由はここで説明している通りだ。プラシーボ（偽薬）効果については以前に述べたことがあると思う。患者に砂糖でできた薬を与え、本物の薬だと信じ込ませて服用させることで病気が治癒したり、ここで取り上げているテーマに即して言えば、反対の結果が出たりする現象のことだ。さまざまな研究から、本物の薬を飲むことで起こりうる副作用を告げられた患者の約25パーセントが、砂糖の薬を服用したにもかかわらず、その副作用を経験したことが示されている。副作用には倦怠感《けんたいかん》、嘔吐《おうと》、筋力低下、悪寒《おかん》、耳鳴り、味覚・記憶障害が含まれていたが、そのどれもが、実際に薬を飲んだからではなく、そうしたことが起こるかもしれないという思い込みによって引き起こされていた。

使いもしない育毛剤で髪が生えてきた男性の例もある。死ぬと思い込んでいる人は、似たような状態だがそう思っていない人たちと比べて死ぬ確率がずっと高い。心臓病に罹《かか》りやすいと信じている女性の死亡率が、信じていない人たちの4倍だということも証明されている。不治の病を告知され、医師に与えられた時間枠内に死亡したが、のちに誤診と判明した患者もいる。医師による余命宣告は、多くの場合死刑宣告になってしまう。プログラミング《設計》された精神は予言を自己充足するからだ。

これは、犠牲者や〈ちっぽけなわたし〉のメンタリティ《精神状態》の別バージョン《変型版》でもある——わたしは病気の犠牲者で、医者は何でも知っている、だってわたしは〈ちっぽけなわたし〉だけど医者は〈大きなわたし〉なのだから、というわけだ。一般の世界でもこのプロセス《方法》が見られる。同じことが起こっているのなら、自己アイデンティティー《の本質的あり方》の再評価を含めた、同じ変容テクニックが必要なことがわかるだろう。医者の判決を受け入れず、予告された死亡時期を越えて長生きした人の例は枚挙に暇《いとま》がない。

わたしは19歳で関節リウマチを発症し、医師から、30代には車椅子《くるまいす》生活になるだろうと言われた。わたしは、そうはならないと言って、薬も飲まなかった。この本を執筆している現在、わたしは65歳だが、まだ車椅子には乗っていない。そんなことにはならないという知覚が発生を防いだのだ。わたしが可能性または蓋然性を意識的、無意識的に知覚して、そうなると認めない限り、何も起こりはしないのである。

これは、アルコーンのアジェンダ《実現目標》がその超長期計画の結論部分に到達するのをわたしたちが集団として防ぐ上で、決定的に重要な側面だ。わたしが車椅子を受け入れなかったように、わたしたちも、計画の結末が現実となるのを受け入れてはならない。このマインドパターン《思考類型》を集団として維持することができれば、そこから、実現を阻止するためのホログラフィック《立体映像的》な行動や出来事が生まれてくるはずだ。それはアジェンダ《実現目標》の作業の邪魔をしているだけに見えるかもしれないが、やがて「そんなことは起きない」「わたしたちは認めない」というマインドセット《思考装置》が顕在化してくる。

〈エリート〉は、自分たちの追求しているものは不可避で誰にも止められない（「抵抗は無意味だ」）とわたしたちに信じさせたがっているから、一見して五感の問題に五感で答えようとしているかぎりは、それが事実のように思われるだろう。だが同じ状況を、量子場とわたしたちが個人的・集団的に相互作用していて、そこから「物理的」現実が生まれてくるという視点から見れば、阻止は可能だと確信できるはずだ。

なぜならわたしたちには――そうわたしたちには――そんな現実が生まれてくるのを止めることができるからだ。わたしたちの精神は、意識レベルでも無意識レベルでも、イメージと思考《マインド》パターンの攻撃を受け続けているので、トランスヒューマニズム《超人間主義》の社会を望むか、そうでなければアジェンダは不可避で阻止できないと信じるかのどちらかに知覚がプログラミング《設計》されている。この予防と先制のためのプログラミングは、あらゆる方向からやって来て、映画やテレビ番組（英語ではまさにprogram）という形をとって、彼らが望む社会をまざまざと見せつける。

これはすべて、わたしたちを慣れさせ、そうした巨大な変化に対する抵抗感を弱め、その必然性を信じ込ませるためにつくられたものだ。こうしたプログラミングは、やがてはわたしたちと可能性・蓋然性との相互作用に影響を与えるので、集合としての人類は、プログラミングされた通りに、不可避で阻止できないと信じる世界をつくり出す。

五感の世界のあらゆる出来事は、人間社会をトランスヒューマン《合成的超人間》社会へと変容させているように見えるが、実際にはホログラフィックな表出にすぎない。その元となるものは、人類が知覚のコントロールを失うことで自らつくり出している。こうした出来事は原子と同じで、波形状態がホログラフィックな状態へと変容するプロセスが顕在化したものにすぎない。原子の固さは物理的現実という存在には不可欠のように思われるが、原子は固体ではないのだから、当然「物理的」ということもない。世界の出来事は世界を変えるのに不可欠のように思われるが、それは幻想の「原子」が変容のプロセスを表出しているだけなのだ。

この惑星にはいたるところにセンサー《感知器》があって、絶え間なく地球の磁場の変化を測定しているが、あの〈9・11〉では、世界中の人びとの感情が反応した影響で、磁場に巨大なスパイク《尖痕》がいくつも現れた。

わたしたちが考えたり感じたりすることはすべて周波数としてこの「場」に入って行くのだが、人類は四六時中操作され、精神も感情もネガティブな状態に追い込まれているので、つねに相互作用しているこの「場」は、そうした低い周波数を反映してネガティブになっている。そしてこのネガティブな「場」は、フィードバックループ《反作用循環》を通してわたしたちに影響を及ぼし、それがネガティブな状態を生み出し、それがまた次のネガティブな状態を生み出して、連鎖が発生する。このサイクルをなんとしても断ち切られなければならない。そして、わたしたちにはそれができる。

憎悪の解消！
問題の核心——ハート（愛・直観・心臓・渦）を開く

憎むと自分が憎む相手になってしまう!!

歪みを是正し、反転を元に戻す上で中心となるのはハートの力である。ハート（愛、無限の洞察）を奪って脳（思考）や腹部（感情）に替えることは歪曲であり反転だ——少なくともアルコーン的な意味での歪曲であり反転だ。わたしがハートと呼ぶのは、電流によってリズムを刻んでいる心臓ではなくエネルギーのハート、すなわちハートの渦ないしチャクラのことで、言ってみれば〈無限の認識《アウエアネス》〉に合わせてリズムを刻んでいるものだ。このハートと臓器としての心臓はつながっているが、エネルギーのハートの方が上位にある。ハートの場での歪みはホログラフィック《立体映像的》な心臓の歪みになるので、心臓の病気は人間にとって災いの元になる。

ハートの場が広範なアンバランスに苦しめられているのは、見える世界と見えない世界の両方で、アルコーンのネットワークの第一ターゲット《標的》にされているからだ。これはすべて日常の表現に表れている——支配し、操作する人びとは心《ハート》がないか、石のように冷たい心《ハート》をしているし、人間の心《ハート》は破れたり、開いたり、重くなったりする。心《ハート》を入れ換えるとか、心根《ハート》が正しいといった表現もある。

ハートの渦は〈無限の認識《アウエアネス》〉につながっているが、脳や腹部は決してそのレベルに到達できないようにプログラミングされている（図６３７）。脳や腹部から毎日低周波の思考や感情が放出されているのは、まさにこのつながりを阻止することが目的なのだ（図６３８および６３９）。さっ

図637：人生とは本来楽しいものだ。人生が狂った、バカげたものになっているときこそ、笑うことで定常波を壊す必要がある。

図638：アルコーンによる乗《つ》っ取《り》りハイジャックで愛は恐怖に置き換わった。それを戻してやる必要がある。

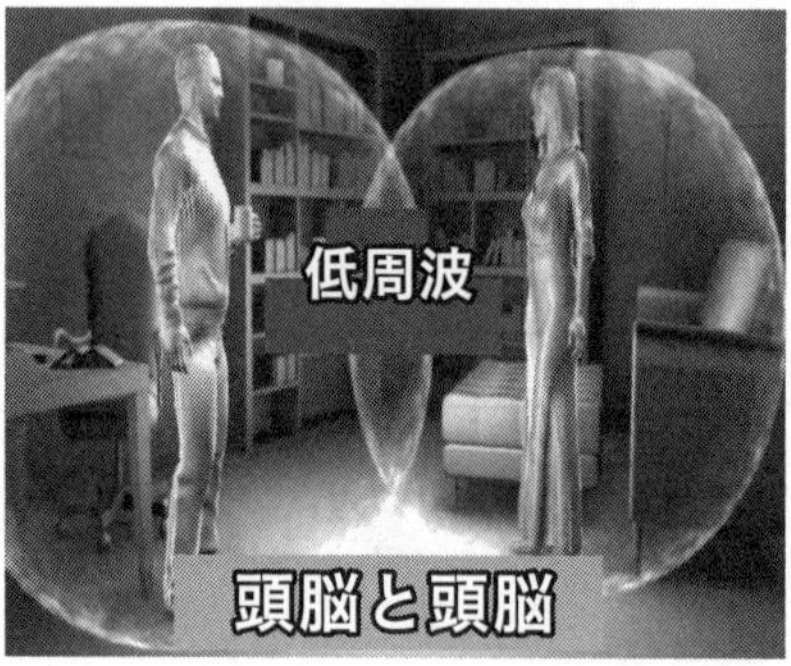

図639：アルコーンの現実。

き挙げたもの以外にも多くの慣用的表現があって、パワーのポイントがどこにあるのかを——そして人類の苦難の元凶がどこにあるのかも——教えてくれている。心《ハート》がないかとか石のように冷たい心《ハート》とかいった表現は、すべてアルコーン的存在について述べたもので、彼らのハートの渦は閉じられているか、低周波の振動が密に詰まった状態にある（その意味で「石」はぴったりの表現だ）。それはまさに心《ハート》のない異常人格者で、アルコーンの歪みの極端な形が反映している。

わたしたちに真実を教えてくれるのは言葉だけに限らない。身体の言語もある。たとえば「考えている」ことを示そうとするとき、手は無意識のうちに頭を指す。しかし直観的に「わかっている」と伝えたいときには、手は必ず心臓《ハート》に向かう。しかも、その手が「物理的な」心臓に置かれることは滅多になく、たいていは胸の中央のハートの渦——存在のすべてのレベルを貫通して無限へと向かうもの——の上にくる。情熱を込めて「愛している」と言うときは両手を心《ハート》の上に置いて、胸の中央（ハートの渦）を通してその愛を感じている。同情や共感を覚えるのも同じ場所で、心《ハート》が痛んだり、相手とともにあったりする。

人間の知覚の乗っ取り《ハイジャック》は——したがって現実の乗っ取りは——何よりもハートの渦（チャクラ）を閉じることによって成し遂げられた。グノーシス派はそのことを知っていたから、「ナグ・ハマディ文書」の『ヨハネのアポクリュフォン』にはこう書かれている。「彼らは心臓《ハート》を閉じ、現在に至るまで、偽の精神の冷酷さを通じて自分たちを冷酷にしてきた」。頭脳は考えるが、心臓《ハート》は知る。そして「彼ら」はわたしたちが知ることを望まない。頭脳はどう言っている？　ハートはどう言っている？　どちらの問いかけをするかで、忘却に到達するか、自由に辿《たど》り着くかが決まる。どちらを選ぶかはわたしたち次第だ。アメリカの偉大なコメディアンで、非常に目覚めた人物でもあった故ビル・ヒックスはこう語っている。

今この場所に、わたしたち全員が揃っている。ループ《輪環》から外れた者はひとりもいない。わたしたちは、嘘と幻想の薄いベニヤ板の上の現実を経験している。この世界では強欲が神であり、叡《えい》智《ち》は罪だ。分断が重要で、団結は夢物語。心《ハート》の知性より、精神《マインド》の自己中心的利口さが讃《たた》えられる。

１９９０年、嘲笑と虐待の真っただ中にあったわたしは、意識的にある決意をした。頭脳と心臓《ハート》が対立したときは心臓《ハート》に従うことにしたのだ。わたしの知覚と行動を決定するのは直観であって思考ではない。ほとんどの人にとって頭脳と心臓《ハート》は対立関係にあるが、それは直観でわかることが知覚と行動に影響を与えるのを、思考と知性が妨害しようとするからだ。

わたしたち一人ひとりが自分と戦争状態になれば、それが人間同士の戦いになって、人類は根本的な意味で自身との戦争に突入する。この対立の基本は心臓《ハート》と頭脳の争いだ。心臓《ハート》は戦いを望まないが、孤立した頭脳は殴り合いが大好きだ。どうしようと考えている？　どうしたいと感じている？　頭を使え。心臓《ハート》はどう言っている？　こうして往ったり来たりを繰り返すうち、あっという間に次の定常波が生まれる。

わたし自身の経験では、直観でわかることに従うと、特に他人にどう見られるかという点で、厳しい状況になる。これはきっと、心臓《ハート》が五感の左脳とはまったく違う現実知覚から生まれてくるからだ。心臓《ハート》と頭脳とでは、連れて行く場所も、言うことも、することもまったく違う。だから、まだ頭脳の認識でものを見ている人からすれば変な奴、ということになるし、場合によっては狂人とか、ろくでなしとか呼ばれることもある。

だがこれもわたしの経験だが、心臓《ハート》に従って困難な状況に陥ったように思われても、最終的にはすべてがうまくいき、頭脳もそれを認めざるをえないときが必ず訪れる。それも困難があったにもかかわらず、ではなく困難があったおかげで、だ。その瞬間、対立は解消する。

そしてわたしの場合、その状態は１９９０年代からずっと変わっていない。心臓《ハート》と頭脳はひとつになり、ひとつのユニットとして機能する。直観でわかることと精神の思考プロセスとが同調して、最高のパートナーになる。直観がこれをしたい、あれを言いたいと感じれば、頭脳が「ＯＫ、そうしよう」と答える。その自由さは、とても言葉で言い表すことはできない。

第17章で米国ハートマス研究所の論文を重点的に紹介した［３０６頁］が、その結論は、心臓《ハート》と頭脳と中枢神経系が電磁波によって整然と結合され、バランスの取れた状態にあるとき、その人は拡張した認識感覚に入っていくというものだ。

わたしはこれが正しいことを経験してきたから、すべての人に推奨する。しかもこれは、誰にでもできる。ただ選択し、知覚の中心を変えるだけでいいのだ（図６４０）。憎しみ、恐怖、不安、

図640：無限の現実。

抑鬱《よくうつ》などはすべて低周波の感情で、心臓《ハート》と頭脳と神経系をつなぐ電磁波の調和を乱してしまう。だから、こうした感情を抱えた人は低周波の現実から抜け出せなくなる。一部の愚か者は、その政治的理由や個人的アジェンダから、わたしを「憎しみの伝道者」と呼んできたが、わたしにとって憎しみほど縁遠いものはない。それは自分自身のためでもあるし、社会一般のためでもある。

わたしは自分が真実だと信じていること、真実だと知っていることを口にしている。だから、わたしの考えていることに焦点を当てて議論するべきだ。多くの人はそれが気に入らないらしいが、わたしは心臓《ハート》（というより腹の中）に憎しみを隠して言っているのではない。わたしは誰も憎まない。一度心臓《ハート》を開けば人を憎むことなどできない。そうした感情自体が顕在化できなくなるのだ。腹蔵なく語ったり、熱烈に、断固として支持を表明したりするのに、憎しみの言葉や感情はいらない。アルコーンの力とその表出がどれほど「邪悪」であっても、わたしは憎まない。それでは憎んでいるものに自分がなってしまうからだ。戦えば、いつの間にか自分が相手と同じになってしまう。

平和のために戦うのではなく、平和で平和を勝ち取ろう。アルコーンの歪みを憎めば、自分もその歪みになってしまう。そしてそれこそが、憎しみや恐怖の起源なのだ。憎しみとは愛の不在であり、歪みは愛の、あるいは愛を感じる力の不在である。わたしは、すべてをひとつとして見ている。だから、他者を憎むことは自分自身を憎むことになる。

憎しみは「憎悪反対」を唱える人たち――過激派シオニスト、イスラム原理主義者、ヒンドゥー教原理主義者、過激派白人至上主義者、にわか進歩派――に任せよう。だが、そんな彼らも気づくはずだ――憎しみは心臓《ハート》を閉ざし、知覚を頭脳に縛りつけるということに。読者も、周囲を見回せば、この言葉の正しさがわかるだろう。進歩主義者やシオニストについてかなり詳しく述べてきたのは、人間社会や自由に対する彼らの影響力が増してきているからだが、それでも、わたしは彼らのことを憎んではいないし、どんなかたちであれ、危害を加えることなど考えたこともない。本書を読んで、もし彼らがわたしを憎み、傷つけたいと思ったとしたら、鏡を送ってやるつもりだ。

〈共感革命〉《相手の望みと逆の行動を!!》――憎しみ《愛する》、戦い《平和》、恐怖《強靭に!》、恨み《許す》、嘘《真実を語る》

心臓《ハート》からは共感、すなわち「他人の感情を理解し、分かち合う能力」が生まれる。と言っても、他者の感情を引き受けることを勧めているわけではない。別の人の感情を複製して、影響を倍加させても意味はない。第一不可能だ。感情の状態を本当に感じられるのは経験している本人だけだ。他者は間接的にしか感じることができない。わたしにとっての共感とは、感情を引き受けることではなく、ほかの人ならどう感じるはずだとか、感じるだろうとか想像することだ。さらに言えば、他者にネガティブな影響を及ぼす可能性を理解した上で、その視点から自分の行動を調整することだ（他人からの押しつけに抵抗して意思表示をするときなどは、ネガティブな影響も正当化されることがあるが、まあそういうことはない）。

アルコーンの歪みは、その目的達成のために共感を抹殺したがっている。だからわたしたちは

〈共感革命〉を起こさなければならない。そのために進むべき道は明白で、歪みが支配を継続し、拡大するために必要とすることと逆の行動を取ればいい。向こうが憎しみを望むなら、こちらは愛さなければならない。戦いを望むなら平和を、恐怖を望むのなら、恐怖を乗り越えることだ。恨みを抱かせたいのなら許さなければならない。嘘をつかせたい（自分への嘘も含めて）のなら、真実だと知覚した通りの真実を語ろう。

向こうは共感を望まないのだから、わたしたちは溢れるほど共感しよう。わたしは共感する、アルコーンの歪みに、混血種《ハイブリッド》の〈エリート〉に、イギリス王室に、ブッシュ父子に、クリントン夫妻に、オバマに、トランプに、狂犬マティスに、キッシンジャーに、ブレアに、そしてＩＳＩＳやサウジアラビアの暴君たちにも。

想像してほしい。彼らは心臓《ハート》に南京錠を掛けられたまま、プログラミング《設計》された精神《マインド》や憎しみや不安や恐怖や不機嫌とともに閉じ込められているのだ。毎朝そんな状態で目を覚まさなければならないのは、とんでもない悪夢に違いない。自分自身から自分を隠すための自己欺瞞《ぎまん》と大言壮語の陰で、彼らはどんなに寂しく、惨めな思いをしていることか。極端に低い周波数状態にあるこの現実世界を脱け出したとき、どんなことが彼らを待ち受けているだろう。ただし、彼らに共感するからといって、それは彼らの戯言《ざれごと》を受け入れることではない。彼らの存在している状態は彼ら自身が対処すべき問題で、わたしたちが共有する必要はない。

共感や愛は憎まないし、暴力で対応することもしないが、くだらないものを受け入れることもしない。そのことは覚えておく必要がある。愛の真実の姿は、綿毛のように柔らかくもなければ無邪気でもない。愛は自ら正しいとわかっていることを行うが、それには個人としても集団としても、他人が自分の意思を押しつけようとするのを拒絶することも含まれる。〈無限〉の意味での愛に逆らってはならないし、逆らえるわけもない。愛がノーという答えを選ばないときは、そのノーは答えとして間違っているのだ。

〈システム〉の奉仕者たちが、自分が戦争や暴力、抑圧、金融、政治、科学、医療、メディア、操作、支配でしていることを人びとにもするのは、共感する能力がないからだ。あればあんなことができるはずがない。もし彼らに共感する能力があれば、戦争も経済的貧困も、ホームレスも、飢餓も、圧政も、弾圧も「名誉殺人」も生まれないし、政党や宗教による支配権争いもないはずだ。共感と愛は絶対にそんなところへは行かない。人間なら誰にでも潜在的な共感能力が備わっているのだから、絶対にそれを使うべきだ。

これには哲学的な根拠だけでなく、現実的な根拠もある。子どもに共感できて、しかもスマート《極小》テクノロジー《技術》やビデオゲームが彼らの精神《マインド》に与える影響をわかる人なら、あんなものを買い与えたりしないはずだ。共感と愛は、他者が望むことをするわけではなく、拡張した知覚から正しいとわかることをする。〈エリート〉がわたしたちをどこへ連れて行こうとしているか、そしてそれが人類にどんな影響をもたらすかについて共感できる人なら、あらゆる手段を使って人間の奴隷化に貢献することを拒絶するだろう（この人間の奴隷化には警官の奴隷化も含まれるのだが、そういう人間バージョン《変形版》は一時的なもので、どのみち全部ロボコップに移行するはずだ。警官の制服を着ている人たちがロボコップとの違いを見せたいと思うなら、今のうちにやった方がいい。いずれできなくなってしまうから)。

わたしたちは反転を相手にしているのだから、どうすればいいのかは脳科学ではわからない。とにかく相手の望みと逆のことをするのだ。向こうが分離を望み、また必要としているのなら、わたしたちは団結しなければならない。断層線を引いてくるなら消して回ろう。それには全方向から行動することが必要で、ひとつだけでは意味がない。すべての信仰、宗教、信条は、ほかに対して優位に立とうとしたり、自分たちの信じることを他人に——とりわけ子どもに——押しつけたりするのをやめるべきだ。その手の野望の傲慢《ごうまん》さには、限界も境界もない。断層線とそれにまつわる検閲は捨てよう。それはすべての権利を尊重するためだ。

わたしたちには自分の選択に基づいて信じ、生き、考え、知る権利がある。他人に押しつけさえしなければいいのだ。わたしたちを閉じ込めている壁は、わたしたちが自分で築いたものなのだから、わたしたちにはそれを壊す力がある（図641）。ほかの人が何を信じて何をしようと、わたしには何の問題もない。ただ、それを他人に押しつけることはやめてほしい。鏡に映っている姿をよく観察して、わたしたち一人ひとりが精神的に、感情的に、そして家庭や仕事場、それ以外の場所での日々の行為の中で、アルコーン的支配の強化に貢献していることを認めるのは簡単なことではない。しかし、本当にこの状態を終わらせたいと思っているのなら、やるしかない。

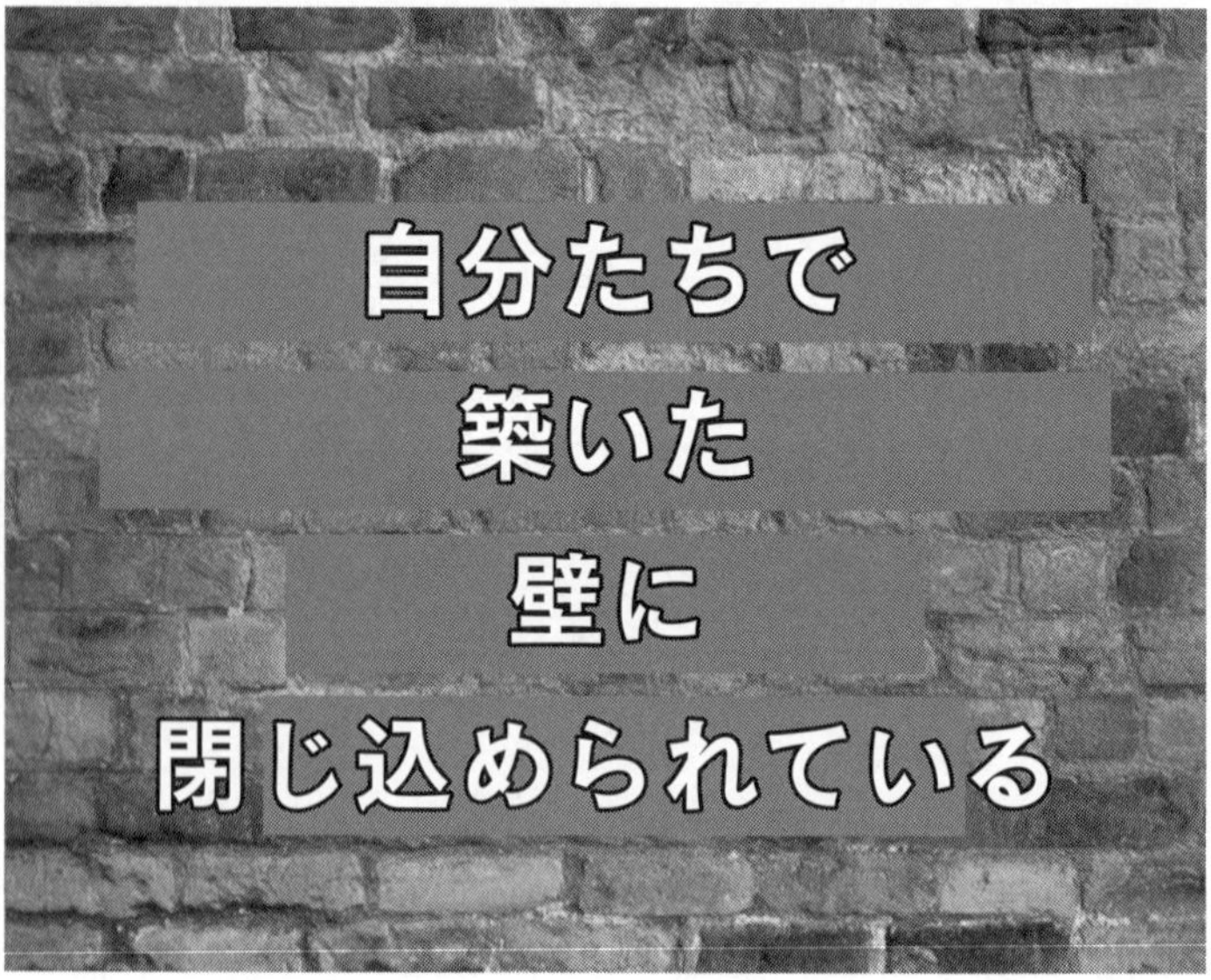

図641：自分たちで築いたのだから、壊してしまうこともできる。

この現実世界を去るときに、わたしたちは憎悪を愛に、戦争を平和に、無知を知恵に変えるための努力をひとつ残らずやってきたと誇りを持って言えるのがいいか、それとも、大きな善を支持して行動するべきときに、いつも逃げ出して隠れていたことを後悔しながら、こそこそと立ち去るのがいいか――マーティン・ルーサー・キングは言っている。

この中に38歳の人たちもいるだろう。わたしも偶然その年齢だ。ある日、素晴らしい好機が訪れて、偉大な原理、偉大な課題、偉大な大義のために立ち上がるよう呼びかけられたとしよう。そしてそれを拒否したとしよう。なぜなら怖いから……もっと長生きしたいから……仕事を失うかもしれないし、非難されるかもしれない。人気を失うかもしれないし、誰かに刃物で刺されたり、銃で撃たれたり、家に爆弾を落とされたりするかもしれない。それで立ち上がることを拒否したとしよう。

そうして90歳まで生きるかもしれない。しかし、それでは38歳の時点で死んだのと同じだ。90歳まで生きて息を引き取るのは、ただ死亡宣告が遅くなっただけだ。〈霊《スピリット》〉はとっくに死んでいるのだから。

人類は走るのをやめなければならない。『マトリックス』でネオはこう告げられている。「……ネオ、おまえはあそこに行ったことがある。だから道は知っているし、どこが終わりかもはっきりわかっているはずだ。だがわたしには、そこがおまえの行きたい場所でないことがわかる」。もしこのまま歩き続けたら、その道の行き着く先で立ち止まることはできない。本書で述べてきた理由で、わたしはこれからも多くの虐待を受け、人種差別だとか、トランスフォビア《LGBT嫌悪者》だとか、さまざまな呼ばれ方をするだろう。そしてそれはどれも、人類全体の幸福のために暴露するべき情報から目を背けていれば、あるいは緊急に問うべき問いを控えていれば、避けられたものだ。だが、そうすることに何の意味があるだろう。わたしたちがここにいるのは、支配の〈システム〉を破壊するために必要なことをするためだ。でなければ、わたしたちはここにいない。だからここにいる以上は、できるかぎりのことをしなければならないし、自分だけの利益のために今の状況から逃げてはならない。

本書を最初から最後まで読んでくれる人なら、わたしの体のどこにも人種差別の細胞などないことも、わたしたち自身がそうである〈無限の可能性〉を受け入れ、あらゆるものに多様性《ダイバーシティ》を認めていることもわかってもらえると思う。ところが虐待する者は、全部を読まずに、自分の偏見に関係する部分ばかりを拾い上げ、文脈を無視して非難する。過去も現在も、いつもそうだ。だが好きにすればいい。聞く耳のある人、見る目のある人なら、そうした操作された戯言《ざれごと》に影響を受けるはずはない。わたしは言ってやるつもりだ――さあ、かかって来い、隅っこじゃなくて、みんなの見ている舞台で議論しようじゃないか、と。

わたしには誰かに脅《おど》されて黙り込むつもりはないし、彼らもそれは承知しておいた方がいい。さもないと「時間」を浪費することになる。わたしの〈霊《スピリット》〉は金では買えないし、虐《いじ》められることも、貶《おとし》められることもない。むしろ、その力と強靭《きょうじん》さは増していくばかりだ。わたしたちは真実について語る権利を主張しなければならないし、どれほどの規模の反対運動がつくり上げられようとも、その真実を語ることを決してやめてはならない。もう恐れたりしない。逃げ出したりもしない。自分が誰で、何者かについての〈無限の全体性〉から身を隠すのは、もうたくさんだ。

新しいあなた《あなたが世界》——名前・人種・宗教・出自・階級・所得……《〈無限の認識〉の中で経験している〈傾注ポイント〉!!》

次に挙げることを2カ月間試してみて変化を確かめてほしい。自分は名前や人種、宗教、生い立ち、階級、所得階層などではなく、そうしたものを〈無限の認識《アウェアネス》〉の中で経験している〈傾注ポイント《関心の向けどころ》〉なのだという知覚を持ち続けるのだ。自分は肉体でも鏡に映った像でもなく、純粋な認識ないし認識している状態であること、それが鏡の中の（本当は精神の中の）像を通してこの現実を経験しているのだという知覚を持ち続けてほしい。

目に見えるすべての人間も、動物も、樹木も、そよ風も、一滴の水も、すべては〈無限の認識《アウェアネス》〉なのだという知覚を持ち続けてみてほしい。すべてはあなたの一部であり、あなたはすべての一部である。すべてはあなたで、あなたはすべてだ。あなたは世界の一部ではなく、あなたが世界なのだ（図642）。

何も日々の生活から抜け出して、経験には肉体も名前もあるという事実を無視しろというのではない。ただ、肉体や名前は一時的な乗り物やラベルであってあなた自身ではないということを、つねに意識的に認識しておいてもらいたいのだ。日々の生活でいろいろな人と接するときには、彼らはあなたであり、あなたは彼らであるという視点で接してみよう。

応答や決断が必要なときは、〈幻の自己〉の知覚に基づいて答える代わりに、こう自問してみよう――〈無限の認識《アウエアネス》〉ならどうするだろう、わたしの心臓《ハート》はなんと言っているだろう、と。そうすることで、自分がどこへ向かうかを確かめてほしい。その頃には、はるかに拡張された潜在能力の周波数帯の中で可能性・蓋然性《がいぜんせい》と相互作用しているはずだから、人生が変わっているに違いない。これを長く実行して、〈新しいわたし〉の感覚に馴染《なじ》んでいけば、変化はどんどん強力になっていくはずだ（図６４３および６４４）。

もう一度念を押しておくが、これは人びとからクズ扱いされろということではない。これはクズ扱いを拒否することであり、そしてこちらの方が重要なのだが、クズ扱いの顕在化を拒否するということだ。そのためには、本当に必要なとき以外は、クズ扱いなど起こりえないレベルで潜在力と相互作用することだ。そうすれば、たとえクズ扱いされても、その影響はごくわずかでしかない。わたしに向かって投げつけられる嘲笑《ちようしよう》と罵《のの》りは、ダイアルポイントが異なるラジオ局のように、わたしのどこにも触れることなく素通りしていく。

罵《ののし》ってくる方も、いつかそのことに気づいて、わたしを嫌な気分にさせるために自分の人生を浪

図642：〈ちっぽけなわたし〉の再登場。

図643：どうしてこんな混乱が……。

図644：……この混乱から抜け出すには。

費するのをやめるだろう。なぜなら、わたしがそれを許さない限り、彼らがわたしを嫌な気分にすることなどできないからだ。嫌な気分になるって？　じゃあ、そうならないようにしよう。あなたを罵《ののし》っているあの男は愚か者だって？　なるほど。でもそれなら、そんな愚か者からどう思われようと、どう言われようと、何の問題もないだろう。スノーフレーク世代《雪片のようにヤワな》や「マイノリティ」の人たちも、ぜひ考えてほしい。繰り返しになるが、愚か者から狂人と呼ばれることは――ほかの言い方でも同じだが――褒《ほ》め言葉なのだ。

わたしたちは、虐待者や人種差別主義者によって嫌な気分になることで、不相応な力を彼らに与えている。嫌な気分になったりトリガー《引き金》を引かれて怒りや暴力に走ったりしなければ、彼らの力と影響力は削《そ》がれてしまう。定常波は両極がなければ顕在化できない。片手で拍手をするようなものだ。ある陰謀研究家がEメールを送ってきて、誰かの行為がわたしの評判を傷つけていると教えてくれた。わたしは大笑いしてしまった。これこそ精神の牢獄ではないか。

「評判」とは「誰か、あるいは何かに関して一般的に通用している信念や意見」のことだ。「評判」が気になりだしたら、そういう信念や意見の人たちに自分の力を譲り渡すことになる。自分が正しいと信じることに従って行動するのではなく、それが自分の「評判」にどう影響するかをベースに、行動を型に嵌《は》め、抑制してしまうのだ。それでは、自分の人生ではなく、他人がこうあるべきだと考える人生を生きていることになる。自分の力を他人に譲ってしまい、ただ「評判」を気にしているかぎりは、他人の考えとは無関係に、正しいと信じることを実行できなくなる。

わたしの「評判」は見る側の問題であって、わたしの問題ではない。他人にどう思われようと、わたしは気にしない。わたしにとって重要なのは、自分の行動とその背後にある動機だ。それに比べれば、ほかのものには大した意味はない。「評判」という道を辿《たど》って行けば、あなたの唯一性は溺死《できし》してしまう。

評判は、他人の信念や知覚に合わせることを要求する。そしてその通りにすれば、いい人だと言われる。それはフィードバックループ《反作用循環》のひとつにすぎないから、何も変わることはない。インターネット荒らしが言うように、削除ボタンを押すか、そもそも内容を読まないのが一番だ。あなたが問題にしなければ何の問題もないのだから。

毎日、罵《ののし》りの言葉をまき散らして人を傷つける意図でインターネット三昧《ざんまい》をしている人は、憐《あわ》れむべき存在ではあっても、恐れたり、怒りや恨みの対象にしたりする相手ではない。そういう人の精神にはアルコーンの精神病質的《サイコパシック》な歪みが巣くっている。わたしは、彼らに自由になってほしいと心から願っている。ただ指摘しておきたいのは、人を傷つけたり嫌な気分にさせたりすることを望んでも、自由にはなれないということだ。

こんな質問をする人もいるかもしれない――〈無限の認識《アウェアネス》〉は自分自身のある面が別の面について語ったことに関心がないのだろうか？　そんなことはない。〈無限の認識《アウェアネス》〉は、必ずしもすべての面がつねに同じ認識レベルにあるわけではないことをわかっている。だから、一見するとそんなこともあるに違いないが、それでわたしたちが嫌な気になる必要はない。わたしたちの精神的、感情的な幸福は、何が起こるかではなく、それに対する反応の仕方や、それによって受ける影響によって決まる。そして素晴らしいことに、わたしたにはそれを決める力があるのだ。

この新しい自己アイデンティティー《の本質的ありかた》が及ぼす影響はほかにもある。これはわたし自身の経験を基準に言うのだが、〈幻の自己〉の知覚以上に大切なことなどないに等しいことに気づけることだ。ここまでわたしは、人が他人の行動によってどれほど嫌な気分にさせられるかについて述べてきたが、それ以外にも、本人が勝手に重要だと思い込んで、それだけの価値もないのに感情的に煽《あお》り立てられてしまうことが多過ぎる。

応援しているサッカーチームが負けてしまった！　だから？　それで誰か死んだのか？　子どもが虐待されたか？　戦争になったか？　違う、違う。ただ、一方のグループの人間が空っぽのボールをネットに蹴《け》り込んだ数が――アメフトならゴールラインの向こうへボールを運んだ数が――もう一方のグループより多かっただけだ。ただ、それだけのことだ。そんなことで怒ったり興奮したりしているのだ。わたしはスポーツや（わたしも含めた）その愛好者を軽く見ているわけではない。ただ広い視野に立って全体を見ようと言っているのだ。

子どもたちが何分か学校に遅れてくることや、別の日では親の都合がつかないから学期中に旅行に出かけたからといって、なぜ問題になるのだろう。それで誰か死んだのか？　子どもが虐待されたか？　戦争になったか？　そうじゃない、ただ、ある子がちょっと寝坊して、別の子が家族と一緒に笑いと幸せと喜びに満ちた素晴らしい時間を過ごしたというだけだ。

自分たちと異なる意見の者がいるからどうだというのだ。それで誰か死んだのか？　子どもが虐待されたか？　戦争になったか？〈無限の認識《アウェアネス》〉なら、こんなときに何と言うだろうか。子どもに居残りをさせて親に罰金を科し、発言者を黙らせるだろうか――そんなことはない。〈無限の認識《アウェアネス》〉は、そんな見当違いの戯言《ざれごと》に吹き出して、首を振るばかりだろう。

感情が波立ち始めたときは、自分にこう尋《たず》ねてみることだ――これは本当に重大な状況だろうか、明日になっても来週になってもわたしたちの知覚にとって重要であり続けるような問題だろうか。もし答えがノーなら、今問題にしなければならない理由はない。たしかに重要なことはある。少なくともこの現実世界では、本書で述べてきたように、人類を隷属状態に縛り付けるようなことが起こっている。

だが、感情的に「トリガー《引き金》を引かれた」と思うことのほとんどは、今の問いかけをしてみれば、少しも重要でないことがわかるはずだ。重要でないことのせいで重要なことが曖昧《あいまい》になることが実に多い。もし人びとが、サッカーチームに対するのと同じ情熱と関心を、世界の出来事や子どもの扱い方に抱けば多くのことが変わるだろうし、それ以前に、今のような状況は起こらないはずだ。

気づけばOK！　もう人類破滅せず！　隷属も終焉！

森と小枝――〈幻の自己〉から〈無限の認識〉へ

〈幻の自己〉ではなく〈無限の認識《アウェアネス》〉を自己アイデンティティー《の本質的あり方》とすることで知覚は大きく拡張

し、小枝から森へと広がっていく。これは小枝や細部は重要度が低いということではなく、あらゆるものが組み合わされ、相互につながって全体が形成されているのが見えてくる、ということだ。森という観点がなければ小枝を文脈の中で見ることはできない。森の知覚とは〈大きな問い〉を発することを意味する——わたしたちは誰なのか？　わたしたちはどこにいるのか？　現実とは何なのか？

　これまで力を入れて述べてきた〈真実の振動〉は周波数ないし情報の変化であり、それによって、かつてないほど多くの人びとが、今挙げたような問いをするようになっている。今やアルコーン的な宿命に対する異論が生まれ、心の開いた人たちに向けた周波数が上昇している。わたしは、これが世界のいたるところで起こっていること、しかもそのペースが速まっていることを、この目で見てきた。

〈真実の振動〉によって、これまで隠されてきたものがすべて明らかになりつつある。そしてその中には——１９９０年にわたしが予告されたように——こうした〈大きな問い〉に対する答えも含まれている。このプロセスが続く中で、そして〈真実の振動〉が人類の知覚への影響を増していく限り、さらに多くのことが知られ、理解されるようになるはずだ。本書で述べてきたことを裏書きするような偉大な発見がなされ、そのことによって、真の自己に目覚めていく人とアルコーン的幻想のさらなる深みへ沈みこんでいく人とに、人類の行動ははっきりと分かれていく。

〈真実の振動〉は自ら助ける者だけを助ける。自己アイデンティティー《の本質的あり方》と知覚の変容は、小枝が森の文脈で見えることを意味する。そこではすべてがまったく違って見えてくる。小枝的知覚は、わたしはイギリス人だ、フランス人だ、アメリカ人だと言い、自分はキリスト教徒だ、イスラム教徒だ、ユダヤ教徒だ、ヒンドゥー教徒だと言い、さらには黒人、白人、男、女、トランスジェンダー《身体と心の性が不一致》、ＬＧＢＴＴＱＱＦＡＧＰＢＤＳＭＬＨＴＴＮだと言うが、森の知覚には、そんなものが経験を表現するためのラベルにすぎないこと、幻想の向こう側にはイギリス人もフランス人もアメリカ人も、キリスト教徒もイスラム教徒もユダヤ教徒もヒンドゥー教徒も、黒人も白人も、男も女も、トランスジェンダーもＬＧＢＴＴＱＱＦＡＧＰＢＤＳＭＬＨＴＴＮもないことがわかっている。あるのは自分自身を経験している〈無限の認識《アウェアネス》〉、すなわち、わたしたち自身だけである。政治や人種、ジェンダー《性差》をめぐる争いがあるのは、人類が巧みに操られて、そのことを忘れてしまっているからだ。〈無限の認識《アウェアネス》〉は争いなどしない。争うのは〈幻の自己〉だ。

　森の現実と小枝の現実は、わたしたちが将来何をして何をしないか、何が見えて何が見えないかについて、無数のことを示唆してくれる。シリコンバレー《悪魔の遊び場》でトランスヒューマン《合成的超人間》・テクノロジー《技術》の製造や普及に携わっている〈幻の自己〉は、高給をもらえる立派な仕事や豪華な家、そしてそれに付随するすべてのものを手に入れたと思うだろう。だが〈無限の認識《アウェアネス》〉はこう言うだろう――わたしは一体何をやっているのだ、自分自身と子どもたち、孫たち、そしてほかの人間の精神と感情の奴隷化に貢献するとは!?　わたしにはそんなことはできないし、してはならない！

　同じ視点の対立は、警察、グーグルやフェイスブックで働く人びと、ＡＩ技術者、あらゆる種類の検閲者、ジャーナリスト、諜報員《ちょうほういん》、軍隊、政治家、一般的な〈システム〉の資産《アセット》にも当てはまる。つまりは、世界中に存在する膨大な数の人びとにも、ということだ。世界が望み通りの道を行きそうにないと思うのなら、好きでもないものに力を貸すのはできるかぎりやめることだ。これには映画界やエンターテインメント界の有名人も含まれる。彼らには潜在的に大きなオーディエンス《聴衆・観衆》がいるのに、こうした問題には関して口を閉ざしている。何が起きているかは少なからずわかっているのだが、彼らには、人類の存続とハリウッドのお偉方を喜ばせ続けることと、どちらが重要なのだろう。

自己アイデンティティー《の本質的あり方》の変容がもたらすものはほかにもある。それは、この狂気を終焉《しゅうえん》に追い込む上で不可欠の要素である、叡智《ウィズダム》だ。世界は、あるレベルでは利口に見えるかもしれないが、決して賢明ではない。わたしはずっと言い続けてきた――叡智のない利口さは地球上で最も破壊的な力だ、と。原子爆弾を作ることは利口だが賢明ではない。ましてやそれを使用するなどもってのほかだ。叡智は自己アイデンティティーを拡張することから生まれる。それは認識を拡張して〈無限の認識《アウエアネス》〉の領域に入ることで、そこにこそ叡智はある。叡智は世界を変容させるものであり、そのことを〈隠れた手〉は知っている。だから彼らは利口さ（左脳的知能）を育て、心《ハート》（＝叡智）を犠牲にしてきたのだ。神秘主義者のオショウは言っている。

あなたたちが賢くなることを望む社会などない。それはあらゆる社会の投資に反する。人びとが賢くては搾取ができない。知能が高ければ隷属させられないし、機械のような暮らし、ロボットのような暮らしを強制することもできない。賢くなれば、人びとは自分の個性を主張するようになる。反逆の薫《かお》りを身に纏《まと》うようになる。自由に生きたいと望むようになる。自由は本質的に知恵を伴う。この二つは分かちがたい、だからこそ、どの社会も人びとを自由にしたがらない。

共産主義の社会もファシズムの社会も資本主義の社会も、ヒンドゥー教、イスラム教、キリスト教の社会も――どんな社会も人びとが知能を用いることを望まない、それは、知能を使い始めた途端、人びとは危険な存在と化すからだ――体制《エスタブリッシュメント》にとっての危険、権力者にとっての危険、「持てる者」にとっての危険、あらゆる迫害・搾取・弾圧にとっての危険、教会にとっての危険、国家にとっての危険、国にとっての危険となるからだ。事実、賢い人間は燃え立ち、生きながら、炎に包まれている。けれど自分の人生を売り渡すことはできないし、誰かに仕えることもできない。奴隷になるくらいなら死を選ぶだろう。

もう気づいているだろうが、わたしは問題の説明に17の章を費やしておきながら、答えにはわずか1章しか割いていない。だが、それは矛盾でもアンバランスでもなく、真実の煌《きら》めきを象徴しているのだ。これまでの17の章には、問題の理解から生じる無数の答えが含まれているが、それはすべて、この章で概説してきたひとつの答えが形を変えて表出したものなのだ。とはいえ、この最終章も終わりに近づいてきた。

人類が現在の状況にあるのは、わたしたちが、自分が何者かを忘れてしまったからだ。わたしたちは幻想に、そして偽の支配者に精神を譲り渡してしまっている。彼らに力があるのは、わたしたちが力を譲り渡しているからだ。単にこちらの領域に踏み込んできて乗っ取れる《ハイジャックできる》ものなら、アルコーン・レプティリアンの力はとっくにそうしているはずだ。

だが彼らには周波数の限界があるから、わたしたちを間接的に支配することしかできない。そしてそれができるのは、人類の精神と知覚を、自分たちが操作できる周波数帯に閉じ込めているあいだだけだ。アルコーン的存在に関する古今の資料に共通するテーマは、彼らが人間を恐れているということだ。

わたしたちが自らの本質と力に目覚めれば、それでゲームが終わる。そして彼らはそれを知っている。したがって解決策は、わたしたちが〈幻の自己〉の知覚を捨てて〈無限の自己〉の高周波状態に入り、今の周波数帯から抜け出すことだ。わたしはエセル、わたしはジョン、わたしはムハンマド、わたしはゾハールという認識が、わたしは〈存在しかつ存在可能なすべて〉という認識になるのだ（図645）。

問題はひどく複雑に見えるかもしれないが、答えはシンプルだ。自己アイデンティティー《の本質的あり方》を移行すれば、わたしたちが世界と呼ぶものの中で、あなた自身の人生も、人類全体も、あらゆることが

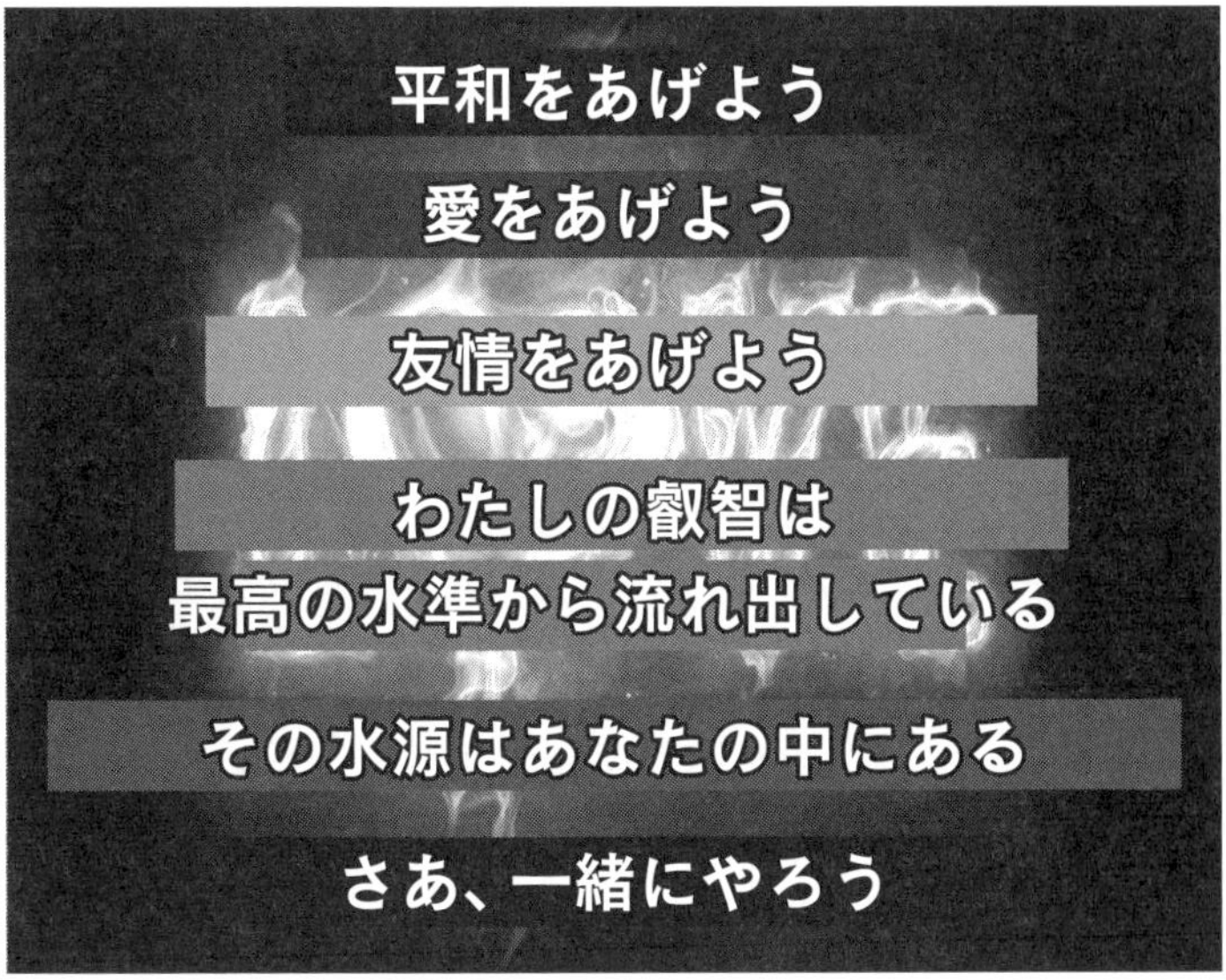
平和をあげよう
愛をあげよう
友情をあげよう
わたしの叡智は
最高の水準から流れ出している
その水源はあなたの中にある
さあ、一緒にやろう

図645：さあ、みんなでやってみよう。

変わり始める。今まで実現しなかった可能性と蓋然性《がいぜんせい》から、まったく違う現実が顕在化してくるからだ。

もしこれをしなければ、人類は破滅する。すれば、隷属状態は終わる。なかなか難しい選択じゃないか?

あとがき

1%の〈エリート〉は両ファシストを大歓迎!!
「言論・表現の自由」を破壊——奴らはオポセイム《アンティファ・反ナチ・極左・極右＝ネオナチ》

〈隠れた手〉のアジェンダ《実現目標》が展開するスピードは、この本が印刷段階に入ってからの数週間に起こった出来事にも表れていて、そのすべてが、この本に書いたことを裏付けている。内戦を——とりわけアメリカ合衆国で——引き起こそうとする試みは、〈エリート〉が資金提供して支援している「アンティファ《極左運動組織》」が、反ヘイトや「ファシズムと戦う」といった看板の陰に隠れて、言論の自由を求める平和的な抗議を標的《ターゲット》にしていることに見ることができる（図1）。

彼らは「反ヘイト」を主張しながら、憎しみに満ちた顔でヘイトを叫んでいる（図2）。そう、ネオナチや白人至上主義者がいるのと同じように、ネオナチの黒人や褐色人種至上主義者がいて、アンティファのようなネオナチの「反ファシスト」も存在している。だが、本質はそこではない。アンティファは、1871年にアルバート・パイクが予言したとされる「虚無主義者《ニヒリスト》」の別の表出であって、第三次世界大戦への助走として解き放たれたものだ（ISISも同様）。

アンティファという欺瞞《ぎまん》の真の標的は、言論と表現の自由だ。反ファシストのファシストは、その「進歩主義」的でヒツジのように従順で子どもじみた暴徒とともに、この自由を抹消しようとしている。すべてはアルコーンの主人のためだ。しかしごく一部を除いて、主人の存在は誰も知らない。彼らは完全に道を見失っている。だから「〈システム〉を攻撃」すると言いながら、実は〈システム〉の利益に奉仕している。その一方で、彼らが軽蔑《けいべつ》すると主張している「1パーセント」は、彼らの愚かさをまるごと軽蔑しながら喝采《かっさい》を送っている。

「アンティファ」と「左派」、そして極「右」はお互いの鏡であって、同じ立場に立ち、同じバカげた精神構造をしていながら、敵対関係を主張している。彼らはオポセイムだ《姿形は違っても同じ》(図3)。簡単で見えすいたテクニックは、自由を守ろうとする人たちに片端からナチというラベルを貼《は》って、言論の自由という概念そのものを悪者にすることだ。２０１７年8月にバージニア州シャーロットヴィルで起こったアンティファと「ネオナチ」との暴力事件は、明らかに両サイドに非のあるものだったが、ドナルド・トランプがそう言うと、メディアから激しく非難された(とはいえ、ネオナチと「反ナチ」ネオナチの双方に責任があるとは、よく言ったものだ)。

ヴァーチュー・シグナリング《美徳の印を見せる》のイギリス首相テリーザ・メイは、反ファシストとファシストを重ねることはできないと言った。だがもちろん、どちらもファシスト的に振る舞っているのだから、重ねても構わないはずだ。しかしながら、それは脚本が求めていることではないので、事実も、火を見るより明らかなことも、何の意味もなさない。言論の自由を求めるものは悪者にされ、破壊し

図１：「反ファシスト」だって。ああ、たしかにそうだ。

図２：自己認識が必要な自己欺瞞《じこぎまん》。

図３：違うと主張しているが鏡像同士だ。

ようとする者はそうはならない。国土安全保障省とFBIの文書はアンティファを国内テロリストに分類しているのだが……。

シャーロットヴィルでの衝突は、南北戦争で奴隷制を支持した南軍側の将軍ロバート・E・リーの銅像を排除しようとする計画をめぐるものだったが、それがアメリカ中の歴史的な銅像を排除せよという要求に発展した。これは文化と歴史の抹消《まつしょう》に結びつくもので（歴史は書き直すことができる）、シリアやイラクでは、アメリカとISISによって、古代の遺物や寺院、モスク、都市が破壊されている。

ジョージ・オーウェル曰《いわ》く「過去を支配する者は未来を支配する。現在を支配する者は過去を支配する」。小説の中のメモリーホール《記録修正装置》が現実に顕在化した例はほかにもある。歴史は良いものも悪いものも含めての歴史だから、歴史を抹消してしまったら歴史から学ぶことができなくなる。

シオニストの南部貧困法律センター（SPLC）はオフショア口座に数百万ドルを隠すのに忙しい（しかし2015年の法律業務に6万1000ドルしか使っていない）のだが、そんな中でもわざわざ時間を割いて、全米の「容認できない」銅像がある場所の地図を製作した。そのうえで、南軍の記念碑をすべて撤去するよう要求しようと呼びかけ、地元メディアに送りつけるための投稿用文書まで提供して、このキャンペーンの支持を訴えた。受け取った方は、銅像の場所と周辺地域の詳細を書き加えるだけだ。この人たちは極めて有用で、中央から指令を受けた組織的なキャンペーンにはまったく関わっていない。莫大《ばくだい》な資金はあるが、それでも撚《よ》り糸の1本にすぎない。

ブナイ・ブリス、名誉毀損防止同盟（ADL）　アイクの出版イベント中止やインターネットに情報発信の検閲も…

シオニストのヘイト集団――政治的公正による焚書ファシズム

実はこの「記念碑マップ」は足掛かりで、SPLC《南部貧困法律センター》には「ヘイトマップ」というものがある。これにはアメリカの「ヘイト集団」の名が1000も挙げられているが、その多くは明らかにヘイト集団ではない。衝撃的な偽善というべきか、SPLCとその仲間である名誉毀損《きそん》防止同盟（ADL）は、自分たちの時間と数百万ドルを使って（どちらも「非営利」組織のはずなのに！）、標的にした人たちへの憎しみを拡散させている。

メディアは、シオニストに支配されたこうした検閲集団の主張を、あたかも信用できるもののように幅広く引用しているが、こうした組織や団体はすべて〈クモの巣〉の資産《アセット》で、表現の自由と意見表明の権利を破壊することをその任務としている。SPLCは、キリスト教に基づく組織の多くに「ヘイト集団」の烙印《らくいん》を押している。その理由は「LGBTコミュニティに関する憎悪に満ちた言葉と方針」だ。そのSPLCに、ヴァーチュー・シグナリング《美徳の印を見せる》の偉大な俳優ジョージ・クルーニーは、妻と連盟で100万ドルを寄付している。アップル社はSPLCとADLに200万ドルを差し出し、同じく思いやりと平等と自由の柱であるJ・Pモルガン・チェース社とジェームズ・マードック（ルパート・マードックの息子）は、この「反ヘイト」ヘイト組織に数百万ドルを寄付している。しかし、これは組織的なものでも何でもないそうで、こうした自由主義の価値観の砦《とりで》についてとやかく言うなど、まったくもって無礼なことになる。

オフショアの各銀行は、ＳＰＬＣの最近の「幸運」を歓迎するだろう。ＳＰＬＣはわたしのことが気に入らないようだが、そう思うといつも大いなる安らぎが得られる。その逆だったと考えたら、それだけでもとても耐えられない。政治的公正《ポリティカル・コレクトネス》による焚書《ふんしょ》ファシズムが受け入れられないと見なした意見は今、すべてが「ヘイト」と見なされ、暴力による検閲が当然のこととして正当化されている（そしてその暴力がどんどんエスカレートしている）。

ロスチャイルドがつくり出したブナイ・ブリス《ユダヤ組織幹部会議》、そこから派生したヘイト集団の名誉毀損防止同盟（ＡＤＬ）といった常連容疑者は、２０１７年８月にカナダでわたしのイベントを中止させようとして失敗したが、あれも、世界中の人びとが見聞きできること・できないことを決めてしまおうという、ヒステリックなキャンペーンの一環だった。トロントでのイベントがキャンセルにならずにすんだのは会場がキリスト教組織の所有だったから、またバンクーバーで開催できたのは、報告によれば、市長のグレガー・ロバートソンが圧力に屈服するのを拒んだおかげだった（市が所有する会場の運営者は、犠牲と検閲のプロであるブナイ・ブリスの長々しい哀訴を受けて講演をキャンセルしようとしていた）。

ロバートソンはたいへんな高潔さと、言論の自由を尊重する姿勢、そして、こうした検閲集団の非情さと容赦《ようしゃ》のなさを考慮すれば、少なからぬ勇気をも示したと思う。わたしを黙らせるための動きは、この本の出版とともに増加するだろう。もっとも彼らは数が少ないから、自由と自尊心を軽視するゼリーの背骨をした連中を使った脅迫という手段を取るはずだ。だが、負けるものか。前進あるのみだ。

ここでせっかくだから、シオニストのヘイト集団の意向を受けてわたしのイベントを中止させた集団を「不名誉リスト」と「根性なしの名簿」に追加しておこう――ノーウィッチのセント・アンドルーズ・ホール、サウサンプトンのセントラル・ホール、バースのコメディア・ヴェニュー（ジョークとしか言いようのないネーミングだ）、マンチェスターの帝国戦争博物館、さらにトロントのクイーン・エリザベス・シアター。最後のクイーン・エリザベス・シアターから伝えられた言い訳はまったく意味をなさないもので、まったく信じられなかった。

ただ、ブナイ・ブリスがカナダ放送協会（CBC）に反アイク声明を出していたから、きっと理由は彼らからの苦情だったのだろう。マンチェスターの帝国戦争博物館は、焚書《ふんしょ》活動をするナチスから自由を守ろうとして犠牲になった数百万人を賞賛しているはずなのに、ナチスと酷似した行動を取る人びとの嘘に基づいて、わたしの本の出版イベントを中止してしまった。彼らはこれが、犠牲になった兵士に対して、いかにグロテスクな皮肉であり軽蔑であるかをわかっていなかったのだろう。

その後は奇妙な展開となって、こんどは『タイムズ・オヴ・イスラエル』のオンライン投稿で、事実上の非難を浴びることになった。投稿したのはネタニヤフ首相の息子ヤイール・ネタニヤフで、内容はジョージ・ソロスが「エイリアン型の爬虫類《はちゅうるい》」を操り、エイリアンが黒衣を着たステレオ《類型》

タイプ《的》のユダヤ人を操り、そしてそのユダヤ人がイスラエルの元首相エフード・バラックを操っているというものだった（図4）。それは奇妙な投稿で、中身を見れば、わたしの本に触発されたことは明らかだった。

　わたしはアイル島の小さなアパートに住んでいて、どんな組織にも属していない。そんなわたしが突然、世界的な脅威になった⁇　わたしの頭がかなりおかしいとしても、何の問題があるというのだ。もちろん、世界の出来事の真実を暴くのは問題だし、それ以外のことは、すべてわたしを悪者扱いし、わたしが提供する情報の信頼性を傷つけようとする試みだ。

　考えてみてほしい。彼らは30年近くこの試みを続けているが、世界中でわたしの本の読者は増えつづけている。時間を無駄にしたいなら続けるがいい。だが、世界は目覚めはじめている。念のために繰り返しておくが、わたしは「爬虫類」という言葉を「ユダヤ人」の隠喩《いんゆ》として使っているだろうか——絶対にない！　わたしが**レプティリアン**というときはレプティリアンを指している。わたしを検閲したくてたまらない人をがっかりさせて申し訳ないが、これが真実だ。

　わたしが調査して拡散している情報の検閲はあらゆる角度から行われていて、シオニスト所有のグーグル、ユーチューブ、フェイスブックといったインターネット企業は、その独占に近い地位を利用して、自分たちの主人である〈クモの巣〉が一般大衆に知らせたくない情報を見せまいとしている。彼らはこれが陰謀「論」ではないことを知っている。なぜなら、こうした企業の中核にいる連中は陰謀の一部だからだ。

図４：ベンヤミン・ネタニヤフの息子が投稿した奇怪なミーム。

図５：もしこれが実現しなければ、さらば自由よ、だ。

図６：ファシズムの定義。

アメリカの空爆を記録した動画でさえ、ユーチューブによってブロックされている。これは、検閲が絶え間なく主流メディアに入っているためで、次の段階では、グーグル／ユーチューブ、フェイスブック、アマゾンなどが、テレビ番組も支配するようになるだろう。自由の保護を信じ、その組織的破壊からの回復を心から願う人たちは、こうした独占の打破を支持しなければならないし、彼らの政治的な動機による検閲を――アルゴリズム《問題解決手順（ソフト）》による間接的なものと人間による直接的なものの両方を――違法とする法律を、是が非でも支持しなければならない（図5）。ある発言を取り上げ、たとえ事実の裏付けがあっても、その内容だけで発言者を攻撃する連中は、主流メディアも含めて、今日のわたしは明日の自分たちだということを認識しなければならない。このまま自由の締めつけが続けば、最後に残るのはジョージ・オーウェルの悪夢だけだ（図6）。

ペンタゴン、CIA、FBI、企業の癒着　大量殺人「防衛」ネットワークは好景気!!

深部国家の真実――「健全国家」の破壊

秘密政府ないし深部国家《ディープ・ステート》の真実が次々と明らかになっている。わたしは元ＣＩＡ職員でテロ対策専門家のケビン・シップによる動画プレゼンテーション《事業展開告知》を見たが、それはＣＩＡと「独立」法人（のはずの）ロッキード・マーティン、ジェネラル・ダイナミクス、レイセオン、ボーイング、さらにはアメリカの「経営コンサルティング企業」ブーズ・アレン・ハミルトン――内部告発者《インサイダー》エドワード・スノーデンがかつて働いていた企業――とのつながりを確認するものだった。

シップは、こうした製造業や調査企業と、下院軍事委員会、過激な主戦論者のジョン・マケイン上院議員、ジェームズ・コミー元FBI長官とのつながりについて述べていた。シップによれば、ジェームズ・コミーはペンタゴン最大の「防衛」（＝攻撃）請負業者ロッキード・マーティンから年に数百万ドルの政治献金を受けている。ロッキード・マーティンは、コミーがFBI長官だった時代には悪名高きクリントン財団にも数百万ドルを献金していたそうで、当時のコミーは、ヒラリー・クリントンの目も眩《くら》むような汚職の捜査を断念している。

同じくFBIの元長官のロバート・モラーは――〈9・11〉の1週間前に任命された！――いわゆるトランプと側近のロシア疑惑の「調査」担当に選ばれたが、これは米ロ関係を緊密にするチャンスを阻止するために計画されたものだった。シップによれば、CIAは自らを法として活動し、わたしがここで挙げた企業やそれ以外の多くの企業をすべて支配している。わたしは、グーグルやフェイスブックなどのインターネット大手が（DARPA《米国防総省高等研究計画局》と結託して）一般大衆の見られるもの・見られないものを決定していることにも、同じことが当てはまると思う。

ロッキード・マーティン以下の大量殺人「防衛」ネットワークが好景気になったのは、シオニストがつくったアメリカ新世紀プロジェクト（PNAC）などのネオコン組織が、標的《ターゲット》とする国のリストを公表して以来のことだ。このあとがきを書いている段階では、今度は北朝鮮が世界にとっての主要な脅威になっているようだ（イラク、リビア、シリア、イラン、および彼らが次に標的にする国のリスト［第③巻第13章］を参照）。

北朝鮮は２０００年９月のネオコンの体制転換リストに挙《あが》っていたが、このリストで標的にされた国は、それから次々と悪者扱いされて、処理済みのチェックマークを入れられてきた（ちなみに、どこかの時点でレバノンが一斉に悪者扱いになるのは間違いないから、ぜひ注目しておいてほしい）。北朝鮮が焦点となっている最大の理由は、真の目的である中国への――本当は中国とロシアへの――扉をこじ開けることだ。北朝鮮は中国と長い距離で、そしてロシアともわずかだが、国境を接している（図７）。わたしたちが見ているのは、偶然の出来事を装った脚本なのだ。

記録的で壊滅的なハリケーンがテキサス州の広い地域、特にヒューストン市、ルイジアナ州、フロリダ州、カリブ諸国を破壊してからは、地球温暖化のカルトから甲高い叫び声が漏れてきている。これは気候変動が人為的な危険である証拠だと言われているが、決してそうではない。映画『ハンガー・ゲーム』の主演女優で典型的なハリウッドの進歩主義者ジェニファー・ローレンスは、ハリケーンの頻発《ひんぱつ》をドナルド・トランプの当選に、また、トランプが気候変動のストーリーへの懐疑心を公言していることと結びつけているようだ。

ローレンスは、ハリケーンには「母なる自然の怒りと憤《いきどお》りを感じないではいられない」と述べている。だがわたしとしては、１９６９年にリチャード・デイ博士が論じた気象兵器のことを考えない方が難しい。現在の気象兵器は高度に進歩していて、ハリケーンをつくり出して風速を記録し、思いのままに目標に向かわせる能力を備えている。周囲の気圧システムを操作すれば、嵐を長時間停滞させて、ひとつの地域に豪雨を降らせることができる――ハリケーン・ハーヴェイはテキサス

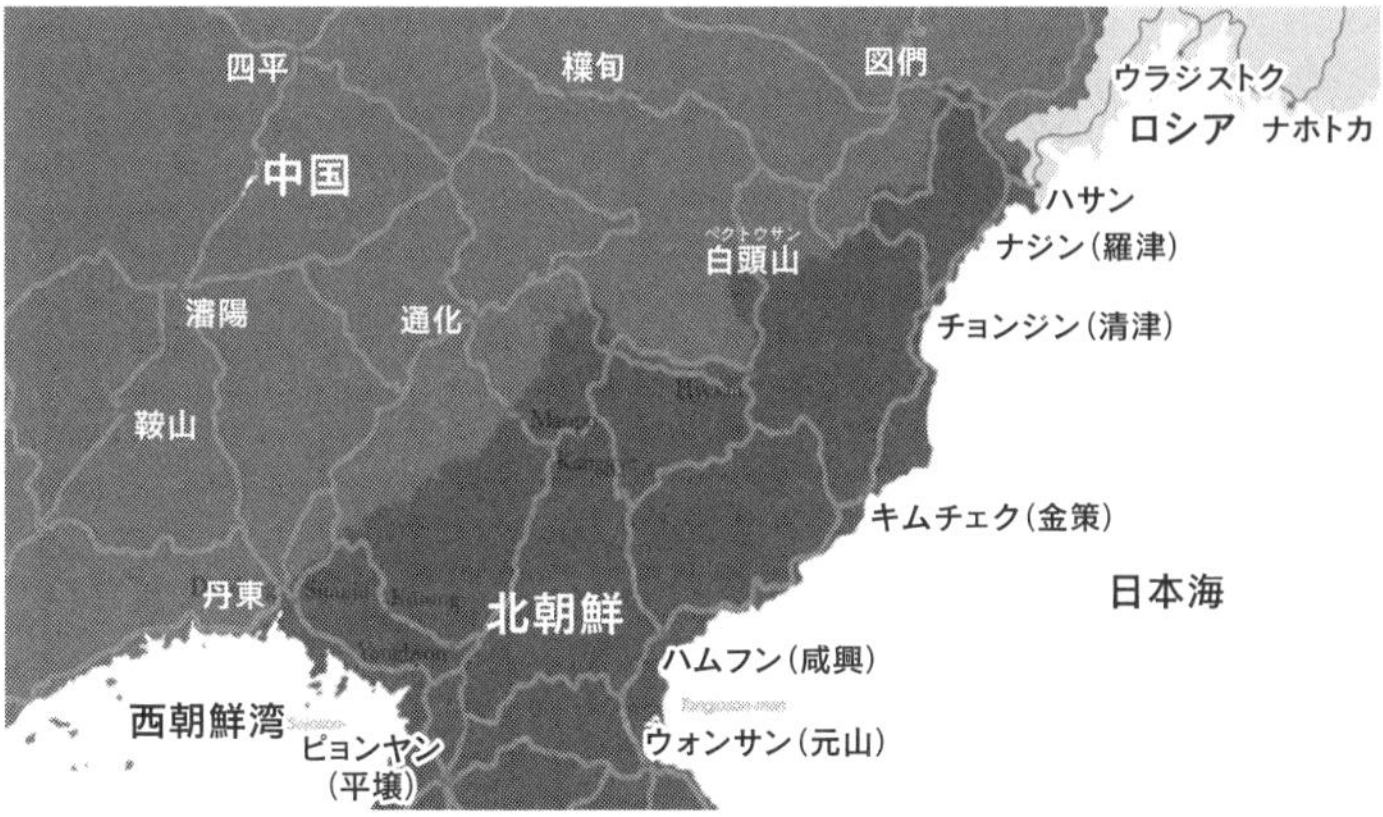

図７：北朝鮮を標的にする本当の理由。

図８：ハリケーンをつくり出して進路を決めるなど、今の深部国家《ディープ・ステート》の技術なら児戯に等しい。

州とルイジアナ州に記録的な豪雨をもたらし、推定降水量は1万2000トンに達した（図8）。そして、問いかけるべきことはいつも同じ――それで誰が得をするのか、だ。

答えは、混沌、苦悩、大混乱、家屋の喪失、絶望、膨大な金銭的損失、連鎖的な影響を望むもの、そして、人為起源による「気候変動」（＝かつて「地球温暖化」と呼ばれたもの）を恐れ、信じ込ませようとしている連中だ。ぜひGeoengineeringwatch.orgへ行って、「Engineered Climate Cataclysm: Hurricane Harvey（つくられた気候大変動――ハリケーン・ハーヴェイ）」や「Hurricane Irma Manipulation: Objectives and Agendas（ハリケーン・イルマの操作――その目的とアジェンダ）」といった記事や動画を見てほしい。これ以外ではWetherwar101.comも調査サイトとして優れている。またWetheraction.comのピアーズ・コービンのように、太陽フレアをハリケーン（および地震）と結びつける賢明な人たちもいて、ハリケーン・イルマとそれに関連する嵐が太陽フレアの活動が活発になったとき起こっていることを指摘している。

ジョージ・ソロス、アマゾン、フェイスブック、グーグル、EU、ニセのオルタナティブメディアetc

その他の更新情報――いよいよ正体が鮮明に!!

●トランスジェンダー《自己の性認識が自在》のアジェンダ《実現目標》は過活動状態に陥っていて、学校でスカートが禁止になる、子ども靴に性差をつけない、商店では衣服に男女のラベルを貼らない、出生時に性別を教えることが必要かどうかを疑問視するといったことが行われている。スカートを禁止した学校の校長は、自分の性別に疑問を抱く生徒が増加しているからだとしているが、その数字がこれほど増加している理由については考えようとしない。これは長年の計画によってなされていることで、リチャード・デイ博士は、喜びを隠そうともせずに笑っているに違いない。博士は1969年、講演に集まった小児科医たちに向かって、男児も女児も同じになると話していた。だが心配はご無用だ。これは陰謀ではないのだから……ZZZ。

●世界規模での大規模な研究によって、飲料水や大気の中に微細なプラスチックが存在することがわかった——このプラスチックは、生殖能力を破壊し、性別を変化させ、人体に人工的な性質を加え、健康に壊滅的な影響を与える可能性を秘めている。

●国防総省高等研究計画局（DARPA）は、その名もSPIDERという、世界的な監視網をつくるプロジェクトに資金提供している。プロジェクトの主体はロッキード・マーティンだ（当然！）。SPIDERはSegmented Planar Imaging Detector for Electro-optical Reconnaissance（電子工学的偵察のためのセグメント化された平面的イメージング検出器）の略で、小型化のために採用しているテクノロジーは「基本的にはマイクロチップ《極微細片》に搭載した望遠鏡」と表現されている。

●アラスカ大学フェアバンクス校土木環境工学の学部長リーロイ・ハルシー教授は、飛行機が突入しなかった7ワールドトレードセンターの崩壊に関する公式説明は間違っていると結論づけた。中間報告によると、このビルは、公式発表のおとぎ話のような火災で崩壊したわけではないという。そう、あれは制御崩壊《コントロールド・デモリッション》によるもので、その後の出来事を正当化するための〈PRS《問題－反応－解決》〉の一環だった。

●スウェーデンの立ち入り禁止区域はその後も増えつづけている。警官が移民に攻撃される事件が増加し、首を刺される事件も起こっている。ある移民推進派グループは、スウェーデンは移民との「恋から覚めようとしている」と報告している。すでに述べたように、少数者の犯罪に対処しないから、その少数者の行動によってすべての移民が判断されているのである。

●サラ・チャンピオンは、完全なる詐欺師のジェレミー・コービンが率いるイギリスの野党労働党から、影の内閣の女性大臣を辞任させられた。罪状は、白人女性や少女を圧倒的な力で虐待したギャングの中に数百人のパキスタン人が含まれていると指摘したことだ。真実と事実が投票に都合が悪いと考えられるのであれば、真実も事実も無意味なものになってしまう――今なお虐待されている女性や少女たちも。

●グーグル、ユーチューブ、フェイスブックの職員は、テキサス州サンアントニオからトランプの選挙運動に加担した。これは「プロジェクト・アラモ」と呼ばれるインターネットを利用した活動で、トランプの大統領当選の基盤だったと言われている。

●ホワイトハウスのウェブサイトに、ジョージ・ソロスがテロリストであることを宣言して財産を差し押さえるべきだとする嘆願書が寄せられ、多大な支持が集まった。だからといってどうにもならないだろうが、ソロスの煙幕と鏡を見破る人がさらに増えていることはたしかだ。

●ダークスーツを着たEU官僚による専制政治は、EU離脱《ブレグジット》とイギリス国民の意思を阻止するために、ありとあらゆる方法をとり続けている。選挙で選ばれていないEUの独裁者どもが民主主義に対する戦争を遂行し、それを「進歩主義者」が支え、ここにも「社会主義者」のほらふきジェレミー・コービンと戦争犯罪人のトニー・ブレアが顔を出している。なんとしてもEU離脱を阻止するのだというブレアの強迫観念が、彼は〈クモの巣〉の完全所有資産《アセット》だということを物語っているように。こうした傲慢な〈クモの巣〉に支配された・超党派の・国境も超えた政治階級がEU離脱を阻止しようとすればするほど、イギリス国民の離脱の決意はさらに固くなっていくに違いない。

●欧州委員会のジャン・クロード・ドランカーことユンケル委員長は、EU全体で委員長を1人にすること、EU財務大臣に各国の財政的問題に介入できる新しい権力を持たせること（すべての加盟国にユーロを導入させることを含む）、EU軍を創設すること、そしてさらに大きな権力をブリュッセルに集中させることを要求した――わたしが数十年にわたって言い続けている計画そのものだ。

●アマゾンは高級食品スーパーマーケットのホールフーズ・マーケット・チェーンを買収し、商品価格を大幅に引き下げた。過激な競争で書店と出版社を次々と廃業に追いやってきた戦略を、こんどは個人経営で健康食品・自然食品を販売している店にも適用しようというのだ。今すぐアマゾンの独占にメスを入れて、廃業に追い込むべきだ。

●シリコンバレー発の世界的タクシー会社ウーバーは、乗客の安全性の問題と運営が「適正適格」でないという理由から、ロンドンでの営業免許を取り消された。ウーバーはすぐさま不服を申し立てた。ウーバーには、最初に思われていたよりはるかに大きな世界的アジェンダ《実現目標》がある。巨額の損失を出しながらも、金に糸目をつけずに拡大を続けているのはそのためだ。インターネット大手企業と同様で、どこもこれで、独占に近い状態を確保していっている。シリコンバレーの世界的宿泊紹介企業Airbnb（エアビーアンドビー）もウーバータイプだから、同様の道をたどるとわたしは見ている。

●ミシシッピ大学の学生は、誰かが木にバナナの皮を残したという「人種差別的」行動によって泣き、心に傷を負い、取り乱していた。あとになって、バナナの皮はある学生が、ゴミ箱が見つからなかったためにそこへ置いたということがわかった。

●イスラエル首相ベンヤミン・ネタニヤフは、イスラエルの不法入植地でひとりの少女が「2000年前の半シェケル硬貨」を発見したことで、パレスティナの土地に対するイスラエルの歴史的権利が証明されたと主張した。あとになってその硬貨は、イスラエル博物館が旅行者向けに作っている土産物用のレプリカだったことが判明した。ああ、しかし、ほかにもバカバカしいでっち上げの「歴史」があることを考えると、いかにもありそうなことではある。

そしてついに……ロサンゼルスに本拠を置く娯楽産業の業界誌『ハリウッド・リポーター』から

わたしのところへ連絡が来た。フェイクニュースのウェブサイトYournewswire／Newspunch.comの財政面での成功についてコメントを求められたのだ。ここは、ファクトチェッカーのウェブサイトが簡単に嘘を暴《あば》けると大喜びするような安手のストーリーを捏造《ねつぞう》して、オルタナティブメディア《独立メディア》の信頼性に大きな害を与えている。わたしの話は読者が期待するほど熱いものではなかった。

Newspunch.comは2017年8月にも問題を起こしていて、この本でも取り上げたオランダの「起業家で金融界の内部告発者」ロナルド・ベルナルドについて、生命の危険があると警察に電話をしたあとで死亡しているのがフロリダで発見されたと報じたのだ。このでっち上げストーリーはすぐにクリックベイト《刺激的疑似餌（エセ）情報》になり、自称「目覚めた」人びとによってシェアされた。少しチェックしただけで、このストーリーが、主流メディアの記事をベースにしたでっち上げだということがわかった。

書いたのは実在しない人物（例の「バクスター・ドミトリー」）で、死亡したのは、自然観察に出かけたまま行方不明になったあとフロリダ州シブリングで死体で発見されたロナルド・バーナード・フ、エ、ル、ナ、ン、デ、スという別人だったことがわかった。フェルナンデスは警察に電話をしたが、生命の危険があるとは言わず、道に迷ったと言っただけだった。本物のロナルド・ベルナルドに対する無礼は驚くべきものだが、これくらいはよくあることだ。

読者と本物のオルタナティブメディアに対する無礼と軽蔑は、正確に計測するにはマグニチュードの単位が必要なくらいだ。もうひとつ、わたしが奇妙に思うのは、なぜフェイスブックは

図９：ジョージ・ソロス――彼のネットワークは巨大だ。そして「進歩主義者」は彼の金が大好きだ。

Yournewswire／Newspunch.comと「編集責任者」のショーン・アドル・タババタイを批判から守ろうとし、その一方では「フェイクニュース」という口実を使って、本物のオルタナティブメディアのサイトを抑圧し、検閲するのかということだ。

フェイスブックはどうやって辻褄《つじつま》を合わせるのだろう。わたしはフェイスブックの利用を3日間禁止されたが、その理由は、NewspunchはYournewswireの別名だと指摘した外部のサイト記事を投稿したことだった。ほかにもアドル・タババタイや彼のウェブサイト運営を批判したために、1カ月間追放された人がいる。なぜだろう？　そして、それで誰が得をするのだろう？

最後の最後にひとつ警告したい……ジョージー坊やから目を離すな（図9）。

真実の文脈から見た世界の出来事の詳細はDavidicke.comで日々更新している。週刊のポッドキャストもある。

参考文献

Alexander, Dr Eben: *Proof of Heaven: A Neurosurgeon's Journey into the Afterlife* (Piakus, 2012). 邦訳エベン・アレグザンダー『プルーフ・オブ・ヘヴン――脳神経外科医が見た死後の世界』（白川貴子訳、早川書房、２０１３年）

Antelman, Rabbi Marvin: *To Eliminate the Opiate* (Zahavia, 1974).

Attwood, Shaun: *American Made* (Gadfly Press, 2016).

Bamford, James: *Body of Secrets: Anatomy of the Ultra-Secret National Security Agency* (Anchor Books; Reprint edition, 2002). 邦訳ジェイムズ・バムフォード『すべては傍受されている――米国国家安全保障局の正体』（瀧澤一郎訳、角川書店、２００３年）

Bellamy, Dr Hans Schindler: *Moons, Myths and Men* (University Microfilms International, 1959).

Bergrun, Norman: *Ringmakers of Saturn* (The Pentland Press, 1986).

Carr, William James Guy: *Satan, Prince of this World* (Omni Publications, 1966 - written in 1959).

Cook, Jonathan: *Israel and the Clash of Civilisations: Iraq, Iran and the Plan to Remake the Middle*

East (Pluto Press, 2008).
David, Gary A: *Mirrors of Orion* (independently published, 2014).
Deane, Reverend John Bathurst: *Worship of the Serpent* (BiblioBazaar, 2009, first published 1933).
Furedi, Frank: *What's Happened To The University? - A sociological exploration of its infantilisation* (Routledge, 2016).
Greely, Professor Henry: *The End of Sex and the Future of Human Reproduction* (Harvard University Press, 2016). 邦訳ヘンリー・T．グリーリー『人がセックスをやめるとき――生殖の将来を考える』（石井哲也訳、東京化学同人、２０１８年）
Hall, Manly P: *Secret Teachings of All Ages* (CreateSpace Reprint edition, 2011). Huxley, Aldous: *Brave New World* (Chatto & Windus, 1932). 邦訳マンリー・P．ホール『古代の密儀（新版 象徴哲学大系 １）』（大沼忠弘、山田耕士、吉村正和訳、人文書院、２０１４年）ほか
Iserbyt, Charlotte: *The Deliberate Dumbing Down of America* (Conscience Press; Revised edition 2011).
Jaynes,Julian: *The Origin of Consciousness in the Breakdown of the Bicameral Mind* (Mariner, 1976). 邦訳ジュリアン・ジェインズ『神々の沈黙――意識の誕生と文明の興亡』（柴田裕之訳、紀伊國屋書店、２００５年）
Kinross, Lord Patrick: *Ataturk, The Rebirth of a Nation* (Quill, 1687).

Knight,Christopher, and Butler,Alan: *Who Built the Moon?* (Watkins, 2007). 邦訳クリストファー・ナイト、アラン・バトラー『月は誰が創ったか?』（南山宏訳、学習研究社、２００７年）

Lanza, Robert: *Biocentrism* (Ben Bella, 2010).

Lash, John Lamb: *Not In His Image: Gnostic Vision, Sacred Ecology, and the Future of Belief* (Chelsea Green Publishing, 2006).

Lovelock, James: *The Revenge of Gaia* (Penguin, 2007). 邦訳ジェームズ・ラブロック『ガイアの復讐』（秋元勇巳監修、竹村健一訳、中央公論新社、２００６年）

Morjani, Anita: *Dying to be Me* (Hay House, 2012). 邦訳アニータ・ムアジャーニ『喜びから人生を生きる!――臨死体験が教えてくれたこと』（奥野節子訳、ナチュラルスピリット、２０１３年）

Mutwa, Credo: *Song of The Stars* (Barrytown Ltd, 1995).

O'Brien, Cathy: *Trance-Formation of America* (Reality Marketing, 1995).

Purucker, G de: *Occult Glossary* (Theosophical University, 1996).

Sagan, Carl: *The Dragons of Eden* (Random House, 1977). 邦訳カール・セーガン『エデンの恐竜――知能の源流をたずねて』（長野敬訳、秀潤社、１９７８年）

Sand, Shlomo: *The Invention of the Jewish People* (Verso, 14 Jun. 2010). 邦訳シュロモー・サンド『ユダヤ人の起源――歴史はどのように創作されたのか』（高橋武智監訳、佐々木康之、木村高子訳、筑摩書房、２０１７年）

Scholem, Gershon: *The Messianic Idea in Judaism* (Schocken Books, 1994).

Shine, Betty: *Mind to Mind: The Secrets of Your Mind Energy Revealed* (Corgi,1990). 邦訳ベティ・シャイン『スピリチュアル・ヒーリング——宇宙に満ちる愛のエネルギー』（中村正明訳、日本教文社、１９９１年）

Taplin, Jonathan: *Move Fast and Break Things: How Facebook, Google and Amazon Cornered Culture and Undermined Democracy* (Little Brown, 2017).

Talbott, David: *The Saturn Myth* (Doubleday, 1980).

Talbott, David and Thornhill, Wallace: *Thunderbolts of the Gods* (Mikamar Publishing, 2005). 邦訳ウォレス・ソーンヒル、デヴィッド・タルボット『電気的宇宙論〈1〉銀河、恒星、惑星の進化を書き換えるプラズマ・サイエンス』（小沢元彦訳、徳間書店、２００９年）

Talbot, Michael: *The Holographic Universe* (HarperCollins, 1996). 邦訳マイケル・タルボット『投影された宇宙——ホログラフィック・ユニヴァースへの招待』（川瀬勝訳、春秋社、２００５年）

Taylor, Steve: The Fall: *The Insanity of the Ego in Human History and the Dawning of a New Era* (O Books, 2005).

Tegmark, Max: *Our Mathematical Universe: My Quest for the Ultimate Nature of Reality* (Penguin, 2015). 邦訳マックス・テグマーク『数学的な宇宙——究極の実在の姿を求めて』（谷本真幸訳、講談社、２０１６年）

Temple, Robert: *The Sirius Mystery* (Destiny Books, 1998).　邦訳ロバート・テンプル『知の起源——文明はシリウスから来た』（並木伸一郎訳、角川春樹事務所、１９９８年）

Thornhill, Wallace and Talbott, David: *The Electric Universe* (Mikamar Publishing, 2007).

Tompkins, William Selected by Extraterrestrials: *My life in the top secret world of UFOs, think-tanks and Nordic secretaries* (CreateSpace, 2015).

Turan, D. Mustafa: *The Donmeh Jews* (Cairo, 1989).

Ulfkotte, Udo: *Journalists for Hire: How the CIA Buys the News* (Next Revelation Press, 2017).

Velikovsky, Immanuel: *Worlds in Collision* (Paradigma, 2009).　邦訳イマヌエル・ヴェリコフスキー『衝突する宇宙』〈新装版〉（鈴木敬信訳、法政大学出版局、２０１４年）

●ポスター——知覚が変われば、現実も変わる

デーヴィッド・アイク
1952年４月29日、英国のレスター生まれ。1970年前後の数年をサッカーの選手として過ごす。そののちキャスターとしてテレビの世界でも活躍。エコロジー運動に強い関心を持ち、80年代に英国緑の党に入党、全国スポークスマンに任命される。また、この一方で精神的・霊的な世界にも目覚めてゆく。90年代初頭、女性霊媒師ベティ・シャインと出会い、のちの彼の生涯を決定づける「精神の覚醒」を体験する。真実を求め続ける彼の精神は、エコロジー運動を裏で操る国際金融寡頭権力の存在を発見し、この権力が世界の人々を操作・支配している事実に直面する。膨大な量の情報収集と精緻な調査・研究により、国際金融寡頭権力の背後にうごめく「爬虫類人・爬虫類型異星人」の存在と「彼らのアジェンダ」に辿りつく。そして彼は、世界の真理を希求する人々に、自らの身の危険を冒して「この世の真相」を訴え続けている。著作は『大いなる秘密』『究極の大陰謀』（三交社）『超陰謀［粉砕篇］』『竜であり蛇であるわれらが神々（上）（下）』（徳間書店）のほかに『ロボットの反乱』『世界覚醒概論――真実が人を自由にする』（成甲書房）など多数。

本多繁邦　ほんだ しげくに
日本の歴史的陰謀都市・京都に生まれ、早くから社会の裏面の真実を独自に研究、ジョン・コールマンの著作をきっかけに国際陰謀論との関わりを深める。アイク関連では『ハイジャックされた地球を99％の人が知らない』（ヒカルランド）に続き５作目。関わる仲間も増え、現在の「本多繁邦」は戦闘集団の名称である。

今知っておくべき重大なはかりごと④
世界を作り変える嘘の全てを暴く

第一刷 2020年4月30日

著者 デーヴィッド・アイク

訳者 本多繁邦

発行人 石井健資

発行所 株式会社ヒカルランド

〒162-0821 東京都新宿区津久戸町3-11 TH1ビル6F

電話 03-6265-0852 ファックス 03-6265-0853

http://www.hikaruland.co.jp info@hikaruland.co.jp

振替 00180-8-496587

本文・カバー・製本 中央精版印刷株式会社

DTP 株式会社キャップス

編集担当 小暮周吾

ISBN978-4-86471-834-9

◎ 温泉の癒しと同等のエネルギーを供給

温泉の効果効能の本質は、水中に溶け込んでイオン化したミネラルの電子と、マグマや地熱などの地球の持つエネルギーを水を媒体として身体に補充できることにあります。ジンオーブはこの温泉の原理と同様に「氣」＝バイオエネルギーを持つ水を作り出し、水を通して身体に伝えることができるのです。

◎ ジンオーブの仕組みとは？

ジンオーブの球体部分は7層のプレートで構成されており、ここで電磁波や磁界のエネルギーフィールド（場）を作り出します。このエネルギーは機器から人へ与えるだけでなく、個人個人の微細な生体エネルギーを感じ取って、お互いのバイオフィールド同士が共鳴し合う状態を作り出します。私たちがもともと持っている細胞のエネルギーを水の中で発生させて、そのエネルギーを水を媒体として肉体に与えていくのです。

失った電子やエネルギーを水を通してチャージ

◎ ジンオーブの使い方。毎日35分で「氣」をチャージ

水が入った容器に球体を入れ、スイッチをオン。すると、球体から水素を含む細かい泡が発生して、水を通じた生命エネルギーの供給がスタートします。42℃以下のお風呂に球体部分を入れて使うと、全身の細胞が電気チャージされるので特にオススメです。１回のセッションは35分が目安となります。24〜36時間おきに使用するのが最適です。（心身が不調な方は毎日使用しても問題ありません）

エネルギーが全身に行きわたる入浴時の使用がオススメ

こんな方にはぜひ！

◆ 慢性的に疲れた身体を回復させたい
◆ スタミナや代謝を改善したい
◆ 心のバランスを取り戻したい
◆ ストレスフルな毎日を送っている
◆ 集中力を高めたい
◆ 老化が気になる。アンチエイジング、美肌を手にしたい
◆ 大事なペットにも健康でいてもらいたい

【お問い合わせ先】ヒカルランドパーク

＊ご案内の価格、その他情報は発行日時点のものとなります。

本といっしょに楽しむ ハピハピ♥ Goods&Life ヒカルランド

まるで温泉!?　水を通して地球のエネルギーを瞬間充電
米国で話題の共鳴波動マシンが日本初上陸！

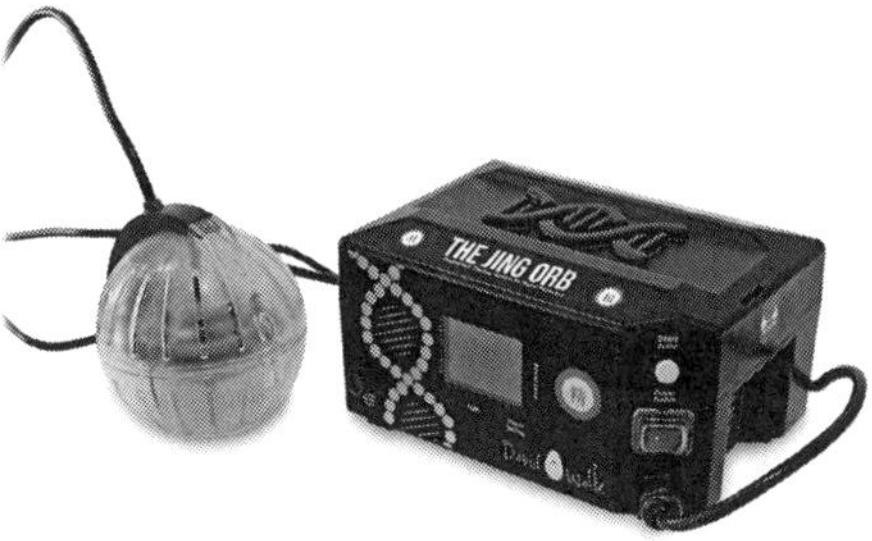

ヒカルランド
著者

木村一相歯学博士推薦品

破壊の医療vs創造の医療
著者：内海 聡／木村一相
四六ハード　本体 2500円＋税

ジンオーブ（Jing Orb）
■ 528,000円（税込）

● サイズ：190mm×135mm×103mm
● 重　量：2.8kg
● 仕　様：クラスII機器、タイプB適用部品、安全な超定電圧、分離DC電源
● 入　力：100〜120Vac　50/60Hz、200〜240Vac　50/60Hz
● 出　力：分離、整流、フィルタリング、25Vdc、 5 Amps

※海外製造品につき、ご注文の際に在庫切れの場合はお時間をいただきます。ご了承ください。

◎ 細胞に Jing（精）を急速チャージ！

米国で開催されたエネルギー医療の学会で発表され、実際に米国の医療現場では驚きの成果が報告され、科学的検証も進んでいる装置「ジンオーブ」。ジンとは中国語で「精」、オーブは「球体」を意味しますが、その名のとおり、接続された球体を水に浸けると、その水を媒体として「精」、言い換えれば「氣」が人体に瞬間的にチャージできる仕組みがこのジンオーブには備わっています。

私たちの身体、細胞は小さなバッテリーのようなもので、さまざまな電気信号や電磁波で細胞同士がコミュニケーションをとることでバランスを保っています。そこに細菌やウイルス、毒素が入ってくると、細胞内や細胞間の電気や情報の流れが乱れ、不十分な「精」の状態となり、さまざまな不調をきたすことになります。ジンオーブから発する波動は、身体・細胞の発する波動と共鳴し合うことで、「精」のエッセンスを強化。身体に癒しを与え、不調などから解放していきます。

ヒカルランド　好評既刊！

地上の星☆ヒカルランド　銀河より届く愛と叡智の宅配便

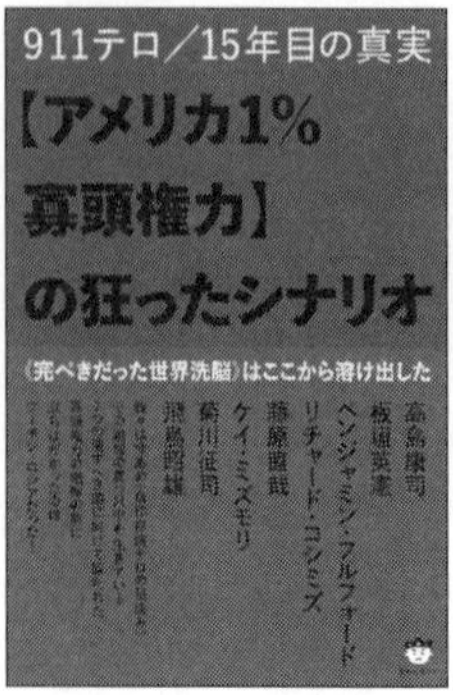

911テロ／15年目の真実
【アメリカ１％寡頭権力】の狂ったシナリオ
著者：高島康司／板垣英憲／ベンジャミン・フルフォード／リチャード・コシミズ／藤原直哉／ケイ・ミズモリ／菊川征司／飛鳥昭雄
四六ソフト　本体 1,851円+税

ありえない世界
【SSP：秘密宇宙計画】のすべて
想定超突破の未来がやって来た！
著者：Dr.マイケル・E・サラ
監訳・解説：高島康司
四六ソフト　本体 2,500円+税

《水と音》が分かれば《宇宙すべて》が分かる
ウォーター・サウンド・イメージ
著者：アレクサンダー・ラウターヴァッサー
訳・解説：増川いづみ
Ａ５ソフト　本体 3,241円+税

新しい宇宙時代の幕開け①
ヒトラーの第三帝国は地球内部に完成していた！
著者：ジョン・B・リース
訳者：ケイ・ミズモリ
四六ソフト　本体 1,700円+税

新しい宇宙時代の幕開け②
地球はすでに友好的宇宙人が居住する惑星だった！
著者：ジョン・B・リース
訳者：ケイ・ミズモリ
四六ソフト　本体 1,700円+税

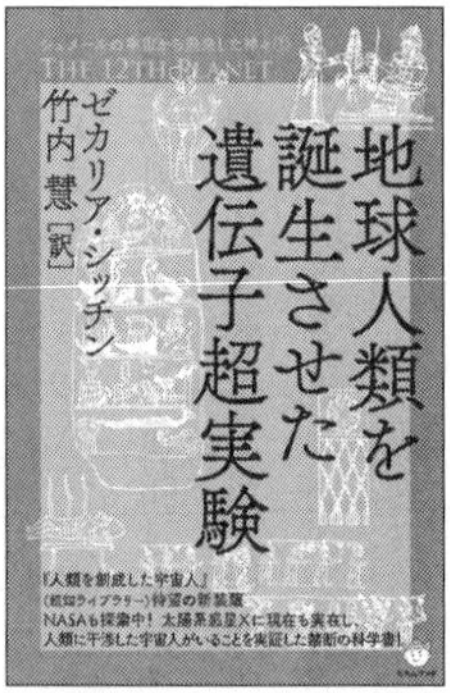

地球人類を誕生させた遺伝子超実験
～NASAも探索中！ 太陽系惑星Xに今も実在し人類に干渉した宇宙人～
四六ソフト　本体 2,500円+税